"博学而笃志,切问而近思。"
(《论语》)

博晓古今,可立一家之说;
学贯中西,或成经国之才。

复旦博学・复旦博学・复旦博学・复旦博学・复旦博学・复旦博学

博学·21世纪高校统计学专业教材系列
编审委员会

顾 问 王静龙 艾春荣 徐国祥 周 勇

主 任 王黎明

编 委 （按姓氏笔画排序）

陈 颖 吴柏林 吴纯杰 杨 楠

杨国强 徐 珂 葛守中

顾问 王静龙 艾春荣 徐国祥 周勇

高校统计学专业教材系列

数据、模型与决策
简明教程

王静龙　梁小筠　王黎明　编著

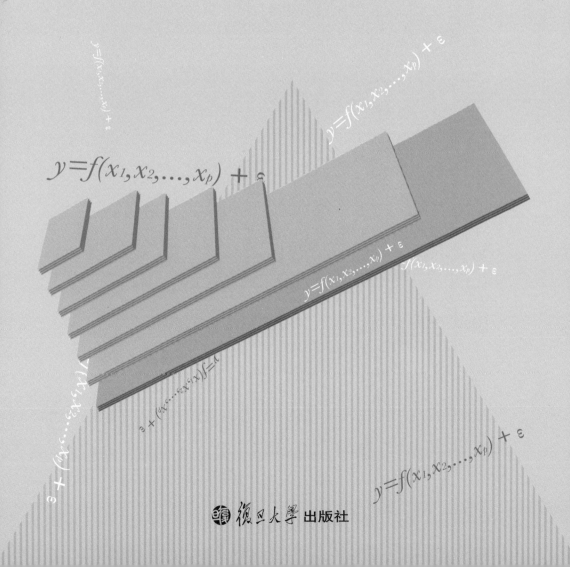

復旦大學出版社

内 容 提 要

这是一本专业教材。全书从统计、规划求解与决策分析三个模块，讲述从数据分析到模型建立，再到实践应用的过程。内容涵盖描述性统计分析，概率、随机变量及分布，估计问题，检验，多组数据比较分析，回归分析，规划求解，时间序列分析等。

这又是一本有趣的教材。为充分体现出数理统计在管理工作中的重要作用，本书不强调证明推导，讲究理论方法公式隐含着的思想。学员将案例分析、计算机数据实验与课堂内外交流讨论结合在一起，比如通过Excel，也能以极大的乐趣学会制表、画图、函数、数据分析与规划求解等知识。

本书可以作为经济学管理学的公共基础课教材，也非常适合MBA项目中的商务与经济统计课堂讲授。

本书向授课老师免费提供精致完整的PPT课件，用户可通过fudanjiaocai@163.com索取。

总　序

　　回顾新中国成立以来我国统计学科的发展道路，可以说是充满着曲折，也充满着希望。20世纪50年代照搬苏联模式，政府统计实务代替了统计学，否定了统计学作为一门方法论科学的存在。统计学的科学性和普遍应用性被曲解。这种情况直到1978年科学的春天来了之后才有了根本的改变。党的改革开放政策使得统计学在中国得到了迅猛的发展。20世纪末教育部新颁的大学本科专业目录中，统计学被确立为一级学科。这就要求我们做好统计学专业课程建设的工作。为此上海财经大学统计学系与复旦大学出版社携手，会同国内相关院校及港台相关名校专家，策划出版一套主要针对统计学专业本科生使用的、适应新时期需要的系列教材——博学·21世纪高校统计学专业教材系列。

　　本教材系列力求体现以下特点：

　　第一，教材主要考虑面向财经类统计学专业，同时也要考虑"大统计学"专业的需求，力求选材做到"精"和"新"。

　　第二，内容选择将广泛吸收国内外优秀教材的成果，在系统介绍基本理论和基本方法的同时，注意介绍新的、成熟的内容，以及统计学在实际问题中的应用。

　　第三，教材编写注重计算机的应用，根据教材的具体内容选讲相应的统计软件，提高学生熟练运用统计方法和计算机技术解决实际问题的能力。

　　"博学·21世纪高校统计学专业教材系列"的前期规划教材包括《统计学》、《数理统计学》、《应用回归分析》、《国民经济核算原理》、《应用时间序列分析》、《统计计算》、《SAS数据分析系统教程》、《非参数统计学》、《变点统计分析及其应用》、《多元统计分析》、《金融计量统计学》；后期还将与境内外知名高校专家合作，陆续出版《抽样调查技术》、《贝叶斯统计学》、《实验设计与质量控制》、《统计预测与决策》、《高等数理统计学》和《金融时间序列分析》等。本教材系列的编写大纲和书稿

经过教材编写委员会的多次反复论证、认真讨论。感谢参与论证和编写的各位同行,希望他们的辛勤的劳动成果能够得到统计学界同行们的认可,获得同学的欢迎。这套系列教材的不当之处,恳请读者批评指正。为完善财经类统计学专业的教材建设,我们大家一起努力。

王静龙
2008年5月
于华东师范大学

前 言

我第一次给MBA学员上课是20世纪90年代中期,在华东师范大学企业与经济发展研究所举办的MBA项目讲授商务与经济统计。自此之后,我陆续在各类MBA项目中,例如在华东师范大学商学院与荷兰马斯特里赫特管理学院合作举办的MBA项目中讲授商务与经济统计。21世纪初起直到2010年我把在MBA教学过程中陆续编写的讲义整理修改,并参照全国工商管理硕士教育指导委员会审定的课程教学大纲,编写了"数据、模型与决策"这门MBA核心课程的讲义。2010年下半年起我在我们学校的MBA项目使用这本讲义上课。在教学过程中充分听取学员的意见,对讲义进行了修改补充。本书就是在修改多次的讲义的基础上整理加工而成的。

学习"数据、模型与决策"这门课,每个MBA学员的基础不尽相同,差异之大出乎我的意料。学员中有的学理工,有的学文史,还有相当多的是学外语的,甚至有学艺术与体育的。不少学员没有学过高等数学。"数据、模型与决策"包括有统计、规划求解与决策分析3个模块。华东师范大学MBA核心课程的教学一共只有10次课(其中1次考试),每次3小时(包括休息)。课时数不多,学员基础差异不小,是这门课的一大困难。在我看来,完成这3个模块的教学,对我来说的确是个挑战,同时也给我带来乐趣。

一说学习"数据、模型与决策"这门课,学员们马上就想到数字、公式与计算。他们的反应就是,这门课肯定枯燥难学。有个学员说,我就是为了避开学习数学而选读外语专业的,想不到现在又要学数学。当然,MBA学员学习这门课也有不少有利条件。虽然他们基础差异不小,但他们有管理的实践工作经验,知道量化分析在管理工作中的重要作用。学习这门课,在方法与公式的记忆能力方面他们不如在读大学生,但他们的理解能力不会比大学生差。

我在这门课的教学过程中,力求激发学员学习的兴趣,鼓起他们学习的信心,深刻认识这门课在管理工作中的广泛且重要的作用,体会量化分析的乐趣。授课

时注重讲清道理,不讲究证明推导,讲究的是理论方法公式隐含着的思想。学员学习注重应用,将案例分析、计算机数据实验与课堂内外的交流讨论结合在一起。计算机数据实验注重介绍学员熟悉的 Excel,学会操作它的制表、画图、函数、数据分析与规划求解等功能。前面的几次课难免需要讲述比较多的概念、术语与公式,因而学员说,听课开始犹如爬山,有点累。后面的课学员自己动手做的计算机数据实验越来越多,学员说我们在下山,轻松了。课程结束时不少学员说,体会到这门课的味道了,意犹未尽想再多学一些。

考虑到学员的可持续学习以及广大管理工作者的需要,本书的编写力求适合自学。为此尽量采用课堂讲授的语言与方式,叙述简要明确,重点突出。书中有很多例子。这些例子的解题思路尽量做到步骤清晰,便于读者领会模仿及开阔思路。除了第一章,每一章最后都有内容提要,点明本章学习内容与计算机数据实验的要求。每章配有与本章所学知识点有关的习题。本书的某一些章节标有星号"*"。如果教学时间紧可以跳过去,这并不影响全书的连贯。

本书第一与第二章由梁小筠教授执笔编写,第十章由王黎明教授执笔编写,其余各章由我编写。限于我们学识水平与 MBA 教学经验的不足,书中定有很多不足与不成熟的地方,恳请诸位同仁与 MBA 学员提出批评意见,以求不断改进。

感谢华东师范大学 MBA 中心的学员。如果没有这些学员的参与,本书难以成稿。感谢华东师范大学 MBA 中心的领导与老师的大力支持。最后,要感谢复旦大学出版社,没有他们的支持和高效率的工作,本书不可能很快出版。

王静龙

2012 年 1 月 13 日

目 录

第一章　引言 ··· 1
　§1.1　数据 ·· 2
　　§1.1.1　调查数据 ·· 3
　　§1.1.2　观察数据 ·· 5
　＊§1.1.3　试验数据 ··· 10
　§1.2　模型 ··· 17
　习题一 ·· 20

第二章　描述性统计分析 ··· 25
　§2.1　数据类别 ··· 25
　§2.2　定性数据的描述性统计分析 ······································· 27
　　§2.2.1　定性数据的列表描述 ··· 27
　　§2.2.2　定性数据的图示描述 ··· 31
　　§2.2.3　定性数据的数值描述 ··· 32
　§2.3　定量数据的描述性统计分析 ······································· 38
　　§2.3.1　定量数据的列表与图示描述 ·································· 38
　　§2.3.2　定量数据的平均大小(集中趋势、中心位置)的数值描述 ······ 49
　　§2.3.3　定量数据的离散程度的数值描述 ···························· 63
　　§2.3.4　经验法则 ·· 71
　＊§2.3.5　数据变换 ··· 75
　内容提要 ··· 79
　附2.1　选择Excel的"数据"下拉菜单制表 ······························ 80
　附2.2　选择Excel的工具下拉菜单,使用数据分析功能制表和画图 ··· 81
　附2.3　统计量与Excel函数 ·· 82
　附2.4　选择Excel的工具下拉菜单,使用数据分析功能计算描述统计量 ··· 82

1

习题二 …………………………………………………………………… 83

第三章 概率、随机变量及其分布 …………………………………… 88
§3.1 概率 …………………………………………………………… 88
§3.1.1 古典概率:利用对称性计算概率 ……………………………… 89
§3.1.2 频率方法:估算概率 …………………………………………… 92
§3.1.3 主观推测:估算概率 …………………………………………… 96
§3.2 随机变量及其分布 …………………………………………… 99
§3.2.1 离散型随机变量 ……………………………………………… 99
§3.2.2 离散型随机变量的平均数(均值、期望) …………………… 102
§3.2.3 离散型随机变量的方差与标准差 …………………………… 105
§3.2.4 独立性 ………………………………………………………… 110
§3.3 期望-方差的决策分析 ……………………………………… 110
§3.4 常用的离散型随机变量的分布 …………………………… 113
§3.4.1 二项分布 ……………………………………………………… 113
*§3.4.2 泊松分布 …………………………………………………… 122
§3.5 正态分布 ……………………………………………………… 125
§3.5.1 正态曲线 ……………………………………………………… 127
§3.5.2 正态分布均值、方差与标准差的估计 ……………………… 130
§3.5.3 正态分布的Excel函数命令 ………………………………… 133
§3.5.4 标准正态分布 ………………………………………………… 135
*§3.5.5 正态分布很重要 …………………………………………… 138
内容提要 …………………………………………………………… 140
附3.1 二项分布、泊松分布与正态分布的Excel函数命令 …… 142
习题三 ……………………………………………………………… 143

第四章 估计问题 …………………………………………………… 149
§4.1 比例的估计 …………………………………………………… 149
§4.1.1 抽样调查的可信性 …………………………………………… 151

  §4.1.2 估计比例 ……………………………………………… 153
  §4.1.3 支持度估计大的候选人是否支持度也大 …………… 159
 *§4.1.4 比例之差的区间估计 …………………………………… 162
 §4.2 均值的估计 ……………………………………………………… 164
  §4.2.1 大样本情况 ……………………………………………… 165
  §4.2.2 小样本情况 ……………………………………………… 166
 内容提要 ……………………………………………………………… 171
 习题四 ………………………………………………………………… 173

第五章 检验 ………………………………………………………… 176

 §5.1 统计检验问题的推断思考过程 ………………………………… 176
 §5.2 统计检验问题的求解 …………………………………………… 180
  §5.2.1 原假设与备择假设 ……………………………………… 180
  §5.2.2 检验法则与 p 值 ………………………………………… 181
  §5.2.3 检验的水平 ……………………………………………… 183
 *§5.2.4 两类错误 ………………………………………………… 185
  §5.2.5 假设检验问题的求解步骤 ……………………………… 186
 §5.3 比例的检验 ……………………………………………………… 187
 §5.4 正态分布均值的 t 检验 ………………………………………… 190
 *§5.5 正态分布方差的 χ^2 检验 ……………………………………… 196
 *§5.6 属性数据类别比例的 χ^2 检验 ………………………………… 199
  §5.6.1 属性数据类别比例的检验问题 ………………………… 200
  §5.6.2 齐性检验 ………………………………………………… 203
 内容提要 ……………………………………………………………… 208
 习题五 ………………………………………………………………… 209

第六章 多组数据的比较分析 ……………………………………… 212

 §6.1 两组数据的比较 ………………………………………………… 212
  §6.1.1 比较正态分布方差的 F 检验 ………………………… 213

§6.1.2 比较正态分布均值的 t 检验 …… 217
§6.1.3 成对数据 …… 226
§6.2 方差分析(ANOVA) …… 228
　*§6.2.1 组间变差 …… 230
　*§6.2.2 组内变差与全变差 …… 232
　*§6.2.3 变异分解 …… 235
　*§6.2.4 多重比较 …… 236
内容提要 …… 237
附6.1 用Excel的数据分析功能比较两组数据 …… 239
附6.2 用Excel的数据分析功能进行方差分析(ANOVA) …… 239
习题六 …… 240

第七章　相关与回归分析 …… 244

§7.1 相关与回归 …… 244
　§7.1.1 正相关关系与正比例关系 …… 244
　§7.1.2 负相关关系 …… 245
　§7.1.3 儿子身高的回归 …… 245
　§7.1.4 预测孩子成年后身高 …… 248
　§7.1.5 回归模型 …… 249
§7.2 建立回归模型 …… 250
　§7.2.1 收集数据 …… 251
　§7.2.2 判断变量之间有没有相关性 …… 251
　§7.2.3 计算回归直线 …… 255
　§7.2.4 给出预测误差和概率 …… 256
§7.3 相关系数 …… 260
　§7.3.1 检验:是否线性相关 …… 262
　§7.3.2 测定系数 …… 264
　*§7.3.3 相关系数的计算公式的由来 …… 264
§7.4 多元线性模型 …… 266

　　§7.4.1　回归模型复相关系数、测定系数与回归标准误 …………… 267
　　§7.4.2　检验回归模型有没有意义 …………………………………… 269
　　§7.4.3　截距与斜率是否等于0的检验以及它们的估计问题 ……… 271
　　*§7.4.4　将非线性回归问题化为线性回归问题 …………………… 273
　　*§7.4.5　复共线性 …………………………………………………… 278
　内容提要 ………………………………………………………………… 282
　习题七 …………………………………………………………………… 284

第八章　规划求解 …………………………………………………… 289
　§8.1　线性规划 …………………………………………………………… 289
　　§8.1.1　最大利润规划问题 …………………………………………… 290
　　§8.1.2　线性规划问题的解 …………………………………………… 291
　　§8.1.3　敏感性分析 …………………………………………………… 296
　　§8.1.4　最小运输成本规划问题 ……………………………………… 299
　§8.2　非线性规划 ………………………………………………………… 303
　　§8.2.1　投资组合的回报 ……………………………………………… 304
　　§8.2.2　优化投资组合 ………………………………………………… 305
　§8.3　整数规划 …………………………………………………………… 311
　内容提要 ………………………………………………………………… 312
　习题八 …………………………………………………………………… 313

第九章　决策分析 …………………………………………………… 316
　§9.1　不确定型决策问题常用的决策准则 ……………………………… 317
　§9.2　风险型决策问题常用的决策准则 ………………………………… 320
　　§9.2.1　期望收益决策准则 …………………………………………… 320
　　§9.2.2　期望后悔(机会损失)决策准则 ……………………………… 321
　　§9.2.3　最大可能决策准则 …………………………………………… 322
　§9.3　贝叶斯决策 ………………………………………………………… 322
　§9.4　效用函数 …………………………………………………………… 326

§9.5 德尔菲法与层次分析法 ………………………………………… 329
　　§9.5.1 德尔菲法 ………………………………………………… 329
　　§9.5.2 层次分析法 ……………………………………………… 330
§9.6 博弈论 …………………………………………………………… 337
　　§9.6.1 纳什(Nash)均衡 ………………………………………… 338
　　§9.6.2 混合策略 ………………………………………………… 341
内容提要 ……………………………………………………………… 343
习题九 ………………………………………………………………… 343

第十章　时间序列分析 …………………………………………… 345

§10.1 简单时间序列分析 …………………………………………… 345
　　§10.1.1 时间序列趋势外推法 ………………………………… 345
　　§10.1.2 趋势预测模型的确定 ………………………………… 346
　　§10.1.3 移动平均 ……………………………………………… 353
　　§10.1.4 指数平滑 ……………………………………………… 356
*§10.2 平稳时间序列模型 …………………………………………… 358
　　§10.2.1 自相关函数(AFC)和偏自相关函数(PAFC) ………… 359
　　§10.2.2 自回归模型(Autoregressive Model) ………………… 364
　　§10.2.3 移动平均模型 (Moving Average Model) …………… 366
　　§10.2.4 自回归移动平均模型 (Autoregressive-Moving Average Model) …………………………………………………… 367
　　§10.2.5 平稳时间序列建模 …………………………………… 368
　　§10.2.6 平稳时间序列预测 …………………………………… 373
内容提要 ……………………………………………………………… 374
习题十 ………………………………………………………………… 375

参考文献 ……………………………………………………………… 377

第一章

引 言

各行各业的管理人员经常需要在不确定的情况下做出决策。不确定性情况又称不确定性现象,就是不是只有一个结果的现象。例如,某公司正在考虑要不要开发一个新产品。倘若决定开发新产品,则工厂需要扩建。扩建工厂有两种选择:中型扩建与大型扩建。开发还是不开发新产品? 中型扩建还是大型扩建为好? 公司管理人员难以作决策的一个很重要的原因是,市场对该新产品需求量究竟如何? 市场对该新产品的需求往往是不确定的,例如有高、中与低3种状态。由此可见,市场需求是不确定性现象,它有3个不同的状态:高、中与低。

不确定性现象,又称**随机现象**。随机现象也有规律性,例如根据我们的观察,随机现象的这一个结果与另一个结果发生的可能性是一样大,也可能有大小之别。不确定性现象某个结果发生的可能性的大小可以用一个数来度量。我们以人们熟知的骰子(见右图)为例,说明随机现象的数量规律性。抛掷一颗骰子,观察骰子落地时正面出现的点数。通常称这样的试验为**随机试验**。这个随机试验有6个可能出现的结果:出现1点、2点、3点、4点、5点和6点。众所周知,对于一颗均匀的骰子来说,出现这6种情况的可能性是一样大的,都等于1/6。当然,在实际管理业务工作中,如骰子那样,很容易判断出可能性的情况是很稀罕的。例如,市场需求高、中和低的可能性的推测与判断,众人的看法不尽相同。即使两人都主管销售,但由于他们有各自的经验,看法也可能有差别。倘若对市场需求的可能性的推测与判断经过讨论取得了一致的意见,那么该如何决策? 要不要开发新产品? 是中型扩建还是大型扩建? 显然,管理决策问题的妥善解决,需要各种类型的定性分析与定量分析方法的交织应用。本课程研究定量分析,研究不确定性现象的数量规律性。

从数据出发,建立适当的模型,对所考虑的问题作出推断,为管理者的决策提供依据和建议。

本课程将讲解统计学、规划论与决策论的基本理论和方法,以及它们是如何用于定量分析的。本课程的讲解尤以统计学的基本理论和方法为主。早期,统计主要是为统治国家服务的。英文 statistics(统计)是由拉丁文 status(状态、国家)和 statista(政治家)演化而来。近代随着现代化大生产的发展,统计应用的范围越来越广,扩展到各行各业。在我国,尤其是改革开放以来,统计活动空前活跃,统计的重要性越来越被大家重视。这正如我国著名学者马寅初先生(1882-1982)所说的:

> 学者不能离开统计而研究,
> 政治家不能离开统计而施政,
> 企业家不能离开统计而执业。

§1.1 数 据

英国的《不列颠百科全书》对统计给出了一个简单明了且形象生动的定义:

统计是收集和分析数据的科学与艺术。

这句话告诉我们统计学的研究对象是数据。统计能做两件事:一是收集数据,二是分析数据。俗话说,巧媳妇难做无米之炊。那么,对统计来说

数据!数据!数据!我们不能做无米之炊。

必须注意的是,巧媳妇可以等丈夫买来米之后下锅,我们却不能等米下锅,不能说数据有没有不是我们统计的事,因而认为所谓统计工作就是有了数据之后用数学方法去分析数据,这样一种认识是误解了统计。分析数据仅仅是统计的一项工作。统计还有另一项工作,那就是收集数据。而且收集数据所花的时间、财力与精力不比分析数据少,甚至更多。下面这样的一种说法并不过分,收集到质量高(能说明问题)的数据比分析数据更为重要。为什么这样说,那是因为**数据是决策的一个非常重要的依据**。下面的两个例子说明数据的重要性。

商场选址

上海克莉丝汀食品店选址,与地图方位相比,他们更看中新店铺实际可吸纳的客流量,有专人用计表器测算可能的客源,达到一定的数量后公司网点开发部才会提交报告。这是他们网点选址前要做的必要的定量分析。除计表器测客流量外,克莉丝汀有一整套的扩张全攻略。他们做网点规划,首先根据该城市居民人均可支配收入考虑网点数;根据公司的定位,网点在客流量最集聚的地方,例如南京路、淮海路和豫园商场并不多见,网点主要是跟着社区走,沿着地铁走,而且很多店铺都选在十字路口拐角处,四面都可以看到克莉丝汀的招牌。

肯德基在开一家新店前会进行如下的商圈研究:

- 周边情况:周边商厦、饮食店、学校、娱乐场所、公交站点的数量和分布等;

- 半径范围：从拟建的餐厅出发，朝不同方向步行半分钟、1分钟、1分半钟乃至 5 分钟路程内到达上述这些设施的准确位置；
- 人流量测试：在拟建的餐厅处，周一至周日，每天按不同时段严格统计人流量。

<u>产品的认知度与购买意愿</u>

康泰克"早一粒，晚一粒"的广告用语曾经家喻户晓。但自 2000 年 11 月 15 日起，由于含有 PPA（苯丙醇胺）经媒体曝光，占国内感冒市场六成的康泰克突然退出。这给天津中美史克制药有限公司带来了巨大的损失。但仅事隔 9 个月，2001 年 8 月，不含 PPA，代之以 PSE（盐酸伪麻黄钙），同时保留扑尔敏成分的新康泰克上市。中美史克敢于耗资 1.45 亿元上马新康泰克，欲重登国内感冒药市场冠军宝座，这和它们前期所做的市场调查有关。北京美兰德信息公司对北京、上海等 20 座城市的感冒药市场调查表明，康泰克在全国享有 89.6% 的认知度，90% 的被调查者表示"会接受"或"可以接受"康泰克重回市场。正因为确信 90% 的人知道康泰克，确信 90% 的人愿意在不含 PPA 之后继续使用康泰克，所以中美史克确信康泰克可以复活。

企业在开发新产品前都要进行市场调查，了解顾客对品牌的认知度与购买意愿等问题。所谓品牌的认知度就是对品牌内涵及价值的认识与理解程度。市场调查与研究的内容非常丰富，例如，调查什么问题，向谁调查，调查多少人，如何保证调查质量，以及调查数据的处理分析等，这些都要用到统计的理论和方法。

我们这里所说的数据并不仅仅是数值的意思。数据的英文名是 data，它是拉丁文 datum 的复数形式，其含义简单地说是"事实资料"。本课程所说的

数据既包括数值型资料，也有文字型资料。

前面我们说，英国的《不列颠百科全书》给出了统计一个简单明了且形象生动的定义：统计是收集和分析数据的科学与艺术。下面简要介绍收集数据的调查、观察和试验这 3 个方法，以及在收集数据时应该注意的一些问题。

§1.1.1 调查数据

调查有两种类型：普查（又称全面调查）与抽样调查。一般来说，**普查是为某个特定目的专门组织的某个地区、甚至全国的一次全面调查**。我国在 1953 年组织了第一次全国人口普查，接着于 1964 年与 1982 年分别组织了第二与第三次全国人口普查。在第三次全国人口普查之后我国按世界各国的惯例，逢"0"年进行人口普查。1990 年、2000 年与 2010 年分别组织了第四、第五与第六次全国人口

普查。人口调查英文 census 来源于拉丁文 censere，意指收税。普查涉及每一个个体，调查工作量大，所需要的人力、物力、财力和时间都非常多，因而只能间隔一段比较长的时间再进行一次。两次普查之间，可使用抽样调查获取数据。例如，我国今后每隔10年，逢"0"年将进行人口普查。而在两次人口普查之间，逢"5"年将进行人口抽样调查。

前面所说的"商场选址"、"康泰克要不要复活"等问题的数据都是抽样调查的数据。所谓抽样调查就是仅调查一部分个体。人们习惯称这一部分被调查的个体为**样本**，样本的大小称为**样本容量**，而将所研究的个体的全体称为**总体**。从总体抽取样本的过程称为**抽样**。抽样调查就是由部分样本数据推断整个总体的数量规律性，或简单地说，

抽样调查由样本推断总体。

例如，所谓的民意调查简单地说，就是就某一问题对一部分人进行提问，然后将他们的回答汇总在一起，推测整个社会对这个问题的看法。

抽样调查可以用图1.1来加以说明。

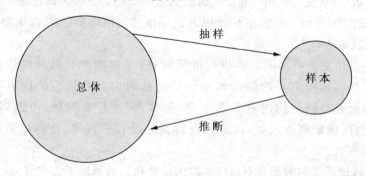

图 1.1 抽样调查

我国从20世纪80年代起就在每两次人口普查的中间进行一次全国1‰人口抽样调查。所谓1‰人口抽样调查，就是抽取全国总人口的1‰进行调查，然后由这1‰人口的数据推断我国总人口的数量规律性。1987年、1995年与2005年分别组织了第一、第二与第三次全国1‰人口抽样调查。此外，1987年与2006年分别组织了第一与第二次全国残疾人抽样调查。

由于仅调查一部分个体，所以根据抽样调查的部分数据推断整个总体的数量规律性难免有误差。然而其推断有统计的理论和方法作为依据，因此

抽样调查可以控制误差。

例如对于民意调查来说，所谓控制误差，通常就是考虑这样的一个问题：究竟向多少人提问，才能使汇总得到的结论和整个社会的实际情况很接近？如何控制误差的问题，也就是说样本容量多大为好，抽怎样的一组样本来进行调查，如何抽

取样本,如何调查,以及如何由样本来推断总体等,都要用到很多的统计理论和方法。本书第四章将简要讨论抽样调查控制误差的问题。

和普查相比,抽样调查不失为一个既能节省人力、财力、物力和时间,又可靠的调查方法。普查拖的时间长,花的精力多,难怪有人说普查打的是疲劳战,而抽样调查花的时间和精力比普查少多了,速战速决。普查调查每一个个体,这样得出的结论理应是最精确的。但疲劳战的普查,长时间的工作使得人的精神不容易集中,调查登记数据很有可能会出错。因而普查后,通常还得使用抽样调查的方法来评价普查数据的登记质量。而速战速决的抽样调查,工作时间不长,人的精神集中,不难将数据质量控制好,调查登记数据反而不大会出错。

§1.1.2 观察数据

下面是观察数据的两个事例,它们都很有趣,发人深省。

事例一,尿布与啤酒

超市,尤其是小型超市和日夜店,常将婴幼儿的尿布与啤酒放在一起出售,这是因为店主在观察营业数据时发现,这一天尿布卖得多啤酒往往也卖得多,而且尿布与啤酒通常是同一个人买的。进一步观察发现,既买尿布又买啤酒的人往往是男的。家里没有尿布了,孩子的妈在照顾孩子,孩子的爸去买尿布。孩子的爸买尿布时顺便拿了啤酒。这个例子说明超市每天都有很多"海量般"的营业数据。这些观察数据的统计分析将告诉我们许多对经营超市有用的信息,例如哪一些货物畅销,哪一些货物滞销,哪些类别的货物应该放在一起,哪些类别的货物应该放在让人容易拿到的地方等。

事例二,格朗特对"死亡公报"中数据的观察分析

1604年起英国伦敦教会每周发行一本"死亡公报"。公报记录了一周内死亡和出生者的名单。死者按81种死因(内含63种病因)分类。公报中男、女和不同地区分开统计。每期公报中的数据很多,英国人格朗特对从1604年的第一期至1662年的约3 000多期公报中的数据首次进行观察整理分析。在当时没有电脑的情况下,格朗特整理这批数据的工作量可想而知有多大。1662年他的著作——《关于死亡表的自然观察与政治观察》(简称《观察》)出版。该书出版之后评价很高,服装店主格朗特立即被当年刚成立的英国皇家学会吸收为会员。有关格朗特的《观察》的详细介绍请参阅参考书目[1]的第六章。

格朗特的《观察》被认为是近代统计学发展的起点。《观察》有8章。书中有很多的表,这些表对海量般的数据进行了整理,给出了一系列的结论。下面列举一些他给出的当时的人们并不知道,至今仍十分有用的结论。

格朗特在《观察》中说:
- 新生儿的男女性别比为 14/13;
- 在各年龄组男性死亡率皆高于女性;
- 新生儿的死亡率较高;
- 大城市的死亡率较高;
- 一般疾病和事故的死亡率较稳定;
- 传染病的死亡率波动较大,传染病流行时的死亡率比不流行时的高得多。

格朗特之前的人们一直认为,生男生女机会均等。格朗特根据3 000多期"死亡公报"中的新生儿的数据,得出新生儿的男女性别比为14/13。这也就是我们通常所说的,出生100个女孩,平均来说出生107到108个男孩。人口统计中女性100人时的男性平均人数称为性别比。因而新生儿的性别比为107到108。如果只经过为数不多的观察,我们是得不出"新生儿的男女性别比为14/13"这个规律的。

只有经过很多次的观察,才能看到这样的一个规律。这就是统计学的"大数法则"。

观察、整理和分析海量般的数据,根据"大数法则",可以发现自然与社会现象的客观规律。

大自然安排得非常巧妙,在各年龄组男性死亡率皆高于女性。因而尽管出生的新生儿中女的少男的多,但随着年龄的增加,女性人数减少得慢,而男性人数减少得快,性别比越来越小。例如,上海市60岁及以上老年人口性别比为86.2;65岁及以上老年人口性别比为81.3,80岁及以上高龄老人性别比为62.6,100岁及以上老年人口性别比为25.9。高龄的婆婆不少而高龄的公公难得一见。

在数据尤其是在"海量般"的数据中寻找信息的工作,通常将它比喻为采掘矿藏。原始数据是杂乱无章的。本书介绍的分析数据的方法和理论,将有助于我们从杂乱无章的数据中提炼出有用的信息。矿石里含有很多的杂质,剔除了杂质才能把矿提炼出来。与此相类似地,杂乱无章的原始数据中既包含着有用的信息,也包含着无用甚至误导我们的信息。识别并剔除或校正这些无用的甚至误导我们的信息的工作至关重要。这个工作也需要使用统计的理论和方法。必须指出的是,识别并剔除或校正异常值的工作依赖于人们对统计数据敏锐的观察力,以及我们对问题的实际背景的理解。下面让我们看看格朗特在《观察》中是如何做的。

格朗特在《观察》中提出了数据是否可信的问题。倘若有人篡改数据(数据有水分),或书写有误、度量仪器失灵等,这样得到的观察数据称为是异常值。显然,这样产生的异常值不可信。格朗特在《观察》中就发现了这样一个异常情况。它与黑死病(The black death,鼠疫)有关。1347—1352 年,黑死病在欧洲凶猛爆发,导致 2 500 多万人丧生。在随后的 300 多年间,黑死病仍然周期性地爆发。黑死病是传染病,其死亡率波动较大。在黑死病流行时死亡率高,在它不流行时死亡率低。1603 年 4—12 月和 1625 年 4—12 月都是黑死病流行的日子。格朗特发现这两个时间段的死亡情况(见下面的表 1.1)有很大的不同,1625 年黑死病死亡人数的比例 68.4% 比 1603 年的 83.0% 降低了很多。是真的降低了,还是数据有异常?

表 1.1 黑死病死亡情况的比较

时间	死亡总人数	黑死病死亡人数	黑死病死亡人数的比例
1603 年 4—12 月	37 294	30 561	30 561 / 37 294 = 83.0%
1625 年 4—12 月	51 758	35 417	35 417 / 51 758 = 68.4%

由表 1.1 知:

1603 年 4—12 月,非黑死病死亡人数为 37 294 − 30 561 = 6 733(人);

1625 年 4—12 月,非黑死病死亡人数为 51 758 − 35 417 = 16 341(人)。

考虑到一般疾病的死亡率比较稳定,因而格朗特认为 1625 年 4—12 月非黑死病死亡人数没有 16 341 人这么多。进一步的调查发现,不少死者家属行贿,把本该登记为因黑死病死亡的人改为其他原因死亡。这也就是说,伦敦教会"死亡公报"记载的 1625 年 4—12 月死于黑死病的 35 417 人被识别为异常值,死于黑死病的真实人数比 35 417 人多。这个异常值产生的原因就是由于有人故意篡改数据,把患黑死病死亡的人故意登记为其他原因死亡。这也就是通常所说的数据有水分。

发现了有水分的异常值之后,接下来的问题就是如何对它进行校正。格朗特如何校正的问题本书从略,有兴趣的读者请参阅参考书目[1]的第六章。下面给出一个简单的校正方法,它和格朗特的校正结果相差不大。

正如格朗特所说的,1625 年前后在黑死病没有流行的时候,非黑死病年死亡人数基本上稳定在 7 000 与 8 000 人之间。故平均而言,在 4—12 月这 9 个月里,非黑死病年死亡人数在 5 250 与 6 000 人之间。在黑死病流行的 1603 年 4—12 月,非黑死病死亡人数为 6 733 人。将这几个方面的情况综合在一起,我们将 1625 年 4—12 月非黑死病死亡人数估计为 6 500 人。从而将 1625 年 4—12 月黑死病死亡人数估计为 51 758 − 6 500 = 45 258 人。这也就是说,将原先观察到的黑死病死亡人数,即那个异常值 35 417 人校正为 45 258 人。所以 1625 年 4—12 月黑死病死亡人数的比例就等于 45 258 / 51 758 = 87.4%。这就仅比计算得到的 1603 年 4—12 月黑死病死亡人数的比例 83.0% 稍大一些。看来,将 1625 年 4—

12月黑死病死亡人数,即有水分的异常值35 417人校正为45 258人是比较合理的。当然,这仅仅是个"个案",所采用的方法并不能照搬过来解决其他的有水分的异常值的识别与校正问题。此类问题的解决往往需要具体问题具体分析,依赖于我们对所研究的问题的实际背景的理解。

异常值产生的原因除了篡改数据、数据有水分之外,还可能是由于书写记录有误,度量仪器失灵等。下面介绍的"莱茵河多长"就是后一个原因产生异常值的一个例子。

莱茵河是世界上最繁忙的水道之一,它的长度在欧洲排名第四,仅次于伏尔加河、多瑙河和第聂伯河。莱茵河源头在瑞士格劳宾登州阿尔卑斯山区。它流经列支敦士登、奥地利、德国和法国,直到荷兰湾的出海口。在各大百科全书、官方文件到学校教科书,都说莱茵河总长1 320千米。最近德国科隆大学的生物学家布鲁诺·克雷默在查阅资料时无意中发现莱茵河的长度并非一贯认为的1 320千米,而是大约1 230千米。克雷默说,20世纪初期许多文献都说,莱茵河总长约1 230千米。首次错误出现在1932年的克瑙尔氏百科全书中。很可能当初有人粗心地把十位和百位上的数字弄颠倒,将莱茵河的长度误写为1 320千米。随后人们就互相引用这一错误的数字沿袭至今。而某些专业书籍中记载的正确数字,莱茵河总长约1 230千米,此前却没有引起人们的重视。据克雷默测算,莱茵河总长应该为1 233千米左右。

判断两个量有没有关系,有什么样的关系是数据分析的一个目的。例如,格朗特通过数据分析发现死亡率与性别、年龄、居住地以及疾病类型等都有关系:男性与女性相比,各个年龄组内男性死亡率皆高于女性;新生儿与成年人相比,新生儿的死亡率较高;大城市与乡村相比,大城市的死亡率较高;一般疾病与传染病相比,一般疾病的死亡率较稳定而传染病的死亡率波动较大;导致意外死亡的原因可能是传染病,也可能是(意外伤亡)事故,两者相比传染病的死亡率波动较大而事故的死亡率较稳定。需要指出的是,

在分析观察数据时找到的两个量之间的关系有可能是"假"的,也就是说所观察到的仅仅是表面现象,它们其实是没有这样关系的。

表1.2是1976—1977年美国佛罗里达州29个地区凶杀案件中凶手的肤色与是否被判死刑的326个犯人的情况。

表1.2 凶手的肤色和是否被判死刑的情况汇总

凶手	死刑判决		凶手死刑判决的比例
	是	否	
白人	19	141	0.119
黑人	17	149	0.102

由表 1.2 可以看到，白人凶手被判死刑的比例 0.119 还比黑人凶手被判死刑的比例 0.102 高。难道说在法官判刑时没有种族歧视？为什么观察结果与 1976 年、1977 年美国的实际情况不符，其原因在哪里？难怪有人说统计可能撒谎，可用来骗人。利用统计骗人达到自己不可告人的目的，这样的人是有的，但毕竟是极少数。不乏有些人误用了统计，或滥用了统计从而给出了错误的信息。正确地使用统计的理论和方法去分析数据，获取真实的信息，为决策提供可靠的依据至关重要。

在凶手死刑判决的问题上，经过进一步的观察分析，发现还有一个很重要的因子，那就是被害人的肤色。根据被害人的肤色将表 1.2 分解，得表 1.3。

表 1.3　被害人肤色、凶手肤色和是否被判死刑的情况汇总

凶手	被害人	死刑判决		凶手死刑判决的比例
		是	否	
白人	白人	19	132	0.126
	黑人	0	9	0.000
黑人	白人	11	52	0.175
	黑人	6	97	0.058

由表 1.3 可以看到，当被害人是白人时，白人凶手被判死刑的比例 0.126 比黑人凶手被判死刑的比例 0.175 低；当被害人是黑人时，没有白人凶手被判死刑，而黑人凶手被判死刑的比例为 0.058。因而不论被害人是白人还是黑人，白人凶手被判死刑的比例都比黑人凶手被判死刑的比例低。由此看来，法官判刑时有种族歧视。种族歧视主要表现在，法官在看究竟是白人遇害还是黑人遇害。倘若白人遇害，凶手判得比较重；而若黑人遇害，凶手就判得比较轻。表 1.3 根据被害人的肤色分开来观察，观察结果与 1976 年、1977 年美国的实际情况相符，我们获取到了真实的信息。

这个问题里面有所谓的辛普森悖论：
- 起初是合起来看，没有考虑被害人的肤色，得到的结论是：白人凶手被判死刑的比例比黑人凶手被判死刑的比例高（见表 1.2）；
- 如果根据被害人的肤色分开来看，无论被害人是白人还是黑人，都是白人凶手被判死刑的比例比黑人凶手被判死刑的比例低（见表 1.3）。

辛普森(E. H. Simpson)是英国统计学家，他于 1951 年提出了一个悖论：

两组数据，分开讨论得到某种性质，可合并考虑却导致不一样的结论。

为纪念辛普森，将他提出的这种类型的悖论称为是辛普森悖论。分析数据，

尤其是分析观察数据时，必须注意分开来看与合起来看会不会发生矛盾，辛普森悖论有没有发生。怎样分开来看至关重要。这就需要我们在分析两个量，例如在分析"凶手肤色"与"有没有判死刑"关系的时候，寻找到第三个量"被害人肤色"。显然，如何寻找第三个量的问题非常关键，解决这个问题需要具体问题具体分析。

*§1.1.3 试验数据

除了观察和调查，数据还可以通过试验（又称实验）得到。最为简单的试验方法就是模拟。本书第三章§3.1.2小节将简要介绍模拟。

随机化对照比较双盲实验

脊髓灰质炎俗称小儿麻痹症。20世纪60年代前，脊髓灰质炎是令人惧怕的疾病之一，严重危害着人类，尤其是儿童的健康。美国总统富兰克林·D·罗斯福年轻时就不幸染上脊髓灰质炎。在他任职期间美国开展了规模空前的根治脊髓灰质炎的研究。研究的一项重要工作就是寻找脊髓灰质炎的病因。经研究发现，它是由一种病毒引起的。研究的另一项重要工作就是脊髓灰质炎的预防措施。我们知道天花也是由病毒引起的，当然，引起天花与引起脊髓灰质炎的是两种不同的病毒。既然天花可由疫苗、种牛痘来预防，因而人们很自然地想到，研制疫苗是预防脊髓灰质炎的主要工作。

20世纪50年代初，美国国家小儿麻痹症防治基金会（NFIP）召开的顾问委员会会议认为，由匹茨堡大学乔纳斯·索尔克（Jonas Salk）研制的疫苗有抗体，在实验室试验中被证实不仅安全可靠，而且能在人体中产生大量抗体。但疫苗能否推广使用，还需要进行一次大规模的现场试验。1954年美国公共卫生总署决定组织脊髓灰质炎疫苗实验。实验对象是那些最容易感染小儿麻痹症的人群，小学一、二、三年级的学生。这是一个对照比较的试验，比较接种疫苗与没有接种疫苗的儿童有没有差别，看看疫苗究竟有没有作用。脊髓灰质炎疫苗实验的详细介绍请见参考书目[2]的第一部分的第一节的第一篇文章，以及参考书目[3]的第一章。

关于脊髓灰质炎的现场试验，很容易想到的一个实验方案是：与过去比。1954年给大量儿童接种疫苗。考虑到1953年儿童并没有接种疫苗，因而若1954年脊髓灰质炎发病率比1953年明显下降，就说明疫苗有效。这个实验方案经过论证，被认为是不可行的。其原因就在于脊髓灰质炎是一种流行病。流行病在每年的发病率变化很大。1930—1953年美国脊髓灰质炎发病记录见图1.2。

从图1.2可以看到，1952年有近60 000个病例，而1953年只有不到40 000个病例。1952和1953年儿童都没有接种疫苗，但是它们的病例数相差很大。由此看来，接种疫苗后1954年的低发病率可能由于疫苗有效，也可能因为当年没有

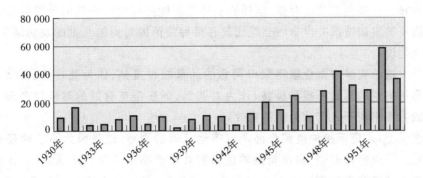

图 1.2　1930—1953 年美国脊髓灰质炎发病记录

流行此病。

人们习惯与过去比。例如,在判断一种新药(或一种新的治疗方案)有没有价值的时候,人们常会在一组病人身上做试验,并将他们与过去使用原有的药(或老的治疗方案)的病人的情况相比较。对于这种类型的对照比较务必小心,因为除了服的药(或采用的治疗方案)不同之外,过去与现在很可能还有一些不同,而这些不同有可能影响到疗效。

由于疫苗尚处于实验阶段,它仅在实验室试验中被证实安全可靠且能产生大量抗体。大规模的现场试验的目的就是为了知道疫苗推广使用后是否仍然是安全可靠且能产生大量抗体。由此看来,**接种疫苗是有风险的**。一旦疫苗有问题那就要危害儿童的身心健康。因而儿童接种疫苗,必须取得他父母的同意。由此提出了一个实验方案:取得父母同意的儿童接种疫苗,父母不同意的儿童不接种疫苗,将这两组儿童进行比较。通常将接种疫苗的这一组儿童称为是**处理组**;而将没有接种疫苗的这一组儿童称为是**对照组**。经过论证,这个实验方案仍然被认为不可行。

引起脊髓灰质炎的病毒十分普遍,大多数成年人在一生的某个时期可能都曾感染过脊髓灰质炎病毒,有的发病,有的没有发病。没有发病的成年人很可能本人从来没有意识到自己感染过脊髓灰质炎病毒。感染了脊髓灰质炎病毒,不论有没有发病,自身对病毒产生了抗体,终身免疫。这就可用来解释一个奇怪的现象,脊髓灰质炎似乎"偏爱"那些卫生保健条件较好的人。人们发现**居住条件较好的地段得脊髓灰质炎的人多**。那些卫生条件很差的地区,婴儿刚诞生很可能就已经接触到脊髓灰质炎病毒,但从母亲遗传的免疫力在保护他,使得他产生了自身的免疫力。因而**居住条件差的地段得脊髓灰质炎的人比较少**。一般来说,父母同意儿童接种疫苗的家庭接受教育的程度往往比较高,家境比较富裕,住在居住条件比较好的地段。而父母不同意儿童接种疫苗的家庭接受教育的程度往往比较低,家境比较贫穷,住在居住条件比较差的地段。人们发现愿意参加试验的儿童逃学次数明显低于其他儿童。由此可见,处理组儿童的家庭与对照组儿童的家庭有显著的差异。在疫苗有效的时候,这样的差异很可能使得接种疫苗的处理组儿童脊髓灰质炎的发病情况并没有明显地比没有接种疫苗的对照组儿童的发病情况好。这也就是说:

这个实验方案让取得父母同意的儿童接种疫苗,作为处理组,而父母不同意的儿童不接种疫苗,作为对照组,则在疫苗有效的时候这个实验方案不利于人们认为疫苗有效。

事实上,儿童不接种疫苗也必须取得他父母的同意,这是因为不接种疫苗也**有风险**。一旦疫苗有效,则没有接种疫苗的儿童若感染了脊髓灰质炎,同样对儿**童的身心健康产生危害**。因而不仅儿童接种疫苗,就是儿童不接种疫苗,都必须取得他父母的同意。这也就是说,处理组和对照组的儿童都应来自父母同意参与实验的家庭。下面的问题是如何将这些父母同意参与实验的儿童分配到处理组或对照组。根据人的判断将这些儿童划分为两组的方法实施起来不仅不容易,而且很有可能分得不均匀。所谓"均匀",意思是说处理组与对照组的儿童各个方面的情况都差不多。倘若一组男的多另一组女的多,或一组健康的学生多另一组健康的学生少,一组学习成绩好的多另一组学习成绩差的多,一组家庭收入高的多另一组家庭收入低的多,一组性格开朗活跃的多另一组性格开朗活跃的少,那么这样的两组显然就不是均匀分组。由此看来,人的判断均匀分组费人力、财力、物力和时间,而且不可靠,难以分得均匀。最简单、最恰当的分组方法就是随机分配。例如,扔一枚均匀的硬币,以50%对50%的机会将儿童分配到处理组或对照组。根据概率统计的理论可以知道,随机分配得到的处理组与对照组的各个方面的情况都差不多完全一致。这些父母同意参与实验的儿童越多,分成的两组就会越均匀。

整个实验期间都需要医生来给处理组(接种疫苗)和对照组(没有接种疫苗)的儿童进行诊断,检查参加试验的儿童是否感染了脊髓灰质炎。因为难以诊断某个人是否有脊髓灰质炎的症状,所以在诊断的过程中有不少的疑难病例。一般来说,人们倾向于希望疫苗成功。由此看来,倘若医生知道哪些接种了疫苗,哪些没有接种疫苗,则他很有可能有这样一种意向,在诊断接种疫苗的学生时将一些疑难病例轻率地诊断为非脊髓灰质炎,而不加以深入的检查;在诊断没有接种疫苗的学生时将一些疑难病例轻率地诊断为脊髓灰质炎,同样不加以深入的检查。医生必须做到"盲",他不知道参加试验的儿童谁在处理组(接种疫苗),谁在对照组(没有接种疫苗)。同样的道理,参加试验的儿童也必须做到"盲",他不知道自己,以及别人是在处理组还是在对照组。做到这样两个"盲"的实验称为是**双盲实验**。双盲实验给处理组的儿童接种疫苗,给对照组的儿童接种安慰剂。安慰剂看上去和疫苗一模一样,但它没有抗体。1954年的脊髓灰质炎的现场实验大规模实施的是

随机化对照比较双盲实验:处理组和对照组都来自父母同意参与实验的儿童。用随机分配例如抽签的方法将父母同意参与实验的儿童分配到处理组或对照组。整个实验在双盲的情况下进行,这也就是说:不管是儿童还是医生,都不知道谁在处理组谁在对照组。

脊髓灰质炎疫苗的随机化对照比较双盲实验,通过医生诊断就可了解疫苗的疗效和人的健康状况,因而大规模的现场试验是可行的。但对很多试验设计问题来说,难以做到大规模的现场试验。例如,某化工厂经研究分析发现某种产品的产量与化学反应的温度、时间和催化剂的用量这 3 个因子有关。为寻求最佳生产工艺随机选择化学反应的温度、时间和催化剂的用量进行大规模的现场试验显然是不可取的。这是因为化工生产试验的时间长,成本非常高,而且掌控现场试验的难度很大,所以试验次数不宜过多。做尽可能少的试验,获取尽可能多的信息,寻找最佳生产工艺,这需要精心设计试验。

为减少试验次数,精心设计试验的第一步工作是,仔细分析寻找因子的代表性数值。例如,经过分析,化学反应温度、时间和催化剂用量这 3 个因子都可考虑取 3 个水平(代表性的数值):

化学反应的温度的 3 个水平为 60℃、70℃ 和 80℃;

化学反应的时间的 3 个水平为 1 小时、1.5 小时和 2 小时;

催化剂的用量的 3 个水平为 2 千克、2.5 千克和 3 千克。

将各个因子的各个水平组合在一起,每次只作一次试验,共需做 $3\times3\times3$ 次 $=27$ 次试验。

接着仔细考虑,能否只对不同水平的某些组合上做一次试验,但又能对每一个因子的各个水平的重要性进行比较,从而找到诸因子的最优水平组合。上述这个 3 个因子中每个因子都取 3 个水平的试验设计问题,我们可以考虑采用 3×3 拉丁方设计方案。

*拉丁方设计

这个化工产品产量的 3 个因子,每个因子都取 3 个水平的拉丁方试验设计方案见表 1.4,其中的 A、B 和 C 分别表示催化剂的用量的 3 个水平:2 千克、2.5 千克和 3 千克。

表 1.4 3×3 拉丁方设计方案

化学反应时间	化学反应温度		
	60℃	70℃	80℃
1 小时	A	B	C
1.5 小时	B	C	A
2 小时	C	A	B

表1.4的3×3拉丁方设计方案需要做9次试验：
(60℃,1小时,A),(70℃,1小时,B),(80℃,1小时,C);
(60℃,1.5小时,B),(70℃,1.5小时,C),(80℃,1.5小时,A);
(60℃,2小时,C),(70℃,2小时,A),(80℃,2小时,B)。

它比各个因子的各个水平完全组合在一起的27次试验少做了18次试验,省去了很多的试验时间与精力,节约了大量的资金。

图1.3是3个因子,每个因子都取3个水平的试验设计方案的图表示,其中x轴、y轴和z轴分别表示第一个因子(化学反应温度)、第二个因子(化学反应时间)和第三个因子(催化剂用量),各个因子的3个水平皆分别依次记为1、2和3。图1.3中大的●的9个点代表不完全的3×3拉丁方设计方案所做的9次试验。大的●的点与小的●的点合在一起共有27个点,代表各个因子的各个水平完全组合在一起的27次试验。

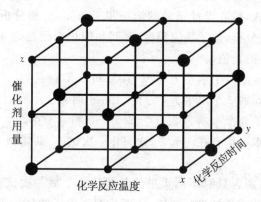

图1.3　3个因子每个因子都取3个水平的试验设计方案的图示

图1.3的前后、上下和左右各有3个面,每个面上都有6条边。观察发现,每个面上都有3×3拉丁方设计的3个试验点●,且每条边上都有且仅有1个试验点●。总之,这9个试验点●在空间均衡地分布着。这样均衡安排的试验有一个非常好的性质：

每一个因子的每一个水平都参与了3次试验,并且它和其他任意一个因子的任意一个水平都有且仅有一次组合。

为方便计算,通常将拉丁方设计试验的观察值记录在拉丁方设计中,例如,将这个化工产品的拉丁方设计的9组试验的观察值记录在表1.4的3×3拉丁方设计方案中,见表1.5。左上角方格中A=24的意思是在(60℃,1小时,A)的试验方案下得到的观察值——化工产品的产量为24。其余的依此类推。最下面一行上的74、58和85分别是每一列的3个观察值的和,而最右边一列上的63、83和71分别是每一行的3个观察值的和。下面采用直观分析的方法,寻找拉丁方设计的因子的最优水平。

表 1.5 3×3 拉丁方设计方案与试验观察值

化学反应时间	化学反应温度			合计
	60℃	70℃	80℃	
1 小时	A=24	B=20	C=19	63
1.5 小时	B=28	C=21	A=34	83
2 小时	C=22	A=17	B=32	71
合　计	74	58	85	

首先对化学反应温度的 3 个水平:60℃、70℃和 80℃进行比较,看其中哪一个最优。

- 第一个水平 60℃与表 1.5 第一列的 3 组试验有关:
 (60℃,1 小时,A),(60℃,1.5 小时,B),(60℃,2 小时,C)。
 这 3 个试验的观察值分别是 24、28 与 22。它们的和 74(见表 1.5 最下面一行的第一个数)可直观地看成与
 (60℃,1 小时,A)+(60℃,1.5 小时,B)+(60℃,2 小时,C)
 有关,也就是与 3 个 60℃,化学反应时间的 3 个水平,以及催化剂用量的 3 个水平各 1 个有关;

- 同样的道理,表 1.5 最下面一行的第二个数 58 可直观地看成与
 (70℃,1 小时,B)+(70℃,1.5 小时,C)+(70℃,2 小时,A)
 有关,也就是与 3 个 70℃,化学反应时间的 3 个水平,以及催化剂用量的 3 个水平各 1 个有关;

- 同样的道理,表 1.5 最下面一行的第三个数 85 可直观地看成与
 (80℃,1 小时,C)+(80℃,1.5 小时,A)+(80℃,2 小时,B)
 有关,也就是与 3 个 80℃,化学反应时间的 3 个水平,以及催化剂用量的 3 个水平各 1 个有关。

由此可见,表 1.5 最下面一行上的 3 个数:74、58 和 85 的最大值 85 所对应的 80℃就是最佳化学反应温度。

类似地,表 1.5 最右边一列上的 63、83 和 71 的最大值 83 所对应的 1.5 小时就是最佳化学反应时间。

寻找最佳催化剂用量的过程也很简单,只需将拉丁方设计方案表 1.5 中的 3 个 A、3 个 B 和 3 个 C 的观察值分别相加,就能寻找到最佳催化剂用量:

3 个 A 的观察值相加:24+34+17=75;

3 个 B 的观察值相加:20+28+32=80;

3 个 C 的观察值相加:19+21+22=62。

最大值 80 所对应的 B(2.5 千克)就是最佳催化剂用量。至此,我们所找到的最优水平组合为(80℃,1.5 小时,2.5 千克)。这个最优水平组合并不包括在 3×3 拉丁方设计方案(见表 1.4)的 9 个试验方案之中,它还没有做过试验。

上述寻找因子最优水平组合的方法直观简单。但必须指出的是,由这个粗浅的直观方法找到的因子的最优水平组合是否的确是最优的,还有不少问题有待深入讨论。解决拉丁方试验设计的检验问题需要用到比较多的统计理论和方法,本书从略。

所找到的因子最优水平组合是不是最优的,更重要的是需要继续做试验或实践验证。例如这个化工产品的拉丁方设计,我们找到的最优水平组合既然还没有做过试验,那就更需要采用这个试验方案做实验,通过实践验证它究竟是不是最佳的。

必须指出的是,拉丁方设计方案要求因子之间互不关联,即没有**交互作用**。交互作用不难理解。例如有两种药物 A 和 B。药物 A 单独服用与药物 A 和 B 一起服用,药物 A 对疾病的治疗效果是不是一样的?又如药物 B 可以小剂量服用,也可以大剂量服用。那么药物 A 和小剂量 B 一起服用与 A 和大剂量 B 一起服用,药物 A 对疾病的治疗效果是不是一样的?倘若不一样,则说药物 A 和 B 有交互作用。可想而知,药物之间有没有交互作用的研究非常重要。因子之间有交互作用时的试验设计问题比较复杂,本书从略。

拉丁方设计方案公平均衡地对待每一个因子的每一个水平,它使得每一个因子的每一个水平参与同样次数的试验,并且它和其他任意一个因子的任意一个水平有且仅有一次组合。表 1.6 是 2×2、3×3 和 4×4 几个拉丁方的例子。

表 1.6　拉丁方

2×2	3×3	4×4
A B	A B C	A B C D
B A	C A B	D A B C
	B C A	C D A B
		B C D A

拉丁方的试验方案都是正方形排列的,试验方案用拉丁字母 A、B、C 和 D 等表示。正因为如此,人们就称这样的设计为拉丁方设计。拉丁方设计的内容非常丰富。除拉丁方设计外,试验设计的内容还包括正交设计、参数设计、不完全区组设计、回归设计和均匀设计等。

§1.2 模型

本课程所说的模型并不仅仅是数学模型。对于数学模型,人们往往感到它抽象复杂。事实上,模型其实是对客观现象的具体描述。地图、玩具、工程设计图纸、城市公共交通路线图,以及变量之间的函数曲线关系等都可看成是模型。

本课程讲述的模型指的是,用图表、文字、数字、符号,以及数学表达式等对客观现象的描述;淡化甚至忽略了客观现象的次要因素,是对它的本质核心部分的描述。

本章开头讨论的开发还是不开发新产品,中型扩建还是大型扩建为好的决策问题,我们可以建立一个决策树模型(见图 1.4)来描述它。决策树模型系统直观地描述了决策的先后顺序。决策树由结点和树杈组成。如何寻求这个决策树模型的最优策略,本书第三章将从期望收益与风险的角度进行讨论。

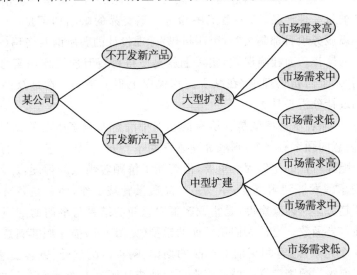

图 1.4 决策树模型

质量控制与管理

早期人们将质量定义为符合工艺规格。一旦产品经检验合格出厂,则质量控制过程结束。后来随着市场竞争日益激烈,人们将质量定义为符合顾客要求。所以产品出厂并不意味着质量控制过程结束。除了厂内生产受控之外,还要进行市场调查。深入了解顾客购买与使用的反馈意见,也是质量控制的一个重要内容。市场经济日益发展导致社会需求结构和人们消费观念的巨大变化,从实现顾客满意到顾客惊喜,是质量管理工作的新趋势。

　　随着社会进步经济发展,人们对质量控制与管理的认识就更加深刻,质量控制与管理的内涵更加丰富。下面是人们对质量控制与管理内涵的变化情况的生动描述。原先提出的是全面质量控制(TQC:Total Quality Control),后来是全面质量管理(TQM:Total Quality Management)。再后来是全面质量的4个方面,即 TQ 4 个 M(TQM^4)。这"4 个 M"就是 Management(管理)、Measure(测量)、Marketing(市场)、Money(成本)。无论哪一个 M 都需要用到统计的理论与方法。

　　1998 年 3 月 10 日《解放日报》的"管理新知"栏目中有一篇文章,其标题为:"六个西格玛理论:杜绝误差"。在此标题之前该文有一段话:"全球著名的美国通用电气公司(General Electric Company,简称 GE)上上下下掀起了一股学习管理理论的热潮,这一切皆因董事长杰克·韦尔奇(Jack Welch,1935—   )而起。"1995年 60 岁的老人韦尔奇把实施六个西格玛理论作为其 GE 生涯中辉煌的结局。GE 把"六个西格玛"应用于公司所经营的一切活动,借此活动公司基本上消灭了每天在全球生产的每一件产品、每一道工序和每一笔交易的缺陷和不足。GE 的每一种新产品和新服务项目都是按"六个西格玛"标准设计的。所谓西格玛(sigma)就是希腊文 σ 的读音。而杜绝误差,实际上就是使得**每百万次操作中至多只有 3.4 次失误**。用"六个西格玛理论"在减少操作失误上狠下工夫。在这众多的工夫中用了很多的统计分析工具。

　　顾名思义,顾客满意率就是在所有的顾客中满意的顾客所占的比例。调查 n 个顾客,若满意的顾客有 r 个,则顾客满意率就等于 r/n。顾客满意率的计算很简单。满意的顾客所占的比例固然重要,但若能了解顾客满意的程度,那就更好了。注意力从满意率发展到满意度,不仅是产品质量管理工作,而且是各行各业的管理工作的新趋势。所谓满意度,是指顾客事后感知的结果与事前的期望之间作比较后的一种差异函数。通常人们用下面的模型(见图 1.5)描述顾客满意度。这个模型中有 5 个元素:顾客购买前对产品的期望、购买后的感受、顾客满意度、顾客忠诚和顾客抱怨。顾客满意度模型直观形象地描述了这 5 个元素之间的关系:顾客期望和顾客感受是产生顾客满意度的两个前提,顾客满意程度的高低会导致顾客忠诚和顾客抱怨两种结果。顾客忠诚度是企业追求的目标,将抱怨顾客转变为忠诚顾客是企业的一项重要工作。计算顾客满意程度需用到这 5 个元素之间的计量经济学模型。这个问题比较复杂,本课程恕不讨论。有兴趣的读者可参阅参考书目[4]。

推测与预报

　　由脚印长度推测身高　　一般来说,成年人长得高,其脚印长度往往也比较长。

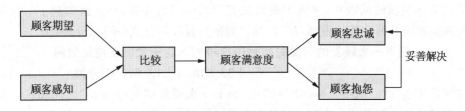

图 1.5　顾客满意度模型

这也就是所谓的身高与脚印长度正相关。公安部门在案发现场往往能看到案犯留下的脚印,为便于破案,可根据案犯的脚印长度推测其身高。通过研究发现成年人的身高与脚印长度有这样的关系:

$$人的身高 = 6.876 \times 脚印长度 \pm 误差。$$

这就是人们通常所说的用以描述我国成年人身高与脚印长度之间相关关系的**回归模型**。

公安部门利用这个模型就可以根据案犯的脚印长度推测其身高。例如案犯留下的脚印长度为 25 厘米,根据这个数学模型推测此案犯的身高约为 6.876×25 厘米 $= 171.9$ 厘米。这说明脚印长度相同例如都是 25 厘米的人,有的长得高,有的长得矮,其平均身高为 171.9 厘米,或者说脚印长度相同都是 25 厘米的人中,有一半的人的身高超过 171.9 厘米,有一半的人的身高低于 171.9 厘米。这也就是说,脚印长度是 25 厘米的人,其身高在 171.9 厘米的上下波动。

美国黄石国家公园间歇喷泉下一次喷发发生时间的预报　美国黄石国家公园位于美国西部北落基山和中落基山之间的熔岩高原上,公园的绝大部分在怀俄明州西北部,小部分在蒙大拿州南部和爱达荷州东部。公园面积达 8 956 平方千米。园内的森林占全园总面积的 90% 左右,水面占 10% 左右。园内自然景观丰富多样,有峡谷、瀑布、湖泊、间歇喷泉和温泉,还有丰富的野生动物,如灰熊、狼、麋鹿和野牛等,是著名的游览胜地。黄石公园建于 1872 年,是美国的第一个国家公园,也是世界上第一个国家公园。黄石公园的间歇喷泉很著名。所谓间歇喷泉,是指大量的地下热水过一段时间就会向天空喷射一次,形成不同形状的热水柱。最具代表性的间歇喷泉是老忠实间歇喷泉(Old Faithful Geyser)。该泉名副其实,每天总是非常忠实地喷发 21 次或 22 次,每次可喷发 2—5 分钟,喷发高度可达 40 米到 60 米。它把 45 000 升的滚热泉水抛向高空。它是间歇喷泉,两次相邻喷发间隔的时间是不等的,短的间隔只有 40 分钟左右,而长的间隔达到 100 分钟左右。这就提出了一个问题,如何向游客预报下一次喷发发生的时间? 为此首先寻找与喷发间隔时间有关系的变量。经过研究发现,这一次喷发持续时间与到下一次喷发间隔时间正相关。这一次喷发结束时,其喷发持续的时间是可观察的,而到下一次喷发间隔的时间是未知的,需要预报。在美国黄石国家公园这个利用相关关系作预报的问题中,可观察的喷发持续时间是自变量,待预报的到下一次喷发间隔时间是因变量。根据观察数据得到的预报计算公式(单位:分钟)为:

$$到下一次喷发的间隔时间 = 10.740\ 97 \times 这一次喷发持续时间$$
$$+ 33.828\ 21 \pm 13.097\ 92\ 分钟$$

这就是描述"这一次喷发持续时间"与"到下一次喷发的间隔时间"之间相关关系的**回归模型**。假设这一次喷发持续时间是 3 分钟,由于

$$10.740\ 97 \times 3 + 33.828\ 21 = 66.051\ 12,$$

故预报下一次喷发大概在 66.051 12 分钟后发生,误差为 13.097 92 分钟。这也就是说,下一次喷发大概在

52.953 20(= 66.051 12 − 13.097 92)分钟与 79.149 04(= 66.051 12 + 13.097 92)分钟

之间发生。事实上,这里有个概率问题。误差为 13.097 69 分钟就是根据概率是 95% 通过计算而得到的。因而严格地说,在这一次喷发持续时间是 3 分钟时,应这样地预报:下一次喷发大概在 66.051 12 分钟后发生,误差为 13.097 69 分钟,概率为 95%。这也就是说,我们有 95% 的把握说,下一次喷发大概在 52.953 20 分钟与 79.149 04 分钟之间发生。为什么能作这样的预报? 这个问题留待本书第七章进行讨论。

人们通常用图 1.6 表示数据、模型与决策之间的关系。数据如同原料,被输入到模型,经过分析处理,输出的是决策。当然这样的输入输出过程往往会有反复,例如经过分析处理,发现原有的数据不够充足,需要有更多或其他类型的数据。这说明不仅仅只有将数据输入到模型的过程,还有从模型到数据的反馈。同样的道理,从决策到模型,甚至从决策到数据都可能有反馈。

图 1.6　数据、模型与决策之间的关系

本课程使用 Excel 的统计软件的数据分析与规划求解功能,Excel "工具(Tools)"菜单上有"数据分析(Data Analysis)"与"规划求解(Solver Parameters)"命令。倘若没有,那就需要启动"工具"菜单上的"加载宏(Add-Ins)"命令,加载"分析工具库(Analysis ToolPak)"与"规划求解(Solver Add-in)"。

习　题　一

1. 1912 年美国因车祸死亡的人数为 3 100 人,1997 年因车祸死亡的人数为 4.3 万人。根

据这些数据能不能说,1997年美国的交通安全情况比1912年差?为什么?

2. 电视上播放了推销某种产品的广告。为了解这个广告的效果,在商店里对购买该产品的顾客作调查。

① 倘若由市场调查发现,在200个购买该产品的顾客中有170人看过广告。由此知,在购买该产品的顾客中看过广告的比例高达85%。根据这些数据能不能立即就说,广告很有效?为什么?

② 倘若由市场调查发现,在200个看过广告的人中有170个人购买了该产品。在看过广告的人中购买的比例高达85%。根据这些数据能不能说,广告很有效?为什么?

3. 为了解学生晚上看电视到几点钟,只在参加早锻炼的学生中作调查,这样行吗?

4.《商业报》把调查表分发给某地区的1 200家大公司(摘自参考书目[5]的10.1)。有168家公司回答了问题。在这168家公司中只有56家公司说他们的产品涨价了。产品涨价的公司所占的比例为1/3(=56/168)。据此《商业报》说,该地区有2/3的公司的产品没有涨价。这个统计数字可靠吗?为什么?

5. 某校设有心理咨询中心。常有校内学生去中心要求心理咨询。20%的来咨询的学生说他们很压抑,甚至想自杀。心理咨询中心的老师据此推测,我们学校中20%的学生有自杀的倾向。这样的推测可信吗?为什么?

6. 曾有人观察发现城市郊区环境清洁安静的地方患肺结核的病人比较多,而在其他地方患肺结核的病人却比较少。难道生活在环境清洁安静的地方容易得肺结核。如何解释这个现象?

7. 某工厂有3个车间(改编自参考书目[6]第六章的案例)。车间主任分别为王、张和李。过去的一年里,这3个车间的合格产品数与不合格产品数见表1.7。

表1.7 3个车间的合格产品数与不合格产品数

主任	合格产品数	不合格产品数	产品总数	不合格率是多少?
王	2 491	212		
张	1 540	258		
李	666	87		

① 根据表1.7,你认为哪个车间主任最好?哪个车间主任最差?

厂长考虑到各个车间生产的产品中,既有内销产品,也有外销产品,而内销和外销产品的质量规格的要求是不同的。为此他要求将各个车间的产品按内销和外销产品分开来统计。统计结果见表1.8。

表1.8 内销和外销产品的合格产品数与不合格产品数

主任	产品类别	合格产品数	不合格产品数	产品总数	不合格率是多少?
王	内销	2 368	131		
	外销	123	81		
张	内销	293	3		
	外销	1 247	255		
李	内销	307	12		
	外销	359	75		

② 根据表1.8,你认为哪个车间主任最好?哪个车间主任最差?

③ 表1.7将内销和外销的产品合在一起,而表1.8将内销和外销的产品分开来统计。在这个问题中合起来看与分开来看得到的结论是否一致?如果它们的结论不一样,你认为哪一个结论较为正确?

④ 试分析它们的结论不一样的原因。

⑤ 在实际工作和生活中有没有与这个问题相类似的情况?请举些实例。

6. 为了解不同年龄的人对某项措施的看法有没有差别,分别调查了2 000个年龄小于40岁和年龄在40至59岁之间的人。调查数据如表1.9所示。

表1.9 不同年龄的人对某项措施的看法

年龄	不同意	同意	合计
<40	360	1 640	2 000
40~59	560	1 440	2 000

① 根据表1.9,你认为年龄越大,越倾向于同意,还是越倾向于不同意?

② 有人建议最好再进一步了解,男性不同年龄的人对某项措施的看法有没有差别,以及女性不同年龄的人对某项措施的看法有没有差别。这也就是说,调查数据首先按性别划分,然后按年龄大小划分。这就有了表1.10。根据表1.10,你认为对男性来说,年龄越大,越倾向于同意,还是越倾向于不同意?对女性来说,年龄越大,越倾向于同意,还是越倾向于不同意?

表1.10 不同性别、不同年龄的人对某项措施的看法

性别	年龄	对某项措施的看法		合计
		不同意	同意	
男	<40	90	110	200
	40~59	540	1 260	1 800
女	<40	270	1 530	1 800
	40~59	20	180	200

③ 表1.9是不看性别,将男女合在一起得到的结果,表1.10是将男女分开来看得到的结果。在这个问题中合起来看与分开来看得到的结论是否一致?如果它们的结论不一样,你认为合起来看(表1.9)得到的结论正确,还是分开来看(表1.10)得到的结论正确,还是无论哪一个结论都难说是正确的?

④ 看表1.9,调查了2 000个年龄小于40岁的人,和2 000个年龄在40至59岁之间的人。年龄小的与年龄大的调查的人数相等,都是2 000人。看表1.10,男性被调查了200个年龄小于40岁的人,和1 800个年龄在40至59岁之间的人。男性年龄小的被调查人数比年龄大的被调查的人数少得多。再看表1.10,女性被调查了1 800个年龄小于40岁的人,和200个年龄在40至59岁之间的人。女性年龄小的被调查人数比年龄大的被调查的人数多得多。你认为这样的调查方法是否恰当?如果不恰当,应如何改进,才能做到公平合理?

7. 1990年第四次人口普查把婚姻状况分为4种类型:未婚、有配偶、丧偶和离婚。在过去的一年里上海市25岁及以上的人中,各类婚姻状况的居民和死亡人数见表1.11,其中居民人

数是 1990 年 7 月 1 日的居民人数；死亡人数是 1989 年 1 月 1 日到 1990 年 6 月 30 日的死亡人数的 2/3。

表 1.11 各类婚姻状况的居民人数和死亡人数

统计人数	婚姻状况			
	未婚	有配偶	丧偶	离婚
居民人数	563 254	7 865 556	696 914	101 112
死亡人数	1 921.4	44 963.0	33 960.9	924.3

① 根据表 1.11 的数据比较各类婚姻状况的死亡率。

接下来考察死亡率与年龄的关系。将 25 岁及以上的人一分为三：青年(25—34 岁)、中年(35—59 岁)与老年(60 岁及以上)。青年、中年与老年人中各类婚姻状况的居民和死亡人数分别见表 1.12。

表 1.12 青年、中年与老年人中各类婚姻状况的居民人数和死亡人数

婚姻状况	青年		中年		老年	
	居民人数	死亡人数	居民人数	死亡人数	居民人数	死亡人数
未婚	454 458	678.3	95 738	595.9	13 058	647.2
有配偶	2 469 311	1 294.9	4 127 772	10 287.7	1 268 473	33 380.4
丧偶	3 682	15.7	107 866	669.1	585 366	33 276.1
离婚	22 498	36.9	54 411	195.9	24 203	691.5

② 分别比较青年、中年与老年人中各类婚姻状况的死亡率。

③ 将青年、中年和老年人合在一起的各类婚姻状况死亡率的比较结果，与把青年、中年与老年人分开来之后的各类婚姻状况死亡率的比较结果有没有不同之处？如果不同，你认为哪一个方法的结论较为正确？

8. 某新药疗效的实验对象有 2 000 人。假设他们被随机地分成大小相等的两组。服用新药的人中有人没有坚持服药。类似地，服用安慰剂的人中也有人没有坚持服安慰剂。这项实验的参加人数，与跟踪期间(例如 5 年)的死亡人数和死亡率的数据见表 1.13。

表 1.13 新药疗效实验

	新药			安慰剂		
	人数	死亡人数	死亡率	人数	死亡人数	死亡率
坚持者	600	60	10%	500	55	11%
不坚持者	400	80	20%	500	95	19%
整个组	1 000	140	14%	1 000	150	15%

① 有人说，在服用新药的人中坚持服药的死亡率只有不坚持服药的一半，这说明新药的疗效是显著的。你同意他的说法吗？

② 根据表 1.13 请说明，新药究竟有没有疗效？如果你认为新药没有疗效，那么什么才是对健康真正有效的？

9. 假设某个大型产品有 4 个组装方法：A、B、C 和 D。可采用拉丁方设计比较这 4 个组装

方法的组装时间。显然,组装一个大型产品花的时间长,因而组装次数不能多。此外,组装一个大型产品会使操作员工产生疲劳,最后一次组装所花的时间很有可能超过前面例如第一次组装所花的时间,组装时间与组装次序有关。采用拉丁方设计可以做到,组装次数不多,且每一个组装方法都前后搭配,从而消除组装时间与组装次序之间的相关性。拉丁方设计选 4 位操作员工组装大型产品,比较 4 个组装方法:A、B、C 和 D。4×4 拉丁方设计及组装所花时间(单位:小时)的观察值见表 1.14(数据摘自参考书目[7]第 4 章思考题 4.19 题)。表的第一行告诉我们,第 1 次组装时操作员工 1 用组装方法 C、操作员工 2 用组装方法 D、操作员工 3 用组装方法 A、操作员工 4 用组装方法 B,他们组装所花的时间分别为 10、14、7 与 8 小时。其余各行以此类推。

① 请采用直观分析的方法分析这 4 个组装方法哪一个比较好。
② 对这 4 位员工的操作技能和经验的差异进行直观分析。
③ 对组装时间与组装次序的相关性进行直观分析。

表 1.14 组装方法、操作员工和组装次序的 4×4 拉丁方设计

组装次序	操作员工			
	1	2	3	4
1	C=10	D=14	A=7	B=8
2	B=7	C=18	D=11	A=8
3	A=5	B=10	C=11	D=9
4	D=10	A=10	B=12	C=14

10. 小张明年夏天毕业(摘自参考书目[8]第二章§2.1 的例)。今年夏天他在公司 A 打工。由于工作出色,公司 A 欢迎他明年毕业后来工作,年薪 6 万元,但要求他今年年底前签约。不久小张收到了他过去曾打工过的 B 公司的来电,告诉他明年 3 月 B 公司有招聘会,欢迎他来应聘。若录用,年薪 8 万元。除了这两个机会之外,小张还可以在学校明年 4、5 月间的招聘活动中找到工作。运气好可以找到年薪 10 万元的工作,运气不好只能找到年薪 5 万元的工作,甚至找不到工作。看来小张为找工作需要作好多次决策。首先他要决策,是否与公司 A 签约。若不签约,他就需决策要不要去公司 B 招聘。如果公司 B 录用他,他要不要与公司 B 签约,还有他明年在学校组织的招聘活动中寻找工作的问题。试建立一个决策树模型,按时间的先后次序描述小张找工作的决策过程。

11. 王平花 40 万元钱买了一所房子。一年后又卖掉了。他卖房子时有 25%的贬值率,这也就是说商品和服务价格平均降低 25%。王平卖了 30.8 万元。李林也花 40 万元钱买了房子并于一年后卖掉。他卖房子时物价上涨 25%。李林卖了 49.2 万元。张华也花 40 万元钱买了房子并于一年后卖掉。他卖房子时物价没有变化。他卖了 32 万元。请问:李林卖房子得到的钱最多,这是否意味着他做得最好?如果不是他做得最好,那是谁做得最好?

第二章

描述性统计分析

得到了一批数据之后,要进行整理,从中提取有用的信息。这个过程通常称为**描述性统计**。常用的描述性统计方法有表格法、图示法和数值法。

§2.1 数据类别

在第一章我们说,数据的含义简单地说是"事实资料",既包括数值型资料,也包括文字型资料。数值型资料按其取值来分通常有以下两种类型:

(1) **计量数据** 如人的身高、体重、……,产品的长度、直径、重量、……,股票的价格、市盈率、……它们的取值可以是某个区间内的任意一个实数。

(2) **计数数据** 如企业职工人数、成交股票股数、单位时间内通过某交叉路口的汽车数等。它们在整数范围内取值,大部分还仅在非负整数范围内取值。

本课程讨论的文字型资料通常有以下两种类型:

(1) 观察值不是数,而是事物的属性,如人的性别(男、女)、婚姻状况(未婚、有配偶、丧偶、离婚等)、物体的颜色、形状。这一类资料称为名义定性资料,简称**名义资料**。我们常用数来表示属性的分类,例如用数"1"和"2"分别表示男和女。这些数只是一个代码,没有大小关系,也不能进行运算。在这里,"1"与"2"不能比较大小,"1+2"也没有意义。表示名义定性资料的这一类数据称为名义定性数据,简称**名义数据**。

(2) 有些事物的属性有一个顺序关系,如人的文化程度由低到高可分为"文盲"、"小学"、"初中"、"高中、中专"和"大专、大学"等5类。又如顾客对某商场营业员服务态度的评价分为"满意"、"一般"、"不满意"3类。这一类数据称为有序定性资料,简称**有序资料**。我们常用数来表示属性的分类与顺序。例如,分别用数0,1,2,3和4表示"文盲"、"小学"、"初中"、"高中、中专"和"大专、大学";分别用3、2和1表示顾客对服务的评价"满意"、"一般"和"不满意"。这些数只起一个顺序作用,类与类之间的差别是不能运算的。例如,"满意"比"一般"好,但"好多少"是不能计算的,这里的"3-2"是没有意义的。这一类数据称为有序定性数据,简称有

序数据。事实上,名义资料和有序资料通常也就称为是名义数据和有序数据。这也就是说,本课程所说的数据有资料的含义。

计量数据和计数数据称为**定量数据**。名义数据和有序数据称为**定性数据**。

$$数据\begin{cases}定量数据\begin{cases}计量数据\\计数数据\end{cases}\\定性数据\begin{cases}名义数据\\有序数据\end{cases}\end{cases}$$

此外,数据还可以按其收集到的时间分为横断面数据和时间序列数据两种类型。在同一时间点上收集到的数据称为**横断面数据**。例如,2010 年 12 月 24 日(周五)在上海证券交易所上市的 A 股股票中挑选 25 个股票,它们的股票名称、股票类别、上周收盘、本周收盘、本周成交股数和市盈率等的数据就是横断面数据。这批数据的统计分析是为了对不同的股票在这一天的表现进行比较。

在不同的几个时间点上收集到的数据称为**时间序列数据**。例如,为分析上证指数在过去 6 个月的走势,我们收集了过去 6 个月每个交易日的上证指数的数值。这样收集得到的数据就是时间序列数据。又如 1979—2010 年上海市各年度保险费收入、赔款和给付以及赔付率的数据也是时间序列数据,见表 2.1。

表 2.1 中有 3 个时间序列数据:从中可以看到上海市年度保险费收入、赔款和给付与赔付率的变化趋势。表 2.1 中每一年的年度保险费收入、赔款和给付与赔付率,这 3 个量是一个个的横断面数据。由此看来,表 2.1 的数据是时间序列-横断面数据。通常称这样的数据为**面板数据**。从表 2.1 中不仅可以看到各个变量的变化趋势,而且可以对变量进行比较,分析变量之间有什么样的关系,以及这种关系的变化趋势。

$$数据\begin{cases}横断面数据\\时间序列数据\\面板数据(时间序列-横断面数据)\end{cases}$$

注:事实上,上海市年度保险费收入、赔款和给付与赔付率这 3 个量还可以细分,例如,年度保险费收入可细分为年度产险和寿险的收入,或细分为年度中资和外资保险公司的收入,由年度保险费收入还可以计算保险深度(保费收入占 GDP 的比例)和保险密度(人均保费收入)。这样一来,每一年的横断面数据包含着很多个变量。由此可见,对这个面板数据的研究分析是非常有意义的。

表 2.1 上海市年度保险费收入以及赔款和给付

年 份	保险费收入(万元)	赔款和给付(万元)	赔付率(%)
1979	1 578	673	42.7
1980	6 967	1 341	19.2
1981	9 452	3 224	34.1
1982	11 105	2 144	19.3
1983	13 250	4 462	33.7
1984	17 582	3 626	20.6
1985	22 725	5 385	23.7
1986	30 428	6 829	22.4
1987	40 306	9 180	22.8
1988	53 772	15 466	28.8
1989	73 739	18 936	25.7
1990	89 905	22 179	24.7
1991	111 579	44 667	40.0
1992	111 000	42 300	38.1
1993	144 600	58 900	40.7
1994	211 976	119 088	56.2
1995	257 344	127 478	49.5
1996	524 000	150 000	28.6
1997	875 900	191 000	23.4
1998	1 029 200	286 700	27.9
1999	1 152 100	394 600	34.3
2000	1 272 300	362 000	28.5
2001	1 802 500	388 200	21.5
2002	2 393 400	498 500	20.8
2003	2 899 300	619 700	21.4
2004	3 071 100	708 600	23.1
2005	3 336 200	874 600	26.2
2006	4 070 400	913 100	22.4
2007	4 826 400	1 398 200	29.0
2008	6 000 600	1 840 900	30.7
2009	6 650 300	1 767 400	26.6
2010	8 838 600	1 945 400	22.0

§2.2 定性数据的描述性统计分析

§2.2.1 定性数据的列表描述

例 2.1 为了解人们对饮料的偏爱,向 50 个被访者调查"在下列 5 种饮料中,您最喜欢喝的是哪一种饮料?"

可口可乐、苹果汁、橘子汁、百事可乐、杏仁露。

调查得到的结果见表2.2。

表2.2 被访者最喜欢的饮料

可口可乐	百事可乐	杏仁露	杏仁露	可口可乐
杏仁露	苹果汁	可口可乐	可口可乐	可口可乐
可口可乐	橘子汁	可口可乐	可口可乐	苹果汁
可口可乐	百事可乐	苹果汁	百事可乐	可口可乐
橘子汁	杏仁露	可口可乐	可口可乐	杏仁露
橘子汁	橘子汁	杏仁露	橘子汁	百事可乐
百事可乐	百事可乐	橘子汁	杏仁露	杏仁露
可口可乐	杏仁露	可口可乐	橘子汁	苹果汁
苹果汁	苹果汁	百事可乐	苹果汁	可口可乐
可口可乐	可口可乐	可口可乐	苹果汁	杏仁露

表2.2记录的50个被访者最喜欢喝的饮料名称就是数据。具体地说它是名义定性资料。这些资料让人看了眼花缭乱,不得要领。如果统计一下每一种饮料出现的次数(频数),可以看到"可口可乐"出现了17次,"苹果汁"出现了8次,"橘子汁"出现了7次,"百事可乐"出现了7次,"杏仁露"出现了11次。这些结果汇总在下面的频数频率分布表2.3中。从表2.3中可以看出:喜欢"可口可乐"的频数最高,"杏仁露"其次,接下来的"苹果汁","橘子汁"和"百事可乐"受欢迎的程度差不多。这样的信息单凭观察表2.2的原始数据是不容易得出的。

表2.3 最喜欢的饮料的频数频率分布表

饮料名称	频 数	频率(%)
百事可乐	7	14
橘子汁	7	14
可口可乐	17	34
苹果汁	8	16
杏仁露	11	22
合 计	50	100

启动Excel中文版"数据"菜单上的"数据透视表和数据透视图(P)"命令就可以制作频数频率分布表2.3,其步骤如下:

1)建立数据文件,例如,将原始数据表2.2放在A列的第2至第51个单元格,且在A列的第1个单元格上输入项目名称"饮料";

2)选择"数据"下拉菜单;

3)选择"数据透视表和数据透视图(P)"选项;

4)选择"Microsoft Office Excel 数据列表或数据库(M)",选择"数据透视表(T)",选择"下一步";

5）在选定区域栏中键入"a1:a51"，选择"下一步"；

6）选择"现有工作表"，键入"d1"，选择"完成"；

7）首先将项目"饮料"拖入行字段，然后将"饮料"拖入中间部分。

注：① 在 A 列的第 1 个单元格上必须输入项目名称"饮料"。② 在步骤5）键入"d1"的意思是说，让输出的频数分布表的左上角在 D 列的第 1 个单元格。

为输入方便，可以用例如 1、2、3、4 和 5 分别作为可口可乐、苹果汁、橘子汁、百事可乐和杏仁露的代码。则表 2.2 记录的 50 个被访者最喜欢喝的饮料名称就转化为 50 个数。这就是名义定性数据。有了名义定性数据，启动 Excel 制作频数频率分布表 2.3 有下面两种方法。

方法一 在将表 2.2 记录的 50 个被访者最喜欢喝的饮料名称转化为名义定性数据之后，仍可使用"数据"菜单上的"数据透视表和数据透视图（P）"命令制作频数频率分布表 2.3，步骤 1 到 7 与前面所述的完全相同，只是多了一个步骤：

步骤 8）在输出的交叉分组列表的左上角上右击鼠标，选择（Field Settings）字段设置（N），然后在数据透视表字段的对话框的汇总方式（S）的菜单中选择计数。

方法二 启动 Excel 中文版"工具"菜单上的"数据分析"命令也可以制作频数频率分布表 2.3，其步骤如下：

（1）建立数据文件。用 1、2、3、4 和 5 分别作为可口可乐、苹果汁、橘子汁、百事可乐和杏仁露的代码。将原始数据例如放在 A 列的第 1 至第 50 个单元格。

（2）Excel 要求输入数据分组的情况。因而在例如 B 列的第 1 至第 5 个单元格上依次输入饮料的代码：1、2、3、4 和 5。

（3）按下面的顺序制作频数分布表：

1）选择工具下拉菜单；

2）选择数据分析选项；

3）在分析工具框中选择直方图；

4）在直方图对话框中：

① 在输入区域栏中键入 a1：a50；

② 在接收区域栏中键入 b1：b5；

③ 选择输出区域，并在输出区域栏中键入 d1；

④ 单击确定。

表 2.3 按饮料名称分组，如果我们还想考察这些饮料受欢迎的程度与性别是否有关，那就需要在调查的时候记录被调查者的性别。调查得到结果见表 2.4，它是表 2.2 的拓展。

表 2.4　被访者的性别与最喜欢的饮料

男,可口可乐	男,百事可乐	女,杏仁露	女,杏仁露	男,可口可乐
男,杏仁露	女,苹果汁	男,可口可乐	女,可口可乐	男,可口可乐
女,可口可乐	男,橘子汁	男,可口可乐	男,可口可乐	女,苹果汁
女,可口可乐	女,百事可乐	女,苹果汁	男,百事可乐	男,可口可乐
男,橘子汁	男,杏仁露	男,可口可乐	男,可口可乐	女,杏仁露
女,橘子汁	女,橘子汁	女,杏仁露	女,橘子汁	男,百事可乐
女,百事可乐	男,百事可乐	男,橘子汁	女,杏仁露	女,杏仁露
女,可口可乐	女,杏仁露	女,可口可乐	男,橘子汁	女,苹果汁
男,苹果汁	女,苹果汁	男,百事可乐	女,苹果汁	女,杏仁露
男,可口可乐	男,可口可乐	男,可口可乐	女,苹果汁	女,杏仁露

根据表 2.4 可制作饮料名称和性别的交叉分组列表,见表 2.5。表 2.5 告诉我们,在 50 个被访者中男性和女性各有 25 人。这些饮料受欢迎的程度与性别是有关系的。男性被访者最喜欢可口可乐,其次是百事可乐,而女性最喜欢杏仁露,其次是苹果汁。表 2.5 就是所谓的两种方式分组的交叉表,类似地有 3 种或更多种方式分组的交叉表。

表 2.5　饮料名称和性别的交叉分组列表

饮料名称	性别		合计
	男	女	
百事可乐	5	2	7
橘子汁	3	4	7
可口可乐	13	4	17
苹果汁	2	6	8
杏仁露	2	9	11
合计	25	25	50

启动 Excel 中文版"数据"菜单上的"数据透视表和数据透视图(P)"命令,除了可以制作频数频率分布表(见表 2.3),还可以制作两种方式分组的交叉表 2.5。制作交叉表的步骤与频数频率分布表基本相同,只是有下面一些不同:

① 步骤 1) 建立数据文件时,除了在 A 列的第 1 个单元格上输入项目名称"饮料",并且将饮料名称放在 A 列的第 2 至第 51 个单元格之外,还需在 B 列的第 1 个单元格上输入另一个项目名称"性别",并且将性别男或女放在 B 列的第 2 至第 51 个单元格;

② 步骤 5) 在选定区域栏中键入"a1:b51";

③ 步骤 7) 除了首先将项目"饮料"拖入行字段,还需将项目"性别"拖入列字段,最后将"饮料"或"性别"拖入中间部分。

④ 建立数据文件时,如果输入的是代码:1、2、3、4 和 5 分别作为可口可乐、苹果汁、橘子汁、百事可乐和杏仁露的代码;0 和 1 分别作为男性和女性的代码,则多了一个步骤:在输出的交叉分组列表的左上角上右击鼠标,选择字段设置(N),然后在数据透视表字段的对话框的汇总方式(S)的菜单中选择计数。

§2.2.2 定性数据的图示描述

条形图(又称柱形图,直方图)是用宽度相同的长方形的高低或长短来表示数据变动特征的图形。条形图中长方形可以竖放也可以横放。竖放时,常在横轴上标记定性数据的每一类别,在纵轴上表示频数或频率。每一类都对应一个长方形,这个长方形的高度表示这一类的频数或频率。图 2.1 是"最喜欢的饮料"的条形图。

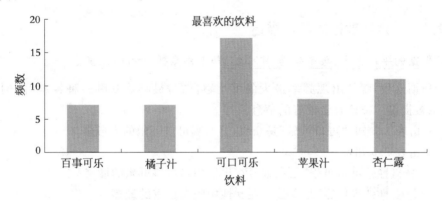

图 2.1 "最喜欢的饮料"的条形图

启动 Excel 中文版"插入"菜单上的"图表(H)"命令,就可制作"最喜欢的饮料"的条形图 2.1。利用 Excel 软件的这个图表功能画条形图的方法从略。此外,在启动 Excel 中文版"工具"菜单上的"数据分析"命令制作频数分布表的步骤的最后,只需要在直方图对话框中除了选择输出区域外,再选择图表输出,则 Excel 就不仅给出频数分布表,还给出条形图。

圆形图(又称饼图)用一个圆及圆内几个扇形的面积来表示数据的频数(频率)分布。定性数据的每一类对应 个扇形,它的中心角等于 360°乘以该类出现的频率。图 2.2 是"最喜欢的饮料"的圆形图,它也是启动 Excel 中文版"插入"菜单上的"图表(H)"命令,利用 Excel 软件的图表功能画出来的。

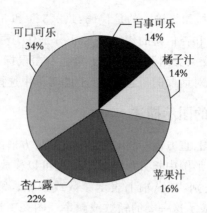

图 2.2 "最喜欢的饮料"的圆形图

§2.2.3 定性数据的数值描述

定性数据的平均大小(集中趋势、中心位置)常用众数(mode)来度量

所谓众数,就是出现频率最大的那个数。在"最喜欢喝哪一种饮料"的例子中,众数提供了被调查者偏好的信息。

- 由表 2.3 知,"可口可乐"是众数,喜欢喝可口可乐的人最多。
- 由表 2.5 知,

  ☆ 男性:"可口可乐"是众数。在男性中喝可口可乐的最多;

  ☆ 女性:"杏仁露"是众数。在女性中喝杏仁露的最多。

众数的意义不难理解,应用也很广泛。例如农贸市场卖蔬菜的小贩,一天下来他最关心的是今天的青菜、鸡毛菜、白菜、菠菜……哪一个蔬菜卖得最多。农贸市场上某类商品的价格常以众数值为代表。有时,频数最高的数可能不止一个,这时,就存在不止一个众数。如果在数据中有两个众数,则称此数据为双众数的。如果有 3 个或 3 个以上的众数,则称数据为多众数的。在多众数的情况下,众数对于描述定性数据的平均大小已经没有多大意义了。

2007 年公安部对我国 13 亿多户籍人口的一项统计分析显示,"王"姓是第一大姓,有 9 288.1 万人,"李"姓其次,有 9 207.4 万人,第三是"张"姓,有 8 750.2 万人。他们分别占全国人口总数的 7.25%、7.19%和 6.83%。然而 2006 年初,国家自然科学基金委、中国科学院遗传与发育生物学研究所历时两年的百家姓统计研究的结果是李、王、张分列前 3 位。看来 2007 年的版本与 2006 年的版本在谁是中国第一大姓的问题上有差别。差别的原因很可能在于,2006 年版的是抽样调查,调查的范围还包括港、澳、台地区,共调查得到了 3 亿人口的数据。2007 年版是公安部将全部户籍人口的姓排序生成的,但港、澳、台地区没有纳入公安部的户籍登记。2006年版的数据表明,王姓的分布北多南少,港、澳、台都是李姓多而王姓少,台湾地区李姓超过王姓几十万人。看来,包括港、澳、台地区,在全世界的范围内,"李"姓就成了第一大姓。

对驾驶员肇事的内在因素进行分析,观察值取4个值:"察觉得晚"、"判断失误"、"驾驶错误"和"其他"。这是名义定性数据。对2000例交通事故分析结果如表2.6所示。在2000次观察中,"察觉得晚"出现了1191次,其频率59.6%最大。因而众数是"察觉得晚"。它是交通事故最主要的内在因素。

表 2.6 交通事故驾驶员的内在因素

内在因素	事故数	频率(%)
察觉得晚	1 191	59.6
判断失误	697	34.8
驾驶错误	96	4.8
其他	19	0.8
合计	2 000	100

至于"察觉得晚"为什么最重要,以及驾驶员为什么会察觉得晚,这些问题的原因分析就不属于统计分析的范畴。统计分析揭示的是统计规律。至于统计规律的解释需要用到其他领域的知识。学科结合交叉就能产生巨大的力量。驾驶员为什么会察觉得晚的分析结果如下。

根据人体生理学,人眼看到的信息传递给大脑,大脑再向肢体传递命令需1.5秒。时速100千米的汽车从看到险情到用脚踩刹车时,车已经开出40米。况且刹车后车子停下来还需滑行更长的距离。这就是高速公路上一辆汽车好多辆汽车连环相撞的原因。由此不难理解"察觉得晚"为什么最重要。为避免察觉得晚肇事,交通管理部门在交通事故容易发生的地段设置醒目标志,要求驾驶员保持足够的车距,不要疲劳驾车,严禁酒后驾车等。

主次因素排列分析法

表2.6告诉我们交通肇事中驾驶员"察觉得晚"的因素出现的频率最大。但它只有59.6%,尚没有达到人们通常所期望的80%。欲想达到80%,可应用主次因素排列分析法,其步骤如下。

1)将交通事故驾驶员肇事的内在因素按频数从大到小排列。
2)计算频率和累积频率,由表2.6得表2.7。

表 2.7　交通事故驾驶员的内在因素的主次因素排列分析

内在因素	事故数	频率(%)	累积频率(%)
察觉得晚	1 191	59.6	59.6
判断失误	697	34.8	94.4
驾驶错误	96	4.8	99.2
其他	19	0.8	100.0

3) 顾名思义,所谓累积频率,就是前面几个频率的累积和。例如,第二个累积频率为 94.4%,它等于前两个频率 59.6% 与 34.8% 的和。其意思是说 94.4% 的交通事故是由这两个原因引起的。根据累积频率在 80% 或以上的因素为主要因素的原则,驾驶员肇事主要的内在因素就是察觉得晚与判断失误,要减少交通事故,应首先从这两方面着手。

主次因素排列分析法在质量管理中很有用。本书第一章曾讲到质量控制与管理中的"六个西格玛理论",用"六个西格玛理论"在减少操作失误上狠下工夫。在这众多的工夫中用了很多的统计理论与方法。主次因素排列分析法就是其中的一个统计方法。

人们通过生产实践发现,大部分的质量问题往往只由少数几个原因引起,找出这几个原因,是解决质量问题的关键。排列图可以在影响产品质量的众多因素中寻找主要因素,以明确改进质量的方向。

例 2.2　一批产品中有 976 个不合格品,按不合格品产生的原因分类,得表 2.8。

表 2.8　不合格品原因频数分布表

原因	频数	原因	频数
操作	22	工艺	89
设备	526	材料	47
工具	292		

对表 2.8 的数据进行主次因素排列分析,得表 2.9。根据累积频率在 80% 或以上的因素为主要因素的原则,表 2.9 告诉我们造成不合格品的主要原因是设备与工具,要减少不合格品应首先从这两方面着手。

表 2.9　不合格品原因的主次因素排列分析

原因	频数	频率(%)	累积频率(%)
设备	526	53.89	53.89
工具	292	29.92	83.81
工艺	89	9.12	92.93
材料	47	4.82	97.75
操作	22	2.25	100

道路交通事故时有发生,工厂生产过程中难免会有不合格品。这些资料中含有很多对于我们的管理工作有用的信息。倘若见怪不怪,不充分挖掘开发这些资料中所包含的对我们有用的信息,那是极大的浪费。采用主次因素排列分析法进行分析,就能找到交通事故驾驶员肇事的主要内在因素,以及造成不合格品的主要原因。

主次因素排列分析法是意大利经济学家帕累托发现的帕累托原则在质量管理工程方面的应用。帕累托(Vilfredo Pareto,1848-1923),意大利经济学家。他发现意大利的社会财富的分配很不平均。在1906年他提出了一个非常著名的规律:社会80%的财富掌握在20%的人手里。帕累托的发现被朱兰(Joseph M. Juran)和其他人所推广,其中以朱兰的推广最为重要。1941年朱兰将帕累托在经济学领域的发现推广到质量问题,80%的问题由20%的原因引起。朱兰把它叫做"少数几个主要的和多个微不足道的"。最后由帕累托在经济领域的发现得到了一条各个领域通用的原则。这条原则指出,20%的事情常常对80%的结果负责。这条原则就是所谓的帕累托原则或"80-20原则"。以下是帕累托(80-20)原则的示例:

- 一个图书馆有20%的书本的借出次数,是占整个图书馆借出馆藏次数的80%。
- 一个部门有几个雇员经常缺席,他们负缺席问题的大部分责任。
- 10%的客户的订货占我们营业额的75%。
- 保险公司有40件赔款损失,其中6件的损失占总损失的80%。
- 车间里有15部机器,65%的停机事故由其中的3部引起。
- 大部分的质量问题往往只由少数几个原因引起。

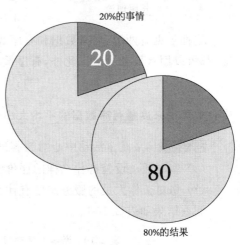

帕累托(80-20)原则

商界把帕累托的80-20原则简说为"八二法则",即80%的销售额是由20%的所谓"VIP"客户贡献的。商界往往对其余的、居于大多数的80%的普通客户不大关心。有时这80%的客户甚至成了无人问津的"沉默的长尾"。商界之所以这样,是出于成本和效率的原因。他们只能集中精力关注重要的人或重要的事,也就是"头部",而不得不将处于"尾部"、需要更多的精力和成本才能关注到的大多数人或事忽略。但是在网络时代,人们有可能以很低的成本且很高的效率去关注"尾部"。事实上,"尾部"产生的总体效益甚至会超过"头部",沉默的长尾隐藏着巨大的商机。近来有一本书《长尾理论》(The long tail)很是畅销。该书引用不少的案例,说明了长尾的威力:亚马逊书店有超过一半的销售量来自于在它排行榜上位于13万名之外的图书;美国最大的在线DVD影碟租赁商Netflix公司有1/5的出租量来自于其排行榜3 000名以外的影碟题材;而在线音乐零售商Rhapsody排行榜1万名以外的曲目下载数量甚至超过了在排行榜前1万名的曲目。最为典型的案例是Google。占据了Google半壁江山的AdSense,它面向的客户是数以百万计的中小型网站和个人。Google将这些数量众多的群体汇集在一起,形成了非常可观的经济利润。

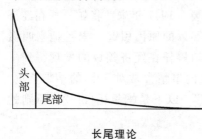

长尾理论

要真正获得沉默的长尾隐藏着的巨大的商机并非易事,关键是需要对长尾重新组合,将分散的、弱小的、独立的和细微的个体组成的这样一条长长的尾巴聚集在一起是需要技术和手段的。显然,"八二法则"和"长尾理论"相随相伴,并不冲突。它们很可能适用于不同的领域。

定性数据有两类:名义数据和有序数据。它们的平均大小(集中趋势、中心位置)都可以用众数来度量。此外,有序数据的平均大小还可以用中位数来度量,看例2.3。

中位数可用来度量有序数据的平均大小(集中趋势、中心位置)

例2.3 某儿童活动中心对游客进行问卷调查,其中的两个问题为:
(1) 您对活动设施有什么样的评价?
(2) 您对工作人员的服务态度有什么样的评价?
调查结果如表2.10所示。

表2.10 游客对活动设施及服务态度的评价(%)

评价	活动设施		服务态度	
	百分比	累积百分比	百分比	累积百分比
很不满意(1)	4.9	4.9	1.2	1.2
不满意(2)	18.2	23.1	11.7	12.9
一般(3)	30.3	53.4	42.2	55.1
满意(4)	35.9	89.3	36.5	91.6
很满意(5)	10.7	100.0	8.4	100.0

表2.10的观察值取5个值:很不满意、不满意、一般、满意、很满意。这是有序

名义数据,其序代码例如可分别取为 1、2、3、4 和 5(见表 2.10 的第 1 列)。这些数只起一个顺序作用,类与类之间的差别是不能运算的。

由表 2.10 中的百分比可以看到,游客对"活动设施"的评价,众数是"满意";对"服务态度"的评价,众数是"一般"。这告诉我们对"活动设施"感觉"满意"的游客最多,而对"服务态度"感觉"一般"的游客最多。

所谓中位数(median)是将数据按由小到大递增的顺序排列后位于中间的数值。由此可见,中位数具有这样的性质:

- 在中位数左边有一半的数;
- 在中位数右边有一半的数。

对于例 2.3 而言,欲计算中位数,首先得将感觉很不满意的游客排在最前面,接下来依次是感觉"不满意"、"一般"、"满意"的游客,将感觉"很满意"的游客排在最后面。然后寻找排在中间位置的那个游客,看他是什么样的感觉。他的感觉就是中位数。由表 2.10 中的累积百分比可以看到,游客对"活动设施"的评价,中位数是"一般";对"服务态度"的评价,中位数也是"一般"。这告诉我们对"活动设施"和"服务态度"感觉"很不满意"、"不满意"和"一般"的游客分别各有一半;对"活动设施"和"服务态度"感觉"一般"、"满意"和"很满意"的游客分别也各有一半。

综上所述可知

- 对"活动设施"的评价,众数是"满意",中位数是"一般";
- 对"服务态度"的评价,众数是"一般",中位数也是"一般"。

既看众数,又看中位数,才能更好地了解数据的全貌。

有的时候,例如人口统计中的年龄,通常计算其中位数。表 2.11 是历次人口普查的上海市常住人口的年龄中位数。

表 2.11 上海居民的年龄中位数

人口普查时间	上海居民的年龄中位数
1964 年第二次人口普查	19.4 岁
1982 年第三次人口普查	29.2 岁
1990 年第四次人口普查	33.9 岁
2000 年第五次人口普查	37.6 岁
2010 年第六次人口普查	36 岁

1964 年第二次人口普查时上海常住人口的年龄中位数为 19.4 岁。它的意思是说,1964 年在上海市,有一半常住人口的年龄不到 19.4 岁,有一半常住人口的年龄超过 19.4 岁。表 2.11 告诉我们,上海常住人口的年龄中位数有逐步提高的趋势。这说明上海一点点地在步入老龄化。相对于 2000 年第五次人口普查,2010 年第六次人口普查的年龄中位数略有下降,这与上海市常住人口中有越来越

多的外来人口不无关系。根据 2010 年第六次人口普查资料,上海市外来人口的年龄中位数是 29 岁。相对于常住人口,外来人口年轻得多。大量外来青年人的来沪,增强了上海人口的活力,在一定程度上延缓了上海人口老龄化进程。

§2.3 定量数据的描述性统计分析

§2.3.1 定量数据的列表与图示描述

例 2.4 内径是某合金钢圆筒的一个重要的质量指标。即使是同一批量生产的圆筒,其内径也不全相等,所以圆筒的内径是个变量。既然是变量,人们自然会关心它的分布情况。我们以人的身高为例,说明分布这个词的含义。所谓**分布**,直观地说就是各种身高的人各有多大的比例,例如身高不到 170 厘米,身高在 170 厘米与 175 厘米之间的人,或身高超过 175 厘米的人在整个人群中的比例。由此可见,各种内径的圆筒分别有多大的比例,哪一类内径的圆筒最多,哪一类内径的圆筒其次的多,哪一类内径的圆筒最少,显然是人们很关心的问题。

要回答这个问题,首先得有数据。数据就来自于圆筒内径的测量。测量 200 个圆筒的内径,所得数据见表 2.12。

表 2.12 圆筒的内径 （单位:毫米）

43.4	34.4	53.3	45.1	48.4	40.3	36.1	47.5	46.5	42.7	51.3	36.3	44.3	49.7
38.6	42.1	36.9	43.3	46.6	50.5	49.1	41.9	47.9	38.1	43.5	45.2	40.1	37.4
46.2	42.9	47.6	55.9	40.3	38.9	47.2	51.5	54.2	54.9	38.4	51.7	37.3	41.9
51.3	45.6	49.5	36.2	43.7	37.2	48.0	36.1	43.3	42.1	48.8	53.4	32.1	47.6
50.9	43.1	54.5	41.3	45.6	45.6	46.0	47.7	50.1	45.4	48.9	46.1	45.5	43.9
53.6	43.3	44.5	32.1	47.7	48.1	39.8	44.4	45.7	43.8	47.1	45.7	45.9	43.2
34.0	43.1	45.6	45.4	56.0	51.1	45.2	50.7	59.1	47.0	54.2	44.9	44.1
43.8	51.7	47.3	38.6	45.2	52.2	44.1	44.7	44.2	51.2	41.7	44.7	46.0	42.8
50.4	44.5	43.0	41.7	54.4	45.5	40.8	40.2	41.1	49.4	48.6	41.7	46.2	40.9
39.5	44.0	48.7	48.7	47.4	45.5	40.8	49.2	50.3	51.6	47.6	49.5	52.3	48.2
41.5	42.4	37.7	47.3	45.3	45.0	42.8	49.0	42.0	45.9	50.3	44.9	45.4	45.2
36.5	54.4	40.7	44.3	49.1	47.2	42.7	47.2	47.6	47.7	31.1	50.1	39.4	51.3
35.7	49.3	37.3	47.9	49.3	44.8	42.3	44.7	44.7	43.7	47.1	38.0	46.3
40.1	56.8	45.9	38.1	41.8	39.7	35.1	43.4	38.8	52.3	52.2	45.9	45.2
41.1	41.7	44.8	39.4										

这 200 个数是计量定量数据。它们杂乱无章,不经过整理难以发现其内在的规律。首先构造它的频数分布表和频率分布表,步骤如下:

1) 启动 Excel 中文版"数据"菜单上的"排序(S)"命令将 200 个圆筒的内径数据由小到大排列,找出最小值 31.1 和最大值 59.1。

2) 将数据分组。一般取组数:5~20,组距≈(最大值-最小值)/组数。200

个圆筒的内径数据分为15组,组距为2,第一组30—32,第二组32—34,直到第十五组58—60。为了从直方图找到原始数据隐含着的信息,必须选取适当的组数和组距。组分得太多或太少都难以发现规律。

3) 列出200个圆筒的内径数据的频数分布表和频率分布表(见表2.13)。必须注意的是,组的上限在组内。例如第二组32—34,则比32大、比34小的数,以及等于上限34的数都在这一组内,下限32不在这一组内,而在前面的第一组内。

表 2.13 圆筒内径数据的频数和频率分布表

内径(毫米)	频数	频率(%)
30—32	1	0.5
32—34	3	1.5
34—36	2	1.0
36—38	12	6.0
38—40	12	6.0
40—42	22	11.0
42—44	29	14.5
44—46	31	15.5
46—48	28	14.0
48—50	23	11.5
50—52	18	9.0
52—54	9	4.5
54—56	8	4.0
56—58	1	0.5
58—60	1	0.5
总和	200	100.0

由分布表可以看到,内径很大和很小的都是少数,多数是中间状态,从中间往两头看,内径大和内径小的比例基本相等。这种趋势在直方图中更明显地显示出来。200个圆筒的内径数据的直方图如图2.3。

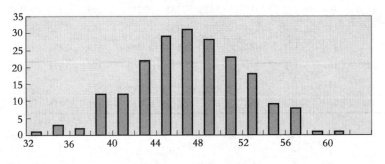

图 2.3 圆筒内径数据的直方图

表2.13的圆筒内径数据的频数和频率分布表和图2.3的圆筒内径数据的直方图都是利用Excel软件画出来的。其方法与用Excel制作定性数据的频数分布表和直方图的步骤相类似,只有一处稍有不同。

  Excel要求输入数据分组的情况。对定性数据来说,输入的是代码。对定量数据来说,输入的是每一组的上限。因而在B列的第1至第15个单元格上依次输入每一组的上限:32、34、…、58和60。Excel默认每一组的下限是前面那个组的上限。上限在这一组内,下限不在这一组,而在前一组。

钟形对称直方图

  图2.3的直方图钟形近似对称,简称钟形对称。所谓钟形对称,就是直方图"中间高,两边逐渐低下去,左右近似对称"。犹如例2.4,各类产品的质量指标例如长度、重量、外径、抗拉强度与延伸率等的直方图都是钟形对称的。除产品的质量指标之外,人的生理特征例如身长、体重、脉搏等等也都有钟形对称的直方图。就身高而言,大家都有这样的体会:无论是女的,还是男的,人的身高的分布都有这样的趋势,长得很高和很矮的都是少数,多数是中间状态,从中间往两头看,长得高和长得矮的比例基本相等,且两头的比例越来越小。下面是一个高三年级男学生身高的例子。

  例2.5 某中学高三年级120个男学生的身高实际测得的数据(单位:厘米)见表2.14。测得的120个数据,按不同高度加以分组。频数和频率如表2.15所示,直方图钟形对称如图2.4所示。

表2.14 中学高三年级120个男学生的身高数据   (单位:厘米)

161	157	174	166	161	165	177	161	170	175	170	161
180	174	174	166	172	162	176	168	173	169	169	177
168	176	165	173	164	166	167	166	159	169	177	165
166	170	170	175	170	174	174	172	170	173	169	162
170	176	169	172	172	167	181	165	176	173	155	165
176	160	172	186	164	167	180	177	165	168	176	167
168	175	176	173	183	171	173	167	175	176	178	161
167	168	169	172	170	172	171	167	173	171	169	177
172	170	167	165	161	166	166	180	181	166	166	170
153	169	165	168	168	171	164	167	175	178	166	174

表 2.15　身高频率分布表

身高(厘米)	个数	频率(%)
151—154	1	0.83
154—157	2	1.67
157—160	2	1.67
160—163	8	6.67
163—166	21	17.50
166—169	24	20.00
169—172	22	18.33
172—175	18	15.00
175—178	15	12.50
178—181	5	4.17
181—184	1	0.83
184—187	1	0.83
总和	120	100

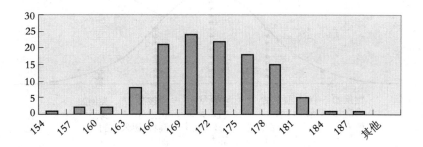

图 2.4　身高直方图

除了产品的质量指标与人的生理特征,在自然界中很多类型的数据例如测量误差、炮弹弹落点的纵向和横向偏差、农作物的产量、某地区的年降雨量等都有钟形对称的直方图。在众多的直方图中钟形对称的直方图占据非常重要的地位。

正态曲线

我们测量 200 个圆筒的内径,是为了了解企业生产的圆筒的内径的质量情况。企业生产的圆筒很多,由于人力、财力与时间的关系,我们难以测量所有的圆筒。况且圆筒很有可能是流水线生产的,要想测量所有生产的圆筒那是不可能做到的。我们只能根据少量的例如 200 个圆筒内径的直方图,去推测企业生产的圆筒的内径有怎样的直方图。200 个圆筒的内径数据有钟形对称直方图(见图 2.3)。当然,这是钟形近似对称的。倘若对企业生产的圆筒都一一测量它的内径,设想一下,这很多很多乃至无穷多个内径数据的直方图会怎么样。可想而知,它是钟形完全对称的。这也就是说,圆筒内径的分布是钟形完全对称的。又如

120个高三年级男学生身高数据的直方图2.4是钟形近似对称的。倘若我们有上海市所有中学高三年级男学生的身高数据,它的直方图一定也是钟形完全对称。打个比方,假设上海市有10万个中学高三年级男学生,现要求他们都到大操场集中,自左至右按身高由低到高地排列,同样身高的男学生排成一直列。不难想象,排列好之后的直方图,也就是轮廓线(见图2.5)呈钟形完全对称,它有个最高的点,这也就是说中间平均状态例如身高为170厘米的人最多。比中间平均状态高的人中越是长得高的人越少,而比中间平均状态矮的人中越是长得矮的人也越少,因而轮廓线从中间平均状态开始向左和向右都逐渐下降。轮廓线关于中间平均状态左右两边对称,例如比中间平均状态170厘米高6厘米(身高176厘米)的人和矮6厘米(身高164厘米)的人一样多。上海市中学高三年级男学生身高的分布呈钟形完全对称。

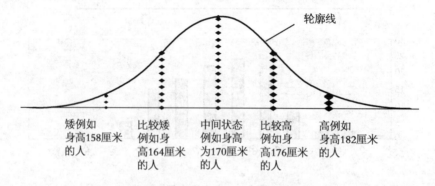

图2.5　自左至右按身高由低到高排列,同样身高的排成一直列

钟形完全对称也简称为钟形对称。总的来说,例如,企业生产的所有圆筒内径的分布呈钟形对称,所有高三年级男学生身高的分布呈钟形对称,这指的是钟形完全对称。而对于抽样得到的部分,例如200个圆筒内径的直方图呈钟形对称,120个高三年级男学生身高的直方图呈钟形对称,这指的是钟形近似对称。我们不难画出很多条钟形(完全)对称的曲线,那么究竟什么样的钟形对称曲线才可以用来描述产品的质量指标(例如圆筒的内径)和人的生理特征(例如身高)的分布?经过很多人不断的尝试摸索,直到德国科学家高斯(Gauss,1777-1855)于1809年在研究测量误差分布时,根据测量误差的钟形对称直方图,给出了一条钟形对称的正态曲线(见图2.6,高斯头像的左边),并基于正态曲线提出了正态分布。无论是200年来的理论研究还是实践应用,都充分说明了高斯的这项工作对人类文明的影响非常大。正因为正态分布的地位如此的重要,德国10马克的纸币(见图2.6)除印有高斯的头像外,还在头像的左边印有正态曲线。至于高斯给出的钟形完全对称的正态曲线是怎样画的,它有怎样的曲线方程,这个问题留待

第三章进行讨论。

图 2.6　德国 10 马克的纸币

高斯这样的思考推理方法，就是由部分推断整体，将实验观察上升至理论。当然，提出的理论是否正确可用，尚需之后的理论研究与实践应用来加以验证。图 2.7 描述了正态分布是怎样引入，被大家接受的。而这正说明了，数据分析可以看作一门实验科学。

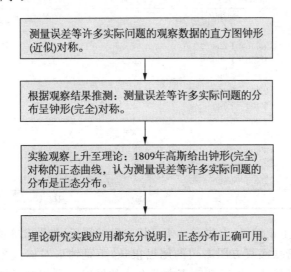

图 2.7　正态分布的引入

直方图偏斜

定量数据的直方图除了钟形对称的之外，还有一类数据，尤其是来自于经济方面的数据，其直方图呈正偏斜，右边有一条又长又重的尾巴。看下面的例子。

例 2.6　某保险公司 150 起事故的理赔款额的情况如表 2.16 所示。

表 2.16　保险赔款额记录　　　　　　　　　　（单位：元）

943	672	2 939	1 601	578	1 449	1 565	1 369	1 417	1 549	819	1 703
578	744	1 690	532	790	1 175	1 509	1 493	809	2 478	1 432	2 134
1 239	380	3 596	717	1 601	695	3 303	1 220	2 105	1 276	1 440	1 204
2 076	825	790	512	1 384	2 814	2 257	656	454	1 472	936	1 437
1 996	896	2 516	914	1 698	1 399	2 104	2 036	1 444	2 769	879	967
2 608	1 173	489	1 078	1 477	1 136	1 160	938	1 034	927	553	595
368	913	1 435	1 112	552	1 660	1 097	720	1 119	1 842	2 970	2 065
975	931	1 721	933	627	1 687	1 375	727	790	1 178	826	949
1 896	911	2 862	3 285	1 551	797	1 082	884	833	1 940	1 144	570
636	2 145	1 051	458	1 288	691	647	874	1 676	1 018	975	1 607
776	1 050	843	758	685	1 911	451	843	1 638	742	4 526	1 623
470	999	1 536	302	972	601	1 659	1 676	1 377	1 878	2 050	1 358
435	848	906	2 261	1 171	502						

其频数与频率分布表见表 2.17。

表 2.17　保险赔款额频数与频率分布表

赔款额（元）	事故数	百分比（%）
—400	3	2.00
400—800	35	23.33
800—1 200	44	29.33
1 200—1 600	26	17.33
1 600—2 000	20	13.33
2 000—2 400	10	6.67
2 400—2 800	4	2.67
2 800—3 200	4	2.67
3 200—3 600	2	1.33
3 600—4 000	1	0.67
4 000—4 400	0	0.00
4 400—4 800	1	0.67
合　计	150	100

它的直方图呈正偏斜，右边有一条又长又重的尾巴，如图 2.8 所示。图 2.8 明显地告诉我们，赔款额直方图右边的尾巴很长，不是钟形对称。之所以称它为尾巴，就因为它越来越薄。说赔款额直方图右边的尾巴重是相对于例如钟形对称的直方图而言的。意思是说它的尾巴虽然薄，但由于它很长，所以当钟形对称直方图的尾巴衰减到几乎没有的时候，赔款额直方图右边的尾巴还在，它显然比钟形对称直方图的尾巴要厚一些。

尾部表示发生特大赔款的概率。特大赔款会不会发生，这是保险公司最担心的风险之一。尽管尾部概率不大，也就是说发生特大赔款是个小概率事件，但很显然，保险公司绝不能低估尾部的概率。正因为保险公司理赔款额的直方图呈正偏斜，右边有一条又长又重的尾巴，所以保险公司发生特大赔款的概率不是一个

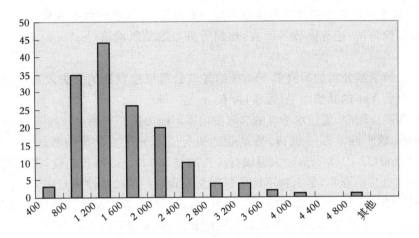

图 2.8　赔款额的直方图

很小的数。也正因为保险公司理赔款额的直方图呈正偏斜,不是钟形对称,所以保险公司理赔款额的分布不能认为是正态分布。倘若误认为它是正态分布,误认为它尾巴不长,造成的后果之一就是错误地低估尾部(发生特大赔款)的概率,给公司的经营带来风险。

表 2.16 告诉我们,150 起事故中最大赔款额是 4 526 元。这是不是说赔款额超过 4 600 元的事故是不可能发生的? 倘若这样认为,那这家保险公司就冒风险了。我们应该观察更多的事故,看看有没有赔款额超过 4 600 元的。假如这家保险公司年限不长,或公司往年的理赔资料不全,则可借鉴其他保险公司的理赔资料。还可通过专家讨论,根据人们的经验推测赔款额超过 4 600 元的概率。此外我们可以应用概率统计的理论和方法,基于现有的表 2.16 所示的保险赔款额记录,估计这个概率。这种类型的估计问题很有实际应用价值。例如,水文地理建造大坝时经常会遇到的一个问题:欲在某地建一座洪水百年一遇的大坝,但我们只有该地区 50 年的水文资料,例如该地区 50 年期间每年的最高水位。大坝需要预防的是最高的洪水。而百年一遇的大坝简单的理解就是其坝的高度比 100 年的最高水位还要高。知道了该地区 50 年期间每年的最高水位这 50 个数之后,我们就有办法建造 50 年遇的大坝,例如让该大坝的高度达到这 50 个数的最大值的高度。而欲建造 100 年一遇的大坝就需要应用统计中的极值理论和方法,基于该地区 50 年期间每年的最高水位这 50 个数,估计出 100 年的最高水位,也就是欲建的这座洪水百年一遇的大坝应该多高。当然,与这个高度相对应的还有个置信水平(概率),例如 95%。因而完整地应该这样说,

100 年中任何一年的洪水都不会超过这个高度,其置信水平为 95%。
或等价地说,

洪水超过这个高度的可能性不足一百分之一,其置信水平为 **95%**。

对保险公司,还有银行等而言,他们所关心的是风险值(Value at Risk,简称 Var)。

所谓某公司的风险值 Var 指的是该公司可能蒙受的损失没有超过风险值 Var 的置信水平(概率)为 β。

在实际应用中,置信水平 β 的选取要根据不同的需要来确定。1966 年的巴塞尔(Basel,瑞士西北部一城市)委员会的银行资本充足率条款中要求 β=99%。1996 年摩根(J. P. Morgen)大通银行选择的 β=95%。因而我们说,银行若准备有 Var 这么多的资本,那么他不能应付损失导致破产的可能性只有 1−β 这么大。按巴塞尔委员会的标准,破产的可能性为 1%。而按摩根大通银行的标准,破产的可能性为 5%。总之,风险值要求我们关注并计算"大损失的小概率"。

在数据有正偏斜右边有一条又长又重尾巴的直方图时,处理这类数据有很多方法,其中一个较为简单、常用的方法是作对数变换。取了对数之后所得到的数据有可能有钟形对称的直方图。我们以表 2.16 所示的某保险公司 150 起事故的理赔款额数据为例说明这个对数变换方法。赔款额以及赔款额的对数见表 2.18。

表 2.18　赔款额以及赔款额的对数

赔款额(元)	赔款额的对数	赔款额(元)	赔款额的对数	赔款额(元)	赔款额的对数	赔款额(元)	赔款额的对数	赔款额(元)	赔款额的对数
943	6.84	2 516	7.83	1 551	7.34	1 369	7.22	1 842	7.51
578	6.35	489	6.19	1 288	7.16	1 493	7.3	1 178	7.07
⋮	⋮	⋮	⋮	⋮	⋮	⋮	⋮	⋮	⋮
3 596	8.18	552	6.31	451	6.11	2 769	7.92	1 623	7.39
790	6.67	627	6.44	1 659	7.41	927	6.83	1 358	7.21

启动 Excel 中文版"插入"菜单上的"函数(F)"命令就能计算赔款额的对数。事实上,在单元格上输入对数函数名,就能直接计算这 150 个赔款额的对数,而且速度非常快。直接计算的步骤如下:

1) 建立数据文件,例如将原始数据表 2.16 放在 A 列的第 2 至第 151 个单元格,且在 A 列的第 1 个单元格上输入项目名称"赔款额"。

2) 在 B 列的第 1 个单元格上输入项目名称"赔款额的对数",且在 B 列的第 2 个单元格上输入对数函数名"=ln(a2)",然后确定,则 B 列的第 2 个单元格上显示的数就是 A 列的第 2 个单元格上赔款额的对数。这里的"ln"是自然对数的意思,它以 e=2.7182818⋯为对数的底。

3) 鼠标沿着 B 列的第 2 个单元格往下拉,直到 B 列的第 151 个单元格,则 B 列的第 2、第 3 直到第 151 个单元格上显示的数分别就是 A 列的第 2、第 3 直到第 151 个单元格上赔款额的对数。

这 150 个赔款额对数的频数与频率分布见表 2.19。它的直方图见图 2.9-2。

表 2.19　保险赔款额对数的频数频率分布表

赔款额的对数	频数	频率(%)
-5.8	1	0.67
5.8—6.1	3	2.00
6.1—6.4	15	10.00
6.4—6.7	21	14.00
6.7—7.0	33	22.00
7.0—7.3	30	20.00
7.3—7.6	25	16.67
7.6—7.9	13	8.67
7.9—8.2	8	5.33
8.2—8.5	1	0.67
合　计	150	100.00

赔款额和赔款额对数的直方图分别见图 2.9-1 和图 2.9-2。图 2.9-1 其实就是图 2.8。赔款额的直方图正偏斜右边有一条又长又重的尾巴。图 2.9-2 告诉我们,赔款额取了对数之后右边那条又长又重的尾巴缩进去了,其直方图呈钟形对称。

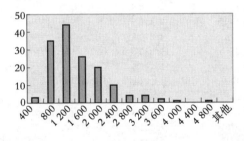

图 2.9-1　　　　　　　　　　图 2.9-2

下面说明为什么取了对数之后,图 2.9-1 右边那条又长又重的尾巴会缩进去。表 2.17 各个分组区间的上限 $x=400,800,\cdots,4\,400,4\,800$,这些数越来越大,相邻两个数的间隔都是 400。而取了对数之后,

$\ln x = 5.991, 6.685, 7.090, 7.378, 7.601, 7.783, 7.937, 8.071, 8.189, 8.294,$
$8.389, 8.476$

这些数也越来越大,但其相邻两个数的间隔都不相等,逐渐减小。它们间隔依次为

$6.685-5.991=0.694, 7.090-6.685=0.405, 7.378-7.090=0.288,$
$7.601-7.378=0.223, 7.783-7.601=0.182, 7.937-7.783=0.154,$
$8.071-7.937=0.134, 8.189-8.071=0.118, 8.294-8.189=0.105,$
$8.389-8.294=0.095, 8.476-8.389=0.087。$

由于间隔越来越小,因此取了对数之后好像把右边大的数拉到左边去了,越是大的数拉

过去越多,这就是取了对数之后图 2.9-1 右边那条又长又重的尾巴会缩进去的原因。

正因为赔款额取了对数之后的直方图呈钟形对称,故通常认为"赔款额的对数"的分布是正态分布。当某个量(事物)取了对数之后的分布是正态分布,则称这个量为对数正态分布。因而赔款额的分布就是对数正态分布。对数正态分布常用于描述经济方面数据的分布。

<u>上海市人口年龄的分布情况</u>

除了钟形对称,以及正偏斜右边有一条又长又重尾巴的这两种常见类型的直方图外,在实际情况中还有一些直方图是负偏斜左边有一条又长又重的尾巴。甚至有的直方图看上去毫无规律可言。要看出这些直方图隐含着的信息,必须具体问题具体分析。

根据 2010 年上海市第六次人口普查资料,上海市常住人口年龄的分布情况与其直方图分别如表 2.20 与图 2.10 所示。

表 2.20 上海市常住人口的年龄分布

年龄组(岁)	人数(万)	百分比(%)
0—4	793 295	3.446 2
5—9	632 783	2.748 9
10—14	556 800	2.418 9
15—19	1 121 198	4.870 7
20—24	2 620 350	11.383 3
25—29	2 571 154	11.169 6
30—34	2 128 100	9.244 9
35—39	1 921 281	8.346 4
40—44	1 877 737	8.157 3
45—49	1 800 675	7.822 5
50—54	1 802 721	7.831 4
55—59	1 723 410	7.486 8
60—64	1 138 342	4.945 2
65—69	665 356	2.890 4
70—74	523 047	2.272 2
75—79	555 109	2.411 5
80—84	351 529	1.527 1
85—89	172 942	0.751 3
90—94	52 312	0.227 3
95—99	10 124	0.044
100—104	868	0.003 8
105—	63	0.000 3
合 计	23 019 196	100.000 0

由图 2.10 可以看到,2010 年时上海市人口的年龄分布出现峰谷交替的现象。这与上海几十年来社会经济的变化情况有关。从 65 到 79 岁有 3 组数据,它们形

成了直方图的一个谷,谷底在 70 到 74 岁组。这个谷形成的原因和三组数据的这些人出生在 1931—1945 年之间有关。这期间有八年对日抗战,所以 70 到 74 岁组的人口不仅比 65 到 69 岁组少,而且比 75 到 79 岁组也要少。从 45 到 59 岁,这 3 组数据形成了直方图的一个峰,峰顶在 50 到 54 岁组。这个峰形成的原因与两组数据的这些人出生在 1951—1965 年之间有关。1951—1960 年没有实行计划生育政策,之后开始实行计划生育政策,所以 45 到 49 岁组比起峰顶 50 到 54 岁组低了一些。"文化大革命"期间又没有很好地实行计划生育政策,所以从 35 到 44 岁直方图又上升了。可能大家会说,"文化大革命"结束之后,计划生育政策得到了严格的执行,那为什么 20 到 34 岁又是直方图的峰?其原因就在于 45 到 59 岁这 3 组形成了峰,人口多,他们的子女也多。这些子女基本上是 20 到 34 岁。类似地,0 到 14 岁这 3 组数据的变化趋势与 25 到 39 岁这 3 组数据的变化趋势有关系。可以想象,2010 年 20 到 24 岁的人成家之后,他们的子女也会比较多的。倘若根据 2020 年第六次人口普查的资料画上海市人口的年龄分布的直方图,我们就很有可能发现,2020 年时 0 到 14 岁是直方图的一个峰,峰顶大致在 5 到 9 岁。人口问题的研究比较复杂,这个问题事关国计民生,太重要了。人口统计是统计研究领域的一个非常活跃的分支。

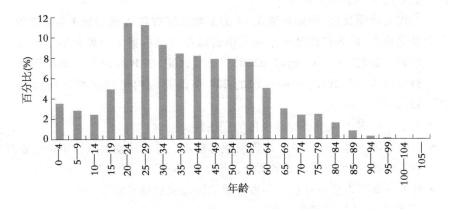

图 2.10　上海市常住人口的年龄分布的直方图

§2.3.2　定量数据的平均大小(集中趋势、中心位置)的数值描述

关于合金钢圆筒的内径,人们除了关心圆筒内径是如何分布的,还关心圆筒内径的平均大小为多少。

定量数据的平均大小(集中趋势、中心位置)常用平均数来度量

假设一批数据共有 n 个数,它们分别记为 $x_1, x_2, \cdots, x_n$。x_i 的下标"i"通常没有什么意义,仅仅是个代码。但在有的时候它表示 x_i 是依时间先后次序得到的时间序列的第 i 个数。这 n 个数的平均大小很自然地可以用其平均数(average, mean,简称平均,或均值) $\bar{x}$ 来表示,其中

$$\bar{x} = \frac{x_1 + x_2 + \cdots + x_n}{n}$$

$\bar{x}$ 上面的一根横线读为"bar",这是通用的标记。以后例如看到 $\bar{y}$ 你就应该想它是数据例如 $y_1, y_2, \cdots, y_m$ 的平均。

通常将 $x_1 + x_2 + \cdots + x_n$ 的和简记为 $\sum_{i=1}^{n} x_i$,它表示从下标 $i=1$ 到 n 关于 x_i 求和。有时更将 $x_1 + x_2 + \cdots + x_n$ 的和简记为 $\sum x_i$,甚至有时将这个和更简单地记为 $\sum x_i$。由此看来,平均数 $\bar{x}$ 的计算公式可简写为

$$\bar{x} = \frac{\sum_{i=1}^{n} x_i}{n}, \bar{x} = \frac{\sum x_i}{n}, 或 \bar{x} = \frac{\sum x_i}{n}$$

利用 Excel 函数命令就能直接计算平均数。计算表 2.12 所列的 200 个圆筒的内径数据的平均数的步骤如下:

  建立数据文件,例如将表 2.12 的原始数据放在 A 列的第 1 至第 200 个单元格上,接着在任意一个单元格例如在 B 列的第 1 个单元格上输入平均数函数名"=average(a1:a200)",然后确定,则 B 列的第 1 个单元格上显示的数 45.2915,就是所求的 200 个圆筒的内径数据的平均数 $\bar{x}$ =45.2915。

下面的一些例子说明平均数应用的广泛性。

● 推销员每获得一份订单平均需向顾客提出 4.6 次成交要求。推销员需要有不怕挫折、不怕失败的心理素质。

● 日本一家调查公司对百货零售企业的跟踪调查结果显示:
1) 一位不满意的顾客平均会向 9 个人抱怨;
2) 在停止购货的顾客中,有平均 14% 的顾客是因为对产品不满意;
3) 有平均 80% 的销售额来自老顾客,60% 的新顾客来自老顾客的热情推荐;
4) 在每一位投诉顾客的背后,平均有 26 位同样不满但却保持沉默的顾客,其中 6 位的不满程度是比较强烈的。

● 美国 TRAP 调查公司的调查结果显示:
1) 对 5 美元以下的小额商品不满意的顾客中,平均有 96% 未提出抱怨,其中不再去重复购买的顾客平均要占 63%;
2) 对 100 元以上的大额商品,若感受不满意则提出抱怨的顾客平均约

占 73%;

3) 如果可以补救并且处理得当,平均来说有 70% 的不满意顾客在转向满意之后仍然可能继续购买该企业的产品或服务。从顾客抱怨转变为顾客忠诚是可能的。

- 在对美国纽约州的一所医院全年 289 411 份处方详细审查后,发现 905 份处方有错误。平均每天发生 2.5 份错误处方。医生的工作年限和经验与处方的错误率有极为密切的关系。第一年工作的医生平均错误率为 0.425%,第二年工作的平均为 0.234%,第三年工作的平均为 0.198%,第四年工作的平均为 0.081%。
- 上海市平均每个家庭户有多少人?

年份	1949	1950	1960	1970	1980	1990	1997	2000	2001	2005	2010
户平均人口	4.9	4.6	4.5	4.2	3.8	3.1	2.9	2.8	2.77	2.66	2.49

- 某路口早高峰时,一个绿灯 2 分 10 秒平均通过 250 辆车,若有人闯红灯最多通行 120 辆。闯红灯者贪图个人方便,但影响大家。

平均数大家最熟悉,应用非常广泛。但是平均数作为数据的中心位置的代表有时有不足之处。看下面的两篇报道。

- 2001 年 3 月 5 日《经济参考报》有一篇文章的标题是"平均数代表不了大多数"。文章说,时任江苏省委书记的回良玉近日对记者实话实说农民收入。他说:"2000 年江苏省农民人均年纯收入增长了 2.9%。但这个增长是由并不占多数的农民的收入的增长拉动的。"回良玉说,去年江苏农民减收户达 60%,平收、增收的农户只占 1/3 强。"对此我们必须有清醒的认识。平均数代表不了大多数。"
- 2001 年 4 月 30 日《学习时报》有一篇文章,它的标题是"农业部长实说'三个掩盖',部分富裕户增收掩盖了普通农民减收"。文章说,时任农业部常务副部长万宝瑞实话实说地谈到当前出现的"三个掩盖":部分富裕户增收掩盖了普通农民减收;非农兼业户增收掩盖了纯农户减收;东部农民增收掩盖了中西部农民减收。

由这两篇报道可以看到,平均数有增长,但人们感受不到。其原因就在于光看平均数是看不到数据位置的全貌的。尤其在数据比较特别,例如其直方图不是钟形对称,有一些数异常大或异常小的时候,用平均数作为数据的中心位置的代表,它有明显的不足之处。下面的例 2.7 生动地说明了平均数的缺陷。

例 2.7 某企业有雇主雇员共 101 人。他们的工资情况见表 2.21。

表 2.21 某企业雇主雇员的工资情况

工资(元)	人数	工资(元)	人数	工资(元)	人数
200 000	1	20 000	6	4 000	18
80 000	1	10 000	1	3 000	1
50 000	3	6 000	5	2 500	10
60 000	3	5 000	12	2 000	40

企业雇主说我们企业的工资不低。他认为,只要算一算我们企业的平均工资,你就会发现我说得不错。

经计算,该小型企业的平均工资为 10 000 元:

$$\frac{200\,000+80\,000+3\times 50\,000+\cdots+10\times 2\,500+40\times 2\,000}{101}=10\,000(元)$$

看来平均工资还是比较高的。事实上,我们可以看到在全部 101 个雇主雇员中,只有 14 个人的工资超过平均工资,但却有 86 个人的工资不到平均工资,更有 40 个人的工资是平均工资的 1/5。工资最低的 40 个人在想,为什么平均工资有 1 万元这么高?

平均工资比较高的原因就在于雇主的工资(20 万元)非常高,是最低工资(2 000 元)的 100 倍。正因为雇主的工资如此的高,就把平均数拉上去了,从而掩盖了有几乎 40% 人的工资低到只有雇主工资的 1/100。由此看来,有必要除了计算平均数之外,还应该计算一些数,全面客观公正地反映数据的平均大小。作为平均数的补充,可以计算切尾平均数。

所谓**切尾平均数**(trimmed mean,简称切尾平均,或切尾均值),最简单的就是去掉一个最大值和去掉一个最小值后计算平均数,或者在数据很多的时候计算 α% 例如 5% 切尾平均数等。所谓 5% 切尾平均,就是把数据由小到大排列后,把排在前面小的一头的 5% 个数,以及排在后面大的一头的 5% 个数都去掉,然后把剩下来的中间 90% 的数取平均。

由于例 2.7 的某企业雇主雇员共 101 人,因此工资的 5% 切尾平均数就是去掉最高工资的 5 个人与最低工资的 5 个人,然后计算剩下的 91 人的平均工资。从而得到 5% 切尾平均工资为 6 263.74 元。这比起所有雇主雇员共 101 人的平均工资 10 000 元要合理多了。当然,切尾平均工资还不是十分合理。这是因为他与平均工资 10 000 元相类似,在全部 101 个雇主雇员中只有 15 个人的工资超过切尾平均工资,却有 86 个人的工资不到切尾平均工资,更有 40 个人的工资不到切尾平均工资的 1/3。

利用 Excel 函数命令就能直接计算切尾平均数。其计算步骤类似于用 Excel 函数命令计算平均数。若计算表 2.12 所列 200 个圆筒的内径数据的 5% 切尾平均数,仅需在任意一个单元格上输入**切尾平均数函数名**"= trimmean(a1:a200,

0.05)"，则得 200 个圆筒的内径数据的 5% 切尾平均数 45.325 8。它与内径的平均数 $\bar{x}=45.291\ 5$ 相差无几。当一批数据有钟形对称的直方图时，其平均数与切尾平均数是差不多一样大的。

注：trimmean 是 trimmed mean（切尾平均数）的缩写。

中位数（median）可用来度量定量数据的平均大小（集中趋势、中心位置）

本章§2.2 节我们说定性有序数据的平均大小还可以用中位数来度量。不仅如此，中位数还可用来度量定量数据的平均大小（集中趋势、中心位置）。顾名思义，数据的中位数是这样的一个数，在它的左边和右边有一样多的数。由此得中位数的计算方法：

假设这组数据有 n 个数：$x_1, x_2, \cdots, x_n$。首先将这些数按由小到大的次序排列。

- 在 n 为偶数时，中间两个数的平均值为中位数；
- 在 n 为奇数时，中间那个数为中位数。

例 2.7 中有 101 个数。由小到大排列后，第 51 个位置上的数（3 000）排在中间，由于这家企业 101 位雇主雇员中各有 50 个人的工资不到和超过中位数 3 000 元。看来很多人都会同意，接受用中位数 3 000 元作为这家企业雇主雇员工资的平均大小的度量，认为它比较合理。

倘若例 2.7 企业雇主的工资从 20 万元增加到例如 30.1 万元，则平均数就从原来的 1 万元增加到 1.1 万元，增加了十分之一，但中位数却保持不变，仍然等于 3 000 元。正因为有这样一个情况，

- 当特别大的数变得更大时，平均数敏感，会随之变大，而中位数稳健，保持不变；
- 当特别小的数变得更小时，平均数敏感，会随之变小，而中位数稳健，保持不变。

根据上面的分析，对例 2.7 来说，用稳健的中位数来表示这些数据的平均大小比较恰当。

利用 Excel 函数命令就能直接计算中位数。其计算步骤类似于用 Excel 函数命令计算平均数。若计算表 2.12 所列 200 个圆筒的内径数据的中位数，仅需在任意一个单元格上输入**中位数函数名"＝median(a1:a200)"**，则得 200 个圆筒的内径数据的中位数 45.4。它与内径的平均数 $\bar{x}=45.291\ 5$，以及 5% 切尾平均数 45.325 8，都相差无几。当一批数据有钟形对称的直方图时，其平均数（包括切尾平均数）与中位数是差不多大的。

用平均数表示数据的平均大小很容易接受，而对于用中位数表示数据的平均

大小总有些难以接受。事实上仔细想想,用中位数,也就是用中间位置上的数表示数据的平均大小又有什么不可以的呢?平均数和中位数相辅相成,各有其特性和优缺点,相互补充。在人口统计中,平均数和中位数各有它们的用处。本章§2.2节在说定性有序数据的平均大小可以用中位数来度量时,讲到人口统计中通常计算年龄的中位数(见表2.11)。表2.20和图2.10告诉我们,人口年龄分布峰谷交替,与社会经济的变化情况密切相关,由此看来用平均数表示年龄的平均大小不如用中位数。在人口统计中年龄用中位数,但寿命用平均数。用平均数表示寿命的平均大小,其含义显然比用中位数清楚,容易被人理解。上海市人口年龄中位数和期望(平均)寿命见表2.22。上海人的年龄中位数在变大,上海人的期望寿命也在增加。这都说明上海越来越步入老年社会。

表 2.22 上海市人口年龄中位数和期望寿命

人口普查时间	上海居民的年龄中位数(岁)	上海居民的期望寿命(岁)
1964 年第二次人口普查	19.4	
1982 年第三次人口普查	29.2	72.9
1990 年第四次人口普查	33.9	75.4,男性:73.2,女性:77.7
2000 年第五次人口普查	37.6	78.77,男性:76.71,女性:80.81
2010 年第六次人口普查	36	82.51

期望寿命的计算比年龄中位数的计算要复杂得多。这是因为计算期望寿命必须知道何时死亡。例如有10个人,为了计算这10个人的平均寿命,那我们必须耐心地作长时期的观察,看看他们哪一年死亡以及死亡时的年龄,即他们的寿命有多大。将他们的寿命加在一起,然后除以10,这样得到的平均数才是这10个人的平均寿命。用这样的方法计算1990年上海人的期望寿命那不知要到哪年哪月才能完成。计算期望寿命通常使用的方法是利用调查资料。例如人口普查除了调查生存情况,还调查死亡情况。根据人口普查中的生存和死亡的数据,利用统计的理论和方法,首先计算各个不同年龄的人,即0、1、2……岁人的死亡概率,然后计算期望寿命。表2.22的期望寿命意思是说,例如1990年在上海出生的婴儿,有的寿命长,有的寿命短,平均寿命为75.4岁。事实上,我们还能计算出各个年龄,例如50岁的上海居民平均来说,还能活多少年(50岁的期望寿命)。期望寿命的计算过程较为复杂,本课程从略。

提请大家注意的是,今后如果你听说平均收入、平均工资、平均分数,或平均高度是多少,你必须问问清楚,这个平均究竟是平均数,还是中位数。如果说是平均数,你最好就问中位数是多少;如果说是中位数,你就问平均数是多少。另外需要提请大家注意的是,平均数的敏感性有时候是好事。事实上,稳健的中位数与敏感的平均数各有其用处。例如:

● 在平均数比中位数大很多的时候,数据中有可能有特别大的数,这个特别大的数是不是异常值？倘若是异常值，想办法对它进行校正；倘若它不是异常值，它为什么这么大？它隐含着什么样的信息？
- 在平均数比中位数小很多的时候，数据中可能有特别小的数，这个特别小的数是不是异常值？倘若是异常值，想办法对它进行校正；倘若它不是异常值，它为什么这么小？它隐含着什么样的信息？

如果数据呈钟形对称，即有中间高、两边逐渐低下去、左右近似对称的直方图，则平均数和中位数相差不大。而如果数据的直方图正偏斜，右边有一条又长又重的尾巴，则平均数和中位数有比较大的差别，平均数往往比中位数大。例2.4中的200个圆筒内径数据有钟形对称的直方图，其平均数和中位数分别为45.291 5和45.4，它们相差不大。例2.7中的企业101位雇主雇员工资显然有正偏斜的直方图，其右边有一条又长又重的尾巴，其平均数和中位数分别为10 000和3 000，平均数就比中位数大得多，它们相差很大。

众数(mode)可用来度量定量数据的平均大小(集中趋势、中心位置)

本章§2.2节中我们说众数就是出现的频率最大的那个数，常用来度量定性数据的平均大小。此外，定量数据的平均大小也可以用众数来度量。数据的平均大小可以用平均数、中位数和众数来度量。需注意的是，当数据个数不多的时候计算众数的意义不大，这是因为数据太少了，以至于找不到众数。

平均数从数的大小，中位数从数的顺序，众数从数出现的频率，它们从不同的角度描述了数据的平均大小。单用一个数是不容易了解数据在平均大小，或集中趋势和中心位置上的全貌。最好平均数、中位数和众数这3个数都用。例如某家电维修店根据维修记录发现，家电维修时间的平均天数为8天，中位数是4天，众数是1天。由此3个数就可大致了解家电维修时间的分布情况，维修时间是1天的家电最多，维修时间比4天少以及比4天多的家电一样多，有一些家电的维修时间很长以至于平均维修时间有8天。对于这些维修时间特别长的家电需仔细观察分析，从中很可能发现有用的信息。再看例2.7。这个企业101个雇主雇员工资的众数是2 000元。我们将平均数、中位数和众数补充到表2.21中去，得到了表2.23。

设想一下，倘若表2.23的第1和第2列上的数据都没有，我们不知道该小型企业每位雇主雇员的工资是多少，我们仅知道他们工资的平均数是1万元、中位数是3 000元和众数是2 000元，那我们根据这3个数就可以想象出，这个小型企业雇主、雇员工资分布的大致情况：工资为2 000元的人最多，工资比3 000元高和低的人一样多，由于平均数1万元比中位数大得多，因而有的人的工资特别高。

表 2.23　某企业雇主雇员的工资及其平均数、中位数和众数

工资(元)	人数	
200 000	1	
80 000	1	
50 000	3	
60 000	3	
20 000	6	
10 000	1	平均数
6 000	5	
5 000	12	
4 000	18	
3 000	1	中位数
2 500	10	
2 000	40	众数

尽管中位数和众数,包括切尾平均数都有不少的优点,但一般来说度量数据的平均大小(或集中趋势和中心位置)用得比较多的还是平均数 $\bar{x}$。

利用 Excel 函数命令就能直接计算众数。其计算步骤类似于用 Excel 函数命令计算平均数与中位数。若计算表 2.12 所列 200 个圆筒的内径数据的中位数,仅需在任意一个单元格上输入**众数函数名**"**＝mode(a1:a200)**",就可以得到 200 个圆筒的内径数据的众数 41.7。它与内径的平均数 $\bar{x}=45.2915$,以及中位数 45.4,都相差不大。

- 当一批数据有钟形对称的直方图时,其平均数、中位数与众数差不多大;
- 当一批数据有偏斜的直方图时,平均数、中位数和众数相差比较大;
- 特别当一批数据有正斜的直方图(右边有一条长尾巴)时,往往有这样的情况:平均数＞中位数＞众数。

*百分位数

为了更好地看到数据分布的全貌,我们还可以计算百分位数(Percentile)。所谓 p 百分位数,简单地说就是数据中比 p 百分位数小的数有总数的 $100p\%$ 个,而比它大的有 $100(1-p)\%$ 个。由此看来,中位数就是 0.5 百分位数。除中位数(0.5 百分位数)外,用得比较多的还有 0.25 百分位数和 0.75 百分位数。0.25 百分位数又称为下四分位数。比 0.25 百分位数小的数占全部数据的 1/4,比它大的数占 3/4。0.75 百分位数正好反过来,比 0.75 百分位数大的数占全部数据的 1/4,比它小的占 3/4。0.75 百分位数又称为上四分位数。一般来说,有上 p 百分位数,数据中比上 p 百分位数大的数占全部数据的 $100p\%$ 个,而比它小的占 $100(1-p)\%$。

有了中位数,再有一些百分位数就更能看清楚数据的全貌了。第五章我们说

人的生理特征,例如身长、体重、脉搏等的数据在正常的状态下,都有"中间高,两边逐渐低下去,左右近似对称"的钟形对称的直方图。但婴幼儿的生理特征比较特殊,而且这些特征特别受人关注,必须仔细分析,因而婴幼儿的生理特征的分布往往用百分位数表示。1995 年上海市公布了市区 0—6 岁男童和女童体格发育五项指标(体重、身高、头围、胸围和坐高)评价参考值。这些参考值都是用百分位数描述的。表 2.24 仅列举初生婴儿的体重和身高的评价参考值。

表 2.24　上海市市区初生婴儿体重(千克)和身高(厘米)评价参考值

体格指标		P3	P10	P20	P50	P80	P97
体重	男童	2.58	2.81	3.00	3.24	3.59	4.00
	女童	2.60	2.80	2.90	3.22	3.60	3.95
身高	男童	47.90	48.11	49.00	50.30	51.50	53.00
	女童	46.40	47.51	48.20	49.95	51.00	52.50

注:表中的 $P3$ 也就是 0.03 百分位数。其余的类同。

我们以初生男童的体重为例说明婴儿评价参考值的含义。$P3=2.58$ 千克,意思是说上海市市区初生男童体重不到 2.58 千克的只有 3%。由于 $P10=2.81$,所以初生男童体重在 2.58 与 2.81 千克之间的有 7%(=10%−3%)。与此相类似地,初生男童体重在 2.81 与 3.00,3.00 与 3.24,3.24 与 3.59,3.59 与 4.00 千克之间以及超过 4.00 千克之间的分别有 10%,30%,30%,17% 以及 3%。据此有上海市市区初生男童体重的直方图,见图 2.11。严格地说,本章前面的图 2.4、图 2.8 和图 2.9 的这些定量数据的直方图应称为条形图,或柱形图。上海市市区初生男童体重的直方图 2.11 才是(真正意义的)直方图。下面叙述图 2.11 是怎样画的。

图 2.11 的横坐标是体重,那纵坐标是什么?是不是比例(频率)?例如 $P20$ 与 $P50$ 之间,也就是 3.00 与 3.24 千克之间有 30% 的初生男童,那么以 ($P20$, $P50$) 为底边的长方形的高,也就是其纵坐标是不是 30%(即 0.3)?由图 2.11 可以看到,其纵坐标并不是 0.3。事实上这个长方形的面积才是 0.3(30%)。这好比有 30% 的初生男童挤在 $P20$ 与 $P50$ 之间,一排排地排上去。由此可见,长方形的面积是 0.3,而长方形的高等于 1.25:

$$1.25=\frac{0.3}{0.24},\text{其中 } 0.24=P50-P20=3.24-3.00$$

类似地,可以求得其他各个长方形的高,从而画出上海市市区初生男童体重的直方图 2.11。虽然以 ($P20$, $P50$) 为底边的长方形和以 ($P50$, $P80$) 为底边的长方形面积相等,都等于 0.3,但由于前一个长方形的底边的长度为 0.24,后一个长方形的底边的长度为 0.35(3.59−3.24),前一个底边短后一个底边长,因而由图 2.11 可以看到,前面一个长方形高后面一个长方形低。这两个长方形的面积都等于

0.3,相当于它们都挤着30%的初生男童。因为前一个底边短后一个底边长,所以前一个高而后一个低。因而很自然地认为前一个密度大后一个密度小。通常人们说高的长方形的密度大,而低的长方形的密度小。

总之,定量数据直方图中长方形的面积是比例(频率),而长方形的高是比例(频率)除以长方形底边的长度:

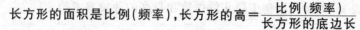

$$长方形的面积是比例(频率),长方形的高 = \frac{比例(频率)}{长方形的底边长}$$

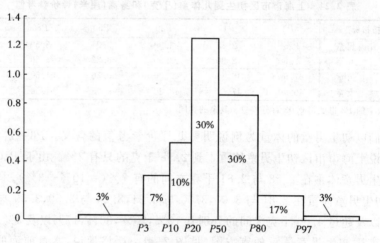

图2.11 上海市市区初生男童体重的直方图

与上海市市区初生男童体重的直方图2.11不同的是,前面的图2.4、图2.8和图2.9这些定量数据的直方图都是用频数,或用频率作为长方形的高。因而严格地说,它们不应称为直方图,而应称为条形图,或柱形图。由于这些(非严格意义的)直方图中长方形底边都一样长,长方形的高(密度)的大小就仅与比例(频率)有关,用频数或频率作为长方形的高也是可以的。对于大多数的实际问题而言,长方形的底边往往都取一样长,人们还是喜欢用频数或频率作为长方形的高,这样做容易被大家理解,而且简单。

显然,在(严格意义的)直方图中

长方形的面积是比例(频率)的直方图,各个长方形的面积之和等于1,即100%。

这好比说,所有上海市的初生男童都挤在图2.11这些长方形里面。

由图2.11可以看到,倘若一个初生男童体重不到 $P3 = 2.58$ 千克,他应被看成是很瘦弱的。一般来说,初生男童体重在 $P50$ 与 $P80$,即 3.24 与 3.59 千克之间是比较恰当的,而体重超过 4.00 千克的初生男童被认为是很胖的。

前面我们说在人口统计中年龄用中位数,寿命用平均数。年龄除了用中位数，还可以用百分位数，尤其是在讨论老年人口问题时，百分位数，特别是上百分位数用得很多。国际公认，如果一个国家或地区，65 岁及以上的老年人口占总人口的比重达到 7%，则标志该地区进入老龄化；而如果超过 14%，则意味着高度老龄化。65 岁及以上的老年人口占总人口的比重超过 7% 相当于说，65 岁是总人口的上 p 分位点，其中的 $p \geqslant 7\%$。表 2.25 给出了上海人口中 65 岁及以上的老年人口占总人口比重的变化情况。由此可见，上海市人口老龄化趋势非常明显。

表 2.25　65 岁及以上的老年人口占总人口的比重

年份	1953	1964	1982	1987	1990	2000	2005	2006
上百分位数	1.97	3.6	7.4	8.5	9.4	11.5	14.97	15.2

不仅上海就是整个中国人口老龄化趋势也是非常明显的。2005 年，根据国家统计局公布的数据，全国 65 岁以上的老年人首次突破了 1 亿人口大关，在总人口中所占比重达到了 7.6%。而在 1982 年，老年人口所占比重还不到 5%。

利用 Excel 函数命令就能直接计算百分位数。其计算步骤类似于用 Excel 函数命令计算平均数、中位数与众数。若计算表 2.12 所列 200 个圆筒内径数据的百分位数，仅需在任意一个单元格上输入**百分位数函数名"＝percentile(a1:a200, 0.05)"**，就可以得到 200 个圆筒内径数据的 5% 百分位数 36.49。若计算上 5% 百分位数，则输入"**＝percentile(a1:a200, 0.95)**"，则得 200 个圆筒的内径数据的上 5%（即 95%）百分位数 53.63。上下百分位数分别是 53.63 和 36.49，其中点为 45.06。它与内径的平均数 $\bar{x} = 45.2915$ 相差不大。当一批数据有钟形对称的直方图，则上下 p 百分位数基本上关于平均数相互对称。

* 五数概括和箱线图

用图形表示数据的分布非常直观。表示数据分布的图形除了直方图还有箱线图。画箱线图必须知道数据的 5 个数：最小值、下四分位数、中位数、上四分位数和最大值。这 5 个数概括了数据的分布情况，故称为五数概括。

利用 Excel 函数命令就能直接计算这 5 个数。其计算步骤类似于用 Excel 函数命令计算平均数、中位数、众数与百分位数。若计算表 2.12 所列 200 个圆筒内径数据的这 5 个数，仅需依次输入

"＝quartile(a1:a200,0)"，然后确定，则得到最小值 31.1；

"＝quartile(a1:a200,1)"，然后确定，则得到下四分位数 41.9；

"＝quartile(a1:a200,2)"，然后确定，则得到中位数 45.4；

"＝quartile(a1:a200,3)"，然后确定，则得到上四分位数 48.825；

"＝quartile(a1:a200,4)"，然后确定，则得到最大值 59.1。

制作箱线图需使用其他统计软件例如 Minitab。使用 Minitab 制作箱线图

(box plot)的步骤:输入 Data → Stat → EDA → boxplot。具体过程从略。

根据表 2.12 的 200 个圆筒内径数据算得的五数概括:31.1、41.9、45.45、48.9 和 59.1,画出的箱线图见图 2.12。图 2.12 中间的长方形含有 50% 的数据。长方形中间的那条线是中位数。中位数将长方形分隔成两部分,每一部分都各含有 25% 的数据,且长方形左面那一条线上以及长方形右面那一条线上也都各含有 25% 的数据。图 2.12 显示,圆筒内径数据呈对称分布。图中的点"*"表示最小值 31.1 太小了,它是个异常值。至于它为什么是异常值,稍后将给予说明。

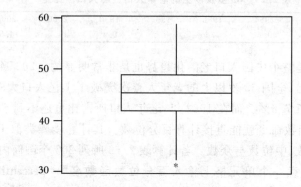

图 2.12 圆筒内径数据的箱线图

例 2.6 中某保险公司 150 起事故的理赔款额的五数概括为:302、800、1 127.5、1 634.25 和 4 526,画出的箱线图见图 2.13。显然,其分布不对称,上(右)边的尾巴比较长而且重。图中的点"*"表示最大的 4 个赔款额,3 285、3 596、3 603 和 4 526 都是异常值。

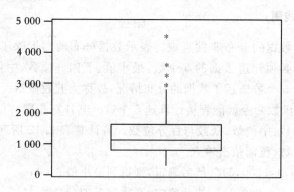

图 2.13 保险理赔款额的箱线图

例 2.7 中某企业雇主雇员工资的五数概括为:2 000、2 000、3 000、5 000 和 200 000,画出的箱线图见图 2.14。显然,其分布非常不对称,下(左)边看来没有尾巴,上(右)边的尾巴很长而且重。由于有些人有同样高的工资,因此图中的 6

个"*"点,并不表示只有 6 个人的工资异常高,很可能还有人工资异常高。

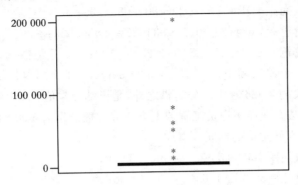

图 2.14　企业 101 位雇主雇员工资的箱线图

五数概括与箱线图可用来判断比较大或比较小的一个数是不是异常值。这个判断方法直观简单,其步骤如下。

1) 计算四分位数间距(IQR)是这个判断方法的关键:

IQR＝上四分位数－下四分位数

2) 内篱笆:

下四分位数－1.5×四分位数间距;

上四分位数＋1.5×四分位数间距。

3) 外篱笆:

下四分位数－3×四分位数间距;

上四分位数＋3×四分位数间距。

4) 判断方法:

● 位于内外篱笆之间的数怀疑其为异常值;

● 在外篱笆外面的数怀疑其为极端异常值。

注:能否判断其为异常值或极端异常值尚需具体问题具体分析,很大程度上依赖于我们对所研究的问题的实际背景的理解。

● 表 2.12 中的 200 个圆筒内径数据的上下四分位数分别为 48.825 与 41.9,判断最小值 31.1 是否是异常值的步骤如下:

1) 四分位数间距 IQR＝48.825－41.9＝6.925;

2) 下端内篱笆＝41.9－1.5×6.925＝31.5125;

3) 下端外篱笆＝41.9－3×6.925＝21.125;

4) 31.1 介于下端内外篱笆之间,是异常值。

● 例 2.6 中某保险公司 150 起事故的理赔款额的上下四分位数分别为 1 634.25 和 800。判断最大的 4 个赔款额,3 285、3 596、3 603 和 4 526 是否

都是异常值的步骤如下:
1) 四分位数间距 IQR=1 634.25−800=834.25;
2) 上端内篱笆=1 634.25+1.5×834.25=2 885.625;
3) 上端外篱笆=1 634.25+3×834.25=4 137;
4) 最大的 4 个赔款额中,3 285、3 596 与 3 603 介于上端内外篱笆之间,是异常值;最大的 4 526 在上端外篱笆之外,是极端异常值。

- 例 2.7 中某企业雇主雇员工资的上下四分位数分别为 5 000 和 2 000。高的工资是否为异常值的判断步骤如下:
1) 四分位数间距 IQR=5 000−2 000=3 000;
2) 上端内篱笆=5 000+1.5×3 000=9 500;
3) 上端外篱笆=5 000+3×3 000=14 000;
4) 由表 2.21 知,工资 10 000 是异常值;工资 20 000 以及超过 20 000 的 14 个人的工资是极端异常值。

图 2.15 是某学校某年级语文、数学和外文 3 门课程学生成绩的箱线图。比较这 3 个箱线图,我们发现语文成绩分数最高,外文最低。此外,语文成绩高的与低的差别不大,而数学和外文成绩高的与低的差别就比较大。由此例可以看到,如果有两批或更多批的数据,画每一批数据的箱线图,通过观察分析这些箱线图的相似和差异,可以对不同批的数据进行比较。箱线图的批比较有很多应用,例如用在证券市场对不同股票的表现进行比较,或对同一个股票在不同交易日的表现进行比较。

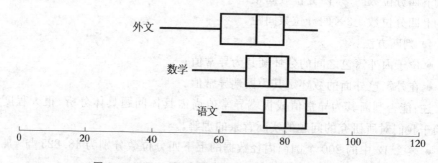

图 2.15　语文、数学和外文 3 门课程成绩的箱线图

倘若该学校该年级有个学生这 3 门课程的成绩都是 75 分,你能说他的这 3 门课程的成绩一样好吗?看图 2.15,语文成绩的下四分位数和中位数分别是 73.5 和 80 分,由此看来,这个学生的语文成绩属中下水平。外文成绩的中位数和上四分位数和分别是 71 和 79 分,这说明该学生的外文成绩属中上水平。数学成绩的中位数是 75 分,正好和该学生的数学成绩持平,他的数学成绩为平均中等水平。由此可见,看成绩的高低,不仅要看绝对分数,更要看相对分数,看他的等次。有

人建议应该显示成绩箱线图给学生看,并告诉他你的成绩所处的位置。又如该学校该年级另一个学生的语文和数学成绩都是 70 分,外文成绩是 84 分。该学生这 3 门功课的成绩在箱线图中用"■"表示(见图 2.16)。由"■"所处的位置可以了解到,这个学生的外文成绩很好,语文成绩比较差,而数学成绩属中下水平。

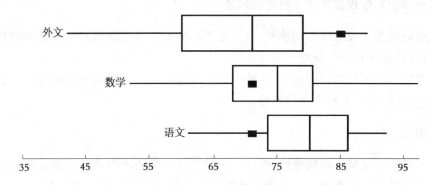

图 2.16 语文、数学和外文 3 门课程成绩箱线图上的某学生的成绩

§2.3.3 定量数据的离散程度的数值描述

人们除了关心圆筒内径的分布情况以及其平均大小外,还关心下面这个问题:圆筒的内径有的大,有的小,参差不等,圆筒的内径的大大小小变化的离散程度如何?圆筒内径的离散程度越小,我们就说圆筒的生产过程越是稳定。

为什么知道了数据的平均大小之后还需要知道数据的离散程度,这可以用下面的简单例子加以说明。上海市普陀区华东师范大学附近原来有一大片平坦的农田。1958 年在这一片农田上挖了一个湖,并把挖出的土堆积成了一座山,建造了一个公园。在平坦的农田上挖了一个湖堆积成了一座山,变化很大。但就平均高度来说,它们没有变化。有了湖和山之后计算平均高度相当于把山削平,其土填满了湖。因而平坦农田的平均高度与有了湖和山之后的平均高度相等。但这两者的离散程度是不一样的,平坦农田上不同地点的高度没有什么差别,但有了湖和山之后,有的地方高出地平面,而有的地方低于地平面,不同地点上的高度有很大的差别。难怪有人说,尽管瑞士有山(例如阿尔卑斯山)有湖(例如日内瓦湖),但瑞士的平均高度和平坦的英格兰平原是一样的。

下面的一些方面的问题说明了离散程度的重要性。

数据能不能很好地用平均数来代表与数据的离散程度有关

欲比较不同班级的学习成绩,仅需比较他们的平均分。这也就是说,可以用平均分代表一个班级的成绩。如果这个班级同学的成绩都和平均分差不多,也就是在班级同学成绩的离散程度很小的时候,用平均分代表班级的成绩,其代表性

63

好。而如果这个班级有些同学的成绩比平均分高得多,有些比平均分低得多,也就是在班级同学成绩的离散程度大的时候,用平均分代表班级的成绩,其代表性就比较差。数据能不能很好地用平均数来代表与数据的离散程度有关。

股票价格的离散程度反映了投资的风险

投资者当然关心股票的价格,但他更关心的是一段时间内价格的涨涨跌跌变化的情况,也就是股票价格的离散程度。

有的股票涨跌的幅度很大,这种股票的风险就大。离散程度反映了股票价格的不确定性,反映了投资者的风险。

资产组合

离散程度反映了不确定性,所以一项投资或一个资产组合的离散程度越大就说明该项投资的风险越大。投资者当然希望既要挣得多并且又要风险小,但鱼与熊掌不可兼得,我们难以做到既挣得最多而风险又最小,只能构造一个资产组合,例如购买多少股票,以及购买哪一些股票,使得这些股票的平均收益在不低于某个确定水平的前提下有最小的风险,即有最小的离散程度,或者对事先确定的风险,即离散程度,有最大的平均收益。这就是美国著名经济学家、金融学家,1990年诺贝尔经济学奖获得者哈里·马可维茨(Markowitz, Harry)在《资产组合选择》一文中提出的思想。

离散程度反映了生产的稳定性

机器灌装额定标准为每袋净重 0.5 千克的袋装葡萄糖,由于有温度、气压,操作工人的健康状况和心理状态,机器掌控程度等各个随机因素的影响,袋装葡萄糖的重量不可能完全相等。显然,平均重量是否有 0.5 千克是企业极为关心的一个质量指标。此外,企业还关心生产的稳定性,即离散程度如何。倘若平均重量有 0.5 千克,但有的袋装葡萄糖重量超过了 0.5 千克很多,而有的比 0.5 千克少了很多,也就是说机器灌装的袋装葡萄糖糖重的离散程度很大,这也是不行的。因而平均大小和离散程度都是企业所应该关心的。

离散程度的大和小反映了机器精度的低和高

灌装袋装葡萄糖的机器,每袋净重多少是可以调节的。机器的优良性的一个很重要的指标就是精度,精度高的机器灌装的袋装葡萄糖差不多一样重,其离散程度小;精度低的机器灌装的袋装葡萄糖的重量参差不齐,其差别即离散程度非常的大。离散程度的大和小反映了机器精度的低和高。

试卷区分度的高低与考试成绩的离散程度大小有关

上面这些方面的问题似乎都是说离散程度大了不好,离散程度大了,平均数的代表性就差,股票价格就有很多的不确定性,资产组合的风险就大;生产的稳定性就差,机器的精度就低。但是有不少情形下人们不希望其离散程度太小。例如考试是选拔人才的一项方法。倘若这些应聘者的考试成绩相差不大,其离散程度很小,就难以通过考试把应聘者区分开来,以便决定哪些人可考虑录用,哪些人不宜录用。因而考试成绩的离散程度是大一些的好。一份好的试卷区分度要高,区分度的高低就与考试成绩的离散程度大小有关。试卷的区分度问题是教育统计中的一个问题。

挑选基本的人体部位制定服装号型

服装牵涉人体有关部位的尺寸,例如,与成年男子上衣有关的尺寸有 8 个:身高、颈椎点高、腰围高、坐姿颈椎点高、颈围、胸围、后肩横弧和臂全长。如果销售上衣时这 8 个部位的尺寸都要,这太烦琐,也是行不通的。为此人们从这 8 个尺寸中挑选少数几个基本尺寸,然后由基本尺寸确定上衣的号型。第一挑选出来的是身高,第二挑选出来的是胸围。根据这两个基本尺寸制订了成年男子上衣的号型。服装厂根据号型生产上衣,人们根据自己的身高和胸围购买上衣。为什么首先挑选出来的基本尺寸是身高,这是因为成年男子有的长得高,有的长得矮,相对于其余 7 个尺寸,身高的离散程度最大,所以根据身高容易将成年男子区分开来。考虑到身高表示人的高矮,所以选取了身高之后,在表示人的胖瘦的颈围和胸围这两个尺寸中挑选一个。由于胸围的离散程度比较大,所以它就成了第二挑选出来的基本尺寸。服装号型的制订是服装生产的一个重要问题。为制订服装号型一般需挑选出两个基本尺寸,它们是离散程度比较大的两个尺寸。

假设一组数据共有 n 个数,它们分别记为 $x_1, x_2, \cdots, x_n$。由数据的直方图、箱线图和各个百分位数的值可看到数据的离散程度。除此之外,还可以用下面一些数值度量数据的离散程度。

*极差

极差 R = 最大值 − 最小值

*四分位数间距

四分位数间距 IQR = 上四分位数 − 下四分位数

倘若最大值(或最小值)是异常值,它对极差有很大的影响,但对四分位数间距没有什么影响。四分位数间距是箱线图中间那个长方形的长度,它是数据中间部位 50% 个数中的最大值与最小值的差。一般来说,数据中间部位的数含有数据比较多的信息。因而人们认为四分位数间距比极差包含更多的数据离散程度的信息。正如前面所说的,四分位数间距可用来检测某一个数是否是异常值。

*平均绝对偏差

假设有 n 个数 $x_1, x_2, \cdots, x_n$,其平均数为 $\bar{x}$。显然,倘若每一个 x_i 都与平均数 $\bar{x}$ 很接近,也就是差 $x_i - \bar{x}$ 都很小的话,这 n 个数 $x_1, x_2, \cdots, x_n$ 的离散程度就小。由此看来,这些差 $x_i - \bar{x}$ 的大小都反映了数据的离散程度。通常称 $x_i - \bar{x}$ 为 x_i 的离差。它描述了 x_i 离开平均数 $\bar{x}$ 的程度。离差 $x_i - \bar{x}$ 的值有正有负,如果将它们全都加在一起,则正负相互抵消,其和恰等于 0:

$$(x_1 - \bar{x}) + (x_2 - \bar{x}) + \cdots + (x_n - \bar{x}) = (x_1 + x_2 + \cdots + x_n) - n\bar{x}$$
$$= (x_1 + x_2 + \cdots + x_n) - (x_1 + x_2 + \cdots + x_n) = 0$$

显然,离差 $x_i - \bar{x}$ 的符号(究竟是正还是负)是与数据的离散程度没有关系的。真正有关系的是离差的绝对值。因而为了用这些离差 $x_i - \bar{x}$ 度量离散程度,我们首先将这些离差分别取绝对值,然后再把这些绝对值加在一起:

$$|x_1 - \bar{x}| + |x_2 - \bar{x}| + \cdots + |x_n - \bar{x}| = \sum_{i=1}^{n} |x_i - \bar{x}|$$

如果这个和仍等于 0,这就意味着每一个 x_i 都等于平均数 $\bar{x}$:

$$x_1 = x_2 = \cdots = x_n = \bar{x}$$

这说明这 n 个数 $x_1, x_2, \cdots, x_n$ 的离散程度小到等于 0。一般来说,这个和等于 0 的情况很少见。在和不等于 0 时,这些 x_i 并不全都相等,它们的离散程度并没有小到等于 0。但我们可以看到如果和比较小,则这些 x_i 的离散程度也比较小。考虑到这个和与数据的个数 n 有关,一般来说,个数 n 越多,这个和就越大。为消除个数 n 的影响,我们把这个和除以 n。也就是取平均,并把这个平均数称为平均绝对偏差,简称平均偏差(Average Deviation,简记为 AD)。

$$AD = \frac{|x_1 - \bar{x}| + |x_2 - \bar{x}| + \cdots + |x_n - \bar{x}|}{n} = \frac{\sum_{i=1}^{n} |x_i - \bar{x}|}{n}$$

数据的平均偏差 AD 越小,则数据的离散程度就越小。考虑到平均数是数据的平均大小,集中趋势或中心位置,因而可以将数据的离散程度理解为数据关于平均数的离散程度。

只需要启动 Excel,输入某个函数的名称及其计算要求就可直接计算平均偏差。直接计算的第一步是建立数据文件,例如,将表 2.12 的 200 个圆筒内径数据放在 A 列的第 1 至第 200 个单元格。接着在其任意一个单元格上按下述的方式输入:"=avedev(a1:a200)",然后确定,则得到数据的平均偏差 AD 为 4.130 7。注:avedev 是 average deviation(平均偏差)的缩写。

方差和标准差

计算平均偏差,离差 $x_i - \bar{x}$ 取绝对值,使得负的变成正的。当然,为使得负的变成正的,离差 $x_i - \bar{x}$ 也可以取平方。这样一来就得到了度量数据离散程度的另一个统计量:

$$s^2 = \frac{(x_1-\bar{x})^2 + (x_2-\bar{x})^2 + \cdots + (x_n-\bar{x})^2}{n-1} = \frac{\sum_{i=1}^n (x_i-\bar{x})^2}{n-1}$$

s^2 称为方差(Variance)。通常称

$$\sum_{i=1}^n (x_i - \bar{x})^2 = (x_1-\bar{x})^2 + (x_2-\bar{x})^2 + \cdots + (x_n-\bar{x})^2$$

为数据 $x_1, x_2, \cdots, x_n$ 的离差平方和。而方差 s^2 可以看成是离差平方和 $\sum_{i=1}^n (x_i - \bar{x})^2$ 的平均。提请大家注意:计算离差平方和 $\sum_{i=1}^n (x_i - \bar{x})^2$ 的平均时,其分母是 $n-1$,而不是 n。为什么除以 $n-1$,而不是除以 n。这个问题比较复杂,不是一句两句话就能回答得非常清楚完全的,本课程仅作一个直观的解释。

离差平方和 $\sum_{i=1}^n (x_i - \bar{x})^2$,看似 n 项的平方和,实际上是 $n-1$ 项的平方和。下面仅就 $n=2,3$ 的情况,验证这句话。

1) $n=2$ 时,$\sum_{i=1}^2 (x_i - \bar{x})^2 = (x_1-\bar{x})^2 + (x_2-\bar{x})^2$,看似 2 项平方和,由于在 $n=2$ 时,$\bar{x} = \frac{x_1+x_2}{2}$,所以 $(x_1-\bar{x})^2 + (x_2-\bar{x})^2 = \left(\frac{x_1-x_2}{\sqrt{2}}\right)^2$,它其实只有 1 项;

2) $n=3$ 时,$\sum_{i=1}^3 (x_i - \bar{x})^2 = (x_1-\bar{x})^2 + (x_2-\bar{x})^2 + (x_3-\bar{x})^2$,看似 3 项平方和,由于在 $n=3$ 时,$\bar{x} = \frac{x_1+x_2+x_3}{3}$,所以

$$(x_1-\bar{x})^2 + (x_2-\bar{x})^2 + (x_3-\bar{x})^2 = \left(\frac{x_1-x_2}{\sqrt{2}}\right)^2 + \left(\frac{x_1+x_2-2x_3}{\sqrt{6}}\right)^2$$,它其实是 2 项。

一般来说,数据 $x_1, x_2, \cdots, x_n$ 的离差平方和 $\sum_{i=1}^n (x_i - \bar{x})^2$,看似 n 项平方和,它其实是 $n-1$ 项平方和。正因为如此,所以计算离差平方和 $\sum_{i=1}^n (x_i - \bar{x})^2$ 的平均,不是除以 n,而是除以 $n-1$。所以方差就定义为

$$s^2 = \frac{(x_1-\bar{x})^2+(x_2-\bar{x})^2+\cdots+(x_n-\bar{x})^2}{n-1} = \frac{\sum_{i=1}^{n}(x_i-\bar{x})^2}{n-1}$$

s^2 的平方根 s 称为标准差(Standard Deviation,简称 SD):

$$s = \sqrt{\frac{(x_1-\bar{x})^2+(x_2-\bar{x})^2+\cdots+(x_n-\bar{x})^2}{n-1}} = \sqrt{\frac{\sum_{i=1}^{n}(x_i-\bar{x})^2}{n-1}}$$

方差 s^2 的单位是量纲的平方,例如测量长度得到的一批数据,倘若它的单位是米(m),那么方差 s^2 的单位就是米的平方(m^2)。而标准差 s 的单位又变为原来的量纲:米。由此可见,标准差 s 和平均偏差 AD 有相同的量纲。

只需要启动 Excel,输入某个函数的名称及其计算要求就可直接计算方差与标准差。直接计算的第一步是建立数据文件,例如,将表 2.12 的 200 个圆筒内径数据放在 A 列的第 1 至第 200 个单元格。接着在其任意一个单元格上按下述的方式输入:"=var(a1:a200)",然后确定,则得到数据的方差 s^2 为 26.795 5;输入 "=stdev(a1:a200)" 则得到数据的标准差 s 为 5.176 4。注:var 和 stdev 分别是 variance(方差) 和 standard deviation(标准差) 的缩写。

平均偏差 AD、方差 s^2 和标准差 s 都是用来度量数据的离散程度,也就是数据关于平均数的离散程度。平均偏差 AD 牵涉到绝对值运算,而方差 s^2 和标准差 s 牵涉到平方运算。相对于绝对值,平方运算有很多的优良性,所以度量离散程度用得比较多的是方差 s^2 和标准差 s。下一小节 §2.3.4 将介绍方差 s^2 和标准差 s 的一个很有用的性质,也就是所谓的经验法则。

事实上,我们还可以利用工具菜单的数据分析功能计算一系列数值,其中有平均数、中位数、方差与标准差。其步骤如下:

1) 建立数据文件,例如将表 2.12 的合金钢圆筒内径的观察数据放在 A 列的第 1 至第 200 个单元格上;

2) 选择 Tools(工具)下拉菜单;

3) 选择 Data Analysis(数据分析)选项;

4) 从 Analysis Tools(分析工具)框中选择 Descriptive Statistics(描述统计);

5) 在 Descriptive Statistics 对话框中:

在 Input Range(输入区域)栏中键入 A1:A200,

选择 Output Range(输出区域),

在 Output Range 栏中键入 C1(让输出的频数分布表的左上角在 C1 单元格),

选择 Summary Statistics(汇总统计),

单击 OK。

在屏幕上(见图 2.17)将出现一个以 C1 单元格为左上角的一列数值。其中的

图 2.17 工具菜单的数据分析功能的描述统计选项输出的计算结果

Mean、Median、Mode、Standard Deviation 与 Sample Variance 分别是 200 根合金钢圆筒内径的观察数据的平均数、中位数、众数、标准差与方差。Count 是数据个数 $n=200$，Sum 是 200 个观察数据的总和 9 058.3，Minimum 是最小值 31.1，Maximum 是最大值 59.1，Range 是极差 $R=$ 最大值 $-$ 最小值 $=28$。除了这些大家已了解的数之外，还有下面 3 个数。

Standard Error 称为标准误，简记为 **SE**。严格地说，我们这里计算的是均值的标准误。均值标准误用于均值的估计，见第四章 §4.2 节。它的计算公式为

$$均值标准误 = \frac{标准差}{\sqrt{数据个数}} = \frac{5.176\,432\,654}{\sqrt{200}} = 0.366\,029\,063$$

* **Skewness** 称为偏度。偏度越是接近于 0，直方图就越是对称。200 根合金钢圆筒内径的观察数据的偏度 $=-0.131\,191\,139$，与 0 相当接近。因而即使没有画这 200 个观察数据的直方图 2.3，我们也能想象这 200 个观察数据的直方图呈钟形对称。又如例 2.6 中某保险公司 150 起事故的理赔款额的数据（见表 2.16），它的直方图（见图 2.8）正偏斜，右边有一条又长又重的尾巴。经计算，这 150 个理赔款额数据的偏度就比较大，等于 1.482 488 53。一般来说，

1) 若偏度是正的,我们倾向于认为直方图呈正偏斜(见上页底左图),右边有一条又长又重的尾巴,均值往往在中位数的右边,取均值右边值的可能性小于取均值左边值的可能性。

2) 若偏度是负的,我们倾向于认为直方图呈负偏斜(见上页底右图),左边有一条又长又重的尾巴,均值往往在中位数的左边,取均值右边值的可能性大于取均值左边值的可能性。

3) 若偏度近似等于0,我们倾向于认为直方图呈钟形对称,均值和中位数差不多大。

在数据个数 n 比较大的时候,判断偏度是否接近0的一个简单方法是

若 $\left|\sqrt{\dfrac{n}{6}}\cdot 偏度\right|\geqslant 2$,则认为偏度不接近0。反之,则认为偏度接近0。

正态分布是由钟形对称的直方图导出的。由此可见,若偏度不接近于0,则认为正态分布不成立。例如,150个理赔款额数据的偏度就比较大,等于1.48248853,由此判断理赔款额的分布不是正态分布。当然,若偏度接近0,这不足以认为正态分布成立,只能说它是对称分布。在偏度接近0的时候,接下来人们通常看峰度是多少。

* **Kurtosis 称为是峰度**。顾名思义,它反映直方图的峰的尖峭程度。200根合金钢圆筒内径的观察数据的峰度=-0.116454914,与0相当接近。因而这200个观察数据的钟形对称直方图的峰的尖峭程度与正态分布差不多一样。一般来说,

1) 若峰度是负的,倾向于认为直方图的峰较正态分布平坦(见左图),总体具有不足的峰度。

2) 若峰度是正的,倾向于认为直方图的峰较正态分布尖峭(见右图),总体具有过度的峰度。

3) 若峰度近似等于0,我们倾向于认为直方图的峰的尖峭程度与正态分布差不多一样。

在数据个数 n 比较大的时候,判断峰度是否接近0的一个简单方法是

若 $\left|\sqrt{\dfrac{n}{24}}\cdot 峰度\right|\geqslant 2$,则认为峰度不接近0。反之,则认为峰度接近0。

一般来说,考察一批数据的直方图是否呈钟形对称(正态分布),首先看偏度

是否近似地等于0。若偏度不接近于0，则认为正态分布不成立。在偏度近似地等于0之后，再考察峰度是否等于0。若峰度不接近于0，则认为正态分布不成立。

§2.3.4 经验法则

人们通过观察发现，对于直方图呈钟形对称的数据来说，数据几乎都在离平均数 $\bar{x}$ 的3个标准差 s 的范围内。这就是所谓的 3σ（σ 为希腊语，读为"西格玛"）原则。下面我们利用有钟形对称直方图的表2.12的200个圆筒的内径数据与表2.14的150个高中三年级男学生的身高数据验证 3σ 原则，这也就是验证：

$\bar{x} \pm 3s$ 几乎包含所有的数据 $x_1, x_2, \cdots, x_n$；

或者说，

"$\bar{x} - 3x \leqslant x_1, x_2, \cdots, x_n \leqslant \bar{x} + 3s$"几乎为真。

- 表2.12中的200个圆筒内径数据的平均数 $\bar{x} = 45.2915$，标准差 $s = 5.1764$，$\bar{x} - 3s = 29.7623$，$\bar{x} + 3s = 60.8207$。由于200个圆筒内径数据的最小值为 $31.1 > 29.7623$，最大值为 $59.1 < 60.8297$，因而这200个圆筒内径都在离平均数 $\bar{x}$ 的3个标准差 s 的范围内。

- 表2.14中的150个高中三年级男学生身高数据的平均数 $\bar{x} = 169.8917$，标准差 $s = 5.8335$，$\bar{x} - 3s = 152.3912$，$\bar{x} + 3s = 187.3922$。由于150个高中三年级男学生身高数据的最小值为 $153 > 152.3912$，最大值为 $186 < 187.3922$，因而这150个高中三年级男学生身高都在离平均数 $\bar{x}$ 的3个标准差 s 的范围内。

这两个实例都说明，$\bar{x} \pm 3s$ 包含所有的数据。人们发现有一些呈钟形对称的直方图，$\bar{x} \pm 3s$ 并不包含所有的数据。根据高斯提出的正态分布的理论，3σ 原则应精确地表述为

3σ 原则：对于直方图钟形对称的数据来说，约有 **99.73%** 的数在离平均数 $\bar{x}$ 的3个标准差 s 的范围内。

我们之所以测量200个圆筒的内径，以及测量150个高中三年级男学生的身高，其目的是为了了解企业生产的圆筒的内径的分布情况，以及全市高中三年级男学生身高的分布情况。根据 3σ 原则我们就可以作这样的推断：

- 企业生产的约99.73%的圆筒的内径在29.7623与60.8207（毫米）之间；
- 全市约99.73%的高中三年级男学生身高在152.3912与187.3922（厘米）之间。

在统计中，将企业生产的圆筒的内径，全市高中三年级男学生的身高称为总体，并且把200个圆筒的内径测量数据（见表2.12），以及测量150个高中三年级男学生的身高得到的数据（见表2.14）称为是样本数据，简称样本。从而把根据样

本数据算得的平均数、方差等称为是样本平均数（或样本均值）、样本方差等。由此看来，3σ 原则应更精确地表述为

3σ 原则：对于直方图呈钟形对称的样本数据来说，总体中约有 99.73% 的数在离平均数 $\bar{x}$ 的 3 个标准差 s 的范围内。

这个推理方法与图 2.7 描述的引入正态分布的推理方法是一致的，都是由**部分推断整体**，也就是**由样本推断总体**。

在统计中，将基于某一组数据根据某个公式计算出来的数例如平均数、方差称为样本平均数（或样本均值）、样本方差。它们都称为统计量。本章用数值方法整理分析数据其实就是构造各种不同的统计量，从不同的侧面去刻画数据。

人们通过进一步的观察，根据正态分布的理论，将 3σ 原则推广到下面所述的经验法则。

经验法则：对于直方图钟形对称的数据来说（见图 2.18），
- 约有 68.27% 的数离平均数 $\bar{x}$ 在 1 个标准差 s 的范围内（在 $\bar{x}-s$ 和 $\bar{x}+s$ 之间）；
- 约有 95.45% 的数离平均数 $\bar{x}$ 在 2 个标准差 s 的范围内（在 $\bar{x}-2s$ 和 $\bar{x}+2s$ 之间）；
- 约有 99.73% 的数离平均数 $\bar{x}$ 在 3 个标准差 s 的范围内（在 $\bar{x}-3s$ 和 $\bar{x}+3s$ 之间）。

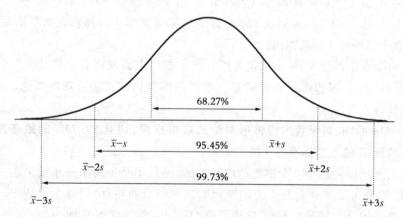

图 2.18 钟形对称直方图的经验原则

必须注意的是，经验法则是对呈钟形对称直方图的数据而言的。因而在考虑使用经验法则的时候，首先画数据的直方图，看看它的直方图是否呈钟形对称。如果数据的直方图不呈钟形对称，经验法则就不适用。

表 2.12 中的 200 个圆筒内径数据有呈钟形对称的直方图（见图 2.3）。我们已经算得它的平均数 $\bar{x}=45.2915$，标准差 $s=5.1764$。前面已用这批数据验证

了 3σ 原则,也就是验证了 3 个标准差时的经验法则。下面验证 1 个与 2 个标准差时的经验法则。

1) 200 个圆筒内径数据在

$\bar{x}-s=45.2915-5.1764=40.1151$ 和 $\bar{x}+s=45.2915+5.1764=50.4679$

之间有 136 个数,比例为 $136/200=68\%$。这个比例和经验法则告诉我们的 68.27% 相差不大。

2) 200 个圆筒内径数据在

$\bar{x}-2s=45.2915-2\times5.1764=34.9387$ 和 $\bar{x}+2s=45.2915+2\times5.1764=55.6443$

之间有 191 个数,比例为 $191/200=95.5\%$。这个比例和经验法则告诉我们的 95.45% 相差更小。

用表 2.12 的 200 个圆筒内径数据验证经验法则的结果见表 2.26。

表 2.26 用 200 个圆筒内径数据验证经验法则

验证范围	观察个数	观察比例	经验法则的比例
$\bar{x}-s \sim \bar{x}+s$: 40.115 1 ~ 50.467 9	136	68%	68.27%
$\bar{x}-2s \sim \bar{x}+2s$: 34.938 7 ~ 55.644 3	191	95.5%	95.45%
$\bar{x}-3s \sim \bar{x}+3s$: 29.762 3 ~ 60.820 7	200	100%	99.73%

同 3σ 原则,经验法则也应推广到总体,它应更精确地表述为

经验法则:对于直方图钟形对称的样本数据来说,

- 总体中约有 **68.27%** 的数离平均数 $\bar{x}$ 在 **1** 个标准差 s 的范围内(在 $\bar{x}-s$ 和 $\bar{x}+s$ 之间);
- 总体中约有 **95.45%** 的数离平均数 $\bar{x}$ 在 **2** 个标准差 s 的范围内(在 $\bar{x}-2s$ 和 $\bar{x}+2s$ 之间);
- 总体中约有 **99.73%** 的数离平均数 $\bar{x}$ 在 **3** 个标准差 s 的范围内(在 $\bar{x}-3s$ 和 $\bar{x}+3s$ 之间)。

图 2.19 形象地说明了这样一个由样本(部分)推断总体(整体)的过程。

为研究中国人的体型分类与国家标准《服装号型》的制订问题,自 1986—1990 年,历时 5 年,在我国不同地区共测量了 5 115 个成年男子和 5 507 个成年女子的身高。经计算,其平均数和标准差的值为:

成年男子的身高:平均数 167.48 厘米,标准差 6.09 厘米。
成年女子的身高:平均数 156.58 厘米,标准差 5.47 厘米。

根据经验法则,可以说,在我国

- 约有 68.27% 的成年男子身高在 167.48±6.09,即在 161.39 和 173.57 厘米之间;

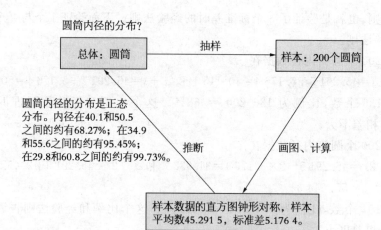

图 2.19　由样本(部分)推断总体(整体)的过程

- 约有 95.45% 的成年男子身高在 167.48±2×6.09，即在 155.30 和 179.66 厘米之间；
- 约有 99.73% 的成年男子身高在 167.48±3×6.09，即在 149.21 和 185.75 厘米之间。

此外，关于成年女子身高，同样可以说

- 约有 68.27% 的成年女子身高在 156.58±5.47，即在 151.11 和 162.05 厘米之间；
- 约有 95.45% 的成年女子身高在 156.58±2×5.47，即在 145.64 和 167.52 厘米之间；
- 约有 99.73% 的成年女子身高在 156.58±3×5.47，即在 140.17 和 172.99 厘米之间。

由于分别测量了 5 000 多个成年男子和成年女子的身高，数据个数很多，因此根据经验法则得到的上述结论的精度是很高的。

经验法则(或 3σ 原则)还可用来检测数据中有没有异常值。一般来说，比 $\bar{x}-3s$ 还要小的数，以及比 $\bar{x}+3s$ 还要大的数，可以怀疑其为异常值。看看有没有粗心以至于测量或记录错了。倘若它的确是异常值，那对它的特别之处的仔细分析很可能给予我们很多的启示。

有的时候，人们把比 $\bar{x}-2s$ 还要小的数，以及比 $\bar{x}+2s$ 还要大的数怀疑为异常值。如何判定孩子矮小或生长缓慢的问题是父母亲非常关心的一个问题，如果身高低于同年龄同性别正常儿童平均身高的两个标准差以下，就可怀疑其生长矮小。同样道理，身高高于同年龄同性别正常儿童平均身高的两个标准差以上，就可说其长得高。根据 1995 年上海市公布的市区 0—6 岁男童和女童体格发育的 5

项指标(体重、身高、头围、胸围和坐高)的评价参考值,市区儿童的平均身高 $\bar{x}$ 与标准差 s 见表 2.27。

表 2.27 市区 0—6 岁儿童的平均身高 $\bar{x}$ 与标准差 s

年龄	男童 $\bar{x}$	s	女童 $\bar{x}$	s	年龄	男童 $\bar{x}$	s	女童 $\bar{x}$	s
初生	50.26	1.47	49.68	1.59	18 月	83.52	2.57	82.51	2.91
1 月	56.95	2.39	56.26	2.10	21 月	86.47	3.12	85.08	2.95
2 月	60.69	2.36	59.25	2.15	2 岁	89.91	3.44	88.81	3.39
3 月	63.51	2.17	61.88	2.06	2.5 岁	94.44	3.40	92.93	3.37
4 月	65.06	1.88	63.98	2.00	3 岁	97.26	3.56	96.28	3.64
5 月	67.46	2.13	65.89	1.92	3.5 岁	100.99	3.55	99.31	3.69
6 月	69.66	2.09	68.17	2.23	4 岁	104.47	3.91	104.03	4.47
8 月	72.85	2.62	71.20	2.17	4.5 岁	108.75	4.13	107.61	3.84
10 月	75.43	2.32	73.99	2.20	5 岁	111.72	4.18	111.05	3.79
12 月	78.02	2.47	76.36	2.53	5.5 岁	115.37	4.41	114.58	4.56
15 月	80.66	2.59	79.85	2.84	6—7 岁	119.91	4.23	119.15	4.24

关于异常值的检测方法本章共介绍了两个方法：一是利用四分位数间距,二是利用经验法则。对于一个实际问题,我们建议这两个方法不妨都用一下,并将它们的判断结果综合起来考虑。正如前面我们在介绍四分位数间距法时所说的,能否判断某一个数是异常值往往需要具体问题具体分析,很大程度上依赖于我们对所研究的问题的实际背景的理解。

*§2.3.5 数据变换

本章§2.3.1 小节,在讲解定量数据的列表与图示描述方法时说,在数据例如经济数据有正偏斜右边有一条又长又重尾巴的直方图时,处理这一类所谓"有问题"数据的一个较为简单、常用的方法是作对数变换。取了对数之后的数据右边那条又长又重尾巴的缩进去了,其直方图往往呈钟形对称。

所谓对数变换,就是将原有的数据 $x_1, x_2, \cdots, x_n$ 取对数,变换为新的数据 $y_1, y_2, \cdots, y_n$,其中 $y_i = \ln(x_i), i = 1, 2, \cdots, n$。原有数据 $x_1, x_2, \cdots, x_n$ 的直方图不是钟形对称,而是正偏斜右边有一条又长又重的尾巴。取了对数之后得到的新数据 $y_1, y_2, \cdots, y_n$,其直方图却有可能呈钟形对称。由此可见,数据变换是处理"有问题"数据的一个重要方法。

数据除了对数变换,简单常用的还有线性变换。所谓线性变换,就是将原有数据 $x_1, x_2, \cdots, x_n$ 变换为新的数据 $y_1, y_2, \cdots, y_n$,其中 $y_i = ax_i + b, i = 1, 2, \cdots, n$,其中 a 和 b 是给定的两个常数。

研究管理能力考试(GMAT,全称 Graduate Management Admission Test)是商学院的研究生入学标准之一。考生的 GMAT 考试成绩的计算有以下两个步骤：

1) 首先计算基本分。基本分等于对的题数减去错的题数的 1/4。例如，某考生 GMAT 考试答对 130 题，答错 24 题，空着 6 题没做，则其基本分为

$$基本分 = 对的题数 - 错的题数 \times 1/4 = 130 - \frac{24}{4} = 124;$$

注：基本分等于做对的题数减去做错的题数的 1/4，这相当于做对 1 题得 1 分，做错 1 题扣 0.25 分，空着不做的题不得分也不扣分。为什么这样评分？请大家思考。

2) 考生的 GMAT 分数是将基本分按下面的线性变换的公式转换而来的：
GMAT = 3.75 × 基本分 + 210 = 3.75 × 124 + 210 = 675。

大学平均学分（GPA，全称 Grade Point Average）是大学研究生的一个入学标准。GPA 的计算一般是将每门课程的等级点数分乘以学分，加起来以后除以总的学分后得到的平均分。由此可见，GPA 是各个学科的等级点数分的加权平均。GPA 用 4 个等级点数分制计算。一般来说，百分制、五分制和 GPA 的换算方法如下：百分制的 90-100 分，以及五分制的 5 分换为 4 点；80-89 分，以及 4 分换为 3 点；70-79 分，以及 3 分换为 2 点；60-69 分，以及 2 分换为 1 点；60 分以下，以及 1 分换为 0 点。例如，某学生这个学期选了 4 门课，学分和成绩为：英文 2 学分，成绩 85,3 点；微积分 4 学分，成绩 92,4 点；统计学 3 学分，成绩 98,4 点；运筹学 3 学分，成绩 73,2 点。以上 4 门课的 GPA 为

$$GPA = \frac{\sum 等级点数 \times 学分}{\sum 学分} = \frac{3 \times 2 + 4 \times 4 + 4 \times 3 + 2 \times 3}{2 + 4 + 3 + 3} = 3.33$$

某商学院近期有 50 人申请报考研究生。他们的 GPA 与 GMAT 的成绩见表 2.28。众所周知，通常是按总分的高低决定是否录取。倘若直接将每一位申请者的 GPA 与 GMAT 的成绩相加，并按总分排序，从而决定是否录取。这样的录取方法是否恰当？有什么缺陷？

表 2.28　申请报考研究生 50 人的 GPA 与 GMAT 的成绩

GPA	GMAT	GPA	GMAT	GPA	GMAT	GPA	GMAT	GPA	GMAT
2.48	533	2.41	469	2.13	408	2.36	399	3.13	416
2.96	596	2.41	489	2.57	542	2.31	505	2.19	411
3.03	626	3.00	509	2.55	533	3.50	402	2.89	447
3.29	527	3.14	419	3.12	463	3.14	473	2.85	381
2.66	420	2.44	336	3.19	663	3.59	588	2.89	431
3.22	482	3.69	505	3.38	605	3.63	447	2.51	458
2.51	412	3.15	313	3.30	563	3.40	431	2.80	444
3.03	438	3.08	440	3.35	520	2.43	425	2.86	494
3.24	467	3.01	471	3.60	609	3.47	552	2.85	483
3.80	521	3.76	646	3.58	564	2.20	474	3.26	664

由于 GMAT 分数远大于 GPA 分数,它们不在同一个档次,因此直接计算总分,并按总分高低决定是否录取,这样的录取方法基本上取决于 GMAT 分数的高低,而 GPA 分数的作用微乎其微。看来,计算总分之前应先把 GMAT 分数与 GPA 分数进行变换,使得它们处于同等的水平。

使得多组数据处于同等水平的变换,有标准化变换;与标准化变换有关的,有中心化变换。

- 中心化变换。首先计算原有数据 $x_1, x_2, \cdots, x_n$ 的平均数 $\bar{x}$。然后将原有数据的每一个数都减去 $\bar{x}$,得到新的数据 $y_1, y_2, \cdots, y_n$,其中 $y_i = x_i - \bar{x}$,$i = 1, 2, \cdots, n$。对新的数据 $y_1, y_2, \cdots, y_n$ 而言,其平均数 $\bar{y} = \dfrac{y_1 + y_2 + \cdots + y_n}{n} = 0$。原有数据 $x_1, x_2, \cdots, x_n$ 的中心位置在其平均数 $\bar{x}$,经过中心化变换后的数据 $y_1, y_2, \cdots, y_n$ 的中心位置在原点 0。这就是称这样的变换为中心化变换的缘故。

- 标准化变换。首先计算原有数据 $x_1, x_2, \cdots, x_n$ 的平均数 $\bar{x}$ 与标准差 s。然后将原有数据的每一个数在减去 $\bar{x}$ 之后再除以 s,得到新的数据 $y_1, y_2, \cdots, y_n$,其中 $y_i = \dfrac{x_i - \bar{x}}{s}$,$i = 1, 2, \cdots, n$。这样得到的新的数据 $y_1, y_2, \cdots, y_n$,不仅其平均数 $\bar{y} = 0$,而且其标准差等于 1:

$$s_y = \sqrt{\dfrac{(y_1 - \bar{y})^2 + (y_2 - \bar{y})^2 + \cdots + (y_n - \bar{y})^2}{n-1}} = 1$$

下面以人的身高为例解释标准化变换的作用。前面给出了我国成年男子和成年女子身高的平均数与标准差:

成年男子的身高:平均数 167.48 厘米,标准差 6.09 厘米;

成年女子的身高:平均数 156.58 厘米,标准差 5.47 厘米。

倘若某成年男子和某成年女子的身高都是 175 厘米。虽然他们的绝对身高相等,但在人们的心目中,那个身高 175 厘米的成年女子长得很高,而那个身高 175 厘米的成年男子长得不很高。事实上,当你这样认为的时候,你无形中在使用标准化变换。

- 成年女子身高 175 厘米的标准化变换:$\dfrac{175 - 156.58}{5.47} = 3.37$,这说明身高 175 厘米的成年女子超过平均身高 156.58 厘米有 3 个多标准差。根据经验法则,她很高。

- 成年男子身高 175 厘米的标准化变换:$\dfrac{175 - 167.48}{6.09} = 1.23$,这说明身高 175 厘米的成年男子超过平均身高 167.48 厘米仅 1 个多标准差。根据经验法则,他不很高。

从人的身高这个例子可以看到,标准差相当于度量长度的一把尺。由此可见,标准化变换后得到的数据不仅其中心位置在原点0,而且其尺度(标准差)等于1。这就是称这样的变换为标准化变换的缘故。

在教育统计中,某学科的得分经过标准化变换之后的分数称为是标准分。要计算表2.28申请报考研究生的50人的GPA与GMAT的成绩的标准分,首先需描述性统计分析,计算平均分与标准差,见表2.29。

表2.29 GPA 与 GMAT 成绩的平均分和标准差

特征量	GPA	GMAT
平均分	2.99	488.28
标准差	0.46	80.76

从而有 GPA 与 GMAT 成绩标准分的转换公式:

$$\text{GPA 标准分} = \frac{\text{GPA} - 2.99}{0.46}, \quad \text{GMAT 标准分} = \frac{\text{GMAT} - 488.28}{80.76}。$$

在表2.28中,申请报考研究生的50人的GPA与GMAT成绩的标准分见表2.30。

表2.30 申请报考研究生50人的GPA与GMAT成绩的标准分

GPA	GMAT	GPA	GMAT	GPA	GMAT	GPA	GMAT	GPA	GMAT
−1.11	0.55	−1.27	−0.24	−1.88	−0.99	−1.38	−1.11	0.31	−0.89
−0.06	1.33	−1.27	0.01	−0.92	0.67	−1.49	0.21	−1.75	−0.96
0.09	1.71	0.03	0.26	−0.96	0.55	1.13	−1.07	−0.21	−0.51
0.67	0.48	0.34	−0.86	0.29	−0.31	0.34	−0.19	−0.30	−1.33
−0.72	−0.85	−1.20	−1.89	0.45	2.16	1.32	1.23	−0.21	−0.71
0.51	−0.08	1.54	0.21	0.86	1.45	1.41	−0.51	−1.05	−0.37
−1.05	−0.94	0.36	−2.17	0.69	0.93	0.91	−0.71	−0.41	−0.55
0.09	−0.62	−1.20	−0.6	0.80	0.39	−1.22	−0.78	−0.28	0.07
0.56	−0.26	0.05	−0.21	1.35	1.49	1.06	0.79	−0.30	−0.07
1.79	0.41	1.70	1.95	1.30	0.94	−1.73	−0.18	0.60	2.18

表2.30中GPA与GMAT的标准分处于同等的水平。计算这两项成绩的标准分的和,并将总分排序,然后根据预定的招生规模,例如有下面的录取方法。它将申请报考研究生的50人划分为3类:录取16人,不录取28人,未定6人。分类情况见图2.20。

- 录取,若 GPA 标准分 + GMAT 标准分 > 0.66;

- 不录取，若 GPA 标准分 ＋ GMAT 标准分＜0.02；
- 未定，若 GPA 标准分 ＋ GMAT 标准分在 0.02 与 0.66 之间。

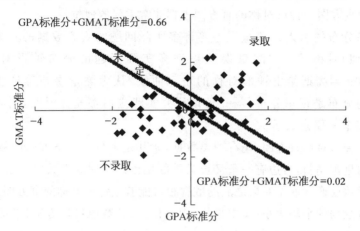

图 2.20　申请报考研究生 50 人的分类情况

内容提要

- 数据可分为定量数据和定性数据两种类型。计量数据和计数数据称为定量数据。名义(定性)数据和有序(定性)数据称为定性数据。数据还可以分为横断面数据、时间序列数据和面板数据(时间序列-横断面)3 种类型。
- 定性数据的列表描述方法：频数频率分布表；交叉分组列表。使用 Excel 制作频数频率分布表与交叉分组列表的步骤：首先输入数据，然后选择"数据"→"数据透视表和数据透视图(P)"。
- 定性数据的列表描述方法：条形图(又称柱形图,直方图)；圆形图(又称饼图)。使用 Excel 制作条形图与频数频率分布表的步骤：首先输入数据与接收区域，然后选择"工具"→"数据分析"→"直方图"。
- 定性数据的平均大小(集中趋势、中心位置)常用众数(mode)来度量。所谓众数就是出现的频率最大的那个数。
- 有序定性数据的平均大小(集中趋势、中心位置)还可用中位数(median)来度量。所谓中位数是将数据按由小到大递增的顺序排列后位于中间的数值。
- 定量数据的列表与图示描述方法：频数频率分布表；直方图。
- 钟形对称直方图最为常见。它中间高,两边逐渐低下去,左右近似对称。产品的质量指标、人的生理特征、测量误差、炮弹弹落点的纵向和横向偏差、农作物的收获量、某地区的年降雨量等往往都有呈钟形对称的直方图。在众多的直方图中钟形对称的直方图占据非常重要的地位。
- 正态分布的引入:"测量误差等许多实际问题的观察数据的直方图钟形（近似）对称。"→"测量误差等许多实际问题的分布钟形对称。"→"1809年高斯给出钟形对称的正态曲线,认为测量误差等许多实际问题的分布是正态分布。"→"理论研究实践应用都充分说明,引入正态分布完全必要意义重大。"
- 除了钟形对称直方图,还有一类数据,尤其是来自于经济方面的数据,其直方图呈正偏斜,右边有一条又长又重的尾巴。处理这类数据的通常方法是作对数变换。取了对数之后的数据很可能有呈钟形对称的直方图。
- 定量数据的平均大小（集中趋势、中心位置）的数值描述方法:平均数、切尾平均数、中位数与众数。
- 百分位数和上百分位数,五数概括和箱线图。
- 定量数据的离散程度的数值描述方法:极差、四分位数间距、平均（绝对）偏差、方差与标准差。
- 总体,样本,统计量。
- 3σ原则:对于直方图钟形对称的样本数据来说,总体中约有99.73%的数在离平均数$\bar{x}$ 3个标准差s的范围内。
- 经验法则:对于直方图钟形对称的样本数据来说,
  ☆ 总体中约有68.27%的数离平均数$\bar{x}$在1个标准差s的范围内;
  ☆ 总体中约有95.45%的数离平均数$\bar{x}$在2个标准差s的范围内;
  ☆ 总体中约有99.73%的数离平均数$\bar{x}$在3个标准差s的范围内。
- 检测异常值的两个方法:利用四分位数间距;利用经验法则（或3σ原则）。
- 数据变换:中心化变换与标准化变换。

附2.1 选择Excel的"数据"下拉菜单制表

1) 建立数据文件,例如将原始数据表2.4的饮料名称与性别分别放在A列与B列的第2至第51个单元格,且分别在A列与B列的第1个单元格上输入项目名称"饮料"与"性别";

2) 选择"数据"下拉菜单;

3) 选择"数据透视表和数据透视图(P)"选项;

4) 选择:"Microsoft Office Excel 数据列表或数据库(M)",选择"数据透视表(T)",选择"下一步";

5) 在选定区域栏中键入"a1:b51",选择"下一步";

6) 选择"现有工作表",键入"d1",选择"完成";

7) 若将项目"饮料"拖入行字段,然后将"饮料"拖入中间部分。则得饮料的频数频率分布表。

8) 若将项目"饮料"拖入行字段,"性别"拖入列字段,然后将"饮料"或"性别"拖入中间部分。则得饮料与性别交叉分组列表。

9) 在输出的交叉分组列表的左上角上右击鼠标,选择(Field Settings)字段设置(N),然后在数据透视表字段的对话框的汇总方式(S)的菜单中选择计数。

附 2.2　选择 Excel 的工具下拉菜单,使用数据分析功能制表和画图

1) 建立数据文件。例如用 1、2、3、4 和 5 分别作为可口可乐、苹果汁、橘子汁、百事可乐和杏仁露的代码,将表 2.2 的原始数据放在 A 列的第 1 至第 50 个单元格。又如将表 2.12 的 200 个圆筒内径数据放在 A 列的第 1 至第 200 个单元格。

2) 对定性数据来说将代码:1、2、3、4 和 5 放在 B 列的第 1 至第 5 个单元格;对定量数据来说,将每一组的上限:32、34、…、58 和 60 放在 B 列的第 1 至第 15 个单元格。

3) 选择工具下拉菜单。

4) 选择数据分析选项。

5) 在分析工具框中选择直方图。

6) 在直方图对话框中:

(1) 在输入区域栏中键入 A1：A50,或 A1：A200;

(2) 在接收区域栏中,键入 B1：B5,或 B1：B15;

(3) 选择输出区域,并在输出区域栏中键入 C1,则给出频数分布表,输出的频数分布表的左上角在 C1 单元格;

(4) 选择图表输出,则给出直方图。

7) 单击确定。

附 2.3 统计量与 Excel 函数

统计量		Excel 函数
		建立数据文件,例如将 200 个圆筒内径数据放在 A 列的第 1 至第 200 个单元格。
平均数 $\bar{x}$		输入"=average(a1:a200)",然后确定。
例如 5% 切尾平均数		输入"=trimmean(a1:a200,0.05)",然后确定。
中位数		输入"=median(a1:a200)",然后确定。
众数		输入"=mode(a1:a200)",然后确定。
例如 0.05 百分位数		输入"=percentile(a1:a200,0.05)",然后确定。
例如 0.05 上百分位数		输入"=percentile(a1:a200,0.95)",然后确定。
五数概括	最小值	输入"=quartile(a1:a200,0)",然后确定。
	下四分位数	输入"=quartile(a1:a200,1)",然后确定。
	中位数	输入"=quartile(a1:a200,2)",然后确定。
	上四分位数	输入"=quartile(a1:a200,3)",然后确定。
	最大值	输入"=quartile(a1:a200,4)",然后确定。
制作箱线图		使用 Minitab;输入 Data → Stat → EDA → boxplot。
极差 R		=最大值－最小值。
四分位数间距 IQR		=上四分位数－下四分位数。
平均(绝对)偏差 AD		输入"=avedev(a1:a200)",然后确定。
方差 s^2		输入"=var(a1:a200)",然后确定。
标准差 s		输入"=stdev(a1:a200)",然后确定。
内篱笆		下四分位数－1.5×四分位数间距,上四分位数＋1.5×四分位数间距。
外篱笆		下四分位数－3×四分位数间距,上四分位数＋3×四分位数间距。

附 2.4 选择 Excel 的工具下拉菜单,使用数据分析功能计算描述统计量

1) 建立数据文件,例如将表 2.12 的合金钢圆筒内径的观察数据放在 A 列的第 1 至第 200 个单元格上。

2) 选择 Tools(工具)下拉菜单。

3) 选择 Data Analysis(数据分析)选项。

4) 从 Analysis Tools(分析工具)框中选择 Descriptive Statistics(描述统计)。

5) 在 Descriptive Statistics 对话框中:
   在 Input Range(输入区域)栏中键入 A1:A200;
   选择 Output Range(输出区域);

在 Output Range 栏中键入 C1(让输出的频数分布表的左上角在 C1 单元格)，选择 Summary Statistics(汇总统计)。

6) 单击确定。

输出的数据描述性统计量有：平均数、标准误、中位数、众数、标准差、方差、峰度、偏度、极差、最小值、最大值、和、数据个数。

习 题 二

1. 人们发现在 26 个英文字母中，有些字母在文章中比较多见，而有些较为少见。有人对很多的英文文章，通过观察计数得到各个字母的使用频率，见表 2.31。

① 为什么说只要对很多的英文文章进行统计，所得到的各个字母的使用频率都是相当稳定的？

② 请根据使用频率由高到低的次序排列字母。

③ 哪一个字母用得最多？哪一个字母用得最少？

④ 哪一些字母用得比较多？哪一些字母用得比较少？哪一些字母处于中间位置？

注：英文字母使用频率的研究很有意义，例如，打字机和计算机键盘中的某个字母的键排在哪一个位置就与该字母的使用频率的高低有关。使用频率高的排在使用方便的地方。

表 2.31　字母频率(数据来自参考书目[9]的第 79 页,Letter Frequencies)

字母	频率(%)	字母	频率(%)	字母	频率(%)	字母	频率(%)
A	8.2	H	5.3	O	8.0	V	0.9
B	1.4	I	6.5	P	2.0	W	1.5
C	2.8	J	0.1	Q	0.1	X	0.2
D	3.8	K	0.4	R	6.8	Y	2.0
E	13.0	L	3.4	S	6.0	Z	0.07
F	3.0	M	2.5	T	10.5		
G	2.0	N	7.0	U	2.5		

2. 某商店在一周内随机地挑选了 95 个顾客，其中 45 位顾客用现金支付,50 位顾客用信用卡支付。他们支付的金额见表 2.32。为比较现金支付金额与信用卡支付金额有什么差别,请分别给出这两种支付方式的频数分布表和频率分布表,并分别画出它们的直方图。通过比较频数分布表和频率分布表,以及它们的直方图,你对现金支付与信用卡支付这两种支付方式有了哪些初步的了解？

表 2.32　现金或信用卡支付金额

现金支付		信用卡支付	
17.6	16.5	50.8	81.2
12.3	30.1	62.7	57.4
20.6	24.1	52.8	50.6
26.3	32.4	59.7	77.0
25.9	15.7	53.6	37.5
28.8	28.4	49.8	40.4
7.3	10.4	84.5	79.1
18	22.3	27.6	73.1
25.3	24.3	52.0	49.8
13.3	29.9	73.7	48.8
15.5	18.8	94.6	74.1
10.0	16.4	37.7	60.5
9.1	23.0	6.0	53.7
13.9	17.2	58.5	45.2
15	23.5	80.4	62.4
7.7	11.4	70.1	57.5
16.2	14.6	41.3	46.9
17.1	10.9	39.5	32.6
20.0	17.3	57.9	32.2
17.3	19.1	22.4	80.1
17.5		74.6	46.3
17.3		77.6	49.8
26.7		78.6	89.5
18.8		67.1	84.8
18.3		58.5	64.0

3. 某航空公司为了解旅客对公司服务态度的满意程度,对 50 名旅客作调查。要求他们写出对乘机服务、机上服务和到达机场服务的满意程度。满意程度的评分从 0 到 100。分数越大,满意程度越高。表 2.33 是收集到的数据。

① 对 50 名旅客关于乘机服务的满意程度数据作描述性统计分析。

② 对 50 名旅客关于机上服务的满意程度数据作描述性统计分析。

③ 对 50 名旅客关于到达机场服务的满意程度数据作描述性统计分析。

④ 对 50 名旅客关于这 3 个方面服务的满意程度数据作一个综合比较的描述性统计分析。

⑤ 画散点图,分析这 3 个方面服务的满意程度,两两之间有什么样的关系。

表 2.33 旅客(50 名)对乘机服务、机上服务和到达机场服务的满意程度的评分

到达机场服务	乘机服务	机上服务	到达机场服务	乘机服务	机上服务
40	71	49	50	72	41
71	84	64	56	71	40
45	84	46	40	69	31
63	87	86	73	90	27
63	72	74	70	84	57
70	72	28	71	86	27
55	72	27	34	70	62
44	63	75	84	86	89
77	84	57	71	87	37
86	90	72	45	77	78
39	72	61	37	71	78
80	94	62	82	75	53
74	84	63	70	74	81
74	85	50	46	76	36
68	88	48	82	95	58
39	74	32	80	89	64
50	71	36	77	85	51
58	88	48	38	65	73
87	90	68	58	82	44
56	85	57	60	82	43
59	79	47	82	89	29
48	72	52	51	74	87
63	88	94	90	82	16
69	77	39	90	90	51
29	64	58	68	78	66

4. 异常值的发现与剔除的一个经典例子是,勒维烈(Leverrier,1811-1877,法国天文学家,发现海王星)于1863年处理的关于金星垂直半径的15 个残差观察数据:$-1.40, -0.44, -0.30, -0.24, -0.22, -0.13, -0.05, 0.06, 0.10, 0.18, 0.20, 0.39, 0.48, 0.63, 1.01$。检测这15个观察数据有没有异常值。

5. 1979年我国国家体委、教育部门和卫生部对全国16个省、市 183 414个城乡青少年身体形态(身高、体重、坐高、胸围、脉搏、收缩压、舒张压和肺活量)进行了测试。下面摘录那次测试有关18岁城市男女青年身高的测试结果(男性测试了2 529人,女性测试了2 518人):

18岁城市男青年身高:平均数 $\bar{x} = 169.3$ 厘米,标准差 $s_1 = 5.60$ 厘米;

18岁城市女青年身高:平均数 $\bar{y} = 158.2$ 厘米,标准差 $s_2 = 5.08$ 厘米。

它们的标准差相差不大,这说明我国18岁城市男、女青年身高有差不多大的离散程度。但是身高平均数的差异比较大,女性比男性平均矮11厘米多。

① 根据摘录的那次测试有关18岁城市男女青年身高的测试结果和经验法则,描述18岁城市男女青年身高的分布情况。

② 有个18岁城市女青年身高174厘米,她长得高不高? 而一个身高174厘米的18岁城市男青年,他长得高不高? 为什么?

注：1979年我国国家体委、教育部门和卫生部进行的全国16个省、市183 414个城乡青少年身体形态的测试,有关我国城市不同年龄的男、女青年的身高的测试结果见表2.34。

表2.34　我国城市不同年龄的男、女青年的身高

统计量			年　龄							
			11	12	13	14	15	16	17	18
人数		男	3 315	3 314	3 310	3 303	3 316	3 319	3 315	2 529
		女	3 310	3 309	3 311	3 312	3 307	3 323	3 256	2 518
身高	男	平均数	139.9	145.2	151.8	158.3	163.8	167.0	168.6	169.3
		标准差	5.98	6.80	8.03	7.84	6.87	5.94	5.72	5.60
	女	平均数	141.2	147.1	151.6	154.8	156.8	157.8	158.1	158.2
		标准差	6.71	6.60	6.16	5.59	5.33	5.22	5.18	5.08

表2.34告诉我们不同年龄的男、女青年身高差异的变化情况。女孩子11~12岁步入青春发育期,此时女孩子的平均身高比男孩子高。男孩子14~15岁步入青春发育期,此时女孩子身高增长缓慢,男孩子身高突增,男孩子身高超过女孩子,差距越来越大。青春发育期及其前后的孩子有的长高了,其中部分的还长高了很多,而有的还没有长高,身高参差不齐。表2.34告诉我们11~12岁女孩子身高的标准差比较大,13~15岁男孩子身高的标准差也比较大。

6. 某工厂的两个车间在近一个月内消耗的材料见表2.35。表2.35和下面的表2.36的数据都摘自参考书目[6]的63页上的表。

① 第二车间说,第一车间消耗的材料比我们多,他们浪费。根据表2.35你能不能说第一车间比第二车间浪费?

表2.35　消耗的材料

车间一消耗的材料	车间二消耗的材料	车间一消耗的材料	车间二消耗的材料
1 459	1 120	1 479	1 188
1 502	1 136	1 407	1 131
1 492	1 123	1 434	1 108
1 483	1 138	1 457	1 135
1 542	1 142	1 512	1 170
1 484	1 127	1 416	1 248
1 379	1 105	1 417	1 171
1 406	1 126	1 381	1 142
1 487	1 127	1 471	1 161
1 529	1 109	1 500	1 135
1 457	1 236		

表2.36既按日给出了这两个车间消耗的材料,还给出了它们的产量。

② 根据表2.36回答上面的问题,第一车间是否比第二车间浪费?

③ 在比较两个车间谁消耗材料多的时候,你认为应该比较消耗材料的绝对量,还是应该比较单位产量所消耗材料的相对量?

表 2.36 材料与产量

第一车间		第二车间	
消耗的材料	产量	消耗的材料	产量
1 459	4 669	1 120	3 584
1 502	4 806	1 136	3 635
1 492	4 774	1 123	3 594
1 483	4 736	1 138	3 642
1 542	4 934	1 142	3 654
1 484	4 749	1 127	3 606
1 379	4 413	1 105	3 536
1 406	4 499	1 126	3 603
1 487	4 758	1 127	3 606
1 529	4 893	1 109	3 549
1 457	4 662	1 236	3 955
1 479	4 733	1 188	3 802
1 407	4 502	1 131	3 619
1 434	4 589	1 108	3 546
1 457	4 662	1 135	3 632
1 512	4 838	1 170	3 744
1 416	4 531	1 248	3 994
1 417	4 534	1 171	3 747
1 381	4 419	1 142	3 654
1 471	4 707	1 161	3 715
1 500	4 800	1 135	3 632

第三章

概率、随机变量及其分布

在第一章中我们看到,各行各业的管理人员需在不确定的情况下做出决策。本章将简要描述不确定性,讲解概率、随机变量及其分布、期望与方差等概念与它们的计算,讲解二项分布、泊松分布与正态分布等3个常用分布。

§3.1 概率

不确定性现象又称随机现象,或随机试验。所谓不确定性现象就是,不是只有一个结果的现象。不确定性现象的某个结果称为**随机事件**。下面是不确定性现象和随机事件的一些例子。

- "明天天气如何"是不确定性现象,而"明天天晴"是随机事件。类似地,"明天下雨"也是随机事件。
- "下周股价的走势如何"是不确定性现象,而"股价上涨"和"股价下跌"等都是随机事件。
- 工厂质量检验员随机抽取当日的 10 件产品进行检验,"10 件产品中有多少件不合格品"是不确定性现象,而"没有不合格品"和"恰有 1 件不合格品"等都是随机事件。
- "提高产品价格,销售量会有什么样的变化"是不确定性现象,而"销售量下降"和"销售量上升"等就是随机事件。
- "某十字路口早晨 8 点到 9 点通过的汽车有多少辆"是不确定性现象,而没有汽车通过,以及有 1 辆、2 辆、3 辆汽车通过,至少有 50 辆汽车通过,至多有 100 辆汽车通过等都是随机事件。

与不确定性现象相对应的是确定性现象。例如,"重物离开手之后必然掉落到地面",以及"水加热至 100℃就会沸腾"等都是确定性现象。但必须指出的是,无论是确定性现象,还是不确定性现象,都是相对于某个条件而言的。例如,只有在重力作用的条件下重物离开手之后才会掉落至地面。倘若没有重力作用或重力作用非常微小,例如在宇宙轨道运行的卫星内,重物离开宇航员的手之后就不掉落而漂浮在半空中。又如只有在一个标准的大气压力的条件下水加热到100℃才会沸腾。倘若没有一个标准的大气压力,例如在高山上由于空气稀薄气压低,水加热不到100℃就会沸腾,其沸点低于100℃,山越高沸点就越低。事实上,即使在地平面考虑到风力、湿度等因素的影响,其大气压力不大可能正好为一个标准的大气压力,有误差存在,因而在地平面水并不一定要加热至100℃才沸腾,可能不到100℃水就沸腾,也有可能过了100℃才沸腾。由此看来,"在一个标准的大气压力的条件下水的沸点是100℃"是确定性现象,而"在地平面上水的沸点是多少"是不确定性现象。

与随机事件相对应的有必然事件和不可能事件:

在一定的条件下,必然发生的事件叫做必然事件。

在一定的条件下,必然不发生的事件叫做不可能事件。

例如,"在一个标准的大气压力的条件下水加热至100℃就会沸腾"是一个必然事件,而"在一个标准的大气压力的条件下水加热至100℃不会沸腾"是一个不可能事件。显然,必然事件和不可能事件互为逆事件,必然事件和不可能事件都与确定性现象有关。

随机事件、必然事件和不可能事件统称为随机事件,简称事件。

不确定性现象也有规律性,其中最常见的一个规律性就是随机事件发生的可能性的大小可以用一个数来度量,这个数称为随机事件发生的概率,简称随机事件的概率。

表示随机事件发生的可能性大小的这个数,叫做该随机事件的概率。

由于必然事件必然发生,所以必然事件的概率为1。同样地,由于不可能事件必然不发生,所以不可能事件的概率为0。随机事件的概率一定在0与1之间。通常用大写的英文字母例如 A、B、C 等表示事件。事件 A 的概率(Probability)记为 $P(A)$:

$P(A)$——随机事件 A 发生的概率,简称 A 的概率。

计算或估计概率的方法主要有以下一些:

1) 古典概率:利用对称性;
2) 频率方法;
3) 主观推测。

§3.1.1 古典概率:利用对称性计算概率

利用对称性计算概率的一个典型例子,就是抛掷一枚均匀硬币的随机试验。由于均匀硬币的正面和反面相互对称,因此对这个随机试验而言,随机事件"正面朝上"和"反面朝上"的概率相等,都等于0.5。

利用对称性计算概率的另一个典型例子就是第一章开头所说的,抛掷一颗均匀骰子的随机试验。由于均匀骰子的6个面相互对称,因此出现1点、2点、3点、4

点、5 点、6 点的概率是相等的,都等于 1/6。

由这两个例子大家可能有这样的感觉,利用对称性计算概率不难。事实上并非如此。

利用对称性计算概率难就难在如何正确判断对称性。

下面分析抛掷两枚均匀硬币的例子,看我们应如何判断对称性与计算概率。

抛掷两枚均匀硬币

对于抛掷两枚均匀硬币的随机试验而言,很容易想到出现的有 3 个结果,它们分别为"两个正面"、"两个反面"和"一个正面另一个反面",简称为:"两正"、"两反"和"一正一反"。这 3 个结果有没有对称性? 能不能说这 3 个结果出现的概率是相等的,都等于 1/3? 17 世纪概率论发展的初期,有不少人就是这样认为的,认为这 3 个结果是等可能出现的。概率论发展初期的好多概率问题都来自于赌博活动。看下面的抛掷两枚均匀硬币的一项赌博:

赌场中赌博的双方是庄家和赌徒。所谓"打 1 赔 2"意思是说,倘若赌徒投注 1 元钱于例如"两正",则在抛掷两枚均匀硬币之后如果出现"两正"庄家就赔赌徒 2 元钱,否则庄家就把赌徒的 1 元钱吃掉。看来吃 1 元钱赔 2 元钱,庄家吃亏了。事实上,庄家是否真正吃亏还要看他赔 2 元钱的机会(概率),以及他吃 1 元钱的机会(概率)有多大。倘若抛掷两枚均匀的硬币出现"两正"、"两反"和"一正一反"这 3 个结果的概率是相等的,都等于 1/3,那么"打 1 赔 2",庄家没有吃亏,赌徒也没有吃亏。换句话说,这项赌博是公平的。看下面的表 3.1。

表 3.1　投注 1 元钱于"两正"打 1 赔 2 的赌博

出现的结果	两正	两反	一正一反
概率	1/3	1/3	1/3
庄家	赔 2	吃 1	吃 1

由表 3.1 可知,若投注 1 元钱于"两正"打 1 赔 2,则庄家有 2/3 (= 1/3 +1/3)个机会吃 1 元钱,有 1/3 个机会赔 2 元钱。这意味着如果庄家和赌徒赌 3 次,那么平均来说,庄家赢 2 次,共吃掉 2 元钱,并输 1 次,赔 2 元钱。尽管赌徒有可能换了一批又一批,但赌场中的赌博连续不停地进行着,因而总的来说,庄家吃的钱与赔

的钱是一样多的。因而总的来说，赌徒赢的钱与输的钱也一样多。正因为如此，17 世纪概率论发展的初期，好多人认为这项赌博是公平的。事实上，这项赌博是不公平的。正如第四章中所说的，赌博可看成一个随机试验。连续不停地赌好比在做随机模拟。参与这项赌博的赌徒发现，在"两正"或在"两负"投注的赌徒输的多，而在"一正一负"投注的赌徒赢的多。出现这样一个情况之后赌徒们纷纷责怪概率论不行。事实上，这个赌博方法的不公平性，其真正的原因在于"两正"、"两反"和"一正一反"这 3 个结果是不对称的，它们出现的概率并不都等于 1/3。而这恰恰说明概率论是行的。

倘若分别将这两枚硬币记为硬币 A 和 B。显然，下面的 4 个结果才是对称的：
"硬币 A 正面、硬币 B 正面"、"硬币 A 正面、硬币 B 反面"、
"硬币 A 反面、硬币 B 正面"、"硬币 A 反面、硬币 B 反面"。
它们出现的概率都等于 1/4。"硬币 A 正面、硬币 B 正面"意味着"两正"；同样地，"硬币 A 反面、硬币 B 反面"意味着"两反"，所以"两正"与"两反"出现的概率是相等的，都等于 1/4。"两正"与"两反"互相对称，它们出现的概率相等在意料之中。由于"一正一反"可能是"硬币 A 正面、硬币 B 反面"，也可能是"硬币 A 反面、硬币 B 反面"，所以"一正一反"出现的概率等于 $1/2(=1/4+1/4)$，是"两正"，或"两反"出现的概率的 2 倍。我们可以用模拟的方法验证上述推断。重复地、相互独立地将两枚均匀的硬币抛掷 n 次。若以 $n_{两正}$、$n_{两反}$ 和 $n_{一正一反}$ 分别表示 n 次抛掷中"两正"、"两反"和"一正一反"出现的次数，则有 $n_{两正} \approx n_{两反}$，$n_{一正一反} \approx 2n_{两正}$，$n_{一正一反} \approx 2n_{两反}$。抛掷的次数 n 越多，这些近似相等的式子越接近相等。建议读者自己动手做这一个模拟。

既然"两正"和"两反"出现概率皆等于 1/4，"一正一反"出现概率等于 1/2，因而表 3.1 的第 2 行上的概率需要作修改，从而有表 3.2。

表 3.2　投注 1 元钱于"两正"打 1 赔 2 的赌博是不公平的

出现的结果	两正	两反	一正一反
概率	1/4	1/4	1/2
庄家	赔 2	吃 1	吃 1

表 3.2 告诉我们，投注 1 元钱于"两正""打 1 赔 2"，这使得庄家有 3/4（= 1/4 + 1/2）个机会吃 1 元钱，有 1/4 个机会赔 2 元钱。这意味着如果庄家和赌徒赌 4 次，那么平均来说，庄家赢 3 次，共吃掉 3 元钱，并输 1 次，赔 2 元钱。因而长时间地赌下去，总的来说庄家吃的钱多而赔的钱少，故庄家赢得多。这也就是说，投注 1 元钱于"两正"的人输的多。这样的赌博显然是不公平的。既然庄家赔钱的机会是 1/4，吃钱的机会是 3/4，所以赔 2 元钱太少了，赔 3 元钱的赌博才是公平的。投注 1 元钱于"两正"的"打 1 赔 3"的赌博才是公平的。

请读者考虑,下面的抛掷两枚均匀硬币的一项赌博为什么是公平的：

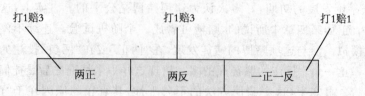

利用对称性计算概率的方法早在 17 世纪概率论发展的初期研究赌博活动中的概率问题时就提出来了,所以人们通常称这个方法为计算概率的古典方法。

§3.1.2　频率方法：估算概率

使用频率方法估计概率有两个途径:一是利用模拟,二是利用观察数据。

模拟

所谓模拟简单地说就是将某个试验重复地、相互独立地实现很多次。由对称性可知,抛掷一枚均匀的硬币,出现正面和反面的可能性一样大,都等于 0.5。我们也可以用模拟的方法对此进行验证。

抛掷硬币　重复地、相互独立地将一枚均匀的硬币抛掷 n 次,观察正面出现了多少次。若以 $n_正$ 表示 n 次抛掷中正面出现的次数,则称

$$f_正 = \frac{n_正}{n}$$

为这 n 次抛掷中正面出现的频率。可想而知,只要抛掷的次数 n 足够大,正面出现的频率 $f_正$ 应该与 0.5 很接近。反过来说,倘若正面出现的频率 $f_正$ 与 0.5 相差甚远,则我们应怀疑硬币是否均匀。这项模拟德莫根（De Morgan）、蒲丰（Buffon）、费勒（Feller）和皮尔逊（Pearson）等科学家都做过,他们模拟的数据见表 3.3。表的最后一列告诉我们,随着抛掷次数 n 越来越多,正面出现频率 $f_正$ 与 0.5 的绝对偏差越来越小,最小的只有两千分之一。

表 3.3　抛掷均匀硬币

模拟者	抛掷次数 n	正面出现次数 $n_正$	正面出现频率 $f_正$	绝对偏差 $|f_正 - 0.5|$
德莫根	2 048	1 061	0.518 1	0.018 1
蒲丰	4 040	2 048	0.508 0	0.008 0
费勒	10 000	4 979	0.497 9	0.002 1
皮尔逊	12 000	6 019	0.501 6	0.001 6
皮尔逊	24 000	12 012	0.500 5	0.000 5

表 3.3 的抛掷均匀硬币的试验,其实是为了论证"抛掷均匀硬币出现正面和反面的可能性是否一样大,都等于 0.5"而做的模拟。表 3.3 的这 5 次的模拟中正

面出现的次数 $n_正$ 和反面出现的次数 $n_反$ 都不一样大。看来验证的结论似乎推翻了我们大家的共识,均匀的硬币出现正面和反面的可能性并不相等。在正面出现的频率大于(或小于)0.5的时候,难道我们就能够说,均匀的硬币出现正面和反面的可能性并不都等于 0.5 吗?下面以德莫根的模拟为例仔细分析这个问题。德莫根共抛掷了 $n=2\,048$ 次,正面出现的次数 $n_正=1\,061$。虽然正面出现的频率 $f_正=0.518\,1$,比 0.5 大,但这并不意味着正面比反面出现的可能性大。这好比某型号大瓶咖啡的标签上标明其容量为 1 000 克,假定你所购买的这瓶咖啡重 986 克,那么你能否据此就去投诉,说该大瓶咖啡的重量不足?就这样去投诉,证据显然尚不够充分。诸如此类的这种类型的问题统称为检验问题。检验问题留待第五章进行讨论。

抛掷图钉 参考书目[10]的第 2 节"Experimenting with Chance"给出了一个实验:抛掷图钉。本书下面将对这个问题进行详细的讨论。与抛掷一枚均匀的硬币相类似地,抛掷一枚图钉也有两种可能:钉尖朝下和钉尖朝上,分别见图 3.1 和 3.2。当然抛掷一枚图钉还有可能出现另两种可能,分别见图 3.3 和图 3.4。

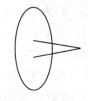

图 3.1　钉尖朝下　　图 3.2　钉尖朝上　　图 3.3　竖立　　图 3.4　钉住

事实上,图钉竖立是一种不稳定状态,只要台面不粗糙,竖立的状态是不可能发生的。同样地,只要台面稍硬一些,钉住的状态也是不可能发生的。一般认为抛掷一枚图钉出现的可能只有钉尖朝下和钉尖朝上这两种情况。抛掷图钉出现这两种情况的可能性是否一样大,都等于 0.5? 若不一样大,那么各有多大?

硬币是均匀的,正面和反面相互对称,正面朝上和反面朝上的可能性一样大。而图钉是不均匀的,帽子和钉尖是不对称的,所以钉尖朝下和帽子朝下(即钉尖朝上)的可能性是不一样大的。考虑到图钉的帽子重,因而很自然地猜测帽子朝下出现的可能性大。这个可能性的大小与制作图钉的材料、图钉帽子的尺寸和厚薄、钉尖的长短和粗细等很多因素有关。因而要精确地计算钉尖朝上(或朝下)的可能性不是一件容易的事。模拟是解决这个问题的最为简单的办法。将一把图钉抛掷很多次,计算钉尖朝上出现的频率,从而得到钉尖朝上的可能性。根据第二章§2.2节所说的统计学的"大数法

图 3.5　图钉

则",经过很多次的试验观察,我们就能看到规律。通过多次模拟人们发现,钉尖朝上出现的频率大致为 0.65,钉尖朝下出现的频率大致为 0.35。从而人们说抛掷一枚图钉,钉尖朝上出现的可能性为 0.65,钉尖朝下出现的可能性为 0.35。严格地说,0.65 和 0.35 只能说它们分别是钉尖朝上和钉尖朝下出现的可能性的估计值。这个估计值与真值是有误差的。误差越小,估计值的精度越高。精度与抛掷图钉的个数和次数都有关系。这些问题的讨论需要用到统计的理论和方法。

如今用得比较多的图钉如图 3.5 所示。抛掷这样的图钉出现的情况有几种?每一种的可能性多大?这个问题留待读者考虑。

蒙特卡罗随机模拟(仿真) 抛掷图钉(或硬币)可能钉尖朝下,也可能钉尖朝上。在抛掷之前不知道会出现什么样的结果。人们通常将抛掷图钉这样一种试验结果不确定的试验特称为**随机试验**,简称为试验。与此类似,人们将图钉重复且独立地抛掷多次的模拟特称为**随机模拟**,简称为模拟。模拟又称为蒙特卡罗(Monte Carlo)。蒙特卡罗是欧洲摩纳哥(Monaco)国的一个城市。它是世界闻名的赌城。赌博有输有赢,输多少赢多少事先都是不知道的。从这个意义上来讲,赌博可看成一个随机试验。赌城里的赌博有很多种类型,这么多个随机试验日夜连续地进行着。因而我们说赌城连续不断地在做很多不同类型的随机模拟。由此看来,用蒙特卡罗这个赌城的名字作为随机模拟的别称非常贴切。时至今日,人们似乎只记住蒙特卡罗是随机模拟的别称,忘了它是赌城。至此,大家可能有这样的问题,赌博既然可看成随机试验,那它看来是公平的游戏了。是游戏就有游戏规则:什么情况下庄家赢,赢多少,什么情况下庄家输,输多少。赌场中赌博游戏规则的设计都是有利于庄家的。因而人们说,赌场的庄家一本万利,他总是赢的。大家还是远离赌博为好。

前面我们说所谓模拟,就是将某个试验重复且独立地实现很多次。有的时候,很可能试验不易直接实现。此时我们可以用另一个和它等价并且容易实现的试验来代替它。因而完整地说,**所谓模拟就是将某个试验,或(和)它等价的某个试验重复且独立地实现很多次**,故模拟又称为仿真。第二次世界大战期间为制造原子弹需要研究裂变物质的中子连锁反应。著名科学家 Metropolis、Ulam 和 Von Neumann 等人并不对中子行为进行直接模拟,而是采用仿真技术,利用抽样技术、俄罗斯轮盘赌(Russian Roulette)和分裂方法模仿中子行为进行模拟。此时已发明制造出了电子计算机。他们就在计算机上进行仿真。计算机仿真既快又精确。随着计算机技术的发展,计算机仿真技术在很多方面都有着广泛的应用。参考书目[8]第八章上的案例——上海地铁车站的客流模拟,是为验证车站站厅的设计是否适合乘客流动的计算机仿真。计算机仿真技术在管理决策问题上有广泛的应用。

利用观察数据

　　下面是利用观察数据用频率估算概率的一个典型例子。通常认为足球比赛中被判罚点球好比是判了"死刑",点球似乎没有踢不进去的。点球命中的概率(简称命中率)究竟是多少?是不是接近100%?这是令人感兴趣的一个问题。

　　1990年7月17日《报刊文摘》的一篇报道说,美国麻省理工学院电脑专家埃克森·卡文对1930—1988年世界各地53 274场重大足球比赛中罚点球的情况作了统计。由观察数据发现,在判罚的15 382个点球中,有11 172个被罚中,命中率为11 172/15 382=72.6%。看来点球的命中率并不是如人们想象的那样接近100%。仔细想想,这也不出乎意料。罚点球时大家都很紧张。当然最紧张的是罚点球的运动员和守门员。由于点球被认为理所当然是应该踢进去的,因此相比之下罚点球的运动员比守门员更紧张。球队早就有罚点球的人选,他们肯定平时练罚点球练了很多次,练得非常熟练。罚点球的运动员肯定非常想踢进去。准备得如此的充分,但某些运动员就是因为一个极小的疏忽,功亏一篑,没有踢进去。这正如俗话所说的,越怕出错越会出错,"掉链子"只因"太想做好"。这类现象在心理学中称为是"瓦伦达效应"。

　　瓦伦达是美国著名高空走钢索的表演者。他在20世纪50年代进行的一次有电视转播的重大演出中,不幸失足高空坠落身亡。事后记者采访他太太,试图找出失事的原因。瓦伦达太太说,我知道这一次他要出事了,因为他上场前不断地说"这次太重要了,不能失败,决不能失败"。而结果却真的失败了。而之前每次成功的表演,她先生走钢索的时候都只专注于脚下,从来不想其他,不去管这件事可能带来的一切。后来,人们就把专注于事情本身、不患得患失的心态,叫做"瓦伦达心态",又称"瓦伦达效应"。心理学的研究发现,惧怕失败太渴望成功在人的大脑中产生的意象往往会成为事情的结果,从而产生反效应。一个足球运动员在罚点球时反复告诫自己,以至于脑子中一直在想不能打偏了,不能让守门员扑出去,这往往却导致没有罚中。因而当面临生活中重要的时刻,我们要学习平常心,不要给自己太大的压力,以免临场发挥失常。

　　显然,在球赛最后由点球决胜负时,罚点球的运动员更加紧张,命中率更低。埃克森·卡文经统计发现,在由点球决胜负时,点球的命中率只有65.9%。严格地说,72.6%和65.9%只能说它们分别是点球命中率和由点球决胜负时点球命中率的估计值。这个估计值与真值是有误差的。这个误差的大小与观察值的个数有关。

　　用模拟的方法也能得到罚点球命中率的估计,但有欠缺。例如,要一个运动员和一个守门员参加模拟,重复罚点球多次,看罚中的频率有多大。这样模拟的最大欠缺就在于并没有真正足球比赛罚点球的紧张气氛,它不可能完全仿真。正因为如此,不难想象模拟得到的点球命中率的估计很可能比使用观察数据得到的点球命中率的估计大。

可能大家要问,倘若没有观察数据,如何估计罚点球的命中率?这时我们就可以征求足球运动员、教练和体育运动专家的意见,并结合我们的经验对罚点球的命中率进行合理的推测和判断。这个估算概率的又一个方法通常称为主观推测方法。

§3.1.3 主观推测:估算概率

下面是一些用主观推测方法估算概率的例子,从中可以看到,这个方法的应用范围很广。

- 企业开发了一个新产品。企业销售经理认为该新产品在市场畅销的可能性为80%。但某地区的销售主管却认为该新产品在他主管地区畅销的可能性为50%。他们都是根据自己的经验作出的推测。企业销售经理看市场的整体,而某地区销售主管看他主管地区的市场,推测的新产品畅销的可能性当然会有所不同。

- 明天甲、乙两队有一场足球比赛,甲队获胜的概率当然可以根据这两队以往交锋的胜负比来估计。倘若他们从没有交锋过,这个胜负比的方法当然就不可行了。假如他们虽交锋过但交锋次数不多,虽然这个胜负比的方法可行,但准确性不会很好。在他们从没有交锋过,或虽交锋过但交锋次数不多的时候,人们主要结合这两队近来的表现,并根据专家对这两队的评论,以及自己的经验作出推测,将甲队获胜的概率估计为例如75%。事实上,即使这两队以往交锋过很多次,我们也不能光凭交锋记录,而应将交锋记录与这两队的近来表现、专家评论,以及自己的经验结合在一起给出甲队获胜概率的估计。这种主、客观结合在一起估计概率的方法比较好。

- 气象专家根据最近的气象情况、专业知识以及自己的经验说,明天下雨的概率有90%。

- 预测下周股市上涨的可能性为15%,这实际上是人们根据经济形势,以及自己的经验所作的推测。

从上面这些例子可以看到,主观推测方法求得的概率依据的是人们的经验,以及专家的意见。它事实上并不是主观想象编造出来的。通常将主观推测方法求得的概率称为主观概率。

接下来我们讨论一个例子,如何使用主观概率方法推测市场的需求。关于市场需求的调查,其中的一个基本问题是,"你购买某个产品的可能性有多大"。这里面往往有两种情况,一是这个产品是现有产品,二是这个产品是将要开发的新产品。被调查者对这两种产品往往有下面三种回答:一是已经购买了现有的产品,或是明确说想买新产品;二是打算购买现有产品或新产品;三是不会购买。对第一和第三种回答容易处理,他们购买的可能性可以分别认为是100%和0。而对于第二种回答不容易处理。大量事例表明:购买意图与实际购买行为之间存在着比较大的差异。2008年9月11日《解放日报》的经济新闻栏目(第9版)有一篇报道说,目前全球领先的媒介和资讯集团尼尔森公司对上海、北京和广州等中国主要城市的消费者进行消费倾向调查。在接受调查的消费者中,有七成尚没有买车,而这其中有三分之一有购车意向和计划。这也就是说,接受调查的100位消费者中平均有70位没有买车,这70位中的三分之一,即21位有购买意图。他们有购买意图,但是否到时候真正买车就不一定了。有购买意图的人到时候真正买车的可能性有多大,这是企业很感兴趣的一个问题。这个问题和很多的因素有关,必须具体情况具体分析。尼尔森公司的这项调查的目的就是想了解高油价是否改变了中国人的购车计划。调查显示,鉴于油价上涨,消费者开始重新考虑购车事宜。22%的人打消了购车念头,另有25%的人推迟购车计划。在那些仍然计划购车的消费者中,高油价使得18%的人将目标瞄准节油环保车型。高油价使得原先计划购车的一部分人不买车,一部分人推迟买车,一部分人改变了购车的车型。由此看来,有购车计划的人到时候会有各种各样的变化。我们这里仅讨论有购买意图的人到时候是否打消了购买念头的问题。这个问题比较简单,但它有一般性。不论是购买汽车还是购买其他什么样的产品,是现有产品还是新产品,都会碰到这个问题。

回答是否会购买的问题,人们的回答有可能言过其实。特别是问是否会购买新产品的问题,人们的回答更有可能言过其实。有一个事例,估计人们对一种还没有研制出的新产品的兴趣。在该新产品上市时,说过要购买的人中只有10%的人确实购买了。为什么被调查者的回答言过其实?一般来说,言过其实并不是有意弄虚作假,而是由于没有认真地想到在实际购买时需要考虑的很多的因素。当没有这样的认真思考时,"我想买"就极容易脱口而出。脱口而出的原因之一是,回答说"我想买"是为了让大家高兴。这样说并不花费人们一分一厘钱;原因之二是,如果我要买一辆汽车,这可促使自己增强购车的紧迫感。在大多数被调查者对购买的可能性的提问不能认真思考时,如何根据调查结果对市场进行分析,这是很有实际意义的一个问题。我们这里主要考虑有购买意图的人到时候打消了购买念头的可能性有多大,或等价地,到时候真正购买的可能性有多大的问题。主观概率方法是解决这个问题的一个重要的方法。

例 3.1 估计消费者对某个新产品的需求。一般来说,某项新产品往往是针对某一类人的需要而设计的。为此首先从这一类人中选取样本。例如样本共200人。对样本进行个别采访,让他们看该新产品的图片和书面说明,要求他们回答有没有可能性购买这种产品。调查结果见表3.4。

表 3.4 某新产品市场需求的调查

	对新产品有兴趣	人数	百分比(%)
	明确想买	10	5
有可能买	打算在 3 个月内买	20	10
	打算在 3 到 6 个月之间买	30	15
	打算在 6 到 12 个月之间买	50	25
	不可能买	90	45
	合　计	200	100

有55%的被调查者对购买该新产品有兴趣。显然,55%的人有兴趣并不意味着到时候真正买的人达到55%,其原因就在于有兴趣并不表示到时候一定会真正买。需要对他们的实际购买概率进行估计。一般来说,这类问题的讨论需要具体问题具体分析。下面仅仅是一个假设性的讨论。

例如,首先认为那些"明确想买"的人到时候一定会真正买,"有可能买"的人到时候有的会真正买而有的则不买。因而认为前者到时候真正买的可能性为1,后者到时候真正买的可能性在0和1之间。人们习惯将"到时候真正买的可能性"称为是"权数"。也就是说前者,即那些"明确想买"的人有"权数"1;后者即那些"有可能买"的人有"权数"在0和1之间。确定后者权数的方法有以下3个:

(1)根据经验认为,打算在3个月内买的人比在3到6个月之间买的人,购买的欲望更强烈,实际购买的可能性更大。类似地,打算在3到6个月之间买的人比在6到12个月之间买的人实际购买的可能性更大。

(2)征求专家意见。

(3)使用在其他场合收集到的相仿产品的数据。例如有一项关于购买与这个新产品相仿的另一产品的调查,共有80个人说他们打算在之后的6个月内购买产品。当6个月后再问他们时,其中仅有36个人(占45%)确实已经购买。

综合上面这3个方法讨论的结果,最终例如取的权数如表3.5权数这一列所示。表3.5给出了该新产品市场需求的计算过程。

由表3.5知,根据我们的分析,20个说打算在3个月内买的被调查者中估计有16人到时候会真正买,30个说打算在3到6个月之间买的被调查者中估计有15人到时候会真正买,50个说打算在6到12个月之间买的被调查者中估计有15人到时候会真正买,虽然有兴趣的人有55%,但其实际购买的概率的估算只有28%。

有关使用主观概率方法推测市场需求的详细讨论请见参考书目[2]的第三部

分的第三节(在工作的人们)的第二篇文章。而上述的例 3.1 是将那篇文章中的一个例子改编而成的。

表 3.5 某新产品市场需求的计算

对新产品有兴趣		人数	权数	人数×权数	百分比(%)
	明确想买	10	1	10	5
有可能买	打算 3 个月内买	20	0.8	16	8
	打算 3 到 6 个月之间买	30	0.5	15	7.5
	打算 6 到 12 个月之间买	50	0.3	15	7.5
	不可能买	90	0	0	0
	合 计	200		56	28

§3.2 随机变量及其分布

第二章§2.3 节例 2.4 中所说的"圆筒的内径"是个变量,这是因为不同的圆筒,其内径很有可能是不一样的。事实上,"变量"这个词早在中学数学,甚至小学数学就出现过。必须指出的是,我们这里所说的变量并不只是说它可以取哪些不同的数值,还包含它取这些不同数值的可能性很有可能是不相同的,取某些值的可能性比较大,而取某些值的可能性比较小。也就是说,它有某种统计分布的规律性。在第二章§2.3 节例 2.4 中我们由 200 个圆筒样本的内径数据(见表 2.12),编制了它的频数分布表和频率分布表(见表 2.13),并画了它的直方图(见图 2.3),然后根据分布表与直方图大致了解到它的统计分布的规律性:内径很大和很小的可能性都比较小,中间状态的可能性比较大;从中间往两头看,可能性有逐渐减小的趋势,内径大和内径小的可能性基本相等。当然,人们最感兴趣的是,最好能知道这些可能性(概率)究竟有多大,也就是希望知道"圆筒的内径"这个变量究竟是如何分布的。第二章的§2.3.4 小节在讲经验法则时对它的统计分布的规律性给出了初步的描述(见表 2.25)。这个问题我们将在本章稍后进行深入的讨论。"圆筒的内径"等这一类具有某种统计分布规律性的变量特称为随机变量。

随机变量——具有某种统计分布规律性的变量。

常用的随机变量有两种类型:离散型随机变量与连续型随机变量。

§3.2.1 离散型随机变量

下面由某一项赌博活动引入离散型随机变量,讨论它的统计分布规律性。由该项赌博活动的讨论可以看到赌场中的赌博都是有利于庄家的。

例 3.2 赌场一般设有轮盘赌。轮盘赌有一个转盘,转盘上有 38 个球洞。这些球洞上分别标着 0、00、1、2、……、36 等这些数字。数字 0 和 00 涂绿色,1、2、……、36 中有 18 个数例如图 3.6 中第 1 列的数字 1、2、3,第 3 列的数字 7、8、9,……,第 11 列的数字 31、32、33 涂红色,剩余的 18 个涂黑色。将球放入转盘里,然后将转盘旋转,球等可能地滚落入 38 个球洞中的任意一个。由此可见,球滚落入每一个球洞的概率都等于 1/38;球滚落入两个指定球洞的概率等于 2/38;以此类推。轮盘赌有多种赌博方法(见图 3.6)。

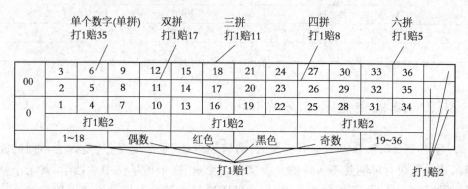

图 3.6 轮盘赌的赌博规则

下面简要解释图 3.6 中轮盘赌的赌博方法。

1) 单拼打 1 赔 35

图 3.6 上某个赌徒将例如 1 元钱押在 6 点打 1 赔 35,意思是说如果转盘上的球正好滚落入标着数字 6 的这一个球洞,那赌徒就赢庄家 35 元钱;而如果球滚落入其他 37 个任意一个球洞,则庄家就"吃掉"赌徒押在 6 点上的 1 元钱。参与赌博的人,很可能赌了一次、两次或有限多次就不赌了。但是庄家一直在赌。为此,人们通常以庄家的输赢来分析赌博。对于"打 1 赔 35"这个赌博而言,庄家可能输 35 元(赢 −35 元),也可能赢 1 元。所以庄家究竟赢多少是个变量。记庄家赢的钱为 x,x 可能等于 −35,也可能等于 1。与一般变量不同的是,x 等于 −35 的可能性和 x 等于 1 的可能性是不一样大的。

- 由于在球正好滚落入标着数字 6 的这一个球洞时,赌徒才赢庄家 35 元钱,因此庄家赢的钱 x 等于 −35 的概率很小,仅为 1/38 这么大。
- 而在球滚落入其他的 37 个球洞时,庄家就赢赌徒 1 元钱,所以庄家赢的钱 x 等于 1 的概率有 37/38 这么大。

由此看来,庄家赢的钱 x 是个随机变量。这个随机变量仅取两个不同的数值:−35 与 1。像这种仅取有限个不同的数值的随机变量称为离数型随机变量。此外,有的离数型随机变量还可能取无穷多个数值。例如,某十字路口早晨 8—9

点通过的汽车数显然是个随机变量,可能没有(有 0 辆)汽车通过,以及有 1 辆、2 辆、3 辆甚至很多很多辆汽车通过。为简单起见,通常假设通过的汽车数可能有无穷多辆。

离数型随机变量——取有限个数值或取可以列举的无穷多个数值的随机变量。

离数型随机变量的统计分布规律性通常用分布列的形式来表示。表 3.6 就是单拼打 1 赔 35 庄家赢的钱 x 的分布列。表 3.6 的第 1 行列出了随机变量 x 所取的那些值,第 2 行相应地列出了随机变量 x 取这些值的概率。

表 3.6　单拼打 1 赔 35 庄家赢的钱 x 的分布列

庄家赢的钱 x	-35	1
概率 P	1/38	37/38

为简单起见,有时将这个分布列简写为

$$\begin{bmatrix} -35 & 1 \\ \dfrac{1}{38} & \dfrac{37}{38} \end{bmatrix}$$

2) 双拼打 1 赔 17

图 3.6 上某个赌徒将 1 元钱押在 11 和 12 这两点打 1 赔 17,意思是说,如果转盘上的球正好滚落入标着数字 11 或 12 的球洞,那赌徒就赢庄家 17 元钱;如果球滚落入其他的 36 个球洞,则庄家就"吃掉"赌徒押的 1 元钱。记双拼打 1 赔 17 庄家赢的钱为 x,x 可能等于 -17,也可能等于 1。由于球滚落入每一个球洞的概率都等于 1/38,因此双拼打 1 赔 17 庄家赢的钱 x 等于 -17 的概率等于 2/38;庄家赢的钱 x 等于 1 的概率等于 36/38。表 3.7 是双拼打 1 赔 17 这个离散型随机变量 x 的分布列。

表 3.7　双拼打 1 赔 17 庄家赢的钱 x 的分布列

庄家赢的钱 x	-17	1
概率 P	2/38	36/38

3) 图 3.6 上还有下面一些赌博方法。请读者思考,如何得到这些赌博方法庄家赢的钱的分布列。

- 赌徒将 1 元钱押在 16、17 和 18 这三点(三拼)打 1 赔 11;
- 赌徒将 1 元钱押在 23、24、26 和 27 这四点(四拼)打 1 赔 8;
- 赌徒将 1 元钱押在 31、32、33、34、35 和 36 这六点(六拼)打 1 赔 5;
- 赌徒将 1 元钱押在第 1(或 2、3)行最后一列的空格上,也就是将 1 元钱押在第 1(或 2、3)行上的 12 个数字上打 1 赔 2;

● 赌徒将 1 元钱押在最后一行的 6 个标着"1～18"、"偶数"、"红色"、"黑色"、"奇数"和"19～36"上,也就是将 1 元钱押在 18 个数字上打 1 赔 1。

表 3.8 给出了轮盘赌的各种类型赌博方法的庄家赢的钱的分布列。由表 3.8 知,从输赢多少钱来看,由于庄家赢的钱不比赌徒赢的多,看来这样的赌博方法似乎对赌徒有利;但从输赢概率的大小来看,由于庄家赢的概率比赌徒赢的概率大,看来这样的赌博方法对庄家有利。究竟是对赌徒有利,还是对庄家有利,这就需要总的来看。所谓总的来看,直观地说就是长时期观察赌博,例如对某种类型的赌博重复观察很多很多次,记录下每次庄家(或赌徒)输赢的钱,取其平均,然后根据平均数的正负判断该种类型的赌博对谁有利。显然,长时期观察比较麻烦。事实上长时期观察相当于计算随机变量的平均数。

表 3.8 轮盘赌各种类型赌博方法庄家赢的钱的分布列

赌博方法	庄家赢的钱的分布列	赌博方法	庄家赢的钱的分布列
单拼打 1 赔 35	$\begin{pmatrix} -35 & 1 \\ 1/38 & 37/38 \end{pmatrix}$	六拼打 1 赔 5	$\begin{pmatrix} -5 & 1 \\ 6/38 & 32/38 \end{pmatrix}$
双拼打 1 赔 17	$\begin{pmatrix} -17 & 1 \\ 2/38 & 35/38 \end{pmatrix}$	打 1 赔 2	$\begin{pmatrix} -2 & 1 \\ 12/38 & 26/38 \end{pmatrix}$
三拼打 1 赔 11	$\begin{pmatrix} -1 & 1 \\ 3/38 & 35/38 \end{pmatrix}$	打 1 赔 1	$\begin{pmatrix} -1 & 1 \\ 18/38 & 20/38 \end{pmatrix}$
四拼打 1 赔 8	$\begin{pmatrix} -8 & 1 \\ 4/38 & 34/38 \end{pmatrix}$		

§3.2.2 离散型随机变量的平均数(均值、期望)

概率除了直观理解为可能性之外,还可直观理解为机会。由表 3.6 知,单拼打 1 赔 35 庄家输给赌徒 35 元的机会是 1/38;庄家赢赌徒 1 元的机会是 37/38。这也就是说,长时期地赌下去,平均来说庄家输给赌徒 35 元的次数大约是总的赌博次数的 1/38,庄家赢赌徒 1 元的次数大约是总的赌博次数的 37/38。可想而知,长时期观察赌博,庄家平均赢的钱为

$$(-35) \times \frac{1}{38} + 1 \times \frac{37}{38} = \frac{2}{38} > 0$$

既然庄家平均赢的钱是正的,所以单拼打 1 赔 35 有利于庄家。**随机变量的平均数又称随机变量的数学期望,简称期望(Expected Value)**。单拼打 1 赔 35 庄家的期望等于 2/38。庄家期望每一次赌博都赢,那是不现实的。如果平均赢的钱是正的,那就达到庄家的期望了。不仅赌博如此,很多情况都是这样的,例如,商店期望每天都赚很多钱是不现实的,期望总的来说,也就是平均来说赚很多钱就行了;

投资者期望投资的每一个股票天天都涨那是不大可能的,期望总的来说,也就是一段时间例如一年下来这几个股票平均来说赚了,且达到自己预期的目标例如回报(增益)有 20% 就行了。由此看来,随机变量的平均数又称为随机变量期望是合乎情理的。

- 设离散型随机变量 x 取有限例如 m 个数值,其分布列如表 3.9 所示。

表 3.9　取有限例如 m 个数值的离散型随机变量 x 的分布列

x	a_1	a_2	$\cdots$	a_m
概率 P	p_1	p_2	$\cdots$	p_m

表的第 1 行列出了随机变量 x 所取的 m 个数值 a_1、a_2、$\cdots$、a_m,第 2 行相应地列出了随机变量 x 取这 m 个值的概率 p_1、p_2、$\cdots$、p_m。显然,$p_1+p_2+\cdots+p_m=1$。通常将 x 的平均数(期望)记为 $E(x)$,有时记为 $\mu=E(x)$,则它的计算公式为

$$\mu=E(x)=a_1 \cdot p_1+a_2 \cdot p_2+\cdots+a_m \cdot p_m=\sum_{i=1}^{m}a_i p_i。$$

- 设离散型随机变量 x 取可以列举的无穷多个数值,其分布列如表 3.10 所示。

表 3.10　取可以列举的无穷多个数值的离散型随机变量 x 的分布列

x	a_1	a_2	a_3	$\cdots$
概率 P	p_1	p_2	p_3	$\cdots$

表的第 1 行列举了随机变量 x 所取的无穷多个数值 a_1、a_2、a_3、$\cdots$,第 2 行相应地列举了随机变量 x 取这些值的概率 p_1、p_2、p_3、$\cdots$。显然,$p_1+p_2+p_3+\cdots=1$。x 的平均数(期望) $\mu=E(x)$ 的计算公式为

$$\mu=E(x)=a_1 \cdot p_1+a_2 \cdot p_2+a_3 \cdot p_3+\cdots=\sum_{i=1}^{\infty}a_i p_i,$$

其中求和符号 $\sum$ 的上标"∞"表示无穷大。

根据期望的计算公式,不难得到轮盘赌庄家赢的钱的期望,见表 3.11。轮盘赌各种类型赌博方法庄家赢的钱的期望都等于 2/38。庄家赢的钱的期望通常称为是庄家(或赌场)优势。由表 3.11 知,不论投注那　个数,平均来说庄家总是赢钱的,赌场优势总是正的。从这个意义上讲,轮盘赌是不公平的。庄家说,为什么期望都是正的,那是因为经营赌场需要钱,而且我们还对来赌场的人提供了一些免费服务,这也需要钱。庄家还说,我们赢钱的期望不大,仅为 2/38 = 0.053 元。请大家不要小看 5 分 3 厘,这只是一个赌徒押 1 元钱庄家赢的钱的期望。事实上赌场里有很多个赌徒,他们押的往往远不止 1 元钱。可想而知,很多个赌徒,每个赌徒都押不少的钱,一次又一次地、长时期地赌,庄家赢的钱的期望那是非常可观

的。此外,除了轮盘赌,赌场里还有骰子、扑克、麻将、牌九等赌博活动。其中很多赌博活动的公平程度远比轮盘赌差。这正如俗话所说的,十赌九诈。赌徒永远不会是赢家。庄家一本万利,他总是赢的。人们绝不能沉迷赌博,还是远离赌博为好。

表 3.11　轮盘赌各种类型赌博方法庄家赢的钱的分布列与期望

赌博方法	庄家赢的钱的分布列	庄家赢的钱的期望 μ	赌博方法	庄家赢的钱的分布列	庄家赢的钱的期望 μ
单拼打 1 赔 35	$\begin{pmatrix} -35 & 1 \\ 1/38 & 37/38 \end{pmatrix}$	2/38	六拼打 1 赔 5	$\begin{pmatrix} -5 & 1 \\ 6/38 & 32/38 \end{pmatrix}$	2/38
双拼打 1 赔 17	$\begin{pmatrix} -17 & 1 \\ 2/38 & 35/38 \end{pmatrix}$	2/38	打 1 赔 2	$\begin{pmatrix} -2 & 1 \\ 12/38 & 26/38 \end{pmatrix}$	2/38
三拼打 1 赔 11	$\begin{pmatrix} -1 & 1 \\ 3/38 & 35/38 \end{pmatrix}$	2/38	打 1 赔 1	$\begin{pmatrix} -1 & 1 \\ 18/38 & 20/38 \end{pmatrix}$	2/38
四拼打 1 赔 8	$\begin{pmatrix} -8 & 1 \\ 4/38 & 34/38 \end{pmatrix}$	2/38			

* 随机变量的平均数(均值、期望)的性质

为什么赌徒押得多,庄家就赢得多,这实际上就是期望的一个很重要的公式:
$$E(c \cdot x) = c \cdot E(x),\text{其中 } c \text{ 是一个数}。$$
例如,其中的 x 可视为在赌徒押 1 元钱时庄家赢的钱,其期望 $E(x)=2/38$。那么 $c=100$,$100 \cdot x$ 就是赌徒押 100 元钱时庄家赢的钱,显然有
$$E(100 \cdot x) = 100 \cdot E(x) = 100 \times 2/38 = 200/38 = 5.26(元)。$$

为什么赌徒越多,庄家就赢得越多?又为什么一次又一次地、长时期地赌下去,庄家就赢得很多很多。这实际上就是期望的一个很重要的公式:和的期望等于期望的和:
$$E(x_1 + x_2 + \cdots + x_n) = E(x_1) + E(x_2) + \cdots + E(x_n)。$$

例如,有 $n=2$ 个赌徒,一个将 100 元赌单拼打 1 赔 35,另一个将 200 元赌四拼打 1 赔 8。下面计算两个赌徒同时参赌庄家赢的钱 x 的期望。

在一个赌徒将 100 元赌单拼打 1 赔 35 时,记庄家赢的钱为 x_1,则
$$E(x_1) = 100 \times 2/38 = 200/38 = 5.26(元)。$$

在一个赌徒将 200 元赌四拼打 1 赔 8 时,记庄家赢的钱为 x_2,则
$$E(x_2) = 200 \times 2/38 = 400/38 = 10.53(元)。$$

显然,这两个赌徒同时参赌,庄家赢的钱 $x = x_1 + x_2$,并且

$E(x) = E(x_1) + E(x_2) = 5.26 + 10.53 = 15.79$(元)。

关于期望,不难看到它还有另一个很重要的公式:

$E(x + c) = E(x) + c$,其中 c 是一个数。

§3.2.3 离散型随机变量的方差与标准差

既然均值是随机变量所取值的平均大小,可想而知,随机变量有的值比均值大,而有的值比均值小,随机变量在均值上下波动。通常将关于均值的波动程度说成是随机变量所取值的离散程度。除了关心取值的平均大小,我们还应该关心取值的离散程度。这好比庄家除了关心平均来说能赢多少钱,他还关心他赢的钱在均值上下波动的程度。波动太大了,意味着庄家有的时候可以赢很多钱,这自然是非常高兴的事,但有的时候也可能赢的钱很少甚至输钱,而这是庄家不愿意看到的。随机变量的离散程度可以用它的方差或标准差来度量。

随机变量的方差 随机变量 x 的方差(Variance),记为 $\text{Var}(x)$,通常简单地用 σ^2 表示方差,其中 σ 是希腊小写字母。如果离数型随机变量 x 的分布列如表 3.9、3.10 所示,则 x 的方差 σ^2 的计算公式为

- 离散型随机变量 x 取有限个数值时,据表 3.9,有

$$\sigma^2 = \text{Var}(x) = (a_1 - \mu)^2 p_1 + (a_2 - \mu)^2 p_2 + \cdots + (a_m - \mu)^2 p_m$$
$$= \sum_{i=1}^{m} (a_i - \mu)^2 p_i,$$

其中 $\mu = E(x) = \sum_{i=1}^{m} a_i p_i$ 是 x 的均值。

- 离散型随机变量 x 取可以列举的无穷多个数值时,据表 3.10,有

$$\sigma^2 = \text{Var}(x) = (a_1 - \mu)^2 p_1 + (a_2 - \mu)^2 p_2 + (a_3 - \mu)^2 p_3 + \cdots$$
$$= \sum_{i=1}^{\infty} (a_i - \mu)^2 p_i,$$

其中 $\mu = E(x) = \sum_{i=1}^{\infty} a_i p_i$ 是 x 的均值。

x 的方差 σ^2 比较小,说明 x 在其均值 μ 上下波动的程度,也就是离散程度比较小,这表明 x 所取的值比较集聚在均值 μ 的附近;而 $\text{Var}(x)$ 比较大就意味着 x 在其均值 μ 上下波动的程度,也就是离散程度比较大,这表明 x 所取的值并没有很好地集聚在均值 μ 的附近,上下比较分散。

随机变量的标准差 用方差可很好地度量随机变量的离散程度,不足之处就在于它与随机变量没有相同的单位,它的单位是随机变量的单位的平方。为此取方差的平方根:$\sigma = \sqrt{\text{Var}(x)}$,并称 σ 为随机变量 x 的标准差(Standard Deviation)。标准差与随机变量有相同的单位,所以对实际问题而言,通常用标准差来

度量随机变量的离散程度。

由表 3.11 知,单拼打 1 赔 35 庄家赢的钱的分布列与期望分别为

$$\begin{pmatrix} -35 & 1 \\ 1/38 & 37/38 \end{pmatrix} \text{与} \mu = \frac{2}{38} = 0.053(元)$$

因而它的方差与标准差分别为

$$\sigma^2 = \mathrm{Var}(x) = \left(-35 - \frac{2}{38}\right)^2 \times \frac{1}{38} + \left(1 - \frac{2}{38}\right)^2 \times \frac{37}{38}$$

$$= \frac{1\,822\,176}{38^3} = 33.208(平方元),$$

$$\sigma = \sqrt{\mathrm{Var}(x)} = 5.763(元)。$$

轮盘赌各种类型赌博方法下庄家赢的钱的期望与标准差见表 3.12。由于不论轮盘赌哪一种赌博,平均下来庄家总是赢钱的,其均值 $\mu=0.053$(元)都是正的,因此标准差小就意味着庄家输赢的波动小,它们集聚在正的均值 $\mu=0.053$ 的附近。由此看来,庄家希望赌徒投注标准差比较小的赌博,因为他可以比较快地赢钱。庄家不希望赌徒投注标准差大的赌博,因为他将慢慢地赢钱。由表 3.12 知,庄家不大希望有人单拼打 1 赔 35,因为它的标准差最大;而希望打 1 赔 1,因为标准差最小。

表 3.12　庄家赢的钱的期望与标准差

赌博方法	庄家平均能赢多少钱	庄家输赢的标准差	赌博方法	庄家平均能赢多少钱	庄家输赢的标准差
单拼打 1 赔 35	0.053	5.763	六拼打 1 赔 5	0.053	2.188
双拼打 1 赔 17	0.053	4.019	打 1 赔 2	0.053	1.394
三拼打 1 赔 11	0.053	3.236	打 1 赔 1	0.053	0.997
四拼打 1 赔 8	0.053	2.762			

*随机变量的方差、标准差的性质

在前面讲随机变量期望的时候,我们说它有 3 个非常重要的计算公式,

1) $E(c \cdot x) = c \cdot E(x)$,其中 c 是一个数;

2) $E(x + c) = E(x) + c$,其中 c 是一个数;

3) 和的期望等于期望的和:

$$E(x_1 + x_2 + \cdots + x_n) = E(x_1) + E(x_2) + \cdots + E(x_n)。$$

期望的第一个计算公式很容易推广到方差。可想而知,对方差而言

$$\mathrm{Var}(c \cdot x) = c^2 \cdot \mathrm{Var}(x),\text{其中 } c \text{ 是一个数}。$$

由此可知,对标准差而言

$(c \cdot x)$ 的标准差 $= c \cdot (x$ 的标准差$)$,其中 c 是一个数。

期望的第二个计算公式也很容易推广到方差,但有较大的不同。

$\mathrm{Var}(x+c)=\mathrm{Var}(x)$,其中 c 是一个数。

"$x+c$"是说将变量 x 的每一个数值都平行移动 c 个单位,所以由 x 到 $x+c$,只是期望增加了 c,$E(x+c)=E(x)+c$;而离散程度(方差)是不变的,$\mathrm{Var}(x+c)=\mathrm{Var}(x)$。由此知,标准差也是不变的。

$(x+c)$ 的标准差＝x 的标准差,其中 c 是一个数。

期望的第三个计算公式:"和的期望等于期望的和",通常仅将它推广到方差。倘若把它推广到标准差,情况相当复杂。即使推广到方差,情况也比较复杂,它有下列 3 种可能性:

(1) 如期望那样,两个随机变量和的方差等于方差的和,即
$\mathrm{Var}(x_1+x_2)=\mathrm{Var}(x_1)+\mathrm{Var}(x_2)$;

(2) 两个随机变量和的方差大于方差的和,即
$\mathrm{Var}(x_1+x_2)>\mathrm{Var}(x_1)+\mathrm{Var}(x_2)$;

(3) 两个随机变量和的方差小于方差的和,即
$\mathrm{Var}(x_1+x_2)<\mathrm{Var}(x_1)+\mathrm{Var}(x_2)$。

第二章§2.3.3 小节在讲离散程度的重要性时提到,构造一个资产组合既要考虑平均收益,也要考虑离散程度,离散程度反映了投资的风险。这也就是说,我们既要计算收益的期望,还要计算收益的方差(或标准差)。下面以投资组合为例说明,两个随机变量和的方差大于、小于方差的和,这两种情况是怎样发生的。

假设这个投资组合只有两个股票。由"和的期望等于期望的和"可以知道,

投资组合(只有两个股票)收益的期望
＝"第一个股票收益的期望"+"第二个股票收益的期望"。

而投资组合方差的问题就比较复杂。考虑这个问题离不开探讨这两个股票之间有什么样的相关关系。

假设投资组合的两个股票的连续 10 个交易日的收益如表 3.13-1 所示。首先分别对每一个股票进行分析。它们收益的期望(均值)、方差与标准差见表 3.13-1 的最后 3 行。接下来探讨这两个股票之间有什么样的关系。股票的连续 10 个交易日的收益数据是时间序列数据,图 3.7-1 是这两个股票的趋势图。从中可以看出:当一个股票上涨(或下跌)时,另一个股票基本上也处于上涨(或下跌)的趋势。**基本上同时上升和同时下跌的关系通常称为是正相关关系。**又假设投资组合的两个股票的连续 10 个交易日的收益如表 3.13-2 所示。每一个股票收益的期望(均值)、方差与标准差见表 3.13-2 的最后 3 行。图 3.7-2 是这两个股票的趋势图。从中可以看出:当一个股票上涨(或下跌)时,另一个股票基本上处于下跌(或上涨)的趋势。**基本上一个上升而另一个下跌,一个下跌而另一个上升的关系通常称为是负相关关系。**相关关系的详细介绍见本书第七章。

表 3.13-1 有正相关关系的两个股票

		股票1的收益	股票2的收益
交易日	1	16	38
	2	25	42
	3	30	38
	4	17	25
	5	23	31
	6	22	29
	7	18	32
	8	44	48
	9	35	44
	10	33	42
均值		26.3	36.9
方差		82.233 3	54.544 4
标准差		9.068 3	7.385 4

表 3.13-2 有负相关关系的两个股票

		股票1的收益	股票2的收益
交易日	1	30	25
	2	27	37
	3	21	55
	4	30	45
	5	43	30
	6	38	25
	7	34	30
	8	30	36
	9	28	38
	10	22	45
均值		30.3	36.6
方差		45.122 2	93.155 6
标准差		6.717 3	9.651 7

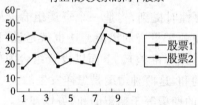

图 3.7-1 有正相关关系的两个股票

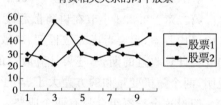

图 3.7-2 有负相关关系的两个股票

显然,同时购买有正相关关系(简称正相关)的两个股票有可能有很高的收益,也有可能收益很低甚至亏得很多。它们的风险叠加在一起,风险比较大。相反地,同时购买有负相关关系(简称负相关)的两个股票,收益不会大起大落,它们的风险相互抵消,风险比较小。

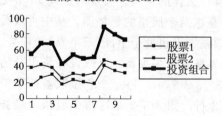

图 3.8-1 正相关两股票的投资组合

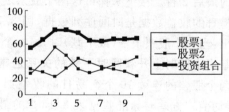

图 3.8-2 负相关两股票的投资组合

图 3.8-1 是正相关的两个股票(见图 3.8-1 下面两条折线)组合在一起,其投资组合(见图 3.8-1 上面这一条折线)的起伏就比较大。由此看来,正相关的两个

股票的投资组合的方差增大。正相关的两个股票的投资组合各个交易日的收益，以及它收益的期望(均值)、方差与标准差见表 3.14-1。由表 3.14-1 可以看到，而且可以严格证明：

  正相关两个股票的投资组合收益的期望

    ="第一个股票收益的期望"+"第二个股票收益的期望"；

  正相关两个股票的投资组合收益的方差

    >"第一个股票收益的方差"+"第二个股票收益的方差"。

  图 3.8-2 是负相关的两个股票(见图 3.8-2 下面两条折线)组合在一起，其投资组合(见图 3.8-2 上面这一条折线)起伏就比较小。这也就是说负相关的两个股票的投资组合的方差减小。负相关的两个股票的投资组合各个交易日的收益，以及它收益的期望(均值)、方差与标准差见表 3.14-2。由表 3.14-2 可以看到，而且可以严格证明：

  负相关两个股票的投资组合收益的期望

    ="第一个股票收益的期望"+"第二个股票收益的期望"；

  负相关两个股票的投资组合收益的方差

    <"第一个股票收益的方差"+"第二个股票收益的方差"。

  由此看来，对两个随机变量和的方差而言

- 在这两个随机变量正相关时，两个随机变量和的方差大于方差的和：

$$\mathrm{Var}(x_1+x_2) > \mathrm{Var}(x_1) + \mathrm{Var}(x_2);$$

- 在这两个随机变量负相关时，两个随机变量和的方差小于方差的和：

$$\mathrm{Var}(x_1+x_2) < \mathrm{Var}(x_1) + \mathrm{Var}(x_2)。$$

这两个不等式的证明从略，其进一步的讨论见本书第八章 §8.2.2。

表 3.14-1 正相关两股票的投资组合

		股票1	股票2	投资组合 (股票1+2)
交易日	1	16	38	54
	2	25	42	67
	3	30	38	68
	4	17	25	42
	5	23	31	54
	6	22	29	51
	7	18	32	50
	8	44	48	92
	9	35	44	79
	10	33	42	75
均值		26.3	36.9	63.2
方差		82.233 3	54.544 4	244.177 8
标准差		9.068 3	7.385 4	15.626 2

表 3.14-2 负相关两股票的投资组合

		股票1	股票2	投资组合 (股票1+2)
交易日	1	30	25	55
	2	27	37	64
	3	21	55	76
	4	30	45	75
	5	43	30	73
	6	38	25	63
	7	34	30	64
	8	30	36	66
	9	28	38	66
	10	22	45	67
均值		30.3	36.6	66.9
方差		45.122 2	93.155 6	40.1
标准差		6.717 3	9.651 7	6.332 5

既然正相关时和的方差大于方差的和,负相关时和的方差小于方差的和,人们很自然地想到,不相关(既不正相关也不负相关)时,和的方差等于方差的和。通常看到的"不相关",往往是"相互独立"。

§3.2.4 独立性

两个变量相互独立可直观地理解为,一个变量的取值对另一个变量的取值没有任何关系,这时我们就说它们相互独立。

- 两个赌徒在同一轮盘赌上,一个押6点,打1赔35;另一个押5、6、8和9点,打1赔8。他们的输赢显然不相互独立。
- 两个赌徒分别在两个轮盘赌上,一个押6点,打1赔35;另一个押5、6、8和9点,打1赔8。他们的输赢显然相互独立。

两个股票相互独立意思是说,其中一个股票的涨涨跌跌与另外一个股票的涨涨跌跌没有任何关系。看来要找到两个相互独立的股票是比较困难的。倘若这两个股票相互独立,那么

资产组合(只有两个相互独立的股票)收益的方差
　　＝"第一个股票收益的方差"＋"第二个股票收益的方差"

这也就是说,相互独立的两个,甚至三个或更多个随机变量,其和的方差等于方差的和。

- 相互独立随机变量和的方差等于方差的和:

$$\text{Var}(x_1 + x_2 + \cdots + x_m) = \text{Var}(x_1) + \text{Var}(x_2) + \cdots + \text{Var}(x_m)$$

第二章§2.3.3小节在讲离散程度的重要性时提到,构造一个资产组合就是购买一些股票、债券、期货、黄金和基金等各种不同的投资方式。这些投资方式有的正相关,有的负相关,有的相关性强,有的相关性弱,有的甚至于弱到几乎可认为它们相互独立。正相关的组合在一起是为了增加收益,负相关的组合在一起是为了减少风险。仔细研究投资方式之间的正负相关性,然后从众多的投资方式中挑选出一个资产组合。我们的目标是,这个资产组合的平均回报在不低于某个确定水平的前提下有最小的风险(离散程度),或者对事先确定的风险有最大的平均回报。从不同种类,数量很多的股票、债券和基金等投资方式中挑选出资产组合,它显然需要应用比较复杂的统计分析。这个问题的进一步讨论见第八章。

§3.3　期望-方差的决策分析

大到宏观经济,小到商品经销,甚至个人日常生活都会碰到决策问题。对于各式各样的决策问题,人们通常认为一个好的决策应做到期望收益大而承担的风

险小。我们知道,风险与收益的不确定性有密切的关系,而收益的不确定性可以用它的离散程度来度量。由此看来,在分析决策问题时,我们既要考虑期望收益,也要考虑收益的方差。这就是所谓的期望-方差的决策分析。上面所讲的构造一个资产组合既要考虑平均回报,也要考虑离散程度,就是这个意思。

下面从期望-方差决策分析的角度,讨论本书第一章开头所讲解的开发还是不开发新产品,中型扩建还是大型扩建为好的决策问题。我们已为它建立了一个**决策树模型**,见第一章的图1.1。

解决这个决策问题的不确定因素是市场需求量究竟是高、中,还是低。首先根据经验,推测市场需求量高、中和低的概率。若经过讨论认为市场需求量高、中和低的概率分别是0.3、0.5和0.2,接下来根据经验,预测市场需求量高、中和低时,大型工厂和中型工厂的利润。预测结果见表3.15。

表 3.15 利润的预测

决策	市场需求量		
	高	中	低
建大型工厂的利润	400	100	−50
建中型工厂的利润	300	200	50

在第一章图1.1决策树模型的末端写上市场需求量高、中和低的概率以及利润,从而有图3.9。倘若不开发新产品,那就没有增加利润,即利润为0。这是必然事件,其概率等于1。

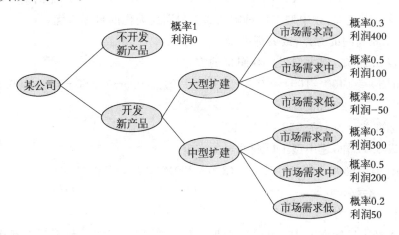

图 3.9 决策树模型

对于这个要不要开发新产品,中型扩建还是大型扩建为好的决策问题,所谓期望-方差决策分析就是问:
- 要不要开发新产品,以及建哪一种类型的工厂对实现期望利润最大化的目标最优?
- 要不要开发新产品,以及建哪一种类型的工厂对实现风险最小化的目标最优?

对于这个要不要开发新产品的问题,如果决策不开发新产品,情况就比较简单。由于它是一个必然事件,不仅期望收益等于0,方差(标准差)也等于0。下面着重讨论决策开发新产品,中型扩建还是大型扩建为好的问题。

令 x 和 y 分别表示建大型工厂和中型工厂的利润。由图3.9不难得到 x 和 y 的分布列,分别见表3.16和表3.17。

表3.16 大型工厂利润的分布

建大型工厂	市场需求量		
	高	中	低
利润 x	400	100	−50
概率 P	0.3	0.5	0.2

表3.17 中型工厂利润的分布

建中型工厂	市场需求量		
	高	中	低
利润 y	300	200	50
概率 P	0.3	0.5	0.2

1) 比较期望利润

由表3.16知,建大型工厂利润 x 的期望

$$E(x)=400\times 0.3+100\times 0.5+(-50)\times 0.2=160$$

由表3.17知,建中型工厂利润 y 的期望

$$E(y)=300\times 0.3+200\times 0.5+50\times 0.2=200$$

将大型工厂 $E(x)=160$,中型工厂 $E(y)=200$ 与不开发新产品的期望利润0进行比较。由此知,建中型工厂对实现期望利润最大化的目标最优。

2) 比较利润的方差,或者标准差

由表3.16知,建大型工厂利润 x 的方差

$$\begin{aligned}\text{Var}(x) &= (400-160)^2\times 0.3+(100-160)^2\times 0.5+(-50-160)^2\times 0.2 \\ &= 27\,900\end{aligned}$$

其标准差 σ 为167.0329

由表3.17知,建中型工厂利润 y 的方差

$$\begin{aligned}\text{Var}(y) &= (300-200)^2\times 0.3+(200-200)^2\times 0.5+(50-200)^2\times 0.2 \\ &= 7\,500\end{aligned}$$

其标准差 σ 为86.6025

将大型工厂标准差167.0329,中型工厂标准差86.6025与不开发新产品的标准差0进行比较。由此知,不开发新产品对实现风险最小化的目标最优。

考虑期望收益计算结果是建中型工厂,考虑收益的方差计算结果是不开发新产品。碰到两者不一致的情况,不足为怪。根据统计的理论与方法对所考虑的问题作出的统计推断,仅仅是为管理者采取何种决策提供依据和建议,究竟采取哪

一个决策,那就要考虑各方面因素。但就这个问题而言,我们认为开发新产品建中型工厂的决策比不开发新产品的决策好。这是因为由表 3.17 可以看到,建中型工厂,不论市场需求量高、中还是低,其利润总是正的,利润最少的也有 50。看来建中型工厂我们至少能增加利润 50。而若不开发新产品我们没有增加利润。由此可见,开发新产品建中型工厂是非常稳妥的决策。关于稳妥决策与决策问题进一步的讨论请见本书第九章。

§3.4 常用的离散型随机变量的分布

下面讲解两个常用的离数型随机变量分布:二项分布与泊松分布,它们都来自于实际问题。

§3.4.1 二项分布

看下面一些实际问题,它们有哪些类似的地方。

- 销售经理与客户洽谈,客户有可能下定单购买你推销的产品,也有可能不下定单。根据经验,某企业销售经理认为洽谈成功的概率 $p=15\%$。这个销售经理打算今天与 5 个客户洽谈,他当然非常关心今天究竟能有多少个客户下定单。以 x 表示下定单的客户数。x 显然是个离散型随机变量,其取值范围为 0、1、2、3、4 和 5。x 取这些数值的可能性显然是不一样大的。由于洽谈成功的概率 $p=15\%$ 不大,所以洽谈的 5 个客户都下定单的可能性比较小。又由于洽谈成功的概率 $p=15\%$,所以洽谈的 5 个客户中,平均有 $5\times 15\%=0.75$ 个客户洽谈成功。因而猜想仅有 1 个客户下定单的可能性比较大。这些可能性究竟有多大?如何计算?这显然是人们很感兴趣的问题。
- 某工厂的某个产品的质量标准是,不合格品的比例不超过 1%。检验 100 件产品,质量检验员就得考虑这样的一个问题,倘若产品合格,其不合格率 p 达到上限(最"坏"的情况)为 1%,这检验的 100 件产品中我们会发现多少件不合格品?至多发现 1 件不合格品的概率有多大?如何计算?
- 某服装店经理根据经验认为,光顾商场的顾客购买商品的概率为 20%,现在有 8 个顾客来到商店,购买商品的顾客数究竟是多少?没有顾客购买商品的概率多大?8 个顾客都购买商品的概率有多大?
- 有的广告含有音乐,有的广告没有音乐。根据经验估计广告包含音乐的概率为四分之三。考察 12 则广告,内有多少个广告包含音乐?它们的概率各等于多少?

- 有的诉讼判决会上诉,有的诉讼判决不上诉。根据经验估计上诉的概率为50%。某法庭某天审理了20起案件,其中有多少个案件会上诉?其概率各等于多少?
- 有的足球比赛要加时,有的不需要加时。根据统计资料估计,需要加时的概率为30%。某赛季有100场比赛,其中有多少场比赛需加时?其概率各等于多少?
- 根据统计资料,60%的飞机乘客要求提供米饭。一个航班300位乘客,负责客机食品的经理必须考虑,一个航班应准备多少份米饭?倘若按平均数,一个航班准备180(=300×60%)份米饭,则很有可能有些喜欢吃米饭的乘客得不到满足。那么,准备180份米饭,有乘客得不到满足的可能性有多大?也就是说,300位乘客中喜欢吃米饭的乘客数超过180的概率有多大?如何计算?(本例选自《统计教育》2001年第1期)

我们还可以举出很多类似的问题。这些问题有下面一些共同之处。

- 若把与客户洽谈,检验产品,顾客是否购买商品,广告是否含有音乐,诉讼判决会不会上诉,比赛要不要加时,乘客是否要求提供米饭,都看成试验,这类试验的共同点就是,每次试验只有两个结果:洽谈成功或不成功,产品合格或不合格,顾客购买商品或没有购买商品,广告含有音乐或没有音乐,诉讼判决会上诉或不会上诉,比赛要加时或不要加时,乘客要求提供米饭或不要求提供米饭(例如,要求提供面食)。
- 通常人们将试验的两个结果分别记为:成功与失败,并且记成功的概率为 p,则失败的概率就等于 $1-p$。
- 只有两个结果的试验重复地做了多次,例如,洽谈5个客户就是做了 $n=5$ 次试验,检验100件产品就是做了 $n=100$ 次试验,有8个顾客来到商店相当于有 $n=8$ 次观察(试验),考察12则广告相当于有 $n=12$ 次观察(试验),法庭当天审理了20起案件相当于有 $n=20$ 次观察(试验),某赛季有100场比赛相当于有 $n=100$ 次观察(试验),一个航班300位乘客相当于有 $n=300$ 次观察(试验)。
- 人们感兴趣的是,这 n 次重复做的试验中,"成功"发生了几次?通常假设这 n 次试验相互独立。例如,在销售经理与客户洽谈的问题中,假设销售经理与这5个客户是相互独立地洽谈的。做这样的假设一方面是为了简化问题便于计算,另一方面也是由于客户通常都是相互独立地与销售经理洽谈的。

二项分布模型

根据这些共同之处,人们提出了下面的二项分布(Binomial Distribution)模型,概括了上述这一类问题。

1) 每一次试验只有两个结果:成功与失败,成功的概率为 p,失败的概率为 $1-p$;
2) 这样的试验独立重复地做了 n 次;
3) n 次试验中"成功"发生的次数记为 x。则 x 是个离散型随机变量: $x=0,1,\cdots$,或 n;
4) 基于1)和2),可以证明,n 次试验中"成功"发生的次数 $x=k$ 的概率为

$$P(x=k) = \frac{n!}{k!(n-k)!} p^k (1-p)^{n-k}, k=0,1,\cdots,n$$

在销售经理与客户洽谈的问题中,$n=5$,洽谈成功的概率 $p=15\%$。则根据上述计算概率的公式,下定单的客户数 x 的分布列,见表3.18。前面我们猜想,因为洽谈成功的概率 $p=15\%$ 不大,所以洽谈的5个客户都下定单的可能性比较小。由表3.18知这个猜想成立,下定单的客户数 $x=5$ 的概率几乎为0。我们还猜想,因为洽谈成功的概率 $p=15\%$,所以洽谈的5个客户中,平均有 $5\times 15\%=0.75$ 个客户洽谈成功,因而仅有1个客户下定单的可能性比较大。表3.18告诉我们,下定单的客户数 $x=1$ 的概率 0.391 5 是比较大,但并不是最大。没有客户下定单 ($x=0$) 的概率 0.443 7 最大。看来,想一想,不如算一算。$x=0$ 的概率与 $x=1$ 的概率,这两项之和等于 0.835 2。由此知,有2个以及2个以上客户下定单的可能性仅等于 16.48%($=1-0.835\ 2$)。看来,洽谈5个客户,对于有2个和更多个客户下定单不要抱太大的希望。

表3.18 概率值

下定单的客户数 x	概率 P
0	$(1-p)^5 = 0.85^5 = 0.443\ 7$
1	$5pq^4 = 5\times 0.15\times 0.85^4 = 0.391\ 5$
2	$10p^2q^3 = 10\times 0.15^2\times 0.85^3 = 0.138\ 2$
3	$10p^3q^2 = 10\times 0.15^3\times 0.85^2 = 0.024\ 4$
4	$5p^4q = 5\times 0.15^4\times 0.85 = 0.002\ 2$
5	$p^5 = 0.15^5 = 0.000\ 075\ 9 \approx 0$

可以验证,表3.18第二列上各个概率之和恰等于1。事实上,这就是大家所熟悉的牛顿二项式定理:

$$(1-p)^5 + 5p(1-p)^4 + 10p^2(1-p)^3 + 10p^3(1-p)^2 + 5p^4(1-p) + p^5$$
$$= [p+(1-p)]^5 = 1$$

正因为这样,人们通常称表3.18那种类型的分布为二项分布,记为 $b(5,p)$。一般来说,有二项分布 $b(n,p)$,它表示独立重复地做了 n 次试验,每次试验只有两个结果:成功或失败,p 是成功的概率。x 表示 n 次试验中成功的次数,则 x 服从二项分布 $b(n,p)$,简记为 $x \sim b(n,p)$。

二项分布 Excel 函数名

只要启动 Excel 中文版"插入"菜单上的"函数"命令就可以在 $x \sim b(n,p)$ 时计算 $x = k$ 的概率 $P(x=k)$,或 x 从 0 到 k 的累积概率 $P(x \leqslant k) = \sum_{i=0}^{k} P(x=i)$ 的数值,具体过程从略。我们也可以输入某个函数的名称及计算要求直接进行计算。直接计算的方法就是在任意一个单元格上输入 Excel 的二项分布函数名。

1) 输入"= binomdist(k,n,p,0)",然后确定,则得到概率 $P(x=k)$ 的数值。有时为简单直观起见,将概率 $P(x=k)$ 就写成 $P(b(n,p)=k)$。表 3.18 中的二项分布 $b(5,p)$ 的各个概率值的 Excel 函数命令见表 3.19 的第 3 列。

表 3.19　二项 $b(5,p)$ 分布的概率值及 Excel 函数命令

下定单的客户数 x	概率 P	Excel 函数命令
0	$(1-p)^5 = 0.85^5 = 0.4437$	=binomdist(0,5,0.15,0)
1	$5pq^4 = 5 \cdot 0.15 \cdot 0.85^4 = 0.3915$	=binomdist(1,5,0.15,0)
2	$10p^2q^3 = 10 \cdot 0.15^2 \cdot 0.85^3 = 0.1382$	=binomdist(2,5,0.15,0)
3	$10p^3q^2 = 10 \cdot 0.15^3 \cdot 0.85^2 = 0.0244$	=binomdist(3,5,0.15,0)
4	$5p^4q = 5 \cdot 0.15^4 \cdot 0.85 = 0.0022$	=binomdist(4,5,0.15,0)
5	$p^5 = 0.15^5 = 0.0000759 \approx 0$	=binomdist(5,5,0.15,0)

2) 输入"= binomdist(k,n,p,1)",然后确定,则得到累积概率 $P(x \leqslant k) = \sum_{i=0}^{k} P(x=i)$ 的数值。这个累积概率简单地写为 $P(b(n,p) \leqslant k) = \sum_{i=0}^{k} P(b(n,p) = i)$。若欲计算累积概率 $P(b(n,p) \geqslant k)$,则仅须输入"= 1 − binomdist(k - 1,n,p,1)"。注意,计算累积概率 $P(b(n,p) \geqslant k)$ 时,上述这个 Excel 函数中的次数是 $k-1$,而不是 k。

下面回过头来分析航空客机配餐的问题。

● 航空客机配餐

航空客机通常有 300 位乘客。中餐和晚餐的主食有米饭(例如咖喱鸡饭)与面条(例如牛肉面条)。某航空公司由调查研究和历史记录知,约 60% 的乘客喜欢米饭,40% 的喜欢面条。显然,主管客机食品的经理必须考虑下面的问题,一个航班应准备多少份米饭和多少份面条?准备得太少,很可能有乘客吃不到自己喜欢的主食。准备得太多,例如两种食品都准备 300 份,这样一来每位乘客都吃到了自己喜欢的主食,但肯定多余了 300 份主食。按规定,多余下来的主食不能改配给下一班机使用,那就是很大的浪费。既要让乘客吃到自己喜欢的主食,又要降低成本,一个航班准备多少份米饭和多少份面条为佳,这是放在客机食品经理面前的一个两难问题。为简化讨论,假定乘客中没有素食主义,以及吃无糖食品的

糖尿病患者。

问题 1：倘若按平均数，一个航班准备 180（＝300×60％）份米饭和 120（＝300×40％）份面条，行吗？

"行"还是"不行"就是问，一个航班准备 180 份米饭和 120 份面条，有乘客得不到满足的可能性究竟有多大？我们仅计算有乘客要求提供米饭，但得不到满足的可能性。这也就是说，300 位乘客中喜欢吃米饭的乘客超过 180 人的概率究竟有多大？有关面条的计算显然与此类似，从略。

利用 Excel，若输入二项分布函数名"＝1－binomdist(180,300,0.6,1)"，则得累积概率 $P(b(300,0.6) \geqslant 181)=47.81\%$，这就是 300 位乘客中要求提供米饭的乘客人数大于 180 人的概率。因而，倘若按平均数一个航班准备 180 份米饭，有乘客要求提供米饭但得不到满足的可能性达到 47.81％。或者说我们只有 52.19％ 的把握保证，要求吃米饭的乘客都能吃到自己喜欢的米饭。看来按平均数准备 180 份米饭不足取。

问题 2：准备 300 份米饭可好？

倘若准备 300 份米饭，则就有 100％ 的把握保证，要求吃米饭的乘客都能吃到自己喜欢的米饭，但几乎肯定会有比较多的米饭多余，就造成很大的浪费。由此看来，准备 300 份米饭的成本太高，也是不足取的。

问题 3：准备多少份米饭比较好？

为解决这个问题，客机食品经理全面考察要求提供米饭的乘客的人数 x 的分布情况。根据统计资料，飞机乘客要求提供米饭的可能性为 $p=60\%$。一个航班 300 位乘客中要求提供米饭的乘客人数 x 服从二项分布 $b(300,0.6)$。启动 Excel 就可很快看到要求提供米饭的乘客的人数 x 的分布情况：

1）在 A 列的第 1 和至第 301 个单元格依次分别输入 0,1,…,300 等数。请读者思考，如何依次输入 0,1,…,300 等数，既快又准确无误？

2）在 B 列的第 1 个单元格上输入二项分布函数名"＝binomdist(a1,300,0.6,0)"，然后确定，则 B 列的第 1 个单元格上显示的数就是 $x=0$，也就是没有乘客要求提供米饭的概率。

3）鼠标沿着 B 列的第 1 个单元格往下拉，直到 B 列的第 301 个单元格，则 B 列的第 2、第 3 直到第 301 个单元格上显示的数分别就是 $x=1,2,…,300$ 等的概率。由 B 列上的数值可以看到，要求提供米饭的乘客人数少于 150 人，或多于 210 人虽有可能发生，但可能性极小。根据 A、B 两列所画的散点图见图 3.10，这就是要求提供米饭的乘客人数 $b(300,0.6)$ 的概率图。由图 3.10 知，要求提供米饭的乘客人数几乎在 150 与 210，也就是 180±30 之间，其中 180（＝300×60％）是要求提供米饭的乘客的平均人数。图 3.11 是要求提供米饭的乘客人数从 150 人到

210人的概率图。图3.10与图3.11看上去非常像本书第二章§2.3.1小节着重讲解的呈钟形完全对称的直方图。这表明,二项分布$b(300,0.6)$可看作为正态分布。由图3.10知,准备210份米饭,这样一来几乎就有100%的把握保证要求吃米饭的乘客都能吃到自己喜欢的米饭。若要知道准备210份米饭究竟有多大的把握保证供应米饭,仅需输入"=binomdist(210,300,0.6,1)",则得累积概率$P(b(300,0.6)\leqslant 210)=0.99987$。这就是300位乘客中要求提供米饭的乘客人数小于等于210人的概率。因而,倘若一个航班准备210份米饭,就有99.987%的把握保证,要求吃米饭的乘客都能吃到自己喜欢的米饭。准备210份饭基本上就有100%的把握保证供应,这比准备300份米饭的成本要节约多了。

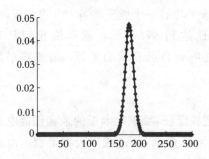
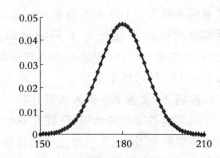

图3.10　要求米饭的乘客人数的概率图　　图3.11　要求米饭的从150人到210人的概率图

问题4:能否尽可能地少准备一些米饭,多降低些成本?

准备210份米饭,就有99.987%的把握保证供应。少准备一些米饭,把握程度肯定没有99.987%那么大,但假如有例如99%或95%的把握保证供应那也何尝不可。这样一来成本岂不是降下来了。客机食品经理接下来需要解决的问题是,准备多少份米饭,我们就有很大例如99%或95%的把握保证,要求吃米饭的乘客都能吃到自己喜欢的米饭。这个问题使用Excel就可很快解决:

1) 因为按平均数准备180份米饭是不行的,所以我们从181起开始搜索。从A列的第1个单元格起分别依次输入181,182,……。

2) 在B列的第1个单元格上输入二项分布函数名"=binomdist(a1,300,0.6,1)",然后确定,则B列的第1个单元格上显示的数就是要求提供米饭的乘客人数小于等于181人的概率。

3) 鼠标沿着B列的第1个单元格往下拉,则B列的第2、第3个等单元格上显示的数分别就是要求提供米饭的乘客人数小于等于182,183人等的概率。

4) B列上的数值越来越大,当它增大刚超过95%的时候,B列上的数是0.957067,其对应A列上的数是194。这说明,提供米饭的乘客人数小于等于194人的概率刚过95%,达到95.7067%。由此可见,一个航班准备194份米饭,我们就有95%的把握保证,要求吃米饭的乘客都能吃到米饭。同样地可以看到,B列上的数刚过 99%，达到 99.263 5%，对应 A 列上的数是 200。所以一个航班准备 200 份米饭，我们就有 99%的把握保证，要求吃米饭的乘客都能吃到米饭。

至此，客机食品经理得到了下面 3 个米饭的配餐方案，供考虑采用：

方案一，准备 210 份米饭，有 99.987%的把握保证供应；

方案二，准备 200 份米饭，有 99%的把握保证供应；

方案三，准备 194 份米饭，有 95%的把握保证供应。

方案是否可行？需要实践检验。此外，还可使用计算机模拟的方法，检验方案是否可行。

问题 5：计算机如何模拟？

计算机模拟需要产生随机数。使用 Excel 产生随机数的步骤：

1) 工具(Tools) → 数据分析(Data Analysis)

　　→ 随机数发生器(Random Number Generation)。

2) 在随机数发生器的对话框中：

(1) 由于我们仅有一个变量，一个航班 300 位乘客中要求提供米饭的乘客人数 x 需要模拟，因而在变量个数(V)栏中键入 1；

(2) 在随机数个数(B)栏中键入例如 1 000，则模拟 1 000 次。这相当于我们观察了 1 000 个航班，得到了要求提供米饭的乘客人数的 1 000 个观察值；

(3) 选择"分布(D)"下拉菜单。由于一个航班 300 位乘客中要求提供米饭的乘客人数 x 服从二项分布 $b(300,0.6)$，所以选择"二项式"选项。

(4) 在参数的对话框中：

　　在"P(A)="栏中键入 0.6，在试验个数(N) 栏中键入 300；

(5) 在输出区域栏中键入例如 a1；

(6) 单击确定。则 A 列上有二项分布 $b(300,0.6)$的 1 000 次模拟的随机数。

运用 Excel，不难将这 1 000 个随机数由大到小地排列。从而知道，这 1 000 次模拟中分别有多少次超过了 210，200 与 194。这意味着，要求吃米饭的乘客没有吃到米饭的情况发生了多少次。

问题 6：倘若喜欢米饭的旅客的比例偏离了原先认为的 60%，大了一点或小了一点，配餐方案是否仍然可用？这类问题通常称为是**敏感(或稳健)性分析**。

我们在一个航班 300 位乘客中要求提供米饭的乘客人数 x 服从二项分布 $b(300,0.6)$的条件下制定了配餐方案。倘若情况有变，喜欢米饭乘客的比例偏离了原先设定的 60%，配餐方案是否仍然可行，这是客机食品经理非常关心的一个问题。低于 60%，方案自然更能保证供应米饭。为此我们仅讨论超过 60%的敏感性分析。所谓敏感性分析，就是在喜欢米饭乘客的比例 60%向上有一个不超过例如 3%的微小波动的时候，计算米饭的这 3 个配餐方案各有多大的把握保证供应米饭。敏感性分析报告见表 3.20。表 3.20 中的把握程度的计算使用了 Excel。我们还可用计算机模拟的方法进行敏感性分析。表 3.20 告诉我们,准备 210 份米饭的方案最不敏感,抗干扰的能力最强,最为稳健;准备 200 份米饭的方案其次;准备 194 份米饭的方案最差。当喜欢米饭乘客的比例向上微小波动 1%、2% 与 3%,它保证供应米饭的把握程度就从 95.706% 分别降低至 91.393%、84.404% 与 74.365%。为保证供应,看来准备 194 份米饭的方案不可取。

表 3.20 喜欢米饭乘客的不同比例下各个方案保证供应米饭的把握程度

方案	喜欢米饭乘客的比例			
	设定的 60%	61%(上 1%波动)	62%(上 2%波动)	63%(上 3%波动)
准备 210 份米饭	99.987%	99.953%	99.845%	99.542%
准备 200 份米饭	99.264%	98.161%	95.866%	91.626%
准备 194 份米饭	95.706%	91.393%	84.404%	74.365%

*二项分布的正态近似

前面我们在图 3.10 与图 3.11 中看到,二项分布 $b(300,0.6)$ 可看作正态分布。一般来说,

当 n 比较大的时候,二项分布 $b(n,p)$ 可看作正态分布。

读者很可能会问,n 多大才算比较大? 人们通常认为 $n \geqslant 30$ 就认为比较大了。当然,n 越大,二项分布 $b(n,p)$ 越可视为正态分布。必须指出的是,p 越接近 0.5,二项分布 $b(n,p)$ 越可以看作正态分布。图 3.12、图 3.13、图 3.14 与图 3.15 分别是二项分布 $b(50,0.1)$、$b(50,0.3)$、$b(50,0.5)$ 与 $b(50,0.8)$ 的概率图。图 3.14 的二项分布 $b(50,0.5)$ 最接近正态分布。图 3.13 的二项分布 $b(50,0.3)$ 与图 3.15 的二项分布 $b(50,0.8)$ 其次,图 3.12 的二项分布 $b(50,0.1)$ 最差。这也就是说

p 越接近 0.5,二项分布 $b(n,p)$ 越可以看作正态分布。

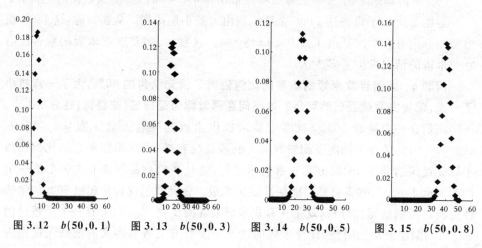

图 3.12 $b(50,0.1)$　　图 3.13 $b(50,0.3)$　　图 3.14 $b(50,0.5)$　　图 3.15 $b(50,0.8)$

二项分布的均值(期望)、方差与标准差

若随机变量 x 服从二项分布 $b(n,p)$,则

x 的均值(期望)$E(x) = np$;

x 的方差 $\text{Var}(x) = np(1-p)$;

x 的标准差 $\sigma = \sqrt{np(1-p)}$。

前面所讨论的航空客机配餐的问题,根据统计资料,有 $p=60\%$ 的飞机乘客要求提供米饭。一个航班 300 位乘客中要求提供米饭的乘客的人数 x 服从二项分布 $b(300, 0.6)$。这个二项分布的均值为 $300 \times 0.6 = 180$,标准差 σ 为 $\sqrt{300 \times 0.6 \times 0.4} = 8.485$。由图 3.10 与图 3.11 知,这个二项分布的分布图呈钟形完全对称,它可以看作正态分布。根据第二章§2.3.4 小节的经验法则,

- 300 位乘客中要求提供米饭的乘客的人数 x 在离平均数的 1 个标准差的范围内的概率 68.27%,这也就是说,要求提供米饭的乘客的人数在 180±8.485,即从 171.515 到 188.485 范围内的概率为 68.27%。

- 300 位乘客中要求提供米饭的乘客的人数 x 在离平均数的 2 个标准差的范围内的概率 95.45%,这也就是说,要求提供米饭的乘客的人数在 180±2×8.485,即 180±16.97,从 163.03 到 196.97 范围内的概率为 95.45%。

- 300 位乘客中要求提供米饭的乘客的人数 x 几乎(概率 99.73%)都在离平均数的 3 个标准差的范围内,这也就是说,要求提供米饭的乘客的人数几乎(概率 99.73%)都在 180±3×8.485,即 180±25.455,从 154.545 到 205.455 范围内。

概率 p 的估计

如何得到概率 p 的数值是解决这一类实际问题的关键。人们往往根据经验,以及统计资料推测 p 的值。具体地说,做或回忆做过的 n 次试验,记录成功的次数,频率 $f=m/n$ 就是比例 p 的最常用的估计,其中 m 是成功的次数。我们这里所说的试验的含义非常广泛,它还包括例如检验产品,调查、观察等。例如向客机乘客作调查,问是否喜欢米饭,然后根据调查资料汇总,发现有比例 60% 的飞机乘客要求提供米饭。又如第一章§1.1.2 小节所讲的,格朗特根据对"死亡公报"的观察,发现新生儿的男女性别比为 14/13,由此知

新生男婴的比例 $= \dfrac{14}{14+13} = \dfrac{14}{27} = 0.5185$

新生女婴的比例 $= 1 - 0.5185 = 0.4815$

这也就是说,正常情况新生男婴的比例为 0.5185,女婴的比例为 0.4815。当然,

因男尊女卑而导致的人为因素的干涉将使得男女性别比失调。常见的失调是新生男婴超乎寻常的多,其比例超过了正常情况的 0.518 5。看下面的例子。

某城市当年新生婴儿有 10 万人,其中女婴 4.75 万,比例为 0.475,低于正常比例 0.481 5。很可能有人会说,新生女婴的比例仅较正常比例小了 0.006 5,看来这是偶然偏低,不足为怪,当年生男生女并没有受到人为因素的干涉。当年新生女婴的出生比例究竟是正常,还是超乎寻常的低? 这一类问题就是所谓的统计检验问题。解这个检验问题需要运用 Excel 函数命令计算二项分布的概率,这留待本书第五章系统简要地讲解检验问题时进行详细讨论。

*§3.4.2 泊松分布

作为商店经理需要考虑这样的问题,商店里应配置多少个营业员比较恰当。营业员太少了,有时顾客要买商品无营业员接待。而营业员太多了,虽然顾客来了不会被冷落,但经常有营业员闲着不合算。解决这个问题的一个关键是需要知道通常有多少个顾客会光顾商店。令 x 表示一天里光顾商店的顾客数。显然,x 是离散型随机变量。这一天有可能没有顾客光顾商店,则 x 等于 0;也有可能这一天只有一个顾客光顾商店,则 x 等于 1;依此类推,x 可能等于 2、3,等等。因而通常认为 x 可以从 0、1、2 开始一直取下去,直到无穷大,也就是说 $x=0,1,2,\cdots$。可能大家会说怎么可能会无穷大,不要说全世界、整个国家,就是整个城市所有的人都来光顾这个商店也不大可能。x 应该从 0、1、2 开始一直取下去,取到某一个数为止。倘若这样,不同的地方,不同的商店,x 的最大值就不一样大了。不一样的最大值给这类问题的处理带来很大的不便。一旦认为最大值可以无限大则问题的数学处理要简单得多。我们说 x 可以一直取下去,要多大就多大,一直到无穷大,这一方面是为了处理这类问题的方便简单,另一方面也正是考虑到所有的人都来光顾这个商店的可能性也非常之小,因而认为 x 可以一直取下去也无关紧要。

通常将"一天里有多少个顾客光顾商店"的问题称为"顾客流"问题。在实践中与"顾客流"问题相类似的"某某流"问题有很多,下面是这类"流"问题的一些例子。

- 第一章在讨论商场选址问题时,曾讲到在拟建的商店处,周一至周日每天按不同时段严格统计人流量的"人流"问题;
- 某航空公司的订票处每一小时内有多少次电话的"电话流"问题;
- 某自动生产流水线每天发生多少次故障的"故障流"问题;
- 某路口早高峰时,一个绿灯 2 分 10 秒内有多少车通过的"车流"问题;
- 某保险公司某种型号投保车辆在一年内的索赔次数的"索赔流"问题。

泊松分布模型

在这类"某某流"的问题中,通常有下列两个假设。第一个假设是,在两个时间长度相等的时间段内,来到的"流"有相同的分布;第二个假设是,两个互不交叉的时间段内,来到的"流"互相独立。显然,我们所关心的是"某某流"中一段时间内出现了多少个"某某"。令 x 表示一段时间内"某某"的个数。则 x 往往服从泊松分布。泊松分布是法国数学家泊松(Simeon-Denis Poisson,1781-1840)于 1837 年提出的。所谓泊松分布,就是说有这样的一个离散型随机变量 x,它的取值范围为 $x=0,1,2,\cdots$,并且它的分布列为

$$P(x=k)=\frac{\lambda^k}{k!}e^{-\lambda}, k=0,1,2,\cdots$$

其中 $\lambda>0$ 是某个正的常数。这样的分布称之为泊松分布(Poisson Distribution)。x 服从泊松分布记为 $x\sim P(\lambda)$。不同的 $\lambda>0$ 有不同的泊松分布。

泊松分布的期望与方差

根据泊松分布 $P(\lambda)$ 的分布列,可以算得它的期望与方差(计算过程从略)。泊松分布 $P(\lambda)$ 的期望与方差是相等的,都等于 λ:

$$\mu=\sigma^2=\lambda$$

λ 称为泊松分布 $P(\lambda)$ 的参数。正因为 λ 是泊松分布 $P(\lambda)$ 的期望(均值),所以用样本均值来估计 λ。估计 λ 的操作过程用下面的例子加以说明。在路口观察一个绿灯 2 分 10 秒内究竟有多少辆车通过。在不同的日子观察记录一个个绿灯。假设观察记录了 n 个绿灯,并设第 i 个绿灯内有 x_i 辆车通过该路口,$i=1,2,\cdots,n$。则称 $x_1,x_2,\cdots,x_n$ 是该泊松分布 $P(\lambda)$ 的样本,并将 $x_1,x_2,\cdots,x_n$ 的平均数 $\bar{x}$ 称为是样本均值,

$$\bar{x}=\frac{x_1+x_2+\cdots+x_n}{n}$$

λ 就用这个样本均值 $\bar{x}$ 来估计。第二章我们在讲平均数应用的广泛性时举了这样的例子。某交警根据经验说,某路口早高峰时,一个绿灯 2 分 10 秒通过 250 辆车。这个 250 辆车实际上就是该交警多次观察后的样本均值。它就是泊松分布 $P(\lambda)$ 中的 λ 的估计。由此看来,根据这个交警的经验,某路口早高峰时一个绿灯 2 分 10 秒内有 x 辆车通过,$x\sim P(250)$。

一个绿灯 2 分 10 秒内通过的车辆数 x 服从泊松分布 $P(250)$,那么 1 分钟内通过的车辆数服从什么样的泊松分布?根据交警的经验,某路口早高峰时一个绿灯 2 分 10 秒平均通过 250 辆车,那么 1 分钟内平均能通过车辆就有

$$\frac{250}{2\text{分}10\text{秒}} = \frac{250}{2.166\cdots} = 115(\text{辆})$$

所以某路口早高峰时 1 分钟内通过的车辆数服从泊松分布 $P(115)$。一般来说,泊松分布有这样一个非常有用的性质:

若单位时间(时间长度等于 **1**)内"某某流"出现的次数服从泊松分布 $P(\lambda)$,

则时间 t(时间长度等于 t)内"某某流"出现的次数服从泊松分布 $P(\lambda t)$。

泊松分布 Excel 函数名

只需要启动 Excel 中文版"插入"菜单上的"函数"命令就可以在 $x \sim P(\lambda)$ 时计算 $x = k$ 的概率 $P(x=k)$,与 x 从 0 到 k 的累积概率 $\sum_{i=0}^{k} P(x=i)$ 的数值,具体过程从略。我们也可以输入某个函数的名称及其计算要求直接进行计算。直接计算的方法就是在任意一个单元格上输入 Excel 的泊松分布函数名。

1) 输入"$=\text{poisson}(k,\lambda,0)$",然后确定,则得到概率 $P(x=k)$ 的数值。有时为简单直观起见,将概率 $P(x=k)$ 就写成 $P(P(\lambda)=k)$。

2) 输入"$=\text{poisson}(k,\lambda,1)$",然后确定,则得到累积概率 $P(x \leqslant k) = \sum_{i=0}^{k} P(x=i)$ 的数值。这个累积概率可简单直观地写为 $P(P(\lambda) \leqslant k) = \sum_{i=0}^{k} P(x=i)$。如果要计算累积概率 $P(P(\lambda) \geqslant k)$,则仅须输入"$=1-\text{poisson}(k-1,\lambda,1)$"。注意,计算累积概率 $P(P(\lambda) \geqslant k)$ 时,这个 Excel 函数中的次数是 $k-1$,而不是 k。

前面我们说,某路口早高峰时 1 分钟内通过的车辆数服从泊松分布 $P(115)$。下面利用 Excel 研究泊松分布 $P(115)$ 的分布情况。步骤如下:

1) 从 A 列的第 1 个单元格起,依次输入 0,1,2,……;

2) 在 B 列的第 1 个单元格上输入泊松分布函数名"$=\text{poissondist}(a1,115,0)$",然后确定,则 B 列的第 1 个单元格上显示的数就是 $x=0$,也就是通过的车辆数等于 0(没有汽车通过)的概率。

3) 鼠标沿着 B 列的第 1 个单元格往下拉,则 B 列的第 2、第 3 个等单元格上显示的数分别就是通过的车辆数等于 1、2、…的概率。由 B 列上的数值可以看到,通过的车辆数几乎都在 80 与 150 之间。

图 3.16 就是根据 A、B 两列所画的散点图,也就是 1 分钟内通过的车辆数 $P(115)$ 的分布图。而图 3.17 是 1 分钟内通过的车辆数从 80 到 150 的分布图。图 3.16,尤其图 3.17 看上去非常像本书第二章§2.3.1 小节着重讲解的呈钟形完全对称的直方图。这表明,与二项分布相类似地,泊松分布 $P(115)$ 也可以看作正

态分布。一般来说,当泊松分布的均值 λ 比较大的时候,泊松分布 $P(\lambda)$ 可看作正态分布。

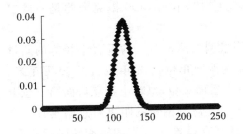

图 3.16 通过车辆数的分布图

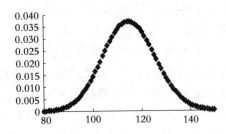

图 3.17 通过车辆数的从 80 到 150 的分布

§3.5 正态分布

第二章 §2.3 节在讲呈钟形对称的直方图时曾提到,正态分布是 18 世纪初由德国伟大的科学家高斯在研究测量误差分布时导出的。可能大家会说,测量怎么会有误差,有误差就说明工作不够认真仔细,没有做到一丝不苟。历史上曾有过这样的事,1796 年英国天文学家马斯凯林(Nevil Maskelyne,1732-1811)因助手几天来的测量结果不一样而认为他工作粗心把他解雇。测量,即使非常精细的测量也会有误差。事实上越是精细的测量越有可能看到误差。例如,有一个 1 寸(市制,折合米制:1 寸等于 10/3 = 3.333 3 厘米)厚的桌面,若要求好几个人使用读数到 1 毫米(十分之一厘米)的标尺去度量它的厚度,那大家的读数可能一样大,都是 3.3 厘米。倘若使用读数到百分之一厘米的游标卡尺去度量它的厚度,那大家的读数就可能不一样大,有的可能是 3.34 厘米,有的可能是 3.33 厘米。即使同一个人先后测量两次,第一次的读数与第二次的读数也很有可能不一样大。美国国家标准局有一个 10 克的标准砝码。从 1940 年起大约每个星期都要对它称重测量一次。参考书目[3]第 6 章表 1 中列举了 1962 和 1963 这两年的 100 次的标准砝码 10 克的称重记录。这些测量是在同一个房间用相同的设备进行的。每次的测量程序都是相同的,影响测量结果的因素例如温度、气压等也尽可能地保持不变。即便如此,这 100 次测量值有的大有的小,有的差别还比较大。下面列举的是其前 8 次的测量值:

9.999 591,9.999 600,9.999 594,9.999 601,
9.999 598,9.999 594,9.999 599,9.999 597。

前面 4 个数字都是 9.999。这也就是说,如果称重仅精确到个位,或精确到小数点后面 1、2 或 3 位,也就是没有精确到万分之一克,那么这些测量值都是相同的,都是 10 克。它们没有测量误差。美国国家标准局的测量精确到小数点后面 6 位,也就是 1 微克(1 微克是 1 克的百万分之一),那这些测量值就有差别了。通过这样精细的测量我们发现,这个 10 克的标准砝码其实大概只有 9.999 6 克,比 10 克少了 0.000 4 克。也就是 400 微克,400 微克大约是一或二粒(精加工)细盐的重量。

大地测量,例如测量赤道长度,天文测量例如测量金星的垂直半径等的测量有误差是常有的事。天文测量通常以光年为距离单位,1 光年相当于 30 万千米。倘若某天文测量所谓精确到 1 光年的小数点后面 2 位,忽略小数点后面第三位上的数,这实际上是忽略 300 千米,这相当于说上海到南京的距离可忽略不计。由此可见,长距离的天文测量和大地测量通常都有误差。10 克的标准砝码的称重、赤道长度和金星垂直半径的测量等都是对同一个对象进行测量,测量值很可能不等于测量对象的真正的值,它们之间有误差,误差有正有负、有大有小,如图 3.18 所示。

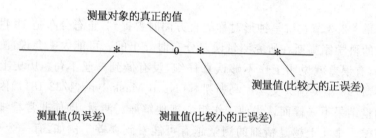

图 3.18 测量对象的真正的值与测量值

人们通过画实际问题数据的直方图发现:

- 对同一个研究对象进行重复测量,重复测量值的直方图往往呈钟形对称。例如,美国国家标准局的 10 克标准砝码的称重测量,大地测量例如测量赤道长度,以及天文测量例如测量金星的垂直半径等的测量。
- 此外,人们还发现对一群同类的研究对象逐个进行测量,测量每一个对象的某个数量指标值。这些数量指标值的直方图也很可能是钟形对称。例如,作为研究对象的一群人,它们的某些生理指标例如人的身高、体重与脉搏等的测量;作为研究对象的一批产品,其某些质量指标例如产品的重量、长度、宽度、高度以及内径和外径等的测量;自然现象,例如某地区的年降雨量等的测量。

由于直方图是一个个长方形,其轮廓线就是一条折线,很不光滑。很自然地,人们希望能用一条光滑的曲线来拟合不光滑的直方图的轮廓线。这好比假想测量了很多很多次,有了非常多的测量值,画出来的直方图中的长方形一个个都非常的狭窄,而直方图的轮廓线,这一条折线的每一段的长度越来越短。随着测量值越来越多直至无穷多,直方图的轮廓线就会变得越来越光滑,最终成了一条光滑的曲线。现在的问题是,要从钟形对称的直方图如何把这条光滑的曲线想象出来。1809 年,德国科学家高斯给出了一条正态曲线,用来拟合钟形对称的直方图,并基于正态曲线提出了正态分布(Normal Distribution)。

§3.5.1 正态曲线

高斯给出的正态曲线的形状见图 3.19,其函数方程为

$$p(x) = \frac{1}{\sqrt{2\pi}\sigma} e^{-\frac{(x-\mu)^2}{2\sigma^2}}$$

其中 μ 是实数,σ 是大于 0 的正实数。图 3.19 的正态曲线的 $\mu=1$。正态曲线中间高,两头低,左右对称。正态曲线高的地方概率大,低的地方概率小。为此通常称正态曲线为正态分布的密度函数。

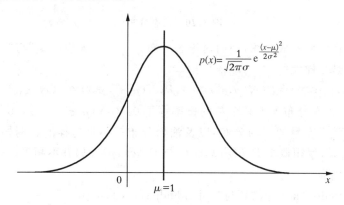

图 3.19 正态曲线

下面分析正态曲线的性质。

面积与概率

正态曲线在 x 轴的上方,它与 x 轴之间的面积正好等于 1。意思是说,所有的测量值都在正态曲线与 x 轴之间。正因为正态曲线有这样的性质,所以高斯给出的正态曲线的函数方程为 $p(x) = (\sqrt{2\pi}\sigma)^{-1} e^{-\frac{(x-\mu)^2}{2\sigma^2}}$。所谓测量值(随机变量)$x$ 服从正态分布,意思是说,

正态分布模型:x 小于等于数 a 的概率:$P(x \leqslant a)$ 正好等于正态曲线与 x 轴之间从 $-\infty$(负无穷大)到点 a 的面积(见图 3.20),则称随机变量 x 服从正态分布,记为 $x \sim N(\mu,\sigma^2)$。

由此可知,x 在数 a 与 b 之间的概率:$P(a < x \leqslant b)$ 等于正态曲线与 x 轴之间从点 a

到点 b 的面积；x 大于数 b 的概率：$P(x>b)$ 等于正态曲线与 x 轴之间从点 b 到 ∞ 的面积（见图 3.20）。

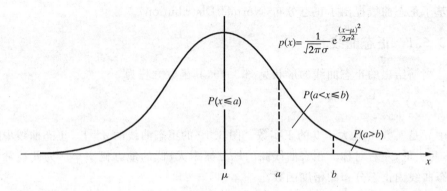

图 3.20 正态分布

正因为将概率看成面积，因而对正态分布 $N(\mu,\sigma^2)$ 来说，"$\leqslant$"与"$<$"，"$\geqslant$"与"$>$"的概率是一样大的：

$$P(N(\mu,\sigma^2)\leqslant a)=P(N(\mu,\sigma^2)<a),P(N(\mu,\sigma^2)\geqslant a)=P(N(\mu,\sigma^2)>a)$$

这也就是说，正态分布等于某个数的概率等于 0：$P(N(\mu,\sigma^2)=a)=0$。前面所介绍的离散型随机变量的二项分布，以及泊松分布就不是这样的。例如，对二项分布 $b(n,p)$ 来说，累积概率 $P(b(n,p)\leqslant k)$ 与 $P(b(n,p)<k)$ 并不相等，它们的 Excel 函数命令分别为

"=binomdist(k,n,p,1)"与"=binomdist(k−1,n,p,1)"

而对于正态分布 $N(\mu,\sigma^2)$ 来说，$P(N(\mu,\sigma^2)\leqslant a)$ 与 $P(N(\mu,\sigma^2)<a)$ 是相等的，它们的 Excel 函数命令都是

"=normdist(a,μ,σ,1)"

正因为正态分布与离散型随机变量的二项分布，以及泊松分布有这样的区别，人们称正态分布的随机变量为连续型随机变量。连续型随机变量有多种类型的分布，正态分布是其中最重要的一个分布。

计算图 3.20 的下左单尾概率、上右单尾概率与中间部分概率的 3 个 Excel 函数命令如下：

1）输入"=normdist(a,μ,σ,1)"，则得正态分布 $N(\mu,\sigma^2)$ 小于 a 的下左单尾概率；

2）输入"=1−normdist(b,μ,σ,1)"，则得正态分布 $N(\mu,\sigma^2)$ 大于 b 的上右单尾概率；

3）输入"= normdist(b,μ,σ,1)−normdist(a,μ,σ,1)"，则得正态分布 $N(\mu,\sigma^2)$ 在 a 与 b 之间的中间部分的概率。

μ 的意义

正态曲线中间高,在点 μ 处它有最大值,μ 是众数。正态曲线左右两边逐渐低下去且相互对称,μ 是对称中心。由此知,μ 是均值、中位数。

$x \sim N(\mu, \sigma^2)$,则 x 的均值 $E(x) = \mu$。

当 x 向左越来越趋向 $-\infty$(负无穷大)、向右越来越趋向 ∞(无穷大,即正无穷大)时,正态曲线越来越接近 x 轴,而趋向于 0。正态曲线关于直线 $x = \mu$,或简称关于点 μ 对称。图 3.21 给出了 σ 值相同、μ 值不同时,正态曲线的图象。由图 3.21 可以看到,μ 值的不同仅影响曲线的位置,大的 μ 值的曲线在右边,小的 μ 值的曲线在左边。因而称 **μ** 是正态分布 $N(\mu, \sigma^2)$ 的位置参数,由它的大小可以知道正态分布的位置所在。

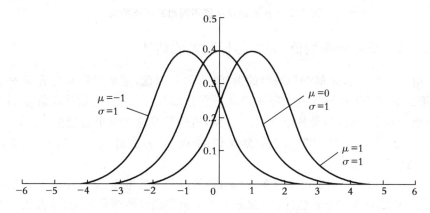

图 3.21　σ 值相同 μ 值不同时的正态曲线

σ 的意义

图 3.22 给出了 μ 值相同、σ 值不同时,正态曲线的图象。由图 3.22 可以看到,这些正态曲线虽然都是钟形对称形状相同,但对于比较小的 σ 值正态曲线就比较尖峭,"高而瘦";而对于比较大的 σ 值正态曲线就比较平坦,"矮而胖"。由此可见,σ 值比较小则服从正态分布的随机变量所取的值靠近均值 μ 的比较多,这意味着离散程度比较小。而 σ 值比较大则服从正态分布的随机变量所取的值离开均值 μ 比较远的比较多,这意味着离散程度比较大。为此人们称 **σ** 是正态分布 $N(\mu, \sigma^2)$ 的尺度参数,由它的大小可以知道服从正态分布的随机变量的离散程度的大小。可以证明:σ^2 是正态分布 $N(\mu, \sigma^2)$ 的方差,而 σ 是标准差。

若 $x \sim N(\mu, \sigma^2)$,则 x 的方差 $\text{Var}(x) = \sigma^2$,x 的标准差 $= \sigma$。

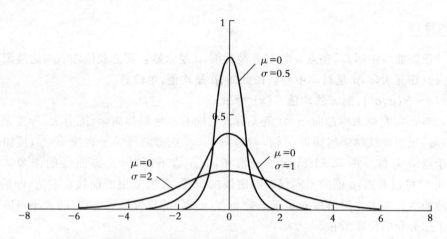

图 3.22 μ 值相同 σ 值不同时的正态曲线

§3.5.2 正态分布均值、方差与标准差的估计

由于 μ 是正态分布 $N(\mu,\sigma^2)$ 的期望(均值),因此,通常用样本均值 $\bar{x}$ 来估计 μ。第二章例 2.4 中圆筒的内径 x 服从正态分布 $N(\mu,\sigma^2)$。为估计均值 μ,首先随机抽取 200 个圆筒,测量各个圆筒的内径,然后计算这 200 个测量值(见表 2.12)的样本均值 $\bar{x}=45.291\,5$,从而我们将均值 μ 估计为 45.291 5,圆筒内径 $x\sim N(45.291\,5,\sigma^2)$。

由于 σ^2 和 σ 分别是正态分布 $N(\mu,\sigma^2)$ 的方差和标准差,通常用样本方差 s^2 来估计 σ^2,样本标准差 s 来估计 σ。根据 200 个圆筒内径的测量记录(见表 2.12),计算得到这 200 个测量值的样本方差 $s^2=26.795\,5$,样本标准差 $s=5.176\,4$,因而我们将方差 σ^2 估计为 26.795 5,标准差 σ 估计为 5.176 4,圆筒内径 $x\sim N(45.291\,5,5.176\,4^2)$。它的正态曲线方程为

$$p(x)=\frac{1}{\sqrt{2\pi}\times 5.176\,4}e^{-\frac{(x-45.291\,5)^2}{2\times 26.795\,5}}$$

这条正态曲线见图 3.23 上那条光滑的曲线。

第二章图 2.3 是 200 个圆筒内径数据的直方图。它的纵坐标是频数,因而严格地说,它不应称为是直方图,而应称为是条形图,或柱形图。第二章图 2.11 上海市市区初生男童体重的那种类型的直方图才是真正意义的直方图。直方图应该是

$$\text{长方形的面积是比例(频率),长方形的高}=\frac{\text{比例(频率)}}{\text{长方形的底边长}}$$

正因为如此,我们说高的长方形其密度大,而低的长方形其密度小。图 3.23 是 200 个圆筒内径数据的(真正意义)直方图。由于每个长方形底边长为 2,所以长方形的高等于频率除以 2。长方形的面积是频率。图 3.23 告诉我们,200 个圆筒内径数据

的直方图与正态分布 $N(45.291\,5, 5.176\,4^2)$ 的正态曲线拟合得非常好。长方形高，正态曲线高，其密度大；长方形矮，正态曲线低，其密度小。由此看来，人们称正态曲线方程为正态分布的密度函数是非常合理的。圆筒内径的正态曲线方程

$$p(x) = \frac{1}{\sqrt{2\pi} \times 5.176\,4} e^{-\frac{(x-45.291\,5)^2}{2 \times 26.795\,5}}$$

又称为正态分布 $N(45.291\,5, 5.176\,4^2)$ 的密度函数。

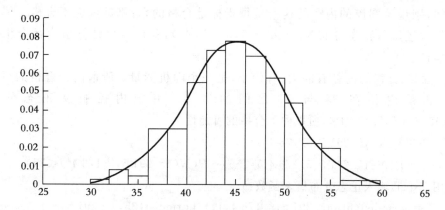

图 3.23　圆筒内径 200 个测量值的直方图与内径正态曲线图

计算正态分布 $N(\mu, \sigma^2)$ 的密度函数在 a 处的函数值 $p(a) = \frac{1}{\sqrt{2\pi}\sigma} e^{-\frac{(a-\mu)^2}{2\sigma^2}}$ 的 Excel 函数命令是

"=normdist($a,\mu,\sigma,0$)"

注意：若输入函数命令"=normdist($a,\mu,\sigma,1$)"，则计算的是正态分布 $N(\mu,\sigma^2)$ 小于 a，或者小于等于 a 的概率：$P(N(\mu,\sigma^2)<a)=P(N(\mu,\sigma^2)\leqslant a)$。为此将"=normdist($a,\mu,\sigma,1$)"称为正态分布概率函数命令，而将"=normdist($a,\mu,\sigma,0$)"称为正态分布密度函数命令。

图 3.23 上那条正态曲线就是利用 Excel 的正态分布密度函数命令"=normdist($a,\mu,\sigma,0$)"画出来的。其步骤如下：

1) 从 A 列的第 1 个单元格起，依次输入 30,30.1,30.2,…,59.9,60 等数；

2) 在 B 列的第 1 个单元格输入正态分布密度函数名"=normdist(a1, 45.291 5,5.176 4,0)"，然后确定；

3) 鼠标沿着 B 列的第 1 个单元格往下拉；

4) A 列与 B 列的散点图就是圆筒内径所服从的正态分布 $N(45.291\,5, 5.176\,4^2)$ 的正态曲线。

*正态分布与六西格玛质量管理

下面结合这个圆筒内径实例,讲解正态分布在六西格玛质量管理(见本书的第一章)的一个应用。假设圆筒内径,这个质量指标的规格要求为

45 ± 10(千克/平方毫米)。

这也就是说,如果圆筒的内径在 $45-10=35$ 与 $45+10=55$(千克/平方毫米)之间,则说该圆筒的内径的这个质量指标是合格的,否则就说它不合格。依据圆筒内径服从正态分布 $N(45.2915, 5.1764^2)$,我们就可计算出内径合格的可能性。

显然,圆筒的内径有的大,有的小,是一个随机变量。所谓内径合格的可能性,就是内径在 35 与 55 之间的概率。由于内径服从正态分布 $N(45.2915, 5.1764^2)$,所以内径合格的可能性为

$P(35 < N(45.2915, 5.1764^2) < 55)$

$= P(N(45.2915, 5.1764^2) < 55) - P(N(45.2915, 5.1764^2) < 35)$

使用 Excel,输入正态分布概率函数命令

"=normdist(55, 45.2915, 5.1764, 1) − normdist(35, 45.2915, 5.1764, 1)"

即得所求的合格的可能性为 94.62%。虽然合格的可能性几乎等于 95%,但尚不能令人满意。平均来说,100 个圆筒有 5 个的内径不符合质量规格要求。想办法尽可能地提高合格的可能性是质量管理工作经常考虑的一个问题。

内径的质量规格要求为 45 ± 10(千克/平方毫米),其中 45 称是质量规格中心。内径服从正态分布 $N(45.2915, 5.1764^2)$,其中心为 45.2915。质量规格中心与正态分布中心没有重合在一起,相差 0.2915。倘若改进生产过程,以至于差异消除,正态分布中心移到 45,与质量规格中心相重合,则理所当然合格的可能性会提高。下面计算生产过程经过这样改进之后合格的可能性。

生产过程改进后,内径服从的正态分布为 $N(45, 5.1764^2)$。为此输入正态分布概率函数命令"=normdist(55, 45, 5.1764, 1) − normdist(35, 45, 5.1764, 1)"。即得生产过程改进后的合格的可能性为 94.66%,比原来的 94.62% 提高了 0.04%。提高不多,这是由于原先质量规格中心与正态分布中心相差很小,仅为 0.2915 的缘故。可想而知,如果原先相差比较大,则改进之后合格的可能性会有比较大的提高。

提高合格可能性的一个方法:改进生产过程,使得产品质量指标的正态分布的中心尽可能地与质量规格中心相重合。

内径的质量规格要求为 45 ± 10(千克/平方毫米),其中 10 称为是质量公差。内径服从正态分布 $N(45.2915, 5.1764^2)$,其标准差为 5.1764,比公差 10 的一半

稍大一点。可想而知,倘若改进生产过程,以至于生产越来越稳定,标准差越来越小,是公差的三分之一、四分之一、……,则理所当然合格的可能性会提高不少。若按第一章在讲解质量控制与管理时所介绍的 6σ(西格玛)的要求,那就应不断改进生产过程,以至于标准差是公差 10 的六分之一。下面计算当标准差为 1.666 7、等于公差 10 的六分之一时合格的可能性。这时内径服从的正态分布为 $N(45.291\ 5, 1.666\ 7^2)$。为此输入正态分布概率函数命令

"=normdist(55,45.291 5,1.666 7,1)−normdist(35,45.291 5,1.666 7,1)",

即得生产过程改进后的合格的可能性为 99.999 999 7%。这也就是说,不合格的可能性为仅为 0.000 000 003,即十亿分之三。第一章在讲 6σ 时说,所谓 6σ 杜绝误差,就是使得每百万次操作中至多只有 3.4 次失误,即 6σ 要求不合格的可能性为 0.000 003 4,即一百万分之三点四。看来,使得标准差是公差 10 的六分之一,这太过分了。事实上,改进生产过程是一项很艰巨的工作。可想而知,标准差从公差的三分之一改进到公差的四分之一所花的财力与精力,比标准差从公差的二分之一改进到公差的三分之一所花的财力与精力要多得多。越是后面的改进越要花更多的财力与精力。当标准差等于公差 10 的二分之一、三分之一、……、五分之一时不合格的可能性见表 3.21。改进生产过程,使得究竟标准差等于公差 10 的几分之一为好,这要具体问题具体分析。

表 3.21 当标准差越来越小时不合格的可能性

标准差等于公差 10 的	计算合格的可能性的 Excel 函数命令	不合格的可能性
二分之一	=normdist(55,45.291 5,5,1)−normdist(35,45.291 5,5,1)	百分之五
三分之一	=normdist(55,45.291 5,3.333 3,1)−normdist(35,45.291 5,3.333 3,1)	千分之三
四分之一	=normdist(55,45.291 5,2.5,1)−normdist(35,45.291 5,2.5,1)	十万分之七
五分之一	=normdist(55,45.291 5,2,1)−normdist(35,45.291 5,2,1)	千万分之七

提高合格可能性的另一个方法:改进生产过程,使得产品质量指标的正态分布的标准差越来越小,小到公差的二分之一、三分之一、……

§3.5.3 正态分布的 Excel 函数命令

关于正态分布 $N(\mu, \sigma^2)$ 我们已介绍了两个 Excel 函数命令。

第一个是 Excel 正态分布密度函数命令"=normdist(a,μ,σ,0)",它给出的是正态分布 $N(\mu, \sigma^2)$ 的密度函数(正态曲线)在 a 处的函数值(正态曲线的高度) $p(a) = \dfrac{1}{\sqrt{2\pi}\sigma} e^{-\frac{(a-\mu)^2}{2\sigma^2}}$ 的数值,见图 3.24 的右边。

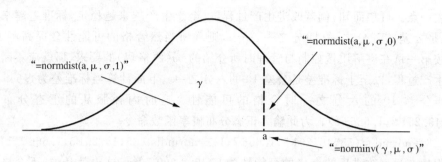

图 3.24 正态分布的 Excel 函数命令

第二个是 Excel 正态分布概率函数命令"=normdist(a,μ,σ,1)",它给出的是正态分布 $N(\mu,\sigma^2)$ 小于 a 的左单尾概率 $\gamma=P(N(\mu,\sigma^2)<a)$ 的数值,见图 3.24 的左边。由此可见,第二个函数命令是知道了 a 计算左单尾概率 γ 的数值。倒过来,知道了左单尾概率 γ 计算 a 的数值就是下面所说的第三个函数命令。因而,第三个函数命令是第二个函数命令的反函数(Inverse Function)。

第三个 Excel 正态分布的反函数命令是"=norminv(γ,μ,σ)",它给出的 a 满足条件(见图 3.24 的下面):

$$P(N(\mu,\sigma^2)<a)=\gamma$$

例 3.3 (改编自参考书目[8]第五章习题第 3 题)。邮局工作人员在服务时,有时候会因工作人员之间相互闲聊而放慢了服务的速度,引起顾客的不满。邮局管理人员为改变这种状况打算规定一个时间,要求工作人员在规定的时间内处理完一项业务。现在的问题是,这个时间限制为多少比较恰当?为此在某一天进行随机调查,调查工作人员处理一项业务所花费的时间。调查所得的 35 个处理该项业务所需要的时间(单位为秒)数据如下:

105	95	82	78	105	120	115	108	102	98	110	98	103
100	102	85	101	118	125	93	111	92	101	107	136	94
99	88	110	75	117	104	101	97	100

经计算

样本均值 $\bar{x} = \sum_{i=1}^{35} x_i / 35 = 102.143$

样本标准差 $s = \sqrt{\sum_{i=1}^{35}(x_i-\bar{x})^2/34} = 12.733$

假设工作人员处理一项业务所花费的时间 x 服从正态分布 $N(\mu,\sigma^2)$。根据调查所得到的数据,我们将参数 μ 和 σ 分别估计为 102.143 和 12.733,也就是认为该正态分布为 $N(102.143,12.733^2)$。

显然,所谓正常服务就是处理一项业务的时间不能过长。比如邮局管理人员

规定了一个时间 a(秒),要求正常服务,也就是要求处理一项业务的时间没有超过 a(秒)的可能性为 90%。下面讨论如何规定时间 a(秒)。

工作人员处理一项业务所花费的时间 $x \sim N(102.143, 12.733^2)$。$x$ 没有超过 a(秒)的概率 $P(x \leqslant a) = 90\%$。输入正态分布的反函数命令"= norminv(0.9, 102.143, 12.733)",即得 $a = 118.46$。规定时间 $a = 118.46$ 秒,那么处理一项业务的时间没有超过 $a = 118.46$(秒)的正常服务的工作人员有 90%。

在调查所得的 35 个处理该项业务所需要的时间数据中,仅有 3 项业务处理所花的时间超过 118.46 秒。看来这个规定时间是符合 90% 的要求的。

倘若有位顾客来到邮局要求处理一项业务,工作人员考虑到这 35 个处理一项业务所需要的时间数据中最长的为 136(秒),所以告诉他该项业务处理完毕的时间不会超过 2 分 16 秒。输入"= norminv(136, 102.143, 12.733, 1)",即得 $P(x \leqslant 136) = 99.61\%$。所以工作人员说,该项业务处理完毕的时间不会超过 2 分 16 秒,这句话非常可信,其可信程度达到了 99.61%。

§3.5.4 标准正态分布

均值 $\mu = 0$,标准差 $\sigma = 1$ 的正态分布 $N(0, 1)$ 称为是标准正态分布。标准正态分布 $N(0, 1)$ 的密度函数,及其正态曲线见图 3.25。标准正态分布 $N(0, 1)$ 的正态曲线关于原点对称。

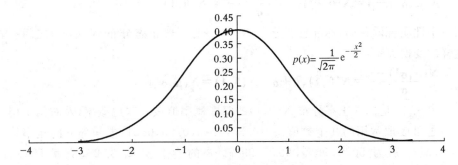

图 3.25 标准正态分布 $N(0, 1)$ 的正态曲线

正因为标准正态分布 $N(0, 1)$ 的正态曲线关于原点对称,所以如图 3.26 所示,上下(或左右)两个尾巴的概率相等:

$$P(N(0, 1) \leqslant -a) = P(N(0, 1) \geqslant a)$$

标准正态分布之所以在正态分布中扮演了一个非常重要的角色,其原因和正态分布下面的性质有关。

(1)我们知道,若 $E(x) = \mu$,则 $E(x + c) = \mu + c$,$(x + c)$ 的标准差 $= x$ 的标准差 $= \sigma$。而对于正态分布来说,还进一步有

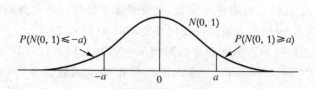

图 3.26 标准正态分布 $N(0,1)$ 的对称性

若 $x \sim N(\mu, \sigma^2)$,则 $x+c \sim N(\mu+c, \sigma^2)$;

(2) 我们知道,若 $E(x) = \mu$,则 $E(cx) = c\mu$,(cx) 的标准差 $= c \cdot x$ 的标准差 $= c\sigma$。而对于正态分布来说,还进一步有

若 $x \sim N(\mu, \sigma^2)$,则 $cx \sim N(c\mu, (c\sigma)^2)$。

根据正态分布的这两个性质,不难证明:

- 在 $E(x) = \mu$ 时,称 $x - \mu$ 为 x 的**中心化变换**。若 $x \sim N(\mu, \sigma^2)$,则其中心化变换 $x - \mu \sim N(0, \sigma^2)$。

- 在 $E(x) = \mu$,$\mathrm{Var}(x) = \sigma^2$ 时,通常称 $\dfrac{x-\mu}{\sigma}$ 为 x 的**标准化变换**。若 $x \sim N(\mu, \sigma^2)$,则其标准化变换 $\dfrac{x-\mu}{\sigma} \sim N(0, 1)$。

为方便记忆,这两个性质可简单地表示为

$$N(\mu, \sigma^2) - \mu = N(0, \sigma^2),\quad \frac{N(\mu, \sigma^2) - \mu}{\sigma} = N(0, 1)$$

后一个性质告诉我们,标准正态分布 $N(0,1)$ 与一般正态分布 $N(\mu, \sigma^2)$ 之间有着这样的变换关系:

$$\frac{N(\mu, \sigma^2) - \mu}{\sigma} = N(0, 1),\quad \mu + \sigma \cdot N(0, 1) = N(\mu, \sigma^2)$$

表 3.22 是标准正态分布 $N(0,1)$ 的双尾概率值表。双尾概率(左右两个尾巴概率之和)α 取常用的几个数值:$\alpha = 0.20, 0.10, 0.05, 0.01$,中间部分的概率等于 $1-\alpha$,即分别为 $80\%, 90\%, 95\%, 99\%$。δ 的含义见图 3.27,它满足条件:$P(-\delta < N(0,1) < \delta) = 1 - \alpha$。请读者熟记表 3.22。

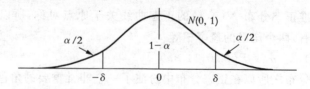

图 3.27 α 与 δ 的值

表 3.22　标准正态分布的双尾概率值表

双尾概率 α	中间部分的概率 $1-\alpha$	δ
0.20	80%	1.281 6
0.10	90%	1.644 9
0.05	95%	1.960 0
0.01	99%	2.575 8

图 3.27 告诉我们，根据双尾概率为 α，或根据中间部分的概率为 $1-\alpha$，可以算出标准正态分布 $N(0,1)$ 小于 δ 的左单尾概率为 $1-\dfrac{\alpha}{2}$。因而输入 Excel 正态分布的反函数命令"$=\text{norminv}(1-\dfrac{\alpha}{2},0,1)$"，就可以在已知双尾概率为 α 时，或者在已知中间部分的概率为 $1-\alpha$ 时计算出 δ 的数值。

第二章末了，我们曾用下面的例子说明经验法则的应用。自 1986 至 1990 年历时 5 年，在我国不同地区共测量了 5 115 个成年男子和 5 507 个成年女子的身高。经计算，其中成年男子的身高平均数为 167.48 厘米，标准差为 6.09 厘米。据此认为

我国成年男子身高 $x \sim N(167.48, 6.09^2)$。

根据经验法则，我们说在我国有 68.27% 的成年男子身高在 167.48 ± 6.09，即 161.39 和 173.57 厘米之间；有 95.45% 的成年男子身高在 $167.48 \pm 2 \times 6.09$，即 155.30 和 179.66 厘米之间；有 99.73% 的成年男子身高在 $167.48 \pm 3 \times 6.09$，即 149.21 和 185.75 厘米之间。中间部分的概率分别为 68.27%、95.45% 和 99.73%，带有小数点，总让人感到不满意。按下面的步骤，就可做到例如中间部分的概率为 80%：

1) 首先根据记忆或查表 3.22，对于标准正态分布 $N(0,1)$ 而言，$-1.281\,6$ 与 $1.281\,6$ 之间的概率为 80%；

2) 利用前面所说的，标准正态分布 $N(0,1)$ 与一般正态分布 $N(\mu,\sigma^2)$ 之间的变换关系：$\mu + \sigma \cdot N(0,1) = N(\mu, \sigma^2)$，则对于我国成年男子身高 $x \sim N(167.48, 6.09^2)$ 而言，$167.48 - 1.281\,6 \times 6.09$ 与 $167.48 + 1.281\,6 \times 6.09$ 之间的概率为 80%。经计算

$167.48 - 1.281\,6 \times 6.09 = 159.68$，$167.48 + 1.281\,6 \times 6.09 = 175.28$。
所以有 80% 的成年男子身高在 159.67 和 176.28（厘米）之间。

既然中间部分的概率等于 80%，则下端和上端各有 10% 的概率。如果希望如图 3.28 所示，在下端和上端分别找一个点 δ_1 和 δ_2，使得下端和上端的概率进一步减少到 1%，这样一来由于中间部分的概率为 98%（$=1$ 减去双尾概率 2%），我们就不可能通过查表 3.22 找到 δ_1 和 δ_2。Excel 正态分布的反函数命令可用来解决

这个问题。

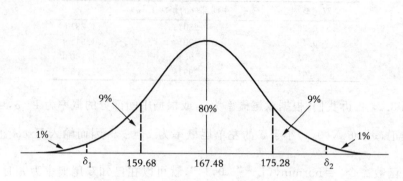

图 3.28 我国成年男子身高的分布

由图 3.28 知,正态分布 $N(167.48,6.09^2)$ 小于 δ_1 的左单尾概率以及大于 δ_2 的右单尾概率都等于 1%。这也就是说,正态分布 $N(167.48,6.09^2)$ 小于 δ_1 和小于 δ_2 的左单尾概率分别等于 1% 和 99%。

输入 Excel 正态分布的反函数命令"=norminv(0.01,167.48,6.09)",得 $\delta_1=$ 153.31;

输入 Excel 正态分布的反函数命令"=norminv(0.99,167.48,6.09)",得 $\delta=$ 181.65。

结合图 3.28,我们可以形象地描述我国成年男子身高的分布情况:

80% 的成年男子身高在 159.68 到 175.28 厘米之间,各有 9% 的男子身高在 153.31 到 159.68 厘米之间和 175.28 到 181.65 厘米之间,还各有 1% 的男子的身高不到 153.31 厘米和超过 181.65 厘米。

*§3.5.5 正态分布很重要

正态分布之所以在统计学中有很重要的地位,这与它有许多良好的性质有关。将前面所说的正态分布的性质归纳复述如下:

- 若 $x\sim N(\mu,\sigma^2)$,则 $x+c\sim N(\mu+c,\sigma^2)$;
- 若 $x\sim N(\mu,\sigma^2)$,则 $cx\sim N(c\mu,(c\sigma)^2)$;
- $\dfrac{N(\mu,\sigma^2)-\mu}{\sigma}=N(0,1)$,$\mu+\sigma\cdot N(0,1)=N(\mu,\sigma^2)$。

此外,前面讲到离散型随机变量时提到,和的期望等于期望的和,相互独立随机变量和的方差等于方差的和。而对于正态分布来说,进一步地,还有下面这样一个良好的性质:

- 若 $x_1,\cdots,x_k$ 相互独立,$x_1\sim N(\mu_1,\sigma_1^2),\cdots,x_k\sim N(\mu_k,\sigma_k^2)$ 则 $x_1+\cdots+x_k\sim N(\mu_1+\cdots+\mu_k,\sigma_1^2+\cdots+\sigma_k^2)$。

此外，正态分布还有其他一些良好的性质，例如著名的中心极限定理。正因为正态分布有许多良好的性质，因而容易对它进行数学运算与变换。在数学上是否容易处理的事非常重要，它关系到一个方法能否推广应用、能否被人接受。正如通常人们所说的，越是简单的越好。所谓简单，很大程度上就是看用起来是否方便。

在高斯提出用正态分布拟合测量值之前，法国数学家拉普拉斯提出用密度函数为

$$f(x) = \frac{1}{2\sigma} e^{-\left|\frac{x-\mu}{\sigma}\right|}$$

的分布拟合测量值。$\mu=0, \sigma=1$ 的图象见图 3.29。它和正态曲线相似之处，也是中间高，两边逐渐低下去，左右对称。它与正态曲线最大的区别就在于它的指数的幂中的 $x-\mu$ 是取绝对值：$|x-\mu|$，而正态曲线是取平方：$(x-\mu)^2$。平方运算较绝对值运算简单，且能够获得很好的结果。拉普拉斯对他提出的这个分布进行了深入的研究，有很多的结果。这些结果往往都比较复杂，难以演算。包括拉普拉斯本人，大家都感到所得的结果用起来不方便，不能令人满意。除了拉普拉斯提出的这个密度函数外，我们还能在如今的统计书上看到，他的关于这个分布的其他很多的结果在如今的统计书上往往就不再提及了。拉普拉斯提出的这个密度函数的分布在如今的统计书上通常称为拉普拉斯分布。

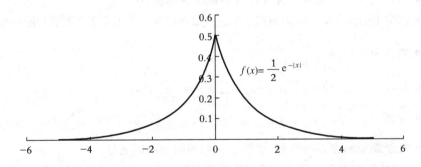

图 3.29　拉普拉斯分布

高斯提出的正态分布，由于其演算简单很快就被人们接受。拉普拉斯得知高斯发现正态分布之后感到很高兴，舍弃了自己提出的用拉普拉斯分布拟合测量值的想法，并且用自己发现的中心极限定理为高斯提出的正态分布给出了一个合理、令人信服的解释。由此可见，拉普拉斯对于确立正态分布在统计中的重要地位功不可没。

测量误差与很多因素有关。这些因素例如有测量时的温度、气压，测量程序的掌控程度，测量者的健康、心理状况，测量仪器的状态等。每一个因素都会引起

误差,我们看到的误差其实是许多因素所引起的误差的叠加(总和)。倘若这些因素所引起的误差中没有一个误差在误差叠加中所起的作用特别大,而这正如拉普拉斯所指出的,根据中心极限定理我们所看到的误差,也就是这些因素所引起的许多误差的叠加服从正态分布。当然,假如这些因素所引起的误差中存在这样的误差,它在误差叠加中所起的作用特别大,那么我们所看到的误差就不服从正态分布,而服从另外的分布。

必须注意的是,正态分布地位虽然重要,但它并不能包揽一切,并不是所有的来自于实际问题的数据都可以用正态分布很好地解释的。由于篇幅时间限制,本课程不讲解非正态分布。

内容提要

- $P(A)$——事件 A 发生的概率,简称 A 的概率。
- 计算或估计概率的方法主要有:
1) 古典概率:利用对称性;
2) 频率方法:估算概率;
3) 主观推测:估算概率。
- 随机变量——具有某种统计分布规律性的变量。
- 离数型随机变量——取有限个数值或取可以列举的无穷多个数值的随机变量。
- 离数型分布:$\begin{pmatrix} a_1 & a_2 & \cdots \\ p_1 & p_2 & \cdots \end{pmatrix}$
- 期望 $\mu = E(x) = a_1 p_1 + a_2 p_2 + \cdots = \sum_i a_i p_i$
- 方差 $\sigma^2 = \mathrm{Var}(x) = (a_1 - \mu)^2 p_1 + (a_2 - \mu)^2 p_2 + \cdots = \sum_i (a_i - \mu)^2 p_i$
- 关于期望和方差的计算,请注意它们相同与不同之处:

1) 和的期望总等于期望的和,而和的方差并不一定等于方差的和,只有在相互独立时和的方差才等于方差的和:
$E(x_1 + \cdots + x_k) = E(x_1) + \cdots + E(x_k)$,
若 $x_1, \cdots, x_k$ 相互独立,则 $\mathrm{Var}(x_1 + \cdots + x_k) = \mathrm{Var}(x_1) + \cdots + \mathrm{Var}(x_k)$。

2) $E(x + c) = E(x) + c$,但 $\mathrm{Var}(x + c) = \mathrm{Var}(x)$。

3) $E(cx) = cE(x)$,但 $\mathrm{Var}(cx) = c^2 \mathrm{Var}(x)$。

- 二项分布 $b(n, p)$ 模型。

1) 每一次试验只有两个结果:成功与失败,成功的概率为 p,失败的概率为 $1 - p$;

2) 这样的试验独立重复地做了 n 次;

3) 令 x 表示 n 次试验中"成功"发生的次数。x 是个离散型随机变量:$x=0$, $1,\cdots,n$。x 服从二项分布 $b(n,p)$。

- 二项分布 $b(n,p)$ 的 Excel 函数命令:

1) 输入"=binomdist(k,n,p,0)",则得概率 $P(b(n,p)=k)$;

2) 输入"=binomdist(k,n,p,1)",则得累积概率
$P(b(n,p)\leqslant k)=P(b(n,p)=0)+P(b(n,p)=1)+\cdots+P(b(n,p)=k)$。

- 二项分布 $b(n,p)$ 的期望与方差:$\mu=np,\sigma^2=np(1-p)$。

- 泊松分布 $P(\lambda)$ 模型:

关于"某某流"的问题,假设 1),两个时间长度相等的时间段内,来到的流有相同的分布;假设 2),两个互不交叉的时间段内,来到的流互相独立。令 x 表示一段时间内"某某"的个数。x 是个离散型随机变量:$x=0,1,\cdots$。x 服从泊松分布 $P(\lambda)$。

- 泊松分布 $P(\lambda)$ 的 Excel 函数命令:

1) 输入"=poisson(k,λ,0)",则得概率 $P(P(\lambda)=k)$;

2) 输入"=poisson(k,λ,0)",则得累积概率
$P(P(\lambda)\leqslant k)=P(P(\lambda)=0)+P(P(\lambda)=1)+\cdots+P(P(\lambda)=k)$。

- 泊松分布 $P(\lambda)$ 的期望与方差都等于 $\lambda:\mu=\sigma^2=\lambda$。

- 正态分布的引入:

1) 对同一个研究对象进行重复测量,重复测量值的直方图往往呈钟形对称。例如,美国国家标准局的 10 克标准砝码的称重测量,大地测量例如测量赤道长度,以及天文测量例如测量金星的垂直半径等。

2) 对一群同类的研究对象逐个进行测量,测量每一个对象的某个数量指标值。这些数量指标值的直方图也很可能钟形对称。例如作为研究对象的一群人,它们的某些生理指标例如人的身高、体重与脉搏等的测量;作为研究对象的一批产品,其某些质量指标例如产品的重量、长度、宽度、高度以及内径和外径等的测量;又如自然现象例如某地区的年降雨量等的测量。

- 正态分布 $N(\mu,\sigma^2)$ 的正态曲线(密度函数)。

- 正态分布模型:随机变量 x 小于等于 a 的概率:$P(x\leqslant a)$ 正好等于正态曲线与 x 轴之间从 $-\infty$ 到点 a 的面积,则称 x 服从正态分布,记为 $x\sim N(\mu,\sigma^2)$。

- μ 是正态分布 $N(\mu,\sigma^2)$ 的位置参数、对称中心、均值、中位数与众数。

- σ 是正态分布 $N(\mu,\sigma^2)$ 的尺度参数,$N(\mu,\sigma^2)$ 的方差与标准差分别为 σ^2 与 σ。

- 正态分布 $N(\mu,\sigma^2)$ 的 Excel 函数命令:

1) 输入"=normdist(a,μ,σ,0)",则得正态分布 $N(\mu,\sigma^2)$ 的密度函数在 a 处

的函数值,正态曲线在 a 处的高度;

2) 已知点 a,输入"=normdist(a,μ,σ,1)",则得正态分布 $N(\mu,\sigma^2)$ 小于 a 的概率;

3) 已知概率 γ,输入"=norminv(γ,μ,σ)",则得 a,使得正态分布 $N(\mu,\sigma^2)$ 小于 a 的概率恰等于 γ。

- 标准正态分布 $N(0,1)$ 的对称性:$P(N(0,1)\leqslant -a)=P(N(0,1)\geqslant a)$。
- 标准正态分布 $N(0,1)$,它与一般正态分布 $N(\mu,\sigma^2)$ 之间的变换关系:
$$\frac{N(\mu,\sigma^2)-\mu}{\sigma}=N(0,1), \mu+\sigma \cdot N(0,1)=N(\mu,\sigma^2).$$
- 正态分布的性质:

1) 若 $x \sim N(\mu,\sigma^2)$,则 $x+c \sim N(\mu+c,\sigma^2)$;

2) 若 $x \sim N(\mu,\sigma^2)$,则 $cx \sim N(c\mu,(c\sigma)^2)$;

3) 若 $x_1,\cdots,x_k$ 相互独立,$x_1 \sim N(\mu_1,\sigma_1^2),\cdots,x_k \sim N(\mu_k,\sigma_k^2)$,则 $x_1+\cdots+x_k \sim N(\mu_1+\cdots+\mu_k,\sigma_1^2+\cdots+\sigma_k^2)$。

附 3.1 二项分布、泊松分布与正态分布的 Excel 函数命令

- 二项分布的 Excel 函数命令:

1) 输入"=binomdist(k,n,p,0)",则得二项分布的概率 $P(b(n,p)=k)$;

2) 输入"=binomdist(k,n,p,1)",则得二项分布的累积概率 $P(b(n,p)\leqslant k)$;

3) 输入"=1-binomdist(k-1,n,p,1)",则得二项分布的累积概率 $P(b(n,p)\geqslant k)$。

- 泊松分布的 Excel 函数命令:

1) 输入"=poisson(k,λ,0)",则得泊松分布的概率 $P(P(\lambda)=k)$;

2) 输入"=poisson(k,λ,1)",则得泊松分布的累积概率 $P(P(\lambda)\leqslant k)$;

3) 输入"=1-poisson(k-1,λ,1)",则得泊松分布的累积概率 $P(P(\lambda)\geqslant k)$。

- 正态分布的 Excel 函数命令:

1) 输入"=normdist(a,μ,σ,1)",则得正态分布 $N(\mu,\sigma^2)$ 小于 a 的概率;

2) 输入"=1-normdist(a,μ,σ,1)",则得正态分布 $N(\mu,\sigma^2)$ 大于 a 的概率;

3) 输入"= normdist(b,μ,σ,1) - normdist(a,μ,σ,1)",则得正态分布 $N(\mu,\sigma^2)$ 在 a 与 b 之间的概率;

4) 输入"= norminv(γ,μ,σ)",则得 a,使得正态分布 $N(\mu,\sigma^2)$ 小于 a 的概率恰等于 γ。

习 题 三

1. ① 从一副扑克牌(52 张)中随机抽出一张,求"抽到 A"的概率。若一副扑克牌 54 张,则从中随机随机抽出一张,"抽到 A"的概率多大?

② 一副扑克牌 52 张,从中随机抽出一张,求"抽到黑桃"的概率。又一副扑克牌 54 张,从中随机抽出一张,那么"抽到黑桃"的概率多大?

2. 安乐死在美国俄勒冈州是合法的,但并没有被广泛采用。当死亡真的来临时,研究显示安乐死申请者多半会改变初衷。调查显示,要求医生协助实施安乐死的患者约占总数的 1%,其中只有 1/10 接受并执行了这种致命的处方。研究人员说,大多数要求医生协助安乐死的重病患者事实上是出于对病痛或其他问题的恐惧,他们需要得到的是宽慰。请问,有多少患者最终会在医生的协助下执行了这种致命的处方?

3. 据世界卫生组织一项对 14 个国家 25 916 人的调查,有 36% 的女性存在着失眠问题,有 18% 的男性存在着失眠问题。女性出现的失眠机会常高于男性两倍左右。请问,如果把男性与女性合在一起,有多大比例的人存在着失眠问题?

4. 即将到来的一年是一个好年头的概率为 0.70。如果这是一个好年头,那么分红的概率为 0.90。但如果它不是一个好年头,那么分红的概率为 0.20。试求来年分红的概率。

5. 有一项实验,研究选择越多是否越好。实验结果如下:
- 有 24 种口味的摊位吸引的顾客多,有 60% 的顾客会停下来试吃。但试吃者中只有 3% 的人购买。
- 有 6 种口味的摊位吸引的顾客少,只有 40% 的顾客会停下来试吃。试吃者中有 30% 的人购买。

根据这项实验,你认为选择是否越多越好?

6. 某医生诊断一个病人所患的病情很严重。医生对病人说,患这种疾病的人 90% 是治不好的。医生接下来又安慰他说,你不用着急,前面有 9 个与你患同样疾病的人已先后去世了。因而你完全有希望治愈。你说,医生的讲法有问题吗?应如何理解"90% 是治不好的"这一句话?这也就是说,"治愈率是 10%"是否意味着,10 个人中必有 1 人能治愈?

7. 二项选择题有两个选择,其中的一个选择是对的,而另一个选择是错的。它要求考生在两个选择中挑选一个。假设某次考试共有 7 道二项选择题。倘若某人完成这 7 道二项选择题都是猜答案。请计算他猜对 4 道或更多道题的可能性。模拟是计算这个可能性的一个方法。其中的一个模拟,确切地说,仿真的方法如下所述:
- 第 1 步:对二项选择题而言,猜对猜错的可能性都等于 0.5。因而我们可以用抛掷一枚均匀的硬币来模拟他做题目。规定硬币出现正面相当于猜对,硬币出现反面相当于猜错。
- 第 2 步:假设他相互独立地完成 7 道二项选择题。因而我们可以用抛掷 7 枚均匀的硬币来模拟他做这张试卷。看 7 枚硬币中有几个正面。正面的次数就表示他猜对了几道题。
- 第 3 步:重复地、相互独立地进行 n 次随机试验,每次试验都是抛掷 7 枚均匀的硬币。观察在 n 次随机试验中正面的次数为 0、1、…、6 和 7 的试验分别有几次。
- 第 4 步:假设在这 n 次随机试验中正面的次数为 i 的随机试验有 n_i 次,$i = 0, 1, \cdots, 6, 7$。

那么他猜对 i 道题的可能性的模拟值为

$\frac{n_i}{n}, i=0,1,\cdots,6,7$。

- 第 5 步:要计算的他猜对 4 道或更多道题的可能性的模拟值为

$\frac{n_4+n_5+n_6+n_7}{n}$。

现模拟了 $n=100$ 次。各次模拟结果见表 3.23(摘自参考书目[11]第 6 页的表 1)。试根据表 3.23 计算他猜对 4 道或更多道题的可能性的模拟值。

表 3.23 抛掷 7 枚硬币的 100 次的模拟结果

试验结果	正面次数	试验结果	正面次数	试验结果	正面次数	试验结果	正面次数
TTTTTHT	1	TTTTTTH	1	TTTHHHH	4	HHTTTHH	4
HTTTTHT	2	TTHHTTT	2	HTTHTHH	4	HHHTTTT	3
THHTTTT	2	THHHTTT	3	HHHHTHH	6	TTHHHHT	4
HHHHHTH	6	HTTTHHT	3	HTHHTHT	4	TTTTHHT	2
HTHHHHH	6	THTTHTT	2	HTTTHHH	4	TTHHHHH	5
TTHHHHH	5	THHHTTT	3	TTHHTHH	4	HHTHTTT	3
HTHHHHT	5	TTTHTHT	3	HHHTHHT	5	HHTTTTT	3
THTTHHH	4	TTHHHHH	4	HHTTHHH	5	HHHHHHH	6
HHHHHTT	5	TTTTTHH	5	HTTTHHH	4	HHHTTTH	5
TTTHTHH	3	HHHHTHT	5	THTHTHH	3	TTHTTTH	2
HTHHTHT	4	HHHHTHT	5	HTTHHHH	4	HTHHTHH	5
HHHTTHH	5	HTTHTTT	3	HHTTTTH	3	HHTTHHH	5
TTTHHTH	3	HTTHHTH	3	HTTHTTT	2	THTTHTT	3
HHTTHTH	4	THHTTHT	3	THTHTTH	4	HTHTHTH	4
TTTTTHH	2	TTTHHHT	3	HHTHTHT	4	TTHTTTH	2
HTTTTTT	1	HHTHTTT	3	THHTHHH	3	HHHTTTT	3
THHTHHH	5	HHTHHHT	5	HHTTTHT	3	TTTTTTH	1
TTTTTHT	1	THHHHHT	4	TTTTHTT	1	TTHHHTH	4
THHTHHT	4	TTHHHTT	3	HTTHTHH	4	THTTHHT	3
HHHHTHH	6	HHTTTTT	2	TTHHHHT	3	HHHHTHT	5
HTHTHHH	5	HTHTTTT	3	HTHHHTT	4	HHHTTHH	4
HTHHTHH	5	HTHHTTT	3	HTTTTHT	2	HHTTTTT	4
HHHTTHH	5	HTTTHHH	3	HTTHTHH	3	THTHTTT	3
HTTHHHT	4	HTTTHHH	4	TTTHTTH	2	TTHTTTH	3
THHTHHT	4	TTTTHTT	1	HTTTTHT	2	TTHHTHT	3

注:H(Head)表示正面,T(Tail)表示反面。

8. 抛掷两颗均匀的骰子。这两颗骰子的点数之和可能为 $2,3,\cdots,11$ 和 12 等。和数共有 11 种情况,其中有 6 个偶数:2,4,6,8,10,12;5 个奇数:3,5,7,9,11。由此人们猜想,抛掷两颗均匀的骰子,这两颗骰子的点数之和为偶数的可能性比较大,和为奇数的可能性比较小。这个猜想是否正确?如果不正确,那么点数之和为偶数的可能性,以及和为奇数的可能性应分别等于多少?

9. 掷 3 颗骰子的赌博有很多方式,最简单的当然是"打 1 赔 1 的猜大或猜小"。若赌徒将例如 1 元钱押在"猜大",意思是说只要 3 颗骰子的点数加起来和为 $11,12,\cdots,17$,赌徒就赢庄家 1 元钱。否则庄家就"吃掉"赌徒押的 1 元钱。而赌徒将例如 1 元钱押在"猜小",意思是说,只要 3

颗骰子的点数加起来和为 $4,5,\cdots,10$,赌徒就赢庄家 1 元钱。否则庄家就"吃掉"赌徒押的 1 元钱。由此可见,倘若三颗骰子的点数加起来和为 3 与 18,不论猜大还是猜小,庄家都可吃掉赌徒押的钱。庄家说,为什么加起来和为 3 与 18 总是我赢,那是因为经营赌场提供服务的需要。庄家还说,加起来和为 3 与 18 的可能性不大。

① 请问,掷 3 颗骰子,点数加起来和为 3 的可能性有多大?点数加起来和为 18 的可能性有多大?

显然,"猜大"与"猜小"这两项赌博相互对称。下面仅分析"猜大"。"猜小"和它完全类似。在"打 1 赔 1 猜大"的赌博,记庄家赢的钱为 x。

② 请写出随机变量 x 的分布列。
③ 请计算随机变量 x 的数学期望。
④ 请计算随机变量 x 的方差与标准差。

10. 假设你准备开发自己拥有的一块土地。经市场调研分析,确定了下面 4 个投资方案。首先,你可以选择出售这片土地,从而获得确定的 1 200 万元。其次,你可以建造独户别墅,但会面临市场的不确定性,市场对这栋别墅的需要可能低也可能高,需求高的概率是 0.60,需求低的概率是 0.40。第三,你可以建造公寓,但也会面临市场的不确定性,市场对这栋公寓需求高的概率是 0.70,需求低的概率是 0.30。如果你建造独户别墅,市场需求高时获得 3 000 万元,否则获得 1 000 万美元。如果你建立公寓,市场需求高时获 2 500 万元,市场需求低时获得 1 400 万元。最后,您可以选择建立一个赌场,赌场获得政府许可的可能性为 0.10,如果政府许可则获得 10 000 万元的收益,否则将失去一切。

① 计算这 4 种投资的期望收益,并根据期望收益,将这 4 种投资从好到坏排序。
② 计算这 4 种投资的标准差,并根据风险大小,将这 4 种投资从好到坏排序。
③ 同时考虑期望收益和投资风险,是否有投资方案可以不予考虑的?
④ 有没有一个投资方案完全优于其他方案的?
⑤ 你认为采用哪一个投资方案比较好?
⑥ 如果你考虑将这块土地分成两个小区,分别使用不同的投资方案进行开发,为了帮助你决策分析,还需要了解什么样的信息?

11. 有下面两个决策问题:

① 首先给你 30 元钱,然后问你要不要抛掷一枚均匀的硬币。如果你决定掷硬币,则在硬币正面朝上时你赢 9 元;反面朝上时你输 9 元。画这个决策问题的决策树。

② 问你是得到 30 元钱还是抛掷一枚均匀的硬币。如果你选择抛掷硬币,则硬币正面朝上时你得 39 元;反面朝上时你得 21 元。画这个决策问题的决策树。

③ 对于有多大的机会得到多少钱的问题来说,这两个决策问题有没有区别?

④ 有人做过调查研究,发现对于第一个决策问题有 70% 的人愿意赌一赌,选择掷硬币。而对于第二个决策问题只有 43% 的人愿意赌一赌,选择掷硬币。设想一下,为什么第一个决策问题赌一赌的人比第二个决策问题的人明显的多?

12. 克里斯廷·琼斯是英国埃克斯茅斯市贝赛特农场学校的校长,2008 年 1 月学校新生开学报到的第一天,这位当了 16 年的校长惊呆了,来的 20 个学生中竟然没有一个是女学生,全部是"清一色"的男生。琼斯表示,这种可能性大约只有百万分之一,就像中彩票大奖一样稀罕。

请问,来的20个学生中全部是"清一色"的男生,这种可能性为什么说大约只有百万分之一?

13. 8个顾客独立地进入一家百货商店。根据过去的经验,百货经理估计任意一位顾客购买商品的概率为0.20。

① 既然顾客购买商品的概率为0.20,则8个顾客中平均来说有$8\times0.20=1.6$位顾客购买商品,因而经理认为有2个顾客购买商品的可能性最大。经理的想法对吗?

② 经理盼望8个顾客中有4个及4个以上顾客购买商品。经理这个希望实现的可能性有多大?

③ 求没有顾客购买商品的概率。

14. 所谓多项例如5项选择题就是,一个问题有5个供选择的答案,其中只有一个答案是正确的,做题的人只能选择一个答案。如果评分标准规定:做对得1分,做错或不做没有分。令x为一个不知道如何解题仅随机地猜一个答案的人的得分。

① 试计算猜题得分x的分布列,以及它的期望、方差和标准差。

② 倘若你不知道如何解题,"不做"与"随机选择一个答案",你认为哪一个对你较为有利?

③ 修改评分标准:做对仍得1分,做错要倒扣a分,试求a的值,以使得猜题目的人的平均得分为0分。

15. 某家商店的经理对一个星期内售出的商品数量很感兴趣。根据他的经验,在一个星期内平均出售2件商品,假设在一周售出商品的数量服从泊松分布。

① 一周中一件商品都没有售出的概率是多少?

② 一周中至少售出6件商品的概率是多少?

③ 一周中最多售出4件商品的概率是多少?

16. 1966年世界杯足球赛,共进行了32场比赛,有64个每场进球得分的记录,见表3.24。

表3.24 1966年世界杯进球得分

进球得分	0	1	2	3	4	5
频数	18	20	15	7	2	2

① 令x表示每场比赛双方的各自进球得分。你认为假设x服从什么样的分布比较恰当?

② 若假设x服从泊松分布$P(\lambda)$,试估计λ的值,x的期望、方差和标准差,以及进球得6分的概率。

③ 试估计进球得k分的概率,以及在32场比赛64个进球得分的记录中得k分的有几次,即拟合值。在表3.25的空格中填上拟合值,分析拟合情况。

表 3.25　1966 年世界杯进球得分的观察值与拟合值

进球得分	0	1	2	3	4	5
频数(观察值)	18	20	15	7	2	2
拟合值						

17. 1979 年我国国家体委、教育部门和卫生部对全国 16 个省、市 183 414 个城乡青少年身体形态进行了测试。第六章习题六第 4 题利用经验法则描述了 18 岁城市男女青年身高的分布情况。下面摘录那次测试有关 18 岁城市男女青年体重的测试情况(男的测试了 2 529 人,女的测试了 2 518 人):

18 岁城市男青年体重:平均数 $\bar{x}=56.5$ 千克,标准差 $s_1=5.49$ 千克;

18 岁城市女青年体重:平均数 $\bar{y}=50.7$ 千克,标准差 $s_2=5.50$ 千克。

请利用正态分布回答下列问题:

① 18 岁城市男青年的体重超过 60 千克的概率是多少?

② 18 岁城市男青年的体重不足 50 千克的概率是多少?

③ 18 岁城市男青年的体重在 53 千克与 58 千克之间的概率是多少?

④ 某个 18 岁城市女青年的体重为 62 千克,试问这个女青年是否超重了?倘若某个 18 岁城市男青年的体重也为 62 千克,试问这个男青年有没有超重?

18. 某出租汽车公司随机调查的 $n=40$ 名驾驶员在某一天的营业收入(单位:元)数据如下:

```
468  553  601  464  547  292  621  514  545  730
592  650  576  406  467  548  523  486  379  435
531  626  429  580  442  464  393  519  429  447
433  519  351  501  609  432  499  457  590  480
```

① 请计算这随机调查的 $n=40$ 名驾驶员的营业收入的样本均值、中位数、方差与标准差。

② 请将这随机调查的 $n=40$ 名驾驶员的营业收入的数据分成 10 组,你打算如何分组?请将各组的频数和频率(百分比)分别填写在下表的空格中。

组 号	组 别	频 数	频率(%)
1	— ?		
2	? — ?		
3	? — ?		
4	? — ?		
5	? — ?		
6	? — ?		
7	? — ?		
8	? — ?		
9	? — ?		
10	? —		
合　计		40	100%

③ 假设一天的营业收入 x 服从正态分布 $N(\mu,\sigma^2)$,试估计参数:均值 μ 和标准差 σ。

④ 这 40 名驾驶员在这一天的营业收入中收入最多的是 730 元,收入最少的是 292 元。

a) 有人说,驾驶员一天的营业收入几乎肯定不会超过 730 元。你如何评价这句话?

b) 有人说,驾驶员一天的营业收入几乎肯定不会少于292元。你如何评价这句话?

c) 有人说,驾驶员一天的营业收入几乎肯定在292元和730元之间。你如何评价这句话?

⑤ 公司需要确定一个承包额,使得85%的驾驶员在完成这个承包额后,每天获利不少于80元。这个承包额(按天算)至多是多少?

19. 上海中心气象台测定的上海市125年(1884—2008年)的年降雨量的数据(单位:毫米)见表3.26。

表3.26 上海市125年(1884—2008年)的年降雨量 （单位:毫米）

年份	降雨量	年份	降雨量	年份	降雨量	年份	降雨量	年份	降雨量
1884	1 184.4	1909	1 288.7	1934	840.4	1959	1 217.7	1984	800.2
1885	1 113.4	1910	1 115.8	1935	1 061.4	1960	1 197.1	1985	1 673.4
1886	1 203.9	1911	1 217.5	1936	958	1961	1 143	1986	1 128.1
1887	1 170.7	1912	1 320.7	1937	1 025.2	1962	1 018.8	1987	1 396.9
1888	975.4	1913	1 078.1	1938	1 265	1963	1 243.7	1988	824.9
1889	1 462.3	1914	1 203.4	1939	1 196.5	1964	909.3	1989	1 328.1
1890	947.8	1915	1 480	1940	1 120.7	1965	1 030.3	1990	1 253.7
1891	1 416	1916	1 269.9	1941	1 659.3	1966	1 124.4	1991	1 433.0
1892	709.2	1917	1 049.2	1942	942.7	1967	811.4	1992	1 038.1
1893	1 147.5	1918	1 318.4	1943	1 123.5	1968	820.9	1993	1 595.3
1894	935	1919	1 192	1944	910.2	1969	1 184.1	1994	849.0
1895	1 016.3	1920	1 016	1945	1 398.5	1970	1 107.5	1995	1 304.2
1896	1 031.6	1921	1 508.2	1946	1 208.6	1971	991.4	1996	1 202.2
1897	1 105.7	1922	1 159.6	1947	1 305.5	1972	901.7	1997	1 089.3
1898	849.9	1923	1 021.3	1948	1 242.3	1973	1 176.5	1998	1 255.3
1899	1 233.4	1924	986.1	1949	1 572.3	1974	1 113.5	1999	1 792.7
1900	1 008.6	1925	794.7	1950	1 416.9	1975	1 272.9	2000	1 295.1
1901	1 063.3	1926	1 318.3	1951	1 256.1	1976	1 200.3	2001	1 594.3
1902	1 004.9	1927	1 171.2	1952	1 285.9	1977	1 508.7	2002	1 427.9
1903	1 086.2	1928	1 161.7	1953	984.8	1978	772.3	2003	916.7
1904	1 022.5	1929	791.2	1954	1 390.3	1979	813	2004	1 158.1
1905	1 330.9	1930	1 143.8	1955	1 062.2	1980	1 392.3	2005	1 254.9
1906	1 439.4	1931	1 602	1956	1 287.3	1981	1 006.2	2006	1 185.0
1907	1 236.5	1932	951.4	1957	1 477	1982	1 108.8	2007	1 258.0
1908	1 088.1	1933	1 003.2	1958	1 017.9	1983	1 332.2	2008	1 505.8

① 根据这125年的数据计算平均数、中位数、方差与标准差。

② 列出上海125年(1884—2008年)的年降雨量数据(单位:毫米)的频数分布表和频率分布表,画直方图。

③ 直方图是否钟形对称?上海的年降雨量服从什么样的正态分布?倘若你认为它是正态分布,请估计这个正态分布的均值与标准差。

④ 哪些年份的降雨量可认为异常小或异常大?

第四章

估 计 问 题

人们经常需要在不确定的情况下做出决策。结果的不确定性,使得决策有风险。统计对所考虑的问题作出的统计推断,将对采取何种决策提供依据和建议。虽然统计推断不可能完全避免风险,但它可以控制风险。本章将介绍统计推断的含义,简要介绍统计推断中的估计问题,看看在估计问题中我们是如何控制风险的。

§4.1 比例的估计

考察研究对象是否具有某种特性(例如,产品是否合格,学生考试是否作弊……)时,具有这种特性的个体在总体中的比例(proportion) p 究竟多大,常是人们非常关心的问题。通常使用下面的方法去估计比例 p:调查 n 个个体,看其中有多少个个体具有这种特性。假设被调查的 n 个个体中有 m 个个体具有这种特性。频率(frequency) $f=m/n$ 就是比例 p 的最常用的估计。

通常称具有某种特性的个体在总体中的比例 p 为总体比例。与此相对应地,称频率 $f=m/n$ 为样本比例。由此可见,

样本比例 f 是总体比例 p 的最常用的估计。

频率 f 作为比例 p 的估计,不可能没有误差。误差在什么样的范围之内显然是人们非常关心的问题。看下面的例子。

例 4.1 (摘自1994年4月28日新民晚报)《今日美国报》和美国有线电视新闻网(CNN)27日公布一项民意测验调查结果:克林顿政府外交政策支持率为39%,经济政策支持率为42%。民意调查于4月22日至24日在1 015人中进行,其误差在3%之内。

图4.1可用来解释例4.1。图中的总体是全部美国2.5亿成年人。人们要了解总体中克林顿政府外交政策和经济政策支持率各是多少,为此从总体抽取样本,样本有1 015人。经统计,在样本1 015人中有(频率)39%的(396)人支持克林顿政府的外交政策,有(频率)42%的(426)人支持克林顿政府的经济政策。然后

利用统计的理论与方法回过头来推断总体:在全部美国2.5亿人中克林顿政府外交政策支持率为39%,经济政策支持率为42%,误差在3%之内。这告诉我们,调查1 015人,频率作为比例的估计,其误差为±3%。

调查的1 015人是从全部美国2.5亿成年人中随机抽取的。正因为是随机抽取的,所以被调查的1 015个人是不确定的。因而根据抽取到的1 015人计算得到的克林顿政府外交政策支持率和经济政策支持率也有不确定性。根据这一次抽取到的1 015人计算得到的克林顿政府外交政策支持率为39%和经济政策支持率为42%仅是一个观察结果。由于我们是根据统计的理论和方法,抽取了足够多的1 015人的样本,并且样本是随机抽取的,计算正确,推断有依据,因而作为一个观察结果,39%与42%的可信程度却是不低的。下面对这个观察结果的可信程度一步步地进行详细的讨论。

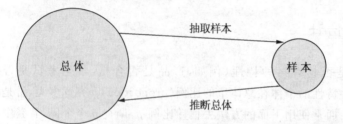

图4.1 克林顿政府外交政策和经济政策支持率有多大

想知道美国民众对克林顿政府外交和经济政策的支持率各是多少,如果对每一个美国人都作调查,将要耗费大量的时间、人力和物力。现从全体美国人中抽取1 015人进行调查,看看这1 015人中分别有多少人支持克林顿政府的外交和经济政策。由于只抽样调查1 015人,仅用2到3天时间就调查完毕。调查结果:这1 015人中支持克林顿政府外交和经济政策的人所占的比例分别为39%和45%。基于统计的理论和方法,我们作出的统计推断,正如1994年4月28日《新民晚报》说的,就是下面的3句话:全体美国人中

克林顿政府外交政策的支持率为39%;

克林顿政府经济政策的支持率为42%;

它们的误差在3%之内。

考虑到报纸是给大众看的,《新民晚报》上所说的统计推断的这3句话大家都

能看得懂。虽然它不太符合统计术语的规范,但情有可原。按统计的术语,下面将这3句话做一些适当的修改。

第一和第二句话应分别修改为

克林顿政府外交政策的支持率的估计为39%;

克林顿政府经济政策的支持率的估计为42%。

要知道1994年美国有2.5亿人口,仅根据1015人的调查结果就说全体美国人中外交和经济政策的精确的支持率为多少,这是不可能的。我们只能说,我们估计它大概是多少。也正因为如此,这种类型的统计推断问题就称为是估计问题。正因为是估计,难免有误差。误差越大,这个估计的风险就越大。我们不可能得到风险消失没有误差的估计,我们仅仅能做的就是控制误差。观察结果的可信性体现在将误差控制在3%之内。

§4.1.1 抽样调查的可信性

可能大家会说,估计问题看来不难。的确前两句话人人都会说,难的是第三句话。第三句话说抽样误差在3%之内。我们以外交政策的支持率为例解释第三句话的含义。第三句话说的是外交政策支持率的估计为$39\% \pm 3\%$。这也就是说,我们把克林顿政府外交政策的支持率估计在36%和42%之间。通常称$39\% \pm 3\%$,即(36%,42%)为区间估计。这个区间估计的长度为6%,是误差的两倍。

至此,可能大家会提出这样的问题,全体美国人中外交政策的支持率是否一定在36%和42%之间。事实上,我们不能说一定在36%和42%之间,而只能说在36%和42%之间的概率(可能性)很大。对本例来说,由于调查的人数为1015人,并且这1015人是按照科学的方法,例如,是用随机抽样的方法(抽签)随机地抽取得到的,则基于统计的理论和方法,经计算这个概率的值为95%。天气预报说,今天是雨天,概率为80%。它的意思是说,今天可能是雨天,也可能不是雨天,是雨天的可能性(把握)比较大,达到80%。我们说,外交政策支持率的概率为95%的区间估计为(36%,42%),意思是说,外交政策支持率可能在36%和42%之间,也可能不在它们之间,在它们之间的可能性比较大,达到95%。按统计的术语,这个概率称为置信水平,有时简称为水平。置信水平可简单地理解为可信(把握)程度。

至此,我们将新民晚报上所说的这3句话修改成下面的3句话:全体美国人中

克林顿政府外交政策支持率的估计为39%;

克林顿政府经济政策支持率的估计为42%;

他们的抽样误差在3%之内的置信水平(概率)是95%。

第三句话也可等价地说

克林顿政府外交政策支持率的置信水平为95%的区间估计为 $39\% \pm 3\%$,即(36%,42%);

克林顿政府经济政策支持率的置信水平为95%的区间估计为 $42\% \pm 3\%$,即(39%,45%)。

行,完全能这样说。不过要补充一点,这句话有95%的把握(概率、置信水平)。

调查1 015人,难道就有把握说"美国2.5亿人对克林顿政府外交政策的支持率为39%,经济政策的支持率为42%,误差在3%之内?"

由此可见,估计问题最关键的就是第三句话,也就是误差和它的置信水平,或者说是区间估计和它的置信水平。这是因为第三句话牵涉到估计的精度。显然,误差越小,置信水平越大,区间估计的长度越短,估计的精度就越高。可能有人会说,能不能给出一个误差,或等价地给出一个区间估计,使得它的置信水平为100%?要达到这个要求并不难,例如,你说支持率的区间估计为(0,100%)。显然,这个区间估计的置信水平为100%,但它没有什么意义。一个好的区间估计,不仅置信水平要大,而且区间的长度要短,或等价地说估计的误差要小。但这两个要求相互制约着。区间短了,置信水平会减少。反之,用加大区间长度的方法使得置信水平变大的方法也不可取。唯一能使得这两个要求都得到满足的方法是增加样本容量,多调查一些人。当然,为了节省人力、财力和物力,特别是为了及时地发布新闻,调查的人也不宜太多。作为一项支持率的民意调查,能做到仅调查1 015人,置信水平就能达到95%,且误差为3%,或等价地说区间估计的长度为6%,公认这是可以的了。总之,在统计估计问题中非常重要的误差控制问题就是下面这两句话:

1) 误差在什么范围之内的可信(把握)程度有多大;

2) 有多大可信(把握)程度的什么样的区间估计。

显然,这两句话是互相等价的。对于例4.1中克林顿政府外交政策支持率的问题而言,我们说它的估计为39%。而关于这个估计,其误差的控制就是下面互相等价的这两句话:误差在3%之内的可信(把握)程度为95%;95%的可信(把握)

程度的区间估计为 39%±3%,即(36%,42%)。为了使误差能如此控制,我们随机调查 1 015 人就可以了。

前面我们用图 4.1 解释例 4.1。看来,图 4.1 的"推断总体"这一部分的内容应补充误差控制的结果,见图 4.2。

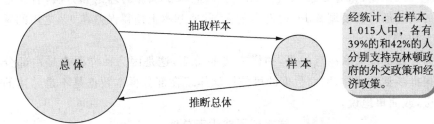

图 4.2　克林顿政府外交政策和经济政策支持率及其误差和置信水平

§4.1.2　估计比例

常见的有两类估计问题。一类是比例的估计,例如支持率的估计,第一章所说的康泰克要不要复活的问题所涉及的,康泰克在全国享有多大比例的认知度,以及有多大比例的顾客"会接受"或"可以接受"康泰克重回市场的这两个比例的估计。另一类是平均数的估计,例如居民的平均收入或支出的估计问题。此外还有其他类型的估计问题,但最为常用的是比例与平均数这两类估计问题。相对于平均数估计问题,关于比例估计问题的讨论稍许简单一些。如例 4.1 所示,在实际操作调查比例的时候,一般调查 1 000 人左右,基本上就可以说误差在 3% 之内,置信水平有 95%。下面还有一些调查人数在 1 000 人左右的社会调查的例子。

- 2 月 14 日是西方的情人节。英国有关机构在法国、德国和英国询问了 1 000 人,发现九分之一的人收到的贺卡并非来自情人,而是来自他们自己或亲人,原因是他们不想在情人节丢脸。
- 2002 年马年春节,台湾地区调查 800 人。73% 的人说春节回家过年与父母团聚。
- 新片《哈利·波特与点金石》在欧美各国公映后,一家著名的市场调研团体向 1 000 位调查者发出问卷,问:你的脑海中首先浮现出来的英文小说中的虚拟主人公是谁? 22% 的被调查者的答案是哈利·波特。哈利·波特已击败了福尔摩斯、詹姆斯·邦德和奥立弗等文学名著中的主人公,成为在公众中知名度最高的英文小说人物。
- 中秋节调查1847人,有1024人回答说:不喜欢吃月饼。但有55%的人说,我会买月饼。

提请大家注意的是,尽管美国、中国台湾地区、欧美各国和上海市的人口,以及法国、德国和英国的人口是不一样多的,有的相差很大,例如美国有2.5亿多人口,而上海(户籍)只有1500万左右的人口,但基于统计的理论和方法,有关这些比例的调查都只需要调查1000左右的人,就能基本上使得误差在3%之内的置信水平为95%。

另外要提请大家注意的是,抽样方法要得当,这是因为抽样调查是由部分样本数据推断整个总体,因而数据的可信性就体现在部分样本数据是不是总体的一个缩影,或简单地说,

样本能不能代表总体。

抽样方法不适当,样本就不能代表总体,"以偏概全"就有可能犯错误甚至犯很严重的错误。看下面的一个经典的例子。

1936年民主党人罗斯福任美国总统第一任满,共和党人兰登与他竞选总统。《文学摘要》杂志根据约240万人参加的民意测验,预测兰登会以57%对43%的优势获胜。自1916年以来的5届总统选举中,《文学摘要》杂志都正确地预测出获胜的一方,其影响力很大。那时盖洛普刚刚设立起他的调查机构,他根据一个约5万人的样本,预测罗斯福会以56%对44%的优势获胜。实际结果是,罗斯福以62%对38%的优势胜出。当时有人说,这次选举的最大赢家不是罗斯福,而是盖洛普。自这之后,盖洛普的调查机构得到迅速的发展,国内外闻名,而《文学摘要》杂志不久就停刊了。有关美国总统选举的民意调查的详细介绍请参阅参考书目[2]的第二部分,以及参考书目[3]的第六部分,1936年美国总统选举的内容来自这两个参考书目。

1936年美国总统选举罗斯福的实际得票率,《文学摘要》杂志与盖洛普的预测以及它们的误差见表4.1。

表 4.1 1936 年美国总统选举结果

预测样本	民主党人罗斯福的得票率	误 差
《文学摘要》杂志(样本240万)预测	43%	-19%
盖洛普(样本5万)预测	56%	-6%
实际选举结果	62%	

罗斯福的实际得票率为62%,《文学摘要》杂志依据约240万人的样本所作出的预测居然有两位数的误差,达到19%。误差之大令人惊异。这样大的误差是怎

么得来的呢？经过研究发现，原因在于《文学摘要》杂志的抽样方法很不适当，选取的样本不能代表总体(美国选民)。杂志是根据电话簿和汽车俱乐部会员的名册，以及杂志订户名册，将问卷邮寄给1000万人，其中约有240万人回答了问卷。大家知道，自1929年起美国进入了长达10年的经济大萧条时期。可想而知，1936年收入在一般水平之上的人才有余钱订阅杂志。根据统计资料，1936年的美国4个家庭中平均仅有一家装电话。总之，在1936年有余钱订阅杂志、有能力装置电话、购买汽车的人，是一个特殊的群体，是经济比较富裕、收入在一般水平之上的人员。由此看来，《文学摘要》杂志选取的样本有排斥经济拮据人员的倾向，这个样本并不能代表所有的选民。1936年美国，民主党人罗斯福作为现任总统，他为扭转美国经济大萧条实行新政，受到大众的欢迎。当时的美国选民分裂为两个不同的层次，许多收入在一般水平之下的人员倾向民主党，许多高于一般水平收入的人员倾向共和党。由于《文学摘要》杂志调查的对象基本上都是收入在一般水平之上的人员，所以他就过高地预测了共和党的总统候选人的选票。低于一般水平收入的人员虽然没有余钱订阅杂志，用不上电话，没有汽车，但他们也有选举总统的权利，而且这些人比收入在一般水平之上的人员多得多。因而

《文学摘要》杂志选取调查对象的方法有误。尽管他的调查数据非常多，但有偏差。他选取的样本不能代表总体，"以偏概全"作出错误的预测在所难免。

有人用一句话概括了《文学摘要》杂志预测出错的原因，这是因为其调查对象选择了共和党人兰登，而全体选民却选择了民主党人罗斯福。

盖洛普的预测误差6%为什么比《文学摘要》杂志的预测误差19%小得多？其原因就在于尽管他的样本只有5万人，但相对于《文学摘要》杂志而言，盖洛普选取的样本能比较好地代表总体。这与他的选取调查对象的方法有关。这种抽样方法就是盖洛普在从事新闻工作中逐步发展起来的所谓"定额抽样法"。事实上，1936年盖洛普使用的定额抽样法并没有用随机抽样的方法去选取样本。也正因为如此，他作出的预测误差6%也比较大。但由于他正确地预测罗斯福当选总统，这掩盖了他有比较大的6%的抽样误差的问题。后来由1940年、1944年与1948年这3次美国总统选举民意调查的实践，特别是1948年美国总统选举因预测错误，盖洛普的民意调查蒙受耻辱之后，人们越来越清楚地看到了定额抽样调查的缺陷。1952年及之后的美国总统选举，盖洛普就放弃定额抽样调查，改用随机抽样方法去选取样本，调查人数远远小于50 000人，见表4.2第二列。随机抽样方法的误差更小，精度提高了很多，见表4.2最后一列。

表 4.2　1952 年及之后美国总统选举盖洛普民意测验的预测情况

年份	样本容量	获胜总统	盖洛普预测得票率	选举结果	误差
1952	5 385	艾森豪威尔（共和党）	51%	55.4%	−4.4%
1956	8 144	艾森豪威尔（共和党）	59.5%	57.8%	+1.7%
1960	8 015	肯尼迪（民主党）	51%	50.1%	+0.9%
1964	6 625	约翰逊（民主党）	64%	61.3%	+2.7%
1968	4 414	尼克松（共和党）	43%	43.5%	−0.5%
1972	3 689	尼克松（共和党）	62%	61.8%	+0.2%
1976	3 439	卡特（民主党）	48.0%	50.1%	−2.1%
1980	3 500	里根（共和党）	47.0%	50.8%	−3.8%
1984	3 456	里根（共和党）	59.0%	59.2%	−0.2%
1988	4 089	布什（共和党）	56.0%	53.9%	+2.1%
1992	2 000	克林顿（民主党）	49.0%	43.3%	+5.7%
1996	2 000	克林顿（民主党）	52.0%	50.1%	+1.9%
2000	3 100	小布什（共和党）	48.0%	47.9%	+0.1%
2004	1 573	小布什（共和党）	49.0%	51.0%	−2.0%
2008	不详	奥巴马（民主党）	53.0%	55.0%	−2.0%

随着电话普及，现在的民意调查通常采用从电话号码中随机取号，然后通过电话访谈调查。随着社会越来越重视保护个人隐私，越来越讲信用，电话访谈拒绝回答的人越来越少，乐意表达自己意愿的人越来越多。电话访谈的民意调查迅速且有效。近来，民意调查机构也注意到，传统的电话访谈调查在当今社会有它的欠缺之处。这是因为如今有不少家庭放弃固定线路电话，仅使用手机。如果民意调查机构仍然从固定线路电话中挑选调查对象，那就要与只使用手机的选民失之交臂。由此可见，民意调查机构需要不断地仔细分析有什么新情况，小心翼翼地挑选能真正代表广大选民的调查样本。

例 4.1 中调查了 1 015 人，倘若调查 2 000 人或 1 000 人又如何？又大家可能会问，克林顿政府外交与经济政策支持率的估计分别为 39% 与 42%，既然两者的估计不一样大，为什么说它们的置信水平（概率）为 95% 抽样误差都在 3% 之内的。要想回答这些问题，请看关于比例调查的一般性结论的 5 句话。

1) 目的：调查总体中具有某种特性的个体所占的比例 p。

2) 样本容量：n 个个体。样本中有 m 个个体具有这种特性，样本比例（频率）$f=\dfrac{m}{n}$。

3) 抽样方法：随机抽样。

4) 样本比例 f 是总体比例 p 的估计。

5) 如果总体有 N 个个体，N 比较大；样本容量 n 比较大，且 $N-n$ 也比较大，则样本比例 f 作为比例 p 的估计，其置信水平为 $1-\alpha$ 的抽样误差为 $\dfrac{\sqrt{f(1-f)}}{\sqrt{n}} \cdot \delta$，其中 α

与 δ 的含义见第三章§3.5.4小节讲解标准正态分布时的图3.27或见本章图4.3。它们满足条件：

$P(-\delta < N(0,1) < \delta) = 1 - \alpha$。

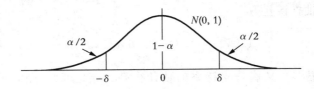

图4.3 α 与 δ 的含义

常用的 α 的几个数值：$\alpha = 0.20, 0.10, 0.05, 0.01$，中间部分的概率 $1-\alpha$ 与 δ 值见第三章§3.5.4小节的表3.22或见本章表4.3。

表4.3 常用的 α、$1-\alpha$ 与 δ 值表

双尾概率 α	中间部分的概率 $1-\alpha$	δ
0.20	80%	1.281 6
0.10	90%	1.644 9
0.05	95%	1.960 0
0.01	99%	2.575 8

关于比例调查的一般性结论的第五句话告诉我们，在总体中个体个数 N 比较大，样本容量 n 比较大，且 $N-n$ 也比较大的时候，我们是根据正态分布的中心极限定理，按正态分布计算估计的抽样误差的。严格地说，这里的置信水平与抽样误差都有近似的意思。根据统计的理论可以知道，它们近似的精确程度是很高的。

由第五句话可以看到，不同的 α，其抽样误差就是把 $\dfrac{\sqrt{f(1-f)}}{\sqrt{n}}$ 分别乘以不同的 δ。看来 $\dfrac{\sqrt{f(1-f)}}{\sqrt{n}}$ 起着"标准"的作用。为此通常称

$\dfrac{\sqrt{f(1-f)}}{\sqrt{n}}$ 为比例的样本标准误（standard error，简记为 se）

例4.1中调查 $n=1\,015$ 个人，克林顿政府外交政策支持率的估计为 $f=39\%$，取 $\alpha=0.05$，则 $\delta=1.960\,0$，它的置信水平为 $1-\alpha=95\%$ 的抽样误差为

$\dfrac{\sqrt{0.39(1-0.39)}}{\sqrt{1\,015}} \times 1.960\,0 = 3.000\,684\,1\%$

它与3%相差不大。又克林顿政府经济政策支持率的估计为 $f=42\%$，则它的置信水平为 $1-\alpha=95\%$ 的抽样误差为

$$\frac{\sqrt{0.42(1-0.42)}}{\sqrt{1\,015}} \times 1.960\,0 = 3.036\,418\,9\%$$

它与3%也相差不大。但倘若支持率的估计很低为 $f=10\%$，则它的置信水平为 $1-\alpha=95\%$ 的抽样误差为

$$\frac{\sqrt{0.10(1-0.10)}}{\sqrt{1\,015}} \times 1.960\,0 = 1.845\,628\,6\%$$

它比3%小了很多。又倘若支持率的估计很高为 $f=95\%$，则它的置信水平为 $1-\alpha=95\%$ 的抽样误差为

$$\frac{\sqrt{0.95(1-0.95)}}{\sqrt{1\,015}} \times 1.960\,0 = 1.340\,818\,1\%$$

它比3%小得更多。看来，抽样误差与频率 f 有关，f 比较小或比较大时抽样误差都比较小。

频率 f 在0与1之间。当 f 由0增加到1时，二次抛物线函数 $f(1-f)=f-f^2$ 由0开始上升增加到1/4，然后下降减少到0，且在 $f=1/2$ 上有最大值1/4。这也就是说

当 $0\leqslant f\leqslant 1$ 时，$f(1-f)=f-f^2\leqslant 1/4$；

在 $f=1/2$ 时，$f(1-f)$ 有最大值1/4。

由此可见，不论频率 f 取什么样的值，置信水平为 $1-\alpha=95\%$ 的最大抽样误差为

$$\frac{\sqrt{f(1-f)}}{\sqrt{1\,015}} \times 1.960\,0 \leqslant \frac{\sqrt{\frac{1}{4}}}{\sqrt{1\,015}} \times 1.960\,0 = 3.076\,047\,6\%$$

看来，调查1 015人，置信水平为 $1-\alpha=95\%$ 的最大抽样误差比例4.1所说的3%稍大一些。

前面我们说了关于比例调查的一般性结论的5句话，现在还可以再加上第六句话：

6）置信水平为 $1-\alpha$ 的最大抽样误差为

$$\frac{\sqrt{f(1-f)}}{\sqrt{n}} \cdot \delta \leqslant \frac{\sqrt{\frac{1}{4}}}{\sqrt{n}} \cdot \delta = \frac{\delta}{2\sqrt{n}}$$

这第六句话可用于给定了样本容量 n 之后计算最大抽样误差，还可用于给定了抽样误差例如3%之后计算样本容量 n。既然调查1 015人置信水平为 $1-\alpha=95\%$ 的最大抽样误差3.076 047 6%比3%稍大一些，那么调查多少人就可以达到3%？我们知道，置信水平为 $1-\alpha=95\%$ 的 $\delta=1.960\,0$，则由关于比例调查的一般性结论的第六句话知，仅需解下面的不等式

$$\frac{1.9600}{2\sqrt{n}} \leqslant 3\%, 得 n \geqslant \left(\frac{1.9600}{2 \cdot 3\%}\right) = 1\,067.11(人)$$

因而就能严格地说,调查 1 068 人就保证能够做到,置信水平为 95% 的抽样误差在 3% 之内。

比例调查问题数据分析的 4 个步骤如下:
1) 根据调查目的给出精度要求,要求置信水平为 $1-\alpha$ 的抽样误差不大于 d;
2) 计算样本容量 n;
3) 计算样本比例 f,从而得到总体比例 p 的估计;
4) 计算置信水平为 $1-\alpha$ 的抽样误差,看它究竟有多大。

例 4.2 某市欲了解生活不能自理的老人在老人中的比例。计划在老人中作抽样调查。

① 调查精度设定为,置信水平为 95% 的抽样误差不大于 5%。问需要调查多少个老人?查表 4.3,根据置信水平 95% 得 $\delta=1.9600$。也可以输入函数"=norminv(0.975,0,1)"得到 $\delta=1.9600$。然后根据关于比例调查的一般性结论的第六句话,解不等式

$$\frac{1.9600}{2\sqrt{n}} \leqslant 5\%, 得 n \geqslant \left(\frac{1.9600}{2\times 5\%}\right)^2 = 384.16$$

凑个整数调查 400 个老人,就保证能够做到,置信水平为 95% 的抽样误差在 5% 之内。

② 若调查的 400 位老人中有 40 位老人生活不能自理,则在调查的 400 人中,生活不能自理的老人所占的比例(频率)$f=10\%$,因而该市生活不能自理的老人在老人中的比例 p 的估计为 10%。

③ 这个估计的置信水平为 95% 的抽样误差为

$$\frac{\sqrt{0.1(1-0.1)}}{\sqrt{400}} \times 1.9600 = 2.9\%$$

§4.1.3 支持度估计大的候选人是否支持度也大

例 4.3 2008 年 6 月 11 日中新网的一则新闻的标题是"美大选:奥巴马民意支持率稳定领先麦凯恩"。新闻说,盖洛普民意测验中心 10 日公布的最新民调显示,目前奥巴马的全国支持度为 48%,麦凯恩为 41%。这是盖洛普自 3 月中开始进行这项民意调查以来,奥巴马领先麦凯恩的最大差距。这项民调是于 6 月 7 日至 9 日在全国抽样访问 2 633 位登记选民,抽样误差正负 2 个百分点。这则新闻报道严格地说不太"规范",应该说置信水平 95% 的抽样误差正负 2 个百分点。调查 2 633 人的这个置信水平 95% 的抽样误差正负 2 个百分点是如何计算的留作读者思考。

奥巴马的支持度为48%,麦凯恩为41%。这两个数是根据2 633位登记选民的样本计算出来的。因而严格地说,这两个数是他们两人在全部登记选民中的支持度的估计。

根据2 633位登记选民的样本计算得到的奥巴马支持度的估计48%,大于麦凯恩支持度的估计41%,能否就此说在全部美国登记选民中奥巴马的支持度大于麦凯恩的支持度?由于估计有误差,因而支持度估计大的候选人其支持度不一定也大。回答这个问题的一个较为简单的方法是,同时构造奥巴马支持度与麦凯恩支持度的置信水平,例如为95%的区间估计,然后看这两个区间有没有重叠的部分。倘若没有重叠的部分则认为他们的支持度有差别;反之则认为他们有相同的支持度。由2%的抽样误差算得:有(46%,50%)的人支持奥巴马,有(39%,43%)的人支持麦凯恩。这两个区间没有重叠的部分,所以中新网的这则新闻说"奥巴马以

调查2 633位选民,他们之中支持奥巴马的人多(占48%),支持麦凯恩的人少(占41%)。能否据此说在全部美国选民中支持奥巴马的人比支持麦凯恩的人多?

超出抽样误差范围领先麦凯恩"。所谓"超出抽样误差范围",指的是两位候选人的支持度估计的差7%(=48%-41%)超过了抽样误差正负两个百分点的两倍(4%)。同时构造两个候选人的区间估计,看这两个区间有没有重叠的部分,这相当于说,

● 对同一次民意调查而言,只要支持度估计的差比两倍的抽样误差大,我们就说他们的支持度有差别,其中一人的支持度比另一人大。

同时构造两个候选人的区间估计,用来解决支持度的估计大的候选人是否支持度也大的问题,这是区间估计的一个应用。严格地说,这个方法有一个问题值得商榷探讨。奥巴马支持度的置信水平95%的区间估计为(46%,50%),意思是说奥巴马支持度在46%与50%之间的可信程度为95%,麦凯恩支持度的置信水平95%的区间估计为(39%,43%),意思是说麦凯恩支持度在39%与43%之间的可信程度为95%。同时构造奥巴马支持度与麦凯恩支持度的区间估计,意味着奥巴马支持度在46%与50%之间,并且麦凯恩支持度在39%与43%之间,那么合在一起的可信程度难道仍然为95%?事实上,合在一起之后的可信程度究竟是多少的问题很难说。俗话说,三个臭皮匠顶一个诸葛亮,合在一起解决问题的可能性比一个人解决问题的可能性增大了很多。倘若这三个臭皮匠闹内讧互相拆台,则合在一起解决问题的可能性就比一个人解决问题的可能性减小了很多。合在一起究竟是变大,变小,还是保持不变的问题比较复杂。幸运的是,对于我们所讨论

的同一次民意调查支持度的估计大的候选人是否支持度也大的问题,只要支持度估计的差比两倍的抽样误差大,就认为他们的支持度有上有下:

> 对同一次民意调查的两位候选人的支持度进行比较的时候,如果他们支持度估计的差超过了概率例如为 95% 的抽样误差的两倍,则我们就说支持度估计大的那个候选人的支持度也大。这句话出错的概率为 5%。

提请大家注意的是,我们这里所讨论的问题是对同一次民意调查两个候选人的支持度进行比较。倘若是对不同的两次民意调查中(同一个或不同的两个)候选人的支持度进行比较,那就不能轻易地说只要支持度估计的差比两倍的抽样误差大,就认为支持度有上有下,应具体问题具体分析。不同的两次调查,这个问题留待下一小节 §4.1.4 简要讨论。

例 4.4 民意测验说他赢得了电视辩论是否能说他赢了。下面的两篇报道讲的都是 2000 年美国大选,共和党总统候选人小布什与民主党总统候选人戈尔的电视辩论后的民意调查。

- 报道 1(摘自 2000 年 10 月 13《文汇报》):美国总统选举前 10 月 11 日晚举行的第二场电视辩论后,CNN 迅速进行了民意测验,当晚就发布消息,称小布什赢得了本场辩论,小布什赢得 49%,戈尔赢得 36%。
- 报道 2(摘自 2000 年 10 月 19 日《文汇报》):美国总统选举前 10 月 18 日举行的第三场电视辩论后,CNN 称戈尔稍占上风。46% 的人认为戈尔赢得了这一场辩论,44% 的人认为小布什赢得了辩论。

这两篇报道都没有说调查了多少人。但一般来讲都是 1 000 人左右,抽样误差在 3% 之内的置信水平为 95%。这两场电视辩论的用词有所不同。第二场民意测验的报道说小布什赢得了本场辩论,而第三场的民意测验虽然是戈尔赢,但报道并没有说他赢得了本场辩论,仅说他稍占上风。它们的用词为什么不同?第二场电视辩论为什么说,小布什赢得了本场辩论?第三场电视辩论为什么仅仅说,戈尔稍占上风?稍占上风实际上是说,他们两个候选人基本上不分上下。"民意测验说他赢得了电视辩论是否能说他赢了"的这两个问题的求解留作读者思考。

本章讨论的估计问题是统计推断中的一个重要问题。例 4.3 与例 4.4 讨论的事实上是检验问题,它是统计推断中的另一个重要问题。下一章我们将系统讨论检验问题。

2000 年 CNN 迅速进行了民意测验,当晚就发布消息。但在例 4.1 中,1994 年同样是调查 1 000 多人,却花了 2 到 3 天时间。可见,民意调查事业发展之迅速。

如今,不仅民意调查,还有商业调查、住户调查、物价调查和收视率调查等在

广大民众中的信誉都是很高的。当然,任何成功都不可能一蹴而就。例如,盖洛普民意调查就曾因1948年美国总统选举预测错误而蒙受耻辱。收集社会经济信息的这些抽样调查就是在经历一次次失败的过程中取得成功的。不仅如此,成功的背后也曾遭受过质疑,甚至打击,看下面的故事。在一次聚会上,一位女性问盖洛普:"我为什么没有被调查过?"盖洛普解释道:"你被调查的可能性就像人被雷击的可能性一样大。"那位女士说:"但是我确实曾经被雷击过呀。"这个故事充分说明了早期公众对民意调查的不信任和质疑。当然,盖洛普并没有因人们的质疑、怀疑或放弃自己对民意调查的执著与研究。公众为什么会不信任和质疑民意调查,这与统计思维方法还没有广泛普及有一定的关系。

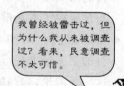

必须指出的是,上述结论是对比例的调查而言的。不能用于非比例,例如居民平均收入或支出的调查问题。这些问题的抽样误差,以及置信水平与区间估计的计算稍许复杂一些,本章下一节§4.2将对此进行讨论。

*§4.1.4 比例之差的区间估计

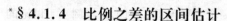

设有两个总体,第一个总体具有某种特性的个体所占的比例为 p_1,第二个总体具有相同(或不相同)特性的个体所占的比例为 p_2。人们往往对 p_1 与 p_2 谁大谁小的问题感兴趣。例如,地区税务所核准的纳税申报单有可能出错。出错比例越小,税务所的工作质量越高。上级税收机构为比较下属两个地区税务所的工作质量,在每个地区税务所上报的纳税申报单中都抽查 2 000 份。

● 第一地区税务所抽查的 $n_1=2\,000$ 份中 $m_1=200$ 份有错。样本出错频率（比例）

$$f_1=\frac{m_1}{n_1}=\frac{200}{2\,000}=10\%$$

因而第一个地区税务所总体出错比例 p_1 的估计为 10%。其置信水平 95% 的抽样误差为

$$1.96\times\sqrt{\frac{f_1\cdot(1-f_1)}{n_1}}=1.96\times\sqrt{\frac{0.1\times 0.9}{2\,000}}=1.31\%$$

p_1 的置信水平 95% 的区间估计为 $10\%\pm 1.31\%$，即 $(8.69\%,11.31\%)$。

● 第二地区税务所抽查的 $n_2=2\,000$ 份中 $m_2=160$ 份有错。样本出错频率（比例）

$$f_2=\frac{m_2}{n_2}=\frac{160}{2\,000}=8\%$$

因而第二个地区税务所总体出错比例 p_2 的估计为 8%。其置信水平 95% 的抽样误差为

$$1.96\times\sqrt{\frac{f_2\cdot(1-f_2)}{n_2}}=1.96\times\sqrt{\frac{0.08\times 0.92}{2\,000}}=1.19\%$$

p_2 的置信水平 95% 的区间估计为 $8\%\pm 1.19\%$，即 $(6.81\%,9.19\%)$。

虽然 p_1 的估计 10% 比 p_2 的估计 8% 来得大，但我们还不能马上就说第一个地区税务所工作质量差，它的总体出错比例 p_1 比第二个地区税务所大。此外，由于分别在第一与第二个地区税务所进行了调查，所以这是两个不同的调查，因而不能使用同时构造这两个比例 p_1 与 p_2 的区间估计的方法来比较 p_1 与 p_2 的大小。这也就是说，下面的做法是错的。

错误的做法：p_1 的置信水平 95% 的区间估计为 $(8.69\%,11.31\%)$，p_2 的置信水平 95% 的区间估计为 $(6.81\%,9.19\%)$。由于 p_1 的区间估计的下限 8.69% 比 p_2 的区间估计的上限 9.19% 来得小，所以这两个区间估计有重叠的部分，因而不能认为 p_1 比 p_2 大。

正确的做法是，构造比例之差 p_1-p_2 的区间估计，看 0 有没有在这个区间估计里。如果 0 不在里面，我们就说这两个比例 p_1 与 p_2 不一样大。两个不同的调查，比例之差 p_1-p_2 的区间估计的构造方法如下：

1) 总体比例之差 p_1-p_2 的估计为样本频率之差 f_1-f_2。

2) p_1-p_2 的置信水平为 $1-\alpha$ 的估计误差为 $\delta\cdot\sqrt{\frac{f_1(1-f_1)}{n_1}+\frac{f_2(1-f_2)}{n_2}}$，

其中 α 与 δ 的含义见第三章 §3.5.4 小节讲解标准正态分布时的图 3.27 或见本章图 4.3。在 $\alpha=0.05$，也就是置信水平为 95% 时，$\delta=1.960\,0$。

3) $p_1 - p_2$ 的置信水平为 $1-\alpha$ 的区间估计为

$$f_1 - f_2 \pm \delta \cdot \sqrt{\frac{f_1(1-f_1)}{n_1} + \frac{f_2(1-f_2)}{n_2}}$$

注意，同一次调查的比例之差 $p_1 - p_2$ 的区间估计的构造方法与此不同。其构造方法本书从略。

将比例之差的区间估计的构造方法与前 §4.1.2 小节所给出的比例的区间估计的构造方法相比较，就会发现它们非常类似。在构造比例的区间估计时，$\sqrt{\frac{f(1-f)}{n}}$ 是样本比例 f 的标准误，而在构造比例之差的区间估计时，$\sqrt{\frac{f_1(1-f_1)}{n_1} + \frac{f_2(1-f_2)}{n_2}}$ 可视为样本比例之差 $f_1 - f_2$ 的标准误。

构造这两个地区税务所出错比例 p_1 与 p_2 之差的区间估计的步骤如下：

1) 计算样本频率(比例)之差 $f_1 - f_2 = 10\% - 8\% = 2\%$，从而得总体比例之差 $p_1 - p_2$ 的估计为 2%。

2) 计算样本比例之差的标准误

$$\sqrt{\frac{f_1(1-f_1)}{n_1} + \frac{f_2(1-f_2)}{n_2}} = \sqrt{\frac{0.1(1-0.1)}{2\,000} + \frac{0.08(1-0.08)}{2\,000}} = 0.904\%$$

3) $p_1 - p_2$ 的置信水平为 95% 的区间估计为 $2\% \pm 1.96 \times 0.904\% = 2\% \pm 1.77\%$，即 $(0.23\%, 3.77\%)$。

因为 0 不在区间估计的里面，所以认为这两个比例 p_1 与 p_2 不一样大。又由于整个区间估计都在 0 的右边，所以认为 $p_1 - p_2 > 0$，第一个地区税务所的工作质量比第二个地区税务所的差。

§4.2 均值的估计

总体中个体的某个数量指标的平均大小 μ 究竟多大，例如，成年男性的平均身高、合金钢圆筒内径的平均大小、家计调查中的居民食品消费的平均支出等究竟多大常是人们非常关心的问题。通常使用下面的方法去估计均值 μ：调查 n 个个体，测量每一个个体的数量指标值。假设这 n 个测量值为 $x_1, x_2, \cdots, x_n$。计算这 n 个测量值的平均数 $\bar{x} = \frac{\sum x_i}{n}$。然后用 $\bar{x}$ 去估计 μ。

通常称 $x_1, x_2, \cdots, x_n$ 为样本，$\bar{x}$ 为样本均值，μ 为总体均值。由此可见

样本均值 $\bar{x}$ 是总体均值 μ 的最常用的估计。

$\bar{x}$ 作为 μ 的估计，不可能没有误差。误差在什么样的范围之内显然是人们关心的问题。下面分两种情况讨论这个问题。

§4.2.1 大样本情况

所谓大样本,是指样本容量 n 比较大。对于大多数统计问题而言,在 $n \geqslant 30$ 时,可认为是大样本。大样本时,我们可以根据正态分布的中心极限定理,按正态分布来进行计算。因而严格地说,这里得到的置信水平与估计误差都有近似的意思。根据统计的理论可以知道,它们近似的精确程度是很高的。看下面的例子。

某地区随机抽取了 $n=400$ 户,调查每一户一个月的食品消费支出(单位:元)。从而得到样本数据 x_1、x_2、……、x_{400},其中 x_i 表示第 i 个被调查家庭一个月的食品消费支出(单位:元)。经计算样本均值

$$\bar{x} = \frac{\sum_{i=1}^{400} x_i}{400} = 814.28(元)$$

从而我们将该地区每户每月的平均食品消费支出 μ 估计为 814.28(元)。样本容量 $n=400$ 比较大,其处理的方法就与估计比例时的情况相类似,我们也是按正态分布来进行计算。

估计比例时我们说,频率 f 作为比例 p 的估计,其置信水平为 $1-\alpha$ 的抽样误差为 $\frac{\sqrt{f(1-f)}}{\sqrt{n}} \cdot \delta$,其中 $\frac{\sqrt{f(1-f)}}{\sqrt{n}}$ 称为比例的样本标准误,α 与 δ 的含义见图 4.3,例如,若取 $\alpha=0.05$,则 $\delta=1.9600$ 等。均值估计的情况与比例基本相同。

- 在样本容量 n 比较大的时候,样本均值 $\bar{x}$ 作为总体均值 μ 的估计,置信水平为 $1-\alpha$ 的估计误差为 $\frac{s}{\sqrt{n}} \cdot \delta$,其中 s 为样本标准差,$\frac{s}{\sqrt{n}}$ 就是第二章 §2.3.3 节所说的均值的样本标准误(standard error,简记为 se)。

经计算,食品消费支出调查的样本数据 x_1、x_2、……、x_{400} 的样本标准差

$$s = \sqrt{\frac{\sum_{i=1}^{400}(x_i-\bar{x})^2}{399}} = \sqrt{\frac{\sum_{i=1}^{400}(x_i-814.28)^2}{399}} = 355.62(元)$$

由此得,$\bar{x}=814.28$(元)作为该地区每户每月的平均食品消费支出 μ 的估计,其置信水平为 95% 的估计误差为

$$\frac{355.62}{\sqrt{400}} \times 1.9600 = 34.85(元)$$

该地区每户每月的平均食品消费支出 μ 的区间估计为 814.28 ± 34.85(元),即

$(814.28-34.85, 814.28+34.85) = (779.43, 849.13)$

食品消费平均支出的估计关于 814.28 元有概率 95% 上下 34.85 元的波动,应该说是可以接受的。

需特别指出的是，各个家庭的食品消费支出各不相同，所以它是个随机变量。食品消费支出的分布称为总体分布。这个总体的分布可能是正态分布，也可能不是正态分布。不论是否是正态分布，由于样本容量 n 比较大，我们就都可以按正态分布来计算估计误差与置信水平。当然，这样得到的估计误差与置信水平并不是精确的，而是近似的。

§4.2.2 小样本情况

前面讨论的调查比例与调查均值的问题，样本容量都比较大，可以按正态分布计算误差与置信水平。但对有些统计问题而言，由于种种原因，例如希望试验成本低一些，或希望试验时间短一些，或只作了少数几次观察，以至于样本容量 n 比较小。在样本容量比较小时的统计推断问题称为是小样本问题。对于大多数统计问题而言，在 $n<30$ 时，可认为是小样本。本小节讨论小样本问题。

强度是圆钢的一个重要的质量指标。即使是同一批量生产的圆钢，其强度也不全相等，所以圆钢强度是个随机变量。人们非常关心强度的平均大小 μ 究竟有多大。圆钢强度的测量是一个破坏性试验，其样本容量不会很大。现测得 $n=7$ 根圆钢的强度数据：

22.86 23.27 23.88 31.72 31.58 27.51 22.22

经计算

样本均值 $\bar{x} = \dfrac{x_1 + x_2 + \cdots + x_7}{7} = 26.1486$

样本方差 $s^2 = \dfrac{(x_1-\bar{x})^2 + (x_2-\bar{x})^2 + \cdots + (x_7-\bar{x})^2}{6} = 17.0126$

样本标准差 $s = \sqrt{\dfrac{(x_1-\bar{x})^2 + (x_2-\bar{x})^2 + \cdots + (x_7-\bar{x})^2}{6}} = 4.1246$

强度的平均大小 μ 的估计为样本均值 $\bar{x}=26.1486$。下面分析样本均值 $\bar{x}$ 作为总体期望 μ 的估计其精度如何，给出估计的误差和置信水平，并给出区间估计。

19世纪时的统计学往往处理社会统计（尤其是人口统计）与生物统计问题，这些问题通常有很多的数据，因而当时的统计界认为统计就是研究大量数据的统计推断，不重视小样本问题。那时人们普遍认为不论样本的大小，都可以按正态分布来进行计算。依据这样的想法，由测得的 $n=7$ 根圆钢的强度数据算得其置信水平 95% 的估计误差为

$$\dfrac{s}{\sqrt{n}} \cdot 1.9600 = \dfrac{4.1246}{\sqrt{7}} \times 1.9600 = 3.0555$$

大样本时样本容量 n 比较大，根据正态分布的中心极限定理，$\sqrt{n}\dfrac{\bar{x}-\mu}{s}$ 近似服

从标准正态分布 $N(0,1)$,n 越大,$\sqrt{n}\dfrac{\bar{x}-\mu}{s}$ 就越接近 $N(0,1)$。因而在大样本的时候,可以按正态分布进行计算,得到的误差和置信水平虽然是近似的,但近似的精确程度是比较高的,且样本容量越大,近似的精确程度就越高。如果在小样本时不去探讨近似的精确程度究竟有多大那就有失偏颇了。著名英国统计学家哥色特(W. S. Gosset,1876-1937)在啤酒厂工作,工作中需要处理啤酒酿造过程中得到的数据。因为是人为试验,所以数据量不多。哥色特发现在少量数据的时候,即使例如圆钢强度,这个总体的分布是正态分布,倘若按正态分布来计算估计误差与置信水平,其近似的精确程度不高,且样本容量越小,近似的精确程度就越低。经过研究,他的关于小样本问题的论文于 1908 年发表。论文发表时他用了笔名:Student,很谦虚地以学生的名义向大家请教。学生的这一篇论文却在统计的历史上起着里程碑的作用。自这之后,统计学上了一个新的台阶,小样本问题受到了极大的关注。

t 分布

哥色特在 1908 年的论文中引出了一个新的分布,人们为了表彰他对统计小样本研究的贡献,将他给出的这个分布命名为学生氏(Student)分布,简称 t 分布。t 分布记为 $t(m)$,其中 m 是 t 分布的一个参数。m 通常取自然数,称为是 $t(m)$ 分布的自由度。$t(m)$ 读作"自由度为 m 的 t 分布"。哥塞特在 1908 年的论文中证明了:当总体的分布为正态分布 $N(\mu,\sigma^2)$ 的时候,$\sqrt{n}\dfrac{\bar{x}-\mu}{s}$ 的(精确)分布是自由度为 $n-1$ 的 $t(n-1)$ 分布。

图 4.4 是自由度 $m=6$ 的 $t(6)$ 分布和标准正态分布 $N(0,1)$ 的密度函数的图象。

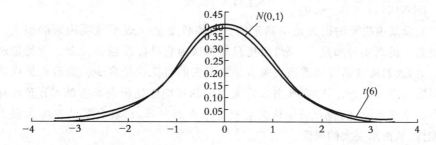

图 4.4 $t(6)$分布和 $N(0,1)$分布的密度函数的图象

由图 4.4 可以看到,t 分布的密度函数的图象和标准正态分布 $N(0,1)$ 的正态曲线都关于原点对称,中间高,左右两边逐渐低下去。当 x 向左越来越趋向负无穷大、向右越来越趋向正无穷大时,它们都越来越接近 x 轴而趋向于 0。正因为 t

分布的密度函数的图象关于原点对称,所以与标准正态分布 $N(0,1)$ 相类似,t 分布的上下(或左右)两个尾巴的概率相等,见图 4.5：

$$P(t(m)\leqslant -a)=P(t(m)\geqslant a)$$

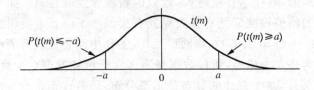

图 4.5　t 分布的对称性

t 分布与标准正态分布的差别就在于(见图 4.4),在原点处 t 分布的密度函数低于标准正态分布 $N(0,1)$ 的正态曲线,而左右两边的尾巴处,t 分布的密度函数在标准正态分布 $N(0,1)$ 的正态曲线的上面。正因为在尾巴处它们的形态有这样的区别,因而人们说相对于正态分布而言,t 分布有重尾。所谓重尾,意思是说 t 分布的尾部概率比标准正态分布 $N(0,1)$ 大：

$$P(t(m)\geqslant a)>P(N(0,1)\geqslant a),\text{其中 } a>0$$

例如取 $a=1,2,3$,t 分布的自由度 $m=6$,则有

$$P(t(6)\geqslant 1)=0.178\,0,P(N(0,1)\geqslant 1)=0.158\,7$$
$$P(t(6)\geqslant 2)=0.046\,2,P(N(0,1)\geqslant 2)=0.022\,8$$
$$P(t(6)\geqslant 3)=0.012\,0,P(N(0,1)\geqslant 3)=0.001\,4$$

由此看来,a 越大,越往后的尾部概率 $P(t(m)\geqslant a)$ 与 $P(N(0,1)\geqslant a)$ 的差异就越大：

$$\frac{P(t(6)\geqslant 1)}{P(N(0,1)\geqslant 1)}=\frac{0.178\,0}{0.158\,7}=1.121\,6,\;\frac{P(t(6)\geqslant 2)}{P(N(0,1)\geqslant 2)}=\frac{0.046\,2}{0.022\,8}=2.026\,3$$

$$\frac{P(t(6)\geqslant 3)}{P(N(0,1)\geqslant 3)}=\frac{0.012\,0}{0.001\,4}=8.571\,4$$

假设某项决策的损失是不确定的。令随机变量 x 表示该项决策的损失。倘若损失 x 的真实分布是 t 分布,而我们却误认为它是标准正态分布。为衡量决策的优劣,人们通常需要知道该决策有很大损失的可能性是多少。倘若根据误认为的标准正态分布去计算,则算出来的大损失的可能性比根据真实的 t 分布计算的要小。也就是说,倘若人们误认为它是标准正态分布,那就会低估发生大损失的可能性,从而承受大的风险。

启动 Excel 在任意两个单元格上分别按下面的方式输入可分别得到自由度为 m 的 t 分布的单尾和双尾概率。

● 输入"=tdist(a,m,1)",得单尾(上)概率 $P(t(m)\geqslant a)$ 的值。

● 输入"=tdist(a,m,2)",得双尾概率 $P(t(m)\geqslant a)+P(t(m)\leqslant -a)$

$=2P(t(m)\geqslant a)$ 的值。

提请注意的是,t 分布的单尾和双尾概率的 Excel 函数命令中的 a 必须是正数。为对照比较,下面回忆上一章 §3.5 节所说的标准正态分布 $N(0,1)$ 的尾部概率的计算。

- 输入"=normdist(a,0,1,1)",则得单尾(下)概率 $P(N(0,1)\leqslant a)$ 的值,为得到单尾(上)概率 $P(N(0,1)\geqslant a)$ 的值,需输入"=1−normdist(a,0,1,1)"。

t 分布与标准正态分布的尾部概率的计算的又一个不同之处是,t 分布函数命令中的 a 必须是正数,而标准正态分布函数命令中的 a 可正可负。因而在 a 是负数例如 $a=-1$ 时为计算 t 分布单尾(下)概率 $P(t(m)\leqslant -1)$ 的值,首先根据 t 分布的对称性

$$P(t(m)\leqslant -1)=P(t(m)\geqslant 1),$$

对于不同的自由度 m 以及 $a=1,2,3$ 时,尾部概率 $P(t(m)\geqslant a)$ 的值见表 4.4。由表 4.4 可以看到,随着自由度 m 的值越来越大,$t(m)$ 分布的尾部概率 $P(t(m)\geqslant a)$ 的值越来越小,逐渐趋向于标准正态分布 $N(0,1)$ 的尾部概率 $P(N(0,1)\geqslant a)$ 的值。在自由度 m 比较小的时候,t 分布与标准正态分布的差异是比较大的。

表 4.4 尾部概率 $P(t(m)\geqslant a)$ 和 $P(N(0,1)\geqslant a)$ 的值

m	$P(t(m)\geqslant 1)$	$P(t(m)\geqslant 2)$	$P(t(m)\geqslant 3)$	m	$P(t(m)\geqslant 1)$	$P(t(m)\geqslant 2)$	$P(t(m)\geqslant 3)$
1	0.25	0.147 6	0.102 4	11	0.169 4	0.035 4	0.006 0
2	0.211 3	0.091 8	0.047 7	12	0.168 0	0.034 3	0.005 5
3	0.195 5	0.069 7	0.028 8	13	0.167 8	0.033 4	0.005 1
4	0.187 0	0.058 1	0.020 0	14	0.167 1	0.032 6	0.004 8
5	0.181 6	0.051 0	0.015 0	15	0.166 6	0.032 0	0.004 5
6	0.178 0	0.046 2	0.012 0	16	0.166 1	0.031 4	0.004 2
7	0.175 3	0.042 8	0.010 0	17	0.165 7	0.030 9	0.004 0
8	0.173 3	0.040 3	0.008 5	18	0.165 3	0.030 4	0.003 8
9	0.171 7	0.038 3	0.007 5	19	0.164 9	0.030 0	0.003 7
10	0.170 4	0.036 7	0.006 7	20	0.164 6	0.029 6	0.003 5

$P(N(0,1)\geqslant 1)=0.158\ 7, P(N(0,1)\geqslant 2)=0.022\ 8, P(N(0,1)\geqslant 3)=0.001\ 4$

小样本情况的估计误差与置信水平的计算

在总体分布是正态分布 $N(\mu,\sigma^2)$ 的时候,样本均值 $\bar{x}$ 作为总体均值 μ 的估计,其置信水平为 $1-\alpha$ 的估计误差为

$$\frac{s}{\sqrt{n}}\cdot \delta$$

大样本时估计误差的计算公式与小样本时的计算公式看上去完全相同,但它们有着实质的区别。大样本时 α 与 δ 的含义见标准正态分布的图 4.3,小样本时 α

与 δ 的含义见 t 分布的图 4.6。

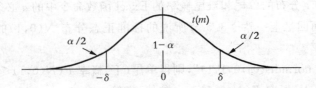

图 4.6　小样本时 α 与 δ 的含义

图 4.4 中 t 分布的自由度 m 等于样本容量 n 减去 1，$m=n-1$。例如有 $n=7$ 根圆钢的强度数据，则计算估计误差时的 t 分布的自由度 $m=6$。由图 4.4 知，中间部分的概率为

$$P(-\delta < t(n-1) < \delta) = 1-\alpha$$

这也就是说，双尾概率为 α。启动 Excel 可在知道了双尾概率 α 之后，计算 δ 的数值。前面我们已经知道了 δ 之后计算 t 分布的单尾和双尾概率的函数公式：

计算单尾概率 $P(t(m) \geqslant \delta)$，输入"=tdist(δ,m,1)"；

计算双尾概率 $P(t(m) \geqslant \delta) + P(t(m) \leqslant -\delta) = 2P(t(m) \geqslant \delta)$，输入"=tdist($\delta$,m,2)"。后一个计算双尾概率的函数公式的反函数就可用来在知道了双尾概率 α 之后，计算 δ 的数值。知道了双尾概率 α 之后，计算 δ 的数值的 Excel 函数计算命令为

"=tinv(α,m)"

假设圆钢强度的分布服从正态分布 $N(\mu,\sigma^2)$。因为有 $n=7$ 根圆钢的强度数据，则 t 分布的自由度 $m=6$。若要求估计误差的置信水平为 95%，也就是说要求中间部分的概率为 95%，双尾概率为 5%，则输入"=tinv(0.05,6)"，得 $\delta=2.4469$。

$$\frac{s}{\sqrt{n}} \cdot 2.4469 = \frac{4.1246}{\sqrt{7}} \times 2.4469 = 3.8146$$

由此可知，样本均值 $\bar{x}=26.1486$ 作为圆钢平均强度 μ 的估计，其置信水平为 95% 的估计误差为 3.8146，从而得圆钢平均强度 μ 的区间估计：26.1486 ± 3.8146，即为

$$(26.1486-3.8146, 26.1486+3.8146) = (22.3340, 29.9632)$$

前面我们依据正态分布算得，样本均值 $\bar{x}=26.1486$ 作为圆钢平均强度 μ 的估计，其置信水平为 95% 的估计误差为 3.0555，比用 t 分布算得的 3.8146 小。这说明，倘若我们误用正态分布来计算，所得到的估计误差 3.0555 的置信水平并没有达到 95%。经计算，它的置信水平只有 90.23%。由此可见，将置信水平只有 90.23% 的估计误差 3.0555 误认为是 95%，那是有风险的。

方差与标准差的估计

人们除了关心总体中个体的某个数量指标的平均大小 μ 究竟多大，还关心该数量指标的离散程度，即方差 σ^2（或标准差 σ）究竟有多大。

样本方差 s^2 是总体方差 σ^2 的最常用的估计。

样本标准差 s 是总体标准差 σ 的最常用的估计。

由测得的 $n=7$ 根圆钢的强度数据算得其样本方差与样本标准差分布是 17.012 6 与 4.124 6。从而将圆钢强度的方差 σ^2 与标准差 σ 分别估计为 17.012 6 与 4.124 6。方差 σ^2 与标准差 σ 的估计误差问题较为复杂，本课程将不讨论这个问题。这里仅说明，均值 μ 的区间估计形如"$\bar{x}\pm$"，而方差 σ^2 的区间估计却不是这种加减的形式。它形如"$(\delta_1 \cdot s^2, \delta_2 \cdot s^2)$"。显然，若 σ^2 的区间估计为 $(\delta_1 \cdot s^2, \delta_2 \cdot s^2)$，则标准差 σ 的区间估计必为 $(\sqrt{\delta_1} \cdot s, \sqrt{\delta_2} \cdot s)$。

内容提要

- 常见的两类估计问题：比例的估计与平均数的估计。
- 在统计估计问题中所谓误差的控制问题就是下面相互等价的两句话：

1) 误差在什么范围之内的可信（把握）程度有多大；
2) 有多大可信（把握）程度的什么样的区间估计。

- 关于比例的调查，记住下面的 6 句话：

1) 目的：调查总体中具有某种特性的个体所占的比例 p（总体比例）。
2) 样本容量：n 个个体。样本中有 k 个个体具有这种特性，频率（样本比例）$f=\dfrac{k}{n}$。
3) 抽样方法：随机抽样。
4) 样本比例 f 是总体比例 p 的估计。
5) 如果总体有 N 个个体，N 比较大；样本容量 n 比较大，且 $N-n$ 也比较大，则样本比例 f 作为总体比例 p 的估计，其置信水平为 $1-\alpha$ 的抽样误差为 $\dfrac{\sqrt{f(1-f)}}{\sqrt{n}} \cdot \delta$，其中 α 与 δ 的含义见下面的标准正态分布图，它们满足条件：$P(-\delta<N(0,1)<\delta)=1-\alpha$。
6) 置信水平为 $1-\alpha$ 的最大抽样误差为 $\dfrac{\delta}{2\sqrt{n}}$。

- 比例调查问题数据分析的 4 个步骤：

1) 根据调查目的给出比例调查的精度：要求置信水平为 $1-\alpha$ 的抽样误差不

大于 d；

2) 计算样本容量 n；

3) 计算样本比例 f，从而得到总体比例 p 的估计；

4) 计算置信水平为 $1-\alpha$ 的抽样误差，看它有没有达到要求，是否小于等于 d。

● 比例之差 p_1-p_2 的置信水平例如为 95% 的区间估计

$$f_1-f_2 \pm 1.96 \cdot \sqrt{\frac{f_1(1-f_1)}{n_1}+\frac{f_2(1-f_2)}{n_2}}$$

● t 分布：

1) 自由度为 m 的 $t(m)$ 分布；t 分布的图像。

2) t 分布的对称性：$P(t(m) \leqslant -a) = P(t(m) \geqslant a)$。

3) $t(m)$ 分布的单尾和双尾概率的 Excel 计算命令（其中 a 是正数）：

输入"=tdist(a,m,1)"，得单尾概率 $P(t(m) \geqslant a)$；

输入"=tdist(a,m,2)"，得双尾概率 $P(t(m) \geqslant a)+P(t(m) \leqslant -a)=2P(t(m) \geqslant a)$。

4) 知道了双尾概率 α 之后计算 δ 的数值的 Excel 函数计算命令为"=tinv(α,m)"。

● 样本均值 $\bar{x}$、样本方差 s^2 与样本标准差 s 分别是总体均值 μ、总体方差 σ^2 与总体标准差 σ 的最常用的估计。

● 在样本容量 n 比较大 ($n \geqslant 30$) 的时候，样本均值 $\bar{x}$ 作为总体均值 μ 的估计，置信水平为 $1-\alpha$ 的估计误差为 $\frac{s}{\sqrt{n}} \cdot \delta$，其中 s 为样本标准差，$\frac{s}{\sqrt{n}}$ 称为是均值的样本标准误，α 与 δ 满足条件：$P(-\delta < N(0,1) < \delta) = 1-\alpha$，其含义与估计比例时的 α 与 δ 完全相同。

● 在样本容量 n 比较小 ($n < 30$) 的时候，假定总体分布是正态分布 $N(\mu, \sigma^2)$，样本均值 $\bar{x}$ 作为总体均值 μ 的估计，其置信水平为 $1-\alpha$ 的估计误差为 $\frac{s}{\sqrt{n}} \cdot \delta$，$\alpha$ 与 δ 的含义见下面的 t 分布图，它们满足条件：$P(-\delta < t(n-1) < \delta) = 1-\alpha$。

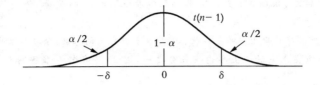

图 4.7　小样本时 α 与 δ 的含义

习　题　四

1. 某市为了解年龄从 23 岁到 27 岁的在职年轻人中月收入低于 2 000 元的人所占的比例，计划在这群年轻人中随机抽取 400 人。若调查的 400 人中有 50 人的月收入低于 2 000 元，回答下列问题：

① 该市年龄从 23 岁到 27 岁的在职年轻人中月收入低于 2 000 元的人所占比例的估计是多少？

② 它的置信水平为 95% 的抽样误差是多少？

③ 当置信水平从 95% 增加到 99%，抽样误差如何变化？

④ 当置信水平从 95% 减少到 90%，抽样误差如何变化？

2. 某市为了解生活不能自理的老人在老人中的比例，计划在老人中随机抽取 500 人。

① 如果将 500 人中生活不能自理的老人所占的比例作为该市生活不能自理的老人在老人中所占比例的估计，则它的置信水平为 95% 的抽样误差至多为多少？

② 若调查的 500 人中有 40 位老人生活不能自理。
- 该市生活不能自理的老人在老人中所占比例的估计为多少？
- 它的置信水平为 95% 的抽样误差为多少？

3. 2008 年 6 月 11 日中新网的一则新闻的标题是"美大选：奥巴马民意支持率稳定领先麦凯恩"。新闻说盖洛普民意测验中心 10 日公布的最新民调显示，目前奥巴马的全国支持度为 48%，麦凯恩为 41%。这是盖洛普自 3 月中开始进行这项民意调查以来，奥巴马领先麦凯恩的最大差距。这项民调是于 6 月 7 日至 9 日在全国抽样访问 2 633 位登记选民，抽样误差正负两个百分点。这个抽样误差正负两个百分点是如何计算的？

4. 2000 年美国大选，共和党总统候选人小布什与民主党总统候选人戈尔的两次电视辩论后的民意调查的结果见下面的两个报道：
- 报道 1（摘自 2000 年 10 月 13 日《文汇报》）：选举前 10 月 11 日晚举行的第二场电视辩论后 CNN 迅速进行了民意测验，当晚就发布消息称小布什赢得了本场辩论，小布什赢得 49%，戈尔赢得 36%。
- 报道 2（摘自 2000 年 10 月 19 日《文汇报》）：选举前 10 月 18 日举行的第三场电视辩论后 CNN 称戈尔稍占上风。46% 的人认为戈尔赢得了这一场辩论，44% 的人认为小布什赢得了辩论。

这两篇报道的用词有什么不同？试分析其原因。

注:报道虽然都没有说调查了多少人,但一般来讲都是1 000人左右。因而抽样误差在3%之内,置信水平有95%。

5. 调查某城市写字楼里上班的年轻族。其中有五分之一的人说,今后三五年内准备购车。据此推断说,该城市在未来的三五年内有五分之一,近20万年轻人准备购车。这个推断可信吗?

6. (摘自参考书目[3],第19章第386页习题A的第11题)1988年9月11日,美国The San Francisco Examiner报刊登了一则消息,标题是:10名生物教师中有3人支持《圣经》的创世说。该报说Arlington Texas大学的两位社会学家Dana Dunn和Raymond Eve从全国教师协会提供的名单中随机抽取20 000名高中生物教师,然后将问卷寄给他们。他们共收到200份答卷,其中30%的生物教师相信《圣经》的创世说,又有19%的生物教师错误地认为人类与恐龙曾生活在同一年代。根据调查结果,这两位社会学家说,10名生物教师中有3人支持《圣经》的创世说,100名生物教师中有19人认为人类与恐龙曾生活在同一年代。看来这两人做了某些非常错误的事。那是些什么事?请说说他们做错事的原因。

7. 随机抽取100人进行调查,调查他们有没有逃过税。直接询问很可能没有人举手说自己逃过税。为使调查顺利进行,给每个人一个均匀的硬币并让他们抛掷。当然调查者不知道每人抛掷的结果,被调查者只能看自己的抛掷结果,看不到其他人的抛掷结果。要求下面两种情况的人举手:抛掷硬币正面的人举手是第一种情况;抛掷硬币反面的人倘若逃过税的也举手是第二种情况。这两种情况的人举手相当于说抛掷硬币反面且没有逃过税的人才不必举手。假设100人中有58个人举手,42个人没有举手。

① 首先将被调查的100人分成两类:"抛掷硬币正面的人"与"抛掷硬币反面的人"。请估计这两类的人数。

② 按要求,抛掷硬币正面的人都举手了,抛掷硬币反面的人有的举手,有的没有举手。请估计:在抛掷硬币反面的人中举手的人数有多少?

③ 按要求,抛掷硬币反面的人倘若逃过税的才举手。请根据第①题得到的抛掷硬币反面的人数的估计,与第②题得到的在抛掷硬币反面的人中举手的人数的估计,估计逃税的比例。

④ 在这样调查的过程中,我们能不能知道这100人中究竟哪些人逃过税?能不能知道58个举手的人中究竟哪些人逃过税?当问卷中有涉及个人隐私或政治态度,如有没有逃过税、作弊、赌博或吸毒,甚至收入等敏感性问题时,倘若采用传统的直接询问的方法,即使访问员作出种种说明和保证,例如不记名、不留笔迹也无济于事,被调查者很可能出于顾虑而不愿如实回答甚至拒绝回答问题,使调查结果失去真实性。为此,沃纳(Warner)于1965年提出用随机回答的方法,消除被调查者的顾虑。由本题可了解到随机化回答的基本思想。

8. 某家餐馆的包间需要预定。每天常有预定者违约不来就餐。下面是 $n=60$ 天的预定者违约的个数。

```
4 4 0 5 2 7 5 4 7 5 5 2 0 4 3 8 4 3 7 1 2 5
3 5 7 9 3 5 2 6 2 5 4 5 0 7 7 8 6 8 5 4
6 10 5 6 2 5 4 8 6 3 2 2 10 6 6 6 9 3 4 7
```

① 请估计平均违约个数,以及违约个数的标准差;

② 请计算平均违约个数的置信水平为95%的估计误差;

③ 当置信水平从 95% 增加到 99%,估计误差如何变化?
④ 当置信水平从 95% 减少到 90%,估计误差如何变化?

9. 1986 至 1990 年历时 5 年,在我国不同地区共测量了 15 200 左右个人的人体尺寸数据。关于成年男子和成年女子身高的测量结果如下:

成年男子:样本量 5 115,均值 167.48 厘米,标准差 6.09 厘米;

成年女子:样本量 5 507,均值 156.58 厘米,标准差 5.47 厘米。

假设成年男子身高的分布是正态分布 $N(\mu,\sigma^2)$。

① 请估计成年男子平均身高 μ,以及身高标准差 σ;
② 请计算成年男子平均身高 μ 的 95% 的估计误差;
③ 请给出成年男子平均身高 μ 的 95% 的区间估计。
④ 人们为什么常说由于样本量很大,故不妨认为成年男子的平均身高均值 μ 已知,等于样本均值 167.48 厘米?
⑤ 由于样本量很大,不妨认为成年男子与成年女子身高的分布是什么样的正态分布?

10. 现引进一新工序。按这一新工序装配产品,调查所花的时间。得到的样本数据为 100、105、98、107、102、100(分钟)。假设装配产品所需时间有正态分布 $N(\mu,\sigma^2)$。

① 求装配产品的平均时间 μ 与标准差 σ 的估计;
② 求装配产品的平均时间 μ 的概率 95% 的区间估计;
③ 这一新工序的说明书说,装配产品所需的平均时间为 100 分钟。倘若①的装配产品的平均时间 μ 的估计不是 100,我们能否就此判断说,新工序说明书说的,"装配产品的平均时间为 100 分钟"是不正确的?如果不能根据①的装配产品的平均时间 μ 的估计下结论,那能否根据②的装配产品的平均时间 μ 的区间估计下结论?说明书说的,"装配产品的平均时间为 100 分钟"是否正确?

11. 某市由 15 名居民组成的样本中,他们每天小汽车的行驶里程数据如下(单位:千米):
25 20 26 33 20 37 30 14 26 28 32 28 31 27 26 27

假设居民每天小汽车的行驶里程数服从正态分布 $N(\mu,\sigma^2)$。

① 求该市居民每天小汽车的行驶里程的平均数 μ 与标准差 σ 的估计;
② 求该市居民每天小汽车的行驶里程的平均数 μ 的概率 95% 的区间估计;
③ 倘若希望概率 95% 的估计误差不超过 2(千米),试问这批数据有没有达到这一精度要求?如果没有达到,那该怎么办?

12. 对年轻职工工作调查,其中的一个问题是"您认为在未来的 12 个月内,您的收入会增加吗?"400 个年轻职工中有 220 人回答"是"。一年之前同样的一项调查,400 个年轻职工中有 192 人回答"是"。令 p_1 与 p_2 分别表示两个不同的时间点上认为未来的 12 个月内收入会增加的年轻职工在年轻职工中所占的比例。计算比例之差 p_1-p_2 的置信水平为 95% 的区间估计。对于这个区间估计你作何解释?

第五章

检　　验

除了估计,检验问题是统计推断的另一重要问题。上一章在讲比例估计时,§4.1.3 小节的"支持度的估计大的候选人是否支持度也大",与"民意测验说他赢得了电视辩论是否能说他赢了"的这两个问题,以及§4.1.4 小节的地区税务所核准的纳税申报单出错比例的比较问题其实就是检验问题。上一章我们用构造区间估计的方法解决了这 3 个检验问题。但对大多数检验问题来说,难以使用构造区间估计的方法去解决它。本章首先讨论统计检验问题的一般性的推断思考过程,然后讲解有关比例与均值,以及方差与属性数据等的检验问题。

§5.1　统计检验问题的推断思考过程

第三章§3.4.1 小节在讲二项分布时,提出了一个检验问题。正常情况下新生男婴的比例 0.518 5,女婴的比例 0.481 5。某城市当年新生婴儿有 10 万人,其中女婴 4.75 万,比例为 0.475,较正常比例 0.481 5 小了 0.006 5。当年新生女婴的比例究竟是正常,还是超乎寻常的低?这一类问题就是所谓的统计检验问题。检验问题的解决方法有点类似于"反证法"。反证法假设,倘若当年新生女婴的出生比例正常,等于公认的 0.481 5。统计检验问题使用的反证法与大家熟悉的数学问题的反证法有所不同。

- 数学问题的反证法是在反证法的假设条件下寻找矛盾(不可能发生的事情),反过来说明这个假设不会成立。
- 我们这里使用的统计检验问题的反证法是在这个假设条件下寻找几乎矛盾(几乎不大可能发生的事情)。

统计检验问题的这个"反证法"的思考过程可由下面这个感人的例子加以说明。

手足口病　2008 年 3 月 28 日下午 5 时,阜阳市人民医院儿科主任医师刘晓琳像往常一样走进病房值夜班。这时,重症监护室里已同时住了两个小孩,病情一模一样,都是呼吸困难、吐粉红色痰,有肺炎症状,也表现出急性肺水肿症状,但是在另外一些症状上,却又与肺炎相矛盾。当晚,这两个小孩的病情突然恶化,抢救无效因肺出血而死亡。这时护士过来,告诉她3月27日也有一名相同症状的孩子死亡。刘医生立即将这3个病例资料调到一起,发现患儿都是死于肺炎。常规的肺炎,大多是左心衰竭导致死亡。而这3个孩子都是右心衰竭导致死亡。这很不正常。职业的敏感和强烈的责任心,让刘晓琳医生警觉起来。3月29日零点多,在好不容易劝走了这两个死亡的患儿的情绪激动的家长后,她连夜用电话把情况向领导进行了汇报。刘晓琳的预警起到了作用。4月23日,经卫生部、省、市专家诊断,确定该病为手足口病(EV71病毒感染)。人们都说,没有她的敏感和汇报,病毒还不知道要害死多少儿童。不仅手足口病,就是4年之前,2004年上半年引起社会公众高度关注的阜阳"大头娃娃"事件也是刘晓琳医生最早揭示的,是她首先想到"大头娃娃"吃的奶粉出了问题。由此揭开了国内劣质奶粉的生产和销售的罪恶,挽救了无数婴儿的生命。4月26日,卫生部部长陈竺对刘晓琳的行动也给予了高度赞扬:"一个好的临床医生,面对的应该不仅仅是个体病人的症状,还要想到症状后面的病因,要对临床情况的特殊性产生警觉,意识到其中的不同寻常之处,并且有报告意识。刘主任对这次疫情的控制是有贡献的。"

3月29日零点多刘晓琳医生深夜上报病例,就是因为3例肺炎异常死亡病例引起她的警觉。常规的肺炎,大多是左心衰竭导致死亡。这也就是说肺炎因右心衰竭而死是有可能的,只不过这个概率不大,连续3位患儿都因右心衰竭而死这个概率就更小了。由此她就怀疑这些患儿得的不是肺炎。由此看来,这像是反证法。大家熟悉的反证法是寻找矛盾(不可能发生的事情),而我们这里的反证法是寻找几乎矛盾(几乎不大可能发生的事情)。我们用图5.1说明刘医生的推断过程,这样的推断方法对于我们发现问题是非常有帮助的。事实上,很多人在实践中都有这样的"反证法"的推断过程,只不过没有自觉地意识到。

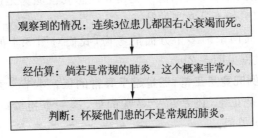

图 5.1 刘医生的推断过程

图5.1的推断过程自然有理。但在解统计检验问题时需要对图5.1的推断方法作些改进。它的第二个方框里的话说的其实是:"经估算:倘若是常规的肺炎,连续3位患儿都因右心衰竭而死的概率非常小"。现将这句话修改为:"经估算:倘若是常规的肺炎,连续3位、4位和更多位患儿都因右心衰竭而死的概率非常

小"。为什么作这样的修改,将计算的概率由"连续 3 位患儿都因右心衰竭而死的概率"修改为"连续 3 位、4 位和更多位患儿都因右心衰竭而死的概率",我们有以下两个方面的考虑:

1) 既然刘医生在连续 3 位患儿都因右心衰竭而死时怀疑他们患的不是常规的肺炎,那么如果连续有 4、5 或更多位患儿都因右心衰竭而死时刘医生更应怀疑他们患的不是常规的肺炎。因而计算的应该是更大一些的概率,也就是倘若是常规的肺炎,连续 3 位、4 位和更多位患儿都因右心衰竭而死的概率。

2) 我们什么时候怀疑他们患的不是常规的肺炎?很自然地,大家会说,我们是在连续有比较多的患儿都因右心衰竭而死时,才说他们患的不是常规的肺炎。现在刘医生看到有连续 3 位患儿都因右心衰竭而死时,则根据这个推断原则,需要回答一个问题,连续 3 位患儿是否能认为是连续比较多的患儿了?这个问题犹如看某人长得高不高,就是看周围比他高的人多不多,也就是看比他高的人的比例有多大。

    如果周围有比较大的比例的人比他高,那自然不能认为他长得偏高。只有当比他高的人的比例比较小的时候我们才认为他长得偏高。

同样道理,看某人长得矮不矮,就是看周围比他矮的人多不多,也就是看比他矮的人的比例有多大。

    如果周围有比较大的比例的人比他矮,那自然不能认为他长得偏矮。只有当比他矮的人的比例比较小的时候我们才认为他长得偏矮。

由此可见,连续 3 位患儿能否算是连续比较多的患儿了,关键就在于等于大于 3 位患儿,也就是连续 3 位、4 位和更多位患儿都因右心衰竭而死的概率有多大。由于这个概率很小,因而我们认为连续 3 位患儿就能算是连续比较多的患儿了,并据此怀疑他们患的不是常规的肺炎。

正因为包括上面两个的多个方面的考虑,我们对图 5.1 的推断方法进行改进,改进后的推断过程见图 5.2。

新生女婴的比例究竟是正常,还是超乎寻常的低? 本节一开头所说的当年新生女婴的比例究竟是正常,还是超乎寻常的低,这一个检验问题的论证过程与图 5.2 的推断过程相类似。

显然,我们是在新生的 10 万婴儿中女婴很少的时候才认为新生女婴的比例超乎寻常的低。按图 5.2 的推断过程,现在的关键就在于,当这一年女婴出生的比例正常,等于公认的 0.4815 时,计算该城市这一年 10 万新生婴儿中女婴儿的人数等于小于 4.75 万的概率。仅当这个概率比较小的时候,我们才能认为 4.75 万个女婴是比较少的。这个概率可以用二项分布来计算。

倘若这一年女婴出生的比例等于 0.4815,那么该城市这一年新生女婴的人数

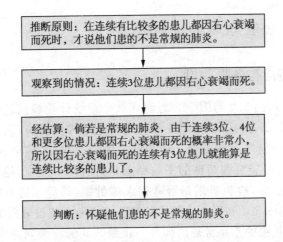

图 5.2　改进后的推断过程

应该是二项分布 $b(10\text{万},0.4815)$。从而使用 Excel,输入"= binomdist(47 500, 100 000, 0.481 5, 1)"就可算得,倘若这一年女婴出生的比例正常,10 万个新生婴儿中有 4.75 万或更少个女婴的可能性仅等于 0.000 019 7。这个可能性如此之小,说明 4.75 万个女婴是很少的。有这么少的女婴出生在女婴出生比例正常时是几乎不大可能发生的事。这使得我们不得不说,这一年女婴出生的比例超乎寻常的低。这个"反证法"的推断过程可用图 5.3 来加以说明。

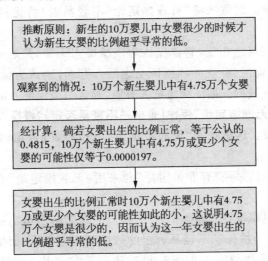

图 5.3　检验女婴出生比例是否超乎寻常低的推断过程

§5.2 统计检验问题的求解

§5.2.1 原假设与备择假设

我们以图 5.1、图 5.2 与图 5.3 为例详细介绍统计检验问题的理论与处理方法。图 5.1 和图 5.2 是为了检验患儿患的是不是常规的肺炎，图 5.3 是为了检验女婴出生比例是否超乎寻常的低。诸如此类的问题很多，例如，检验额定标准为每袋净重 0.5 千克的袋装葡萄糖的平均糖重是否有 0.5 千克，检验治疗心血管病的药是否损伤肾功能，检验吸烟是否危害人体健康，等等。这类问题都有两个假设等待检验，例如图 5.1 和图 5.2 的检验问题中这两个假设分别为"患儿患的是常规的肺炎"和"患儿患的不是常规的肺炎"；在图 5.3 的检验问题中，这两个假设分别为"女婴出生比例正常"和"女婴出生比例超乎寻常的低"。检验这两个假设时，对它们的态度应有所不同。这与法院审讯犯罪嫌疑人时究竟是"有罪推定"，还是"无罪推定"的原则相类似。法院审讯时有两个假设等待检验："嫌疑人有罪"和"嫌疑人无罪"。如果是有罪推定，则首先认为该嫌疑人有罪，然后寻找证据证明他无罪。倘若有充分、确凿、有效的证据证明嫌疑人无罪，则认为他无罪。反之，倘若没有充分、确凿、有效的证据证明嫌疑人无罪，则认为他有罪。由此可见，

　　　　"有罪推定论"保护（也就是不轻易否定）"嫌疑人有罪"
　　的假设。这意味着"有罪推定论"不轻易说（肯定）嫌疑人
　　　无罪。

然而"无罪推定论"与之相反，它首先认为该嫌疑人无罪，然后寻找证据证明他有罪。倘若有充分、确凿、有效的证据证明嫌疑人有罪，则认为他有罪。反之，倘若没有充分、确凿、有效的证据证明嫌疑人有罪，则认为他无罪。由此可见，

　　　　"无罪推定论"保护（也就是不轻易否定）"嫌疑人无罪"
　　的假设。这意味着"无罪推定论"不轻易说（肯定）嫌疑人
　　　有罪。

看来，审讯嫌疑人时，采用"有罪推定论"与采用"无罪推定论"有可能得到不同的审讯结论。

与法院审讯犯罪嫌疑人相类似，统计检验问题对待所给出的两个假设也是有所区别的，其中那个被保护不轻易否定的假设称为原假设，而把另一个不轻易肯定的假设称为备择假设。不少统计检验问题往往采用"无罪推定论"，例如在图 5.3 的女婴出生比例是否超乎寻常低的检验问题中，把"女婴出生比例正常"视为原假设，"女婴出生比例超乎寻常的低"视为备择假设；在额定标准为每袋净重 0.5 千克的袋装葡萄糖的平均糖重是否有 0.5 千克的检验问题中，把"平均糖重

0.5千克"视为原假设,"平均糖重不是 0.5 千克"视为备择假设。有些统计检验问题,可能采用"有罪推定论",例如,检验治疗心血管病的药是否损伤肾功能。这个检验问题关系到药是否伤害人体健康,我们绝不能轻易地说药不损伤肾功能,因而把"药损伤肾功能"视为原假设,"药没有损伤肾功能"视为备择假设。究竟是采用无罪推定,还是采用有罪推定,需具体问题具体分析。例如,对于吸烟是否危害人体健康的检验问题,与药是否损伤肾功能的检验问题不同的是,人们却把"吸烟无害"视为原假设,"吸烟有害"视为备择假设。这倒不是不关心人体健康,而是考虑到吸烟有长久的历史,已是很多人生活的一个重要内容,此外还考虑到香烟的生产关系到农民耕作、工人就业、国家税收等国计民生大事,所以我们绝不能轻易地说吸烟有害。综上所述,不论是无罪推定,还是有罪推定,其实我们都是按下面的原则,在实际检验问题中设定原假设与备择假设的:

● **原假设**:不轻易否定的假设,也就是说有了充分、确凿、有效的证据后才拒绝的假设;

● **备择假设**:不轻易肯定的假设,也就是说有了充分、确凿、有效的证据后才接受的假设。

由此可见,统计检验不轻易地否定原假设。这也就是说,仅当我们有了充分、确凿、有效的证据证明原假设不成立,才拒绝原假设,认为备择假设成立。由此看来,在统计检验问题中一旦原假设被拒绝,则就意味着有比较充分、确凿、有效的证据认为备择假设为真。

通常将原假设(null hypothesis)记为 H_0,故原假设也可称为零假设。将备择假设(alternative hypothesis)记为 H_1,有时也记为 H_a。将检验问题例如女婴出生比例是否超乎寻常低的检验问题记为

H_0:女婴出生比例正常 ⟷ H_1:女婴出生比例超乎寻常的低。

这个假设检验问题有时也记为

H_0:女婴出生比例正常 vs. H_1:女婴出生比例超乎寻常的低。

"vs."是 versus 的简写,是"对"的意思。当然,检验问题也可简记为

H_0:女婴出生比例正常;H_1:女婴出生比例超乎寻常的低。

有的时候将检验问题简写为原假设"H_0:女婴出生比例正常"。而将备择假设默认为"H_1:女婴出生比例超乎寻常的低"。

什么是原假设是解统计检验问题的第一个关键。

§5.2.2 检验法则与 p 值

轻易不否定的假设,也就是说有了充分、确凿、有效的证据后才能拒绝的假设称为是原假设。那么究竟什么样的证据才能认为是充分、确凿、有效,或简单地

说,什么时候拒绝原假设,是解统计检验问题必须首先要考虑的问题。

"什么时候拒绝原假设"称为检验法则。

对女婴出生比例是否超乎寻常低的检验问题来说,其原假设为女婴出生比例正常。备择假设为女婴出生比例超乎寻常的低,因而它的检验法则就是图5.3第一个方框里的推断原则,也就是在新生女婴很少的时候才拒绝原假设,认为新生女婴的比例超乎寻常的低。

确定检验法则是解统计检验问题的第二个关键。

确定了检验法则之后,接下来的重要工作就是使用反证法,在原假设成立的假设条件下计算概率。计算什么样的概率,这个与原假设、检验法则,以及观察到的数据有关。对女婴出生比例是否超乎寻常低的检验问题而言,由于我们的检验法则是,在新生女婴很少的时候才拒绝原假设,又由于当年10万个新生婴儿中有4.75万个女婴,因此我们在原假设成立,也就是在女婴出生比例正常,等于公认的0.4815的条件下计算,10万个新生婴儿中有4.75万和更少个女婴的概率。这个思考过程见图5.4。

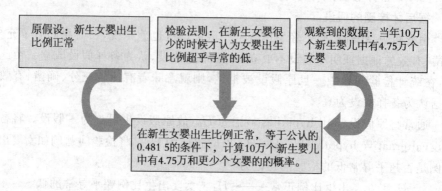

图5.4 计算什么样的概率?

女婴出生比例是否超乎寻常低的检验问题告诉我们,在原假设成立时计算概率,这是使用反证法解统计检验问题的关键。按统计的术语,这个概率称为是**检验的 p 值**,简称 p 值,p 就是英文 probability(概率)的第一个字母。

计算 p 值是解统计检验问题的第三个关键。

一般来说,计算 p 值遵循下面的原则:

看一个数是不是比较小,就看等于和小于它的概率大不大。如果这个概率比较小,则我们认为这一个数比较小。反之,如果这个概率比较大,我们当然不能认为这一个数比较小。

同样的道理,

看一个数是不是比较大,就看等于和大于它的概率大不大。如果这个概率比较小,则我们认为这一个数比较大。反之,如果这个概率比较大,我们当然不能认为这一个数比较大。

在女婴出生比例是否超乎寻常低的检验问题中,我们在女婴出生比例正常,等于公认的 0.481 5 的假设条件下,计算得到"10 万个新生婴儿中有 4.75 万或更少个女婴"的概率为 0.000 019 7,这也就是说检验的 p 值为 0.000 019 7。p 值如此之小,使得我们不得不认为在女婴出生比例正常时 10 万个新生婴儿中有 4.75 万个女婴是很少的。这几乎是不大可能发生的事,从而确信女婴出生比例超乎寻常的低。**解统计检验问题时,p 值起着极其重要的作用。**

- 若 p 值比较小,这意味着在原假设成立时观察到的这件事基本上是不大可能发生的,则就有了充分、确凿、有效的证据拒绝原假设,从而认为备择假设是正确的。
- 若 p 值不小,则意味着还没有找到充分、确凿、有效的证据,因而不能拒绝原假设,只得认为原假设是正确的。

§5.2.3 检验的水平

女婴出生比例是否超乎寻常低的检验问题告诉我们,p 值的计算的确是解统计检验问题的关键。可能大家会问,p 值的大小有没有界限? 通常人们取 0.05 为 p 值的界。当 p 值不比 0.05 大的时候,就说 p 值比较小;否则说 p 值不小。0.05 称为**检验的水平**,记为水平 $\alpha=0.05$。我们在讲估计的误差与区间估计问题时说,置信水平达到 95%,公认这是可以的了。与此相对应,对检验问题来说,检验的水平不超过 0.05,就公认这是可以的了。有的时候我们希望拒绝原假设的证据非常充分、确凿、有效,还取水平 $\alpha=0.01$ 为界。

- 若 p 值不比 0.01 大,则说 p 值很小,这说明有非常充分、确凿、有效的证据认为备择假设是正确的,我们在水平 $\alpha=0.01$ 下(高度显著地)拒绝原假设;
- 若 p 值比 0.01 大,但不比 0.05 大,则说 p 值比较小,这说明有充分、确凿、有效的证据认为备择假设是正确的,我们在水平 $\alpha=0.05$ 下(显著地)拒绝原假设,但在水平 $\alpha=0.01$ 下不能(高度显著地)拒绝原假设。
- 若 p 值比 0.05 大,则说 p 值不小,这说明没有充分、确凿、有效的证据认为备择假设是正确的,我们在水平 $\alpha=0.05$ 下不能拒绝原假设,只得认为原假设是正确的。

下面我们用人长得高不高、矮不矮的例子,说明"水平"的含义。

- 看某人长得高不高,就是看比他高的人的比例有多大。取水平 $\alpha=0.05$ 意思是说,判定一个人长得高不高的标准是:如果在 20 个人中平均至多只有一个人比他高,我们就认为他长得显著的高。取水平 $\alpha=0.01$ 意思是说,判定一个人长得高不高的标准是:如果在 100 个人中平均来说至多只有一个人比他高,我们就认为他长得高度显著的高。

- 看某人长得矮不矮,就是看比他矮的人的比例有多大。取水平 $\alpha=0.05$ 意思是说,判定一个人长得矮不矮的标准是:如果在 20 个人中平均来说至多只有一个人比他矮,我们就认为他长得显著的矮。取水平 $\alpha=0.01$ 意思是说,判定一个人长得矮不矮的标准是:如果在 100 个人中平均来说至多只有一个人比他矮,我们就认为他长得高度显著的矮。

前面在讲统计估计问题时,我们说不可能有风险消失了的没有误差的估计,我们能做的就是控制误差,也就是给出误差在什么范围之内有多大的可信(把握)程度,或给出有多大可信(把握)程度的什么样的区间估计。统计检验问题也有风险,它的风险表现在它可能出错。可能大家会说,既然我们是有了充分、确凿、有效的证据后才认为备择假设是正确的,怎么会出错?

在前面讨论的女婴出生比例是否超乎寻常低的检验问题中,p 值 0.000 019 7 非常的小,这说明在女婴出生比例正常的时候 10 万个新生婴儿中有 4.75 万个女婴几乎是大不可能发生的,所以我们认为女婴出生比例超乎寻常的低。显然,几乎不大可能发生并不是说不会发生。既然 p 值 0.000 019 7 是原假设成立,即女婴出生比例正常的时候,10 万个新生婴儿中有 4.75 万或更少个女婴的概率,那么**我们认为女婴出生比例超乎寻常的低,这样一个判断出错的可能性仅为 0.000 019 7。**

由此看来,p 值有下面一个重要的含义:

p 值告诉我们,倘若根据现有的样本观察值拒绝原假设,则在原假设成立时我们承受的风险,犯错误的概率就如 p 值那么大。

正因为 p 值有这样的含义,所以对一个检验问题来说,

- p 值比较小的时候我们为什么拒绝原假设,那是由于犯错误的概率不大的缘故;
- p 值比较大的时候我们为什么不拒绝原假设,那是由于倘若拒绝原假设,则犯错误的概率比较大的缘故。

水平 α 有与 p 值相类似的含义。回过头来再来看女婴出生比例是否超乎寻常低的检验问题。p 值 0.000 019 7 小于 0.01,因而在水平 $\alpha=0.01$ 下拒绝原假设;也就是在女婴出生比例正常时认为女婴出生比例超乎寻常的低,犯这样一个错误的概率就比水平 $\alpha=0.01$ 小。由此看来,水平 α 有与 p 值相类似的重要含义:

水平 α 意味着在原假设成立时我们若拒绝原假设,则承受的风险,犯错误的概率不会比 α 大。

*§5.2.4 两类错误

原假设成立时我们若拒绝原假设,则将承受犯错误的风险。在原假设不成立时我们若接受原假设,也要承受犯错误的风险。显然,这是两种不同类型的错误。

原假设成立时拒绝原假设所犯的错误称为第一类错误;

原假设不成立,即备择假设成立时不拒绝原假设所犯的错误称为第二类错误。

在产品质量检验工作中广泛使用抽样检验(简称抽检)。一般来说,抽检问题的原假设和备择假设分别为

$$H_0:产品合格 \longleftrightarrow H_1:产品不合格。$$

抽检问题,例如从一批产品中随机抽取一定数量的产品,看里面有多少个不合格品。如果抽检到的不合格品比较多,则拒绝原假设,认为整批产品不合格;否则不拒绝原假设,认为整批产品合格。在抽检问题中有必要对两类错误给于同等的关注。犯第一类错误就是在产品合格的时候却判断它为不合格产品,错误地不让合格产品进入市场。所以控制犯第一类错误的概率,使得它不大于事先给定的水平例如 $\alpha=0.05$,这是在保护生产方厂家的利益,让合格产品尽可能地进入市场。而犯第二类错误就是在产品不合格的时候却判断它为合格产品,错误地让不合格产品进入市场。所以控制犯第二类错误的概率,这是在保护使用方的利益,让不合格产品尽可能地不进入市场。显然,在抽检问题中犯这两类错误的概率都需要受到控制。同时控制犯这两类错误概率的问题,一个很大的困难就是,犯这两类错误的概率相互制约,例如减少犯第一类错误的概率,让合格产品尽可能地进入市场,则势必使得不合格产品容易进入市场,从而增加犯第二类错误的概率。反之,减少犯第二类错误的概率,让不合格产品尽可能地不进入市场,则势必使得合格产品不容易进入市场,从而增加犯第一类错误的概率。为什么人们通常在 p 值不比 0.05(或 0.01)大的时候,就说 p 值比较小,仅仅控制犯第一类错误的概率不大于水平 $\alpha=0.05$(或 0.01),这是因为倘若犯第一类错误的概率控制在一个非常低的水平,例如 $\alpha=0.0001$,则势必提高犯第二类错误的概率,甚至很可能提得过分的高。正因为兼顾到犯第二类错误的概率,人们通常才仅控制犯第一类错误的概率不大于水平 $\alpha=0.05$(或 0.01)。

究竟取多大的水平,有的时候需视问题的实际意义,具体问题具体分析。例如,治疗心血管病的药是否损伤肾功能的检验问题,原假设是"药损伤肾功能",备择假设是"药没有损伤肾功能"。由于原假设绝不能轻易地被拒绝,因此水平就通常不取为 $\alpha=0.05$,而将犯第一类错误的概率控制在低水平,例如取 $\alpha=0.01$ 甚至更低 $\alpha=0.001$ 等。又如产品质量的抽检问题,原假设是"产品合格",备择假设是

"产品不合格"。如果根据经验这个企业的全面质量管理工作做得很好,产品的合格率一直非常高,则很自然地将犯第一类错误的概率控制在低水平,也就是说,直到发现了过多的不合格品才判待检的这批产品不合格。而如果根据经验这个企业的全面质量管理工作做得不太好,产品的合格率一直不太高,则很自然地不将犯第一类错误的概率控制在低水平,也就是说,发现了不太多个的不合格品就可判待检的这批产品不合格。

§5.2.5 假设检验问题的求解步骤

综上所述,我们结合女婴出生比例是否超乎寻常低的检验问题,讲解求解假设检验问题的4个步骤:

1) 建立原假设 H_0 和备择假设 H_1。

例如,H_0:女婴出生比例正常,H_1:女婴出生比例超乎寻常的低。

2) 确定检验法则。

在新生女婴很少的时候拒绝原假设,认为女婴出生比例超乎寻常的低。

3) 计算 p 值。

若观察到的情况是 10 万个新生婴儿中有 4.75 万个女婴,则检验的 p 值就是,在女婴出生比例正常,等于 0.4815 的时候,10 万个新生婴儿中有 4.75 万或更少个女婴的概率。

4) 若 p 值比较小,例如 p 值不比 0.01 大,则在水平 $\alpha=0.01$ 下高度显著地拒绝原假设;又若 p 值比 0.01 大,但不比 0.05 大,则在水平 $\alpha=0.05$ 下显著地拒绝原假设;反之则不拒绝原假设。

墨菲定律 几乎不大可能发生的事并不是不可能发生,只是发生的可能性比较小,例如小于 0.05。我们之所以在"发生的可能性例如小于 0.05 的事"发生的时候拒绝原假设,是因为我们知道,我们这样做犯错误的可能性不超过 0.05,这样大的风险我们能够承受。必须指出的是,有的时候有些场合,我们应认为几乎不大可能发生的事是有可能发生的,而且它一定会发生。这就是所谓的墨菲定律。

工程师墨菲曾参加美国空军1949年的一项实验,需要将 16 个火箭加速度计悬空装在受试者的上方。支架上固定火箭加速度计的有两个位置。按实验要求,其中的一个位置是正确的,而另一个是错误的。不可思议的是,竟然有人有条不紊地将 16 个火箭加速度计全部安装在错误的位置。于是墨菲说,如果有两种选择,其中的一种将导致灾难,则必定有人会选择它。后来墨菲的这一句话演变为人们熟知的这样一句话:"会出错的,终将会出错(If anything can go wrong, it will)"。其实,这一句话,不同的人,不同的场合,有不同的含义。对于使用电脑的人来说,重要的资料应做好备份。这是因为再好的电脑也有可能出问题。人,尤其是老年人要把重要的事情用笔记下来。记性再好的人也可能会忘事。

§5.3 比例的检验

上一章讲了总体中具有某种特性的个体所占比例 p 的估计问题。本节讲解关于比例 p 的检验问题。女婴出生比例是否超乎寻常的低,就是比例的检验问题。它的一般形式为

$$H_0：总体中具有某种特性的个体所占比例 p=p_0；H_1：p<p_0$$

其中 p_0 已知,例如在女婴出生比例是否超乎寻常低的检验问题中,$p_0=0.4815$。通常使用下面的方法去检验比例 p:观察 n 个个体,看其中有多少个个体具有这种特性。假设被观察的 n 个个体中具有这种特性的个体有 m 个,则检验问题"H_0:$p=p_0$;H_1:$p<p_0$"的检验法则是,在 m 比较小的时候,拒绝原假设,认为 $p<p_0$。接下来用反证法,在原假设为真时计算 n 个个体中至多有 m 个(m 或更少个)这种特性个体的概率,也就是检验的 p 值。

必须注意的是,比例的检验问题有两个 p。它们有不同的含义。一个是待检验的比例 p,它是 proportion(比例)的简写。另一个是检验的 p 值,它是 probability(概率)的简写。

由于原假设"H_0:$p=p_0$"成立时,n 个个体中具有这种特性个体的个数服从二项分布 $b(n, p_0)$,因而 p 值等于 $P(b(n, p_0) \leqslant m)$。输入 Excel 函数命令"=binomdist(m, n, p_0, 1)",即得检验的 p 值。根据 p 值的大小作出拒绝或不拒绝原假设的判断。

除了上述这种形式的检验比例的问题之外。还有一类检验比例的问题,它的一般形式为

$$H_0：总体中具有某种特性的个体所占比例 p=p_0；H_1：p>p_0$$

例如,某工厂的某个产品的质量标准是,不合格品的比例不超过 1%。随机检验 100 个产品,倘若其中没有发现不合格品,或仅发现 1 个不合格品,可想而知质量检验员肯定认为产品合格,而倘若发现 2 个不合格品那应如何判断?依据比例估计的方法,不合格率 p 的估计为频率(样本比例)2%,超过了所允许的不合格率的上限 1%。我们能否就此说产品不合格?考虑到估计有误差,因而绝不能这样轻易下结论。产品很可能是合格的,仅仅是由于随机因素的影响,样本比例偶然偏高了。在随机检验的 100 个产品中倘若发现了 2 个不合格品那究竟该如何判断?这显然是下面这样一个统计检验问题:

$$H_0：产品不合格率 p \leqslant 0.01；H_1：p>0.01$$

对于原假设为 H_0:$p \leqslant 0.01$ 的检验问题,我们一般就仅考虑不合格品的比例达到了

上限(最"坏"的情况)1%。这也就是说下面这两个检验问题的处理方法完全相同：

(1) $H_0: p=p_0$; $H_1: p>p_0$; (2) $H_0: p\leqslant p_0$; $H_1: p>p_0$。

同样的道理，下面这两个检验问题的处理方法也是完全相同的：

(1) $H_0: p=p_0$; $H_1: p<p_0$; (2) $H_0: p\geqslant p_0$; $H_1: p<p_0$。

显然，在检验100个产品中如果发现了比较多的不合格品则拒绝原假设，认为产品不合格，不合格率$p>0.01$。根据这个检验法则，以及在检验100个产品中观察到有2个不合格品，所以检验的p值等于：倘若产品合格，不合格率$p=0.01$，在检验100个产品中至少有2个(2个或更多个)不合格品的概率。不合格率$p=0.01$时，100个产品中不合格品的个数的分布是二项分布$b(100, 0.01)$。由此可见，检验的p值等于$P(b(100, 0.01)\geqslant 2)$。输入Excel函数命令"=1－binomdist(1,100,0.01,1)"，即得p值等于0.264 2，大于水平0.05。因而我们不能拒绝原假设。这说明在检验的100个产品中如果发现了2个不合格品，则必须认为产品合格。**倘若认为产品不合格，则我们就有26.42%的可能性犯错误**。人们是不愿意冒这么大的风险作出"产品不合格"的判断。这个产品合格与否的检验问题的检验过程见图5.5。

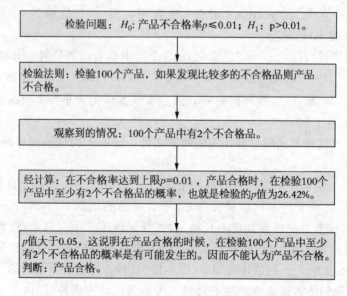

图5.5　产品合格与否的检验问题的检验过程

女婴出生比例是否超乎寻常低的检验问题，我们是在新生女婴比较少的时候拒绝原假设，而不合格产品的比例是否超过额定标准1%的检验问题，我们是在不合格产品比较多的时候拒绝原假设。这两种类型的检验问题通常称为是单边拒绝的假设检验问题，其解概述如下：

- 目的：对总体中具有某种特性的个体所占比例 p 进行检验；
- 观察到的数据：从总体中随机抽取 n 个个体，其中有 m 个个体具有这种特性；
- 这两种类型的单边拒绝的比例检验问题的解见表 5.1。

表 5.1 单边拒绝的比例检验问题

H_0	$p=p_0$	$p \geq p_0$	$p=p_0$	$p \leq p_0$
H_1		$p<p_0$		$p>p_0$
检验法则	在 m 比较小的时候拒绝原假设，认为 $p<p_0$		在 m 比较大的时候拒绝原假设，认为 $p>p_0$	
检验 p 值	倘若 $p=p_0$，n 个个体中至多有 m 个个体具有这种特性的概率：输入"=binomdist(m, n, p_0, 1)"		倘若 $p=p_0$，n 个个体中至少有 m 个个体具有这种特性的概率：输入"=1−binomdist(m−1, n, p_0, 1)"	

关于比例的检验问题除了这两种类型的单边拒绝的检验类型，还有双边拒绝的一种类型。看下面的例子。

第三章§3.1.2 小节在讲用频率方法估算概率时，举了抛掷图钉的例子。这个例子来自于参考书目[10]的第二节"Experimenting with Chance"。抛掷一枚图钉，钉尖朝上出现的概率为 0.65，钉尖朝下出现的概率为 0.35，这种讲法就出自于那本参考书。为验证这个说法，作者实地做"抛掷图钉"的实验。实验观察结果是，抛掷 103 颗图钉，钉尖朝下 40 颗、钉尖朝上 63 颗。由此算得，钉尖朝下出现的频率为 0.388，钉尖朝上的频率为 0.612。考虑到偶然因素，我们显然不能就此说钉尖朝上与朝下出现的概率不是 0.65 与 0.35。这是一个统计检验问题。由于钉尖朝上与朝下出现概率的和等于 1，因而仅需检验钉尖朝上出现的概率是否等于 0.65。其原假设与备择假设分别为

H_0：钉尖朝上出现的概率 $p=0.65$；H_1：$p \neq 0.65$。

这种类型检验问题的一般形式为

H_0：总体中具有某种特性的个体所占比例 $p=p_0$；H_1：$p \neq p_0$。

显然，在抛掷 103 颗图钉中，如果钉尖朝上的图钉比较多或比较少，则拒绝原假设，认为钉尖朝上出现的概率 $p \neq 0.65$。这是双边拒绝的检验问题。与单边拒绝检验问题不同的是，双边拒绝检验问题的 p 值需要乘以 2。抛掷 103 颗图钉，倘若原假设成立，钉尖朝上出现的概率 $p=0.65$，因而平均来说钉尖朝上应该有 67 （=103×0.65）颗。在抛掷的 103 颗图钉中观察到钉尖朝上有 63 颗。看来 63 颗这个观察值应理解为比较小的。如果是单边拒绝，检验的 p 值等于，倘若钉尖朝上出现的概率 $p=0.65$，则在抛掷的 103 颗图钉中钉尖朝上至多有 63 颗的概率。把这个概率乘以 2 就是双边拒绝检验的 p 值。

输入"=binomdist(63,103,0.65,1)",得单边拒绝检验的 p 值=0.2365,从而得双边拒绝检验的 p 值=0.4730。p 值比较大,这说明在钉尖朝上出现的概率 $p=0.65$ 时,抛掷 103 颗图钉有 63 颗钉尖朝上这样一种情况是有可能发生的,因而不能认为钉尖朝上出现的概率 $p\neq 0.65$。判断:那本参考书的讲法是正确的,钉尖朝上与朝下出现的概率分别是 0.65 与 0.35。**倘若认为参考书的讲法不正确,则我们我们就有 47.3% 的可能性犯错误。人们显然不愿意犯这么大的错误。**

关于双边拒绝的比例假设检验问题,其解概述如下。
- 目的:检验总体中具有某种特性的个体所占比例 p 是否等于已知的 p_0;
- 观察到的数据:从总体中随机抽取 n 个个体,其中有 m 个个体具有这种特性;
- 双边拒绝的比例假设检验问题的解见表 5.2。

表 5.2 双边拒绝的比例检验问题

H_0		$p=p_0$
H_1		$p\neq p_0$
检验法则		在 m 比较小或比较大的时候拒绝原假设 H_0,认为 $p\neq p_0$
检验 p 值	$m<np_0$ 时	2 乘以"在 $p=p_0$ 时,n 个个体中至多有 m 个个体具有这种特性的概率":输入"=2*binomdist (m, n, p_0, 1)"
	$m>np_0$ 时	2 乘以"在 $p=p_0$ 时,n 个个体中至少有 m 个个体具有这种特性的概率":输入"=2*(1-binomdist (m-1, n, p_0, 1))"

§5.4 正态分布均值的 t 检验

除了对总体中具有某种特性的个体在总体中的比例 p 进行检验之外,常见的还有对总体中个体的某个数量指标的平均大小 μ 进行检验。本节着重考虑总体是正态分布 $N(\mu,\sigma^2)$ 时,均值 μ 的检验问题。看下面的例子。

质检部门定期对企业产品例如某型号大瓶咖啡的容量进行检验,检验它的容量是否低于其标签上标明的容量 1000 克。倘若比 1000 克低,就以因重量不足进行投诉。设大瓶咖啡重量的分布是正态分布 $N(\mu,\sigma^2)$。能不能投诉的检验问题的原假设与备择假设分别是

原假设 $H_0:\mu=1000$,不能以重量不足进行投诉;

备择假设 $H_1:\mu<1000$,能以重量不足进行投诉。

假定由 $n=36$ 瓶咖啡组成一个随机样本的样本观察数值为

964　　1006　　987　　989　　983　　1011　　1013　　1018　　988

977　　1015　　1011　　1021　　991　　1011　　1001　　984　　1021

1 035	981	1 009	940	1 016	1 027	992	1 002	1 011
994	992	1 018	1 043	1 018	979	1 019	992	995

经计算

样本均值 $\bar{x}=1\,001.5$（克）

样本方差 $s^2=420.94$（平方克）

样本标准差 $s=20.52$（克）

既然样本均值 $\bar{x}$ 大于 1 000 克，看来我们不可能寻找到充分、确凿、有效的证据，以证明该大瓶咖啡的重量不足。在样本均值 $\bar{x}$ 大于 1 000 克时，应立即作出不投诉的判断。

又假定由 $n=36$ 瓶咖啡组成另一个随机样本的样本观察数值为

995	1 023	984	989	997	1 006	1 048	994	979
989	1 026	1 032	989	985	1 002	993	1 007	1 021
960	983	988	969	1 007	974	984	983	1 044
991	985	1 013	1 008	993	952	1 012	992	998

经计算

样本均值 $\bar{x}=997.08$（克）

样本方差 $s^2=441.85$（平方克）

样本标准差 $s=21.02$（克）

虽然样本均值 $\bar{x}$ 小于标重 1 000 克，但我们不能立即以该大瓶咖啡的重量不足进行投诉。能不能投诉需要统计检验。这个检验问题的检验法则显然是：在样本均值 $\bar{x}$ 比较小的时候，拒绝原假设，认为可因重量不足进行投诉。根据 $n=36$ 瓶咖啡样本算得的样本均值 $\bar{x}=994.08$ 是不是比较小？这就需要根据反证法，在原假设成立，均值 $\mu=1\,000$ 时计算 $\bar{x}$ 小于等于 994.08 的概率，也就是检验的 p 值。人们发现，样本均值 $\bar{x}$ 的大小与量纲（单位）有关系，并且计算这个检验法则的 p 值相当复杂困难。退而求其次，我们首先计算样本 t 值：

$$t=\sqrt{n}\frac{\bar{x}-1\,000}{s}=\sqrt{36}\frac{997.08-1\,000}{21.02}=-0.833\,5$$

然后由检验法则，在样本 t 值是一个比较小的负数时候，拒绝原假设，认为可因重量不足进行投诉。这个检验法则的一个优点是，样本 t 值的大小与量纲（单位）没有关系。

根据 $n=36$ 瓶咖啡样本算得的样本 $t=-0.833\,5$ 是不是一个比较小的负数？这就需要根据反证法，在原假设成立，均值 $\mu=1\,000$ 时计算样本 t 值小于等于 $-0.833\,5$ 的概率，也就是检验的 p 值。

看一个数是不是比较小，就看比它小的概率大不大。如果比它小的概率比较小，则认为这个数比较小；反之，如果比它小的概率比较大，则

认为这个数比较大。

这个检验 p 值的计算需要使用上一章§4.2.2 小节引入 t 分布。在原假设成立，均值 $\mu=1\,000$ 时样本 t 值小于等于 $-0.833\,5$ 的概率，正好等于自由度为样本容量 $n-1=35$ 的 t 分布小于等于 $-0.833\,5$ 的概率，检验的 p 值等于 $P(t(35)\leqslant -0.833\,5)$。由上一章§4.2.2 小节可以知道，输入 t 分布的单尾概率的 Excel 函数命令："=tdist(a, m, 1)"，即得自由度为 m 的 t 分布单尾（右上）概率 $P(t(m)\geqslant a)$ 的值，其中的 a 是正数。为得到自由度为 35 的 t 分布单尾（左下）概率 $P(t(35)\leqslant -0.833\,5)$ 的值，首先利用 t 分布的对称性，将（左下）单尾概率 $P(t(35)\leqslant -0.833\,5)$ 改写成（右上）单尾概率 $P(t(35)\geqslant 0.833\,5)$：

$$P(t(35)\leqslant -0.833\,5)=P(t(35)\geqslant 0.833\,5)$$

然后输入"=tdist(0.833 5,35,1)"，从而得检验的 p 值

$$p=P(t(35)\leqslant -0.833\,5)=P(t(35)\geqslant 0.833\,5)=0.205\,1>0.05$$

由于 p 值不小，所以在平均重量 $\mu=1\,000$ 克时，$n=36$ 瓶咖啡的样本均值 $\bar{x}=997.08$ 克是有可能的，因而不能拒绝原假设。这也就是说，倘若拒绝原假设，认为可以投诉，则我们就有 20.51% 的可能性犯错误。人们不愿意犯错误的可能性如此的大，因而决定不投诉。正因为这个检验方法运用了 t 分布，故通常称它为 t 检验。

上述能不能投诉的检验问题还可以写成下面的形式：

原假设 $H_0: \mu\geqslant 1\,000$，不能因重量不足进行投诉；备择假设 $H_1: \mu<1\,000$。在原假设为 $H_0: \mu\geqslant 1\,000$ 时，一般就仅考虑重量达到了下限（最"坏"的情况）1 000（克）。也就是说，下面这两个检验问题的处理方法是完全相同的：

(1) $H_0: \mu=\mu_0$；$H_1: \mu>\mu_0$；(2) $H_0: \mu\geqslant \mu_0$；$H_1: \mu<\mu_0$，

其中 μ_0 已知例如 $\mu_0=1\,000$。同样道理，下面这两个检验问题的处理方法也是完全相同的：

(1) $H_0: \mu=\mu_0$；$H_1: \mu>\mu_0$；(2) $H_0: \mu\leqslant \mu_0$；$H_1: \mu>\mu_0$。

与能不能投诉的检验问题不同的是，它们在样本 t 值是一个比较大的正数的时候拒绝原假设。对这两个检验问题而言，检验的 p 值就是在原假设成立，均值 $\mu=\mu_0$ 时，大于等于这个样本 t 值的概率。它正好等于自由度为样本容量 $n-1$ 的 t 分布大于等于这个样本 t 值的概率，检验的 p 值等于：$p=P(t(n-1)\geqslant t)$。

这些均值的检验问题都运用了 t 分布，且都是单边拒绝。通常称为单边拒绝的 t 检验，其解概述如下：

- 目的：设个体的某个数量指标值的分布是正态分布 $N(\mu, \sigma^2)$，对总体正态分布的均值 μ 进行检验；
- 观察到的数据：从总体中随机抽取 n 个个体，其数量指标测量值为 x_1,

$x_2, \cdots, x_n$,计算样本均值 $\bar{x}$、样本方差 s^2 与样本标准差 s;

- 计算样本 t 值:$t=\sqrt{n}\dfrac{\bar{x}-\mu_0}{s}$;
- 这两种类型的单边拒绝的均值 t 检验问题的解见表 5.3。

表 5.3 检验均值的单边拒绝的 t 检验

H_0	$\mu=\mu_0$	$\mu\geqslant\mu_0$	$\mu=\mu_0$	$\mu\leqslant\mu_0$
H_1	$\mu<\mu_0$		$\mu>\mu_0$	
样本 t 值	$t=\sqrt{n}\dfrac{\bar{x}-\mu_0}{s}$			
检验法则	在样本 t 值是一个比较小的负数的时候拒绝原假设,认为 $\mu<\mu_0$		在样本 t 值是一个比较大的正数的时候拒绝原假设,认为 $\mu>\mu_0$	
检验 p 值	倘若 $\mu=\mu_0$,自由度为 $n-1$ 的 t 分布小于等于样本 t 值的概率: 输入"=tdist(-t,n-1,1)"		倘若 $\mu=\mu_0$,自由度为 $n-1$ 的 t 分布大于等于样本 t 值的概率: 输入"=tdist(t,n-1,1)"	

除了单边拒绝的 t 检验,还有双边拒绝的 t 检验。例如,某企业生产的袋装葡萄糖额定标准为每袋净重 0.5 千克。质量检验员定期随机抽查若干袋,例如 $n=10$ 袋的葡萄糖的糖重,然后据此作出判断,包装机工作是否正常。设袋装葡萄糖重量的分布是正态分布 $N(\mu, \sigma^2)$。这个企业生产是否正常的检验问题的原假设与备择假设显然分别是

原假设 H_0:$\mu=0.5$,包装机工作正常;

备择假设 H_1:$\mu\neq 0.5$,包装机工作不正常。

抽查 $n=10$ 袋葡萄糖称重,计算样本均值 $\bar{x}$,样本方差 s^2 与标准差 s,然后计算样本 t 值

$$t=\sqrt{n}\dfrac{\bar{x}-\mu_0}{s}=\sqrt{10}\dfrac{\bar{x}-0.5}{s}$$

显然,我们在 t 是一个比较小的负数或比较大的正数时拒绝原假设 H_0,认为 $\mu\neq 0.5$,包装机工作不正常。这是双边拒绝的 t 检验,其 p 值是单边拒绝的 p 值的 2 倍。

设某次抽查 $n=10$ 袋葡萄糖的称重为

0.497 0.496 0.513 0.505 0.498 0.518 0.502 0.477 0.489 0.482

经计算:

样本均值 $\bar{x}=0.497\,7$

样本方差 $s^2=0.000\,163\,6$

样本标准差 $s=0.012\,79$

样本 t 值:$t=\sqrt{n}\dfrac{\bar{x}-\mu_0}{s}=\sqrt{10}\dfrac{0.497\,7-0.5}{0.012\,79}=-0.568\,7$

因为$t=-0.5687<0$，所以检验的p值是自由度为样本容量$n-1=9$的t分布小于等于-0.5687的单尾概率的2倍。输入"=2*tdist(0.5687,9,1)"，或等价地输入计算双尾概率的命令"=tdist(0.5687,9,2)"，则得双边拒绝检验的p值等于0.5835。因而在包装机工作正常、平均重量$\mu=0.5$千克的时候，$n=10$袋葡萄糖的样本均值$\bar{x}=0.498$千克是有可能的，因而我们不拒绝原假设，不能认为包装机工作不正常。

关于双边拒绝的t检验，其解概述如下。

- 目的：设个体的某个数量指标值的分布是正态分布$N(\mu,\sigma^2)$，对总体的均值μ进行检验；
- 观察到的数据：从总体中随机抽取n个个体，其数量指标测量值为x_1, $x_2,\cdots,x_n$，计算样本均值$\bar{x}$、样本方差s^2与样本标准差s；
- 计算样本t值：$t=\sqrt{n}\dfrac{\bar{x}-\mu_0}{s}$；
- 双边拒绝的均值t检验问题的解见表5.4。

表5.4 检验均值的双边拒绝的t检验

H_0	$\mu=\mu_0$	
H_1	$\mu\neq\mu_0$	
样本t值	$t=\sqrt{n}\dfrac{\bar{x}-\mu_0}{s}$	
检验法则	在样本t值是一个比较小的负数或比较大的正数时拒绝原假设H_0，认为$\mu\neq\mu_0$。	
检验p值	样本t值<0	自由度为样本容量$n-1$的t分布小于等于样本t值的单尾（下）概率的2倍；输入"=tdist(-t, n-1, 2)"
	样本t值>0	自由度为样本容量$n-1$的t分布大于等于样本t值的单尾（上）概率的2倍；输入"=tdist(-t, n-1, 2)"

还可以使用Excel数据分析功能的"t检验：平均值的成对二样本分析"完成均值的t检验。大家可能会感到奇怪，关于单个正态分布$N(\mu,\sigma^2)$均值μ的检验问题，我们只有一组样本例如$n=10$袋葡萄糖的称重数据，难道可以用二样本分析？事实上，对于袋装葡萄糖的平均重量是否等于0.5（千克）的检验问题，可以看成比较下面两组成对数据的检验问题，一组数据是原先的"$n=10$袋葡萄糖的称重数据"，另一组数据是假设的"$n=10$袋葡萄糖称重皆为0.5（千克）的数据"。使用Excel数据分析功能比较这样两组数据的顺序如下：

（1）将数据例如$n=10$袋葡萄糖的称重输入到例如A列的前10个单元格，在B列的前10个单元格上都输入0.5。事实上，在Excel很容易输入10个或更多个常数例如0.5。首先在B列第1个单元格上输入0.5，然后将鼠标从B列第1个单元格往下拉，直到第10个单元格止，则B列的前10个单元格上将都是0.5。

(2) 选择工具下拉菜单。

(3) 选择数据分析选项。

(4) 在分析工具框中选择 t 检验:平均值的成对二样本分析。

(5) 在 t 检验:平均值的成对二样本分析对话框中:

1) 在变量 1 的区域①栏中键入 a1：a10。

2) 在变量 2 的区域②栏中键入 b1：b10。

3) 在假设平均差(E)栏目中键入"0",意思是说比较这两组成对数据的大小。

4) 在 $\alpha(A)$ 栏中键入水平。水平的默认值为 0.05。本课程不讨论 F 检验的水平问题,建议跳过这一栏,也就是取默认值 0.05。

5) 选择输出区域,并在输出区域栏中键入例如 D1(让输出的计算结果从 D1 单元格开始)。

(6) 单击确定。

Excel 输出的检验计算结果见表 5.5。表的第 7 行的"df"是自由度(degree of freedom)的意思。事实上,仅需关心表的第 8、第 9 与第 11 行。第 8 行给出的是样本 t 值, $t=-0.568\,696\,342$;第 9 行给出的是单尾概率 $0.291\,736\,119$。其标记"$P(T<=t)$ 单尾"似乎是说这是左单尾概率。对于本题而言,由于样本 t 值是负的,这的确是左单尾概率。必须注意的是,倘若某个实际问题的样本 t 值是正的,则它应是右单尾概率,但它的标记仍然是"$P(T<=t)$ 单尾"。判断究竟是左单尾概率,

表 5.5 检验均值的 t 检验

t 检验：成对二样本均值分析

特征量	变量 1	变量 2
平均	0.497 7	0.5
方差	0.000 163 567	0
观测值	10	
泊松相关系数	#DIV/0!	
假设平均差	0	
df	9	
t Stat	−0.568 696 342	
$P(T<=t)$ 单尾	0.291 736 119	
t 单尾临界	1.833 112 923	
$P(T<=t)$ 双尾	0.583 472 238	
t 双尾临界	2.262 157 158	

还是右单尾概率,关键看表的第 8 行的样本 t 值。若 t 小于 0,则是左单尾概率;否则就是右单尾概率。这个单尾概率的两倍就是第 11 行上的双尾概率

0.583 472 238。表的其余各行可忽略不看。"t 检验:平均值的成对二样本分析"的详细介绍请见下一章。

*§5.5 正态分布方差的 χ^2 检验

本节讨论总体是正态分布 $N(\mu, \sigma^2)$ 时,方差 σ^2(标准差 σ)的检验问题。看下面的例子。

某城市公共汽车公司为树立可信赖形象,要求公共汽车到达各个汽车站的时间与应到达时间的差变化不大,规定其标准差小于或等于1分钟。在某个汽车站测量公共汽车到达时间与应到达时间的差。现有 $n=10$ 辆公共汽车的测量值(单位:分):

  1.8 -1.6 -1.2 -0.5 -0.3 -1 2.9 1.1 0 -1.1

经计算

    样本均值 $\bar{x}=0.01$

    样本方差 $s^2=2.1566$

    样本标准差 $s=1.4685$

假设到达时间与应到达时间的差有正态分布 $N(\mu, \sigma^2)$。公共汽车公司应首先检验均值 μ 是否等于0,也就是公共汽车是否准点到达。这个 t 检验的过程从略。然后检验标准差 σ 是否达到了公司的规定,小于或等于1分钟。这个检验问题的原假设与备择假设分别为 $H_0: \sigma \leq 1$,$H_1: \sigma > 1$。通常将关于标准差的检验问题改写成方差的形式:

    $H_0: \sigma^2 \leq 1$,公共汽车到达时间的标准差达到公司的规定;

    $H_1: \sigma^2 > 1$,公共汽车到达时间的标准差没有达到公司的规定。

与均值检验的处理方法完全相同,这个检验问题的原假设可简化为最"坏的情况:方差 $\sigma^2=1$"。这也就是说。下面两个检验问题的处理方法完全相同,其中 σ_0^2 已知,例如 $\sigma_0^2=1$。

    (1) $H_0: \sigma^2 \leq \sigma_0^2$;$H_1: \sigma^2 > \sigma_0^2$;(2) $H_0: \sigma^2 = \sigma_0^2$;$H_1: \sigma^2 > \sigma_0^2$。

关于均值 μ 例如是否等于给定 μ_0 的检验问题,人们需要计算样本 t 值。样本 t 值最关键的部分,也就是它的分子是样本均值 $\bar{x}$ 与 μ_0 的差:$\bar{x}-\mu_0$。与此相类似,关于方差 σ^2 是否等于给定 σ_0^2 的检验问题,应比较样本方差 s^2 与 σ_0^2。与检验均值不同的是,检验方差时不是计算样本方差 s^2 与 σ_0^2 的差,而是计算它们的比值:s^2/σ_0^2。为方便计算检验的 p 值,检验方差时人们通常计算样本 χ^2(读为卡方)值:

$$\chi^2 = \frac{(n-1)s^2}{\sigma_0^2}$$

对上述公共汽车到达时间的标准差是否小于等于 1 的检验问题,人们计算的样本 χ^2 值为

$$\chi^2 = \frac{(n-1)s^2}{\sigma_0^2} = \frac{(10-1) \times 2.1566}{1} = 19.4094$$

显然,如果样本 $\chi^2 = 19.4094$ 比较大,则我们拒绝原假设,认为公共汽车到达时间的标准差没有达到公司的规定。这就需要计算检验的 p 值,也就是在原假设成立,方差 $\sigma^2 = 1$ 时计算样本 χ^2 值大于等于 19.4094 概率。这个检验 p 值的计算需要引入一个新的分布,那就是 χ^2 分布。上一章 §4.2.2 小节引入的 t 分布与正态分布有关,此处引入的 χ^2 分布是与正态分布有关的又一个分布。可以证明,这个检验的 p 值正好等于自由度为样本容量 $n-1=9$ 的 χ^2 分布(记为 $\chi^2(9)$)大于等于 19.4094 的概率,这也就是说检验的 p 值等于

$$p = P(\chi^2(9) \geqslant 19.4094)$$

它是 $\chi^2(9)$ 分布的上尾概率。$\chi^2(9)$ 分布的图像以及 $\chi^2(9)$ 分布大于等于 19.4094 的概率见图 5.6。

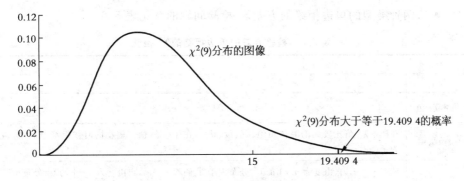

图 5.6 $\chi^2(9)$ 分布的图像及大于等于 19.4094 的概率

输入 Excel 计算 $\chi^2(m)$ 分布上尾概率的函数命令:"=chidist(a, m)",则得到自由度为 m 的 $\chi^2(m)$ 分布单尾上概率 $P(\chi^2(m) \geqslant a)$ 的值。因而为得到自由度为 9 的 $\chi^2(9)$ 分布单尾上概率 $P(\chi^2(9) \geqslant 19.4094)$ 的值,仅需输入"=chidist(19.4094,9)",从而得 $\chi^2(9)$ 分布大于等于 19.4094 的概率,也就是检验的 p 值等于

$$p = P(\chi^2(9) \geqslant 19.4094) = 0.02193 < 0.05$$

因为 p 值比较小,所以 $\chi^2 = 19.4094$ 是比较大的一个数。因而拒绝原假设,认为公共汽车到达时间的标准差没有达到公司的规定。当然我们这样说,是有可能犯

错误的。不过犯错误的概率不大,仅等于 2.193%。

正因上述这个检验方法运用了 χ^2 分布,故通常称它为 χ^2 检验。显然,与 t 检验相类似,χ^2 检验也有这样的优点,样本 χ^2 值的大小与量纲(单位)没有关系。看来,一个好的检验方法,它的检验结果应与量纲(单位)没有关系。

至此讨论了正态分布 $N(\mu,\sigma^2)$ 的方差 σ^2 的单边拒绝的这两种类型的 χ^2 检验问题:

(1) $H_0: \sigma^2 \leqslant \sigma_0^2$;$H_1: \sigma^2 > \sigma_0^2$;(2) $H_0: \sigma^2 = \sigma_0^2$;$H_0: \sigma^2 > \sigma_0^2$。

除此之外,单边拒绝的 χ^2 检验还有下面两种类型:

(1) $H_0: \sigma^2 \geqslant \sigma_0^2$;$H_1: \sigma^2 < \sigma_0^2$;(2) $H_0: \sigma^2 = \sigma_0^2$;$H_1: \sigma^2 < \sigma_0^2$。

显然,它们是在样本 χ^2 值比较小的时候拒绝原假设。而对这两个检验问题而言,检验的 p 值就是在原假设成立,方差 $\sigma^2 = \sigma_0^2$ 时,小于等于这个样本 χ^2 值的概率。

正态分布 $N(\mu,\sigma^2)$ 的方差 σ^2 的单边拒绝检验问题的解概述如下。

- 目的:设总体的分布是正态分布 $N(\mu,\sigma^2)$,对方差 σ^2(或标准差 σ)进行检验;
- 观察到的数据:从总体中随机抽取 n 个个体,其观察值为 $x_1, x_2, \cdots, x_n$,计算样本均值 $\bar{x}$、样本方差 s^2 与样本标准差 s;
- 计算样本 χ^2 值:$\chi^2 = \dfrac{(n-1)s^2}{\sigma_0^2}$;
- 这两种类型的单边拒绝的方差 χ^2 检验问题的解见表 5.6。

表 5.6 检验方差的单边拒绝的 χ^2 检验

H_0	$\sigma^2 = \sigma_0^2$	$\sigma^2 \leqslant \sigma_0^2$	$\sigma^2 = \sigma_0^2$	$\sigma^2 \geqslant \sigma_0^2$
H_1	$\sigma^2 > \sigma_0^2$		$\sigma^2 < \sigma_0^2$	
样本 χ^2 值	$\chi^2 = \dfrac{s^2}{\sigma_0^2}$			
检验法则	在样本 χ^2 值比较大的时候拒绝原假设,认为 $\sigma^2 > \sigma_0^2$		在样本 χ^2 值比较小的时候拒绝原假设,认为 $\sigma^2 < \sigma_0^2$	
检验 p 值	倘若 $\sigma^2 = \sigma_0^2$,自由度为 $n-1$ 的 χ^2 分布大于等于样本 χ^2 值的(上尾)概率:输入"=chidist(χ^2, n−1)"		倘若 $\sigma^2 = \sigma_0^2$,自由度为 $n-1$ 的 χ^2 分布小于等于样本 χ^2 值的(下尾)概率:输入"=1−chidist(χ^2, n−1)"	

除了单边拒绝的 χ^2 检验,还有双边拒绝的 χ^2 检验。双边拒绝的 χ^2 检验,其 p 值是单边拒绝的 p 值的 2 倍。关于双边拒绝的 χ^2 检验,其解概述如下。

- 目的:设总体的分布是正态分布 $N(\mu,\sigma^2)$,对方差 σ^2(或标准差 σ)进行检验;
- 观察到的数据:从总体中随机抽取 n 个个体,其观察值为 $x_1, x_2, \cdots, x_n$,计算样本均值 $\bar{x}$、样本方差 s^2 与样本标准差 s;
- 计算样本 χ^2 值:$\chi^2 = \dfrac{(n-1)s^2}{\sigma_0^2}$;

- 双边拒绝的方差χ^2检验问题的解见表5.7。

表5.7 检验方差的双边拒绝的χ^2检验

H_0	$\sigma^2 = \sigma_0^2$	
H_1	$\sigma^2 \neq \sigma_0^2$	
样本χ^2值	$\chi^2 = \dfrac{s^2}{\sigma_0^2}$	
检验法则	在样本χ^2值比较小或比较大的时候拒绝原假设H_0,认为$\sigma^2 \neq \sigma_0^2$。	
检验p值	$s^2 > \sigma_0^2$时	自由度为样本容量$n-1$的χ^2分布大于等于样本χ^2值的单尾(上)概率的2倍:输入"$=2*\text{chidist}(\chi^2, n-1)$"
	$s^2 < \sigma_0^2$时	自由度为样本容量$n-1$的χ^2分布小于等于样本χ^2值的单尾(下)概率的2倍:输入"$=2*(1-\text{chidist}(\chi^2, n-1))$"

*§5.6 属性数据类别比例的χ^2检验

某人经常购买彩票。一天他在某彩票投注站购买彩票时说,"1"和"4"这两个数字连续有好多天例如10天没有出现了,这次就买这两个数字。他认为在这两个数字连续10天没有出现之后,下一次出现这两个数字的可能性就变大了。有的旁观者认为他说的在理,跟着他买。而有的旁观者认为他说的没有道理,既然这两个数字连续10天没有出现,这说明它们出现的可能性不大,再买也不会中奖。现在的问题是,他们中间究竟谁的说法是正确的?谁的说法是错误的?

事实上,这两种说法都是错误的。对于公平的彩票而言,在"1"和"4"这两个数字连续10天没有出现之后,这两个数字下一次出现的可能性和前面任意一天例如第一天出现这两个数字的可能性一样大。不论前些时间某个数字有没有出现,出现了多少次,下一次这个数字出现的可能性都一样。前后两次出现还是不出现是相互独立的。倘若不相互独立,这项彩票就是不公平的,亟须改进。

公平彩票除了要求前后出现还是不出现,以及出现多少次相互独立,还要求每一个数字出现的可能性都是一样大的,也就是$0,1,\cdots,9$这10个数字出现的可能性都等于十分之一。如果某个彩票的800个历史数据中,这10个数字出现的情况如表5.8所示,基于这些记录,能说这个彩票公平吗?

这10个数字出现频率有的大,有的小,基本上都在10%上下波动,看来能说它们出现的可能性是一样大的。这事实上也是个统计检验问题。

表 5.8　彩票中 0,1,⋯,9 这 10 个数字出现的次数与频率

数字	出现次数	出现频率(%)
0	74	9.25
1	92	11.5
2	83	10.375
3	79	9.875
4	80	10
5	73	9.125
6	77	9.625
7	75	9.375
8	76	9.5
9	91	11.375
合计	800	100

0,1,⋯,9 这 10 个数字表示有 $r=10$ 个类别,800 个历史数据意味着有 $n=800$ 次观察。每一次观察得到的是这 10 个数字中的某一个数。与其说观察值是数,不如说观察值是类别。这犹如人的性别有男与女两个类别,婚姻状况有未婚、有配偶、丧偶与离婚等 4 个类别。观察一个人的性别,是男的还是女的,在男与女两个类别中识别该人属于哪一个类别。观察一个人的婚姻状况,在未婚、有配偶、丧偶与离婚这 4 个类别中识别该人属于哪一个类别。在检验彩票公正性的问题中,观察彩票得到的是 0,1,⋯,9 这 10 个数字中的某一个数,其实这些数只是一个类别的代码。既然是代码,因而它们没有大小关系,也不能进行运算。在这里,"0"与"1"表示两个不同的类别,没有大小关系,"0 + 1"也没有意义。由此看来,不论是人的性别与婚姻状况的观察,还是彩票的观察,观察值不是数,而是事物的属性。本节讨论属性数据的统计分析问题。事实上,本章§5.3 节比例的检验问题与上一章§4.1 节比例的估计问题,就是两个类别的属性数据的统计分析问题。

§5.6.1　属性数据类别比例的检验问题

本小节首先讨论一组属性数据的类别比例的检验问题。在检验彩票公正性的问题中,有 $r=10$ 个类别。这个检验问题的原假设和备择假设分别为

原假设 H_0:这 10 个类别所占的比例,都等于十分之一;
备择假设 H_1:这 10 个类别所占的比例不全相等。
这个属性数据类别比例检验问题的解题过程见表 5.9。

表 5.9 的第一列是类别的标识;第二列是 800 次观察中各个类别实际出现的次数;第三列是检验问题的反证法假设,倘若原假设为真,10 个类别所占的比例都等于十分之一时,800 次观察中各个类别出现的平均次数。显然,在第二列的一系列实际出现次数与第三列的一系列平均出现次数相差比较大的时候,拒绝原假设,认为这项彩票不公平,10 个类别所占的比例不全相等。衡量偏差程度的常用

方法是计算差的平方。各个类别的"差的平方"见表 5.9 的第四列；而第五列是各个类别的"差的平方的加权"。所谓加权，就是将"差的平方"除以该类别的平均出现次数：

表 5.9 属性数据类别比例检验问题的解题过程

类别	实际出现次数	平均出现次数	差的平方	差的平方的加权
0	74	80	$(74-80)^2=36$	$36/80=0.45$
1	92	80	$(92-80)^2=144$	$144/80=1.8$
2	83	80	$(83-80)^2=9$	$9/80=0.1125$
3	79	80	$(79-80)^2=1$	$1/80=0.0125$
4	80	80	$(80-80)^2=0$	$0/80=0$
5	73	80	$(73-80)^2=49$	$49/80=0.6125$
6	77	80	$(77-80)^2=9$	$9/80=0.1125$
7	75	80	$(75-80)^2=25$	$25/80=0.3125$
8	76	80	$(76-80)^2=16$	$16/80=0.2$
9	91	80	$(91-80)^2=121$	$121/80=1.5125$
合计	800	800		$\chi^2=5.125$

$$\text{差的平方的加权} = \frac{\text{差的平方}}{\text{平均出现次数}} = \text{差的平方} \times \left(\frac{1}{\text{平均出现次数}}\right)。$$

"差的平方的加权"的权等于 $\frac{1}{\text{平均出现次数}}$。由此可见，平均出现次数越小，其权就越大。表 5.9 的各个类别的平均出现次数都等于 80，因而各个类别的权是一样大的。

下面的例子告诉我们，计算差的平方的加权，这是非常合理的。上海到南京、到北京的距离分别是 304 千米与 1 463 千米。倘若某人说，上海到南京与北京的距离分别近似为 300 千米与 1 470 千米，试问哪个近似值的精确程度比较高？上海到南京的真正距离是 304 千米，说它近似为 300 千米，偏差 -4 千米，差的平方为 16 平方千米。上海到北京的真正距离是 1 463 千米，说它近似为 1 470 千米，偏差 7 千米，差的平方为 49 平方千米。难道就此能立即说，上海到北京的近似距离 1 470 千米的精确度低，而上海到南京的近似距离 300 千米的精确度高？事实上，上海到南京近似距离的偏差平方 16 平方千米是相对于真正距离 304 千米而言的，而上海到北京近似距离偏差平方 49 平方千米是相对于真正距离 1 463 千米而言。由此看来，近似距离精确程度的比较还需要考虑真正距离的长短，计算差的平方的加权：

$$\text{上海到南京近似距离的偏差平方的加权}: \frac{(300-304)^2}{304} = \frac{16}{304} = 0.0526;$$

$$\text{上海到北京近似距离的偏差平方的加权}: \frac{(1\,470-1\,463)^2}{1\,463} = \frac{49}{1\,463} = 0.0335。$$

看来，上海到北京的近似距离1 470千米的精确度高，而上海到南京的近似距离300千米的精确度低。

表5.9第五列上各个类别的"差的平方的加权"不一样大，它们分别是一个个类别的实际出现次数与平均出现次数之间偏差程度的度量。显然，第五列最后一行显示的，"差的平方的加权和"就是衡量第二列的一系列实际出现次数与第三列的一系列平均出现次数偏差程度的综合指标：

$$\chi^2 = \sum 差的平方的加权 = \sum \frac{差的平方}{平均出现次数}$$
$$= \sum \frac{(实际出现次数 - 平均出现次数)^2}{平均出现次数} = 5.125$$

显然，若加权平方和$\chi^2=5.125$比较大，则拒绝原假设，认为这项彩票不公平，10个类别所占的比例不全相等。为此需要在原假设成立、10个类别所占的比例都等于十分之一时，计算加权平方和χ^2值大于等于5.125的概率。可以证明，这个概率等于自由度为类别数$r-1=9$的$\chi^2(9)$分布大于等于5.125的概率，也就是说检验的p值$=P(\chi^2(9)\geqslant 5.125)$。而这就是将加权平方和记为$\chi^2$的原因，这也是为什么加权就是将"差的平方"除以该类别的平均出现次数，而不是例如除以平均出现次数的平方、平均出现次数的平方根，等等。

利用Excel，输入χ^2分布函数命令"=chidist(5.125,9)"，即得检验的p值等于$P(\chi^2(9)\geqslant 5.125)=0.8233$。$p$值相当大，所以不拒绝原假设，不能怀疑这项彩票的公平性。

属性数据类别比例检验问题的一般形式如下：
- 有r个类别；
- 原假设H_0：这r个类别所占的比例分别为已知的$p_1,p_2,\cdots,p_r$，备择假设通常省略不写，将它理解为原假设H_0的反面；
- 有n次观察，这r个类别实际出现的次数分别为$n_1,n_2,\cdots,n_r$；
- 在原假设H_0为真，这r个类别所占的比例分别为$p_1,p_2,\cdots,p_r$时，这r个类别平均出现的次数分别为$np_1,np_2,\cdots,np_r$；
- 计算加权平方和$\chi^2 = \sum \frac{(实际出现次数 - 平均出现次数)^2}{平均出现次数}$
$$= \sum_{i=1}^{r} \frac{(n_i - np_i)^2}{np_i};$$
- 输入"=chidist(χ^2, $r-1$)"，即得检验的p值$=P(\chi^2(r-1)\geqslant \chi^2)$。

这样的检验方法最早是由著名英国统计学家卡尔·皮尔逊(Karl Pearson, 1857-1936)提出的，故称为属性数据类别比例的皮尔逊χ^2检验。利用Excel的函数命令"chitest"能很快地算得检验的p值。注意，test就是检验的意思。我们以检验彩票公正性的问题为例,讲解皮尔逊χ^2检验的Excel的求解步骤。

1) 将各个类别的实际出现次数依次输入到例如A列第1到第10个单元格。

2) 将原假设的各个类别的比例输入到例如B列第1到第10个单元格。

3) 在C列上计算各个类别的平均出现次数:首先在C列的第1个单元格输入"=800*b1",单击确定,则得第1个类别的平均出现次数;然后鼠标往下拉,直到C列的第10个单元格,则依次得到各个类别的平均出现次数。

4) 在任意一个单元格例如D列的第1个单元格输入"=chitest(a1:a10,c1:c10)",单击确定,则得检验的p值为0.823 278 349。注意,chitest函数命令,必须首先输入的是实际出现次数"a1:a10",然后输入平均出现次数"c1:c10"。输入次序不能颠倒。

§5.6.2 齐性检验

调查人们对某项措施的满意程度,可以问他:"你对这项措施满意吗?"也可以问他:"你对这项措施不满意吗?"为了解这两种提问方式对被调查者回答问题有没有影响,向243人问"你满意吗?"另外向240人问"你不满意吗?"调查结果见表5.10。请问:这两种提问方式对被调查者回答问题有没有影响?

表5.10 两种提问方式对被调查者回答问题有没有影响的调查结果

回答	提出的问题	
	你满意吗?	你不满意吗?
非常满意	139	128
比较满意	82	69
比较不满意	12	20
不满意	10	23
和	243	240

这个问题有两组属性数据。它们是分别问"你对这项措施满意吗?"与"你对这项措施不满意吗?"得到的。每组属性数据都有4个类别:"回答非常满意"、"回答比较满意"、"回答比较不满意"与"回答不满意"。人们感兴趣的是,问"你满意吗?"这4个类别的比例与问"你不满意吗?"这4个类别的比例是否分别相等?这类检验问题通常称为齐性检验。

两组属性数据的齐性检验问题的原假设和备择假设分别为

原假设H_0:齐性,即第一组属性数据的这$r=4$个类别的比例,与第二组属性数据的这$r=4$个类别的比例分别相等;

备择假设H_1:非齐性,即第一组属性数据的这$r=4$个类别的比例,与第二组属性数据的这$r=4$个类别的比例至少有一个不相等。

属性数据齐性检验问题的求解步骤如下:

齐性检验的第一步 在原假设 H_0 为真,即齐性假设成立时,估计各个类别的比例。估计过程见表 5.11。既然齐性假设成立,这两组属性数据各个类别的比例分别都相等,我们就可以将这两组属性数据合在一起。它们的和见表 5.11 倒数第 2 行。也正因为齐性假设成立,我们可根据表 5.11 倒数第 2 行上,合在一起的和估计出各个类别的比例。各个比例的估计(见表 5.11 倒数第 1 行)分别为 $\frac{267}{483}$、$\frac{151}{483}$、$\frac{32}{483}$ 与 $\frac{33}{483}$。接下来的做法就与属性数据类别比例检验问题的做法相类似。

表 5.11 齐性假设成立时各个类别的比例

回答	提出的问题		和	齐性假设成立时各个类别的比例
	你满意吗?	你不满意吗?		
非常满意	139	128	267	267/483=55.28%
比较满意	82	69	151	151/483=31.26%
比较不满意	12	20	32	32/483=6.63%
不满意	10	23	33	33/483=6.83%
和	243	240	483	100.00%

齐性检验的第二步 在原假设 H_0 为真,即齐性假设成立时,估计这两个属性数据 r 个类别平均出现的次数。由于向 243 人问"你满意吗?"所以"回答非常满意"、"回答比较满意"、"回答比较不满意"与"回答不满意"的人数的估计(见表 5.12-2)的倒数第 3 行)分别为

$$243 \times \frac{267}{483} = 134.33, \ 243 \times \frac{151}{483} = 75.97, \ 243 \times \frac{32}{483} = 16.10, \ 243 \times \frac{33}{483} = 16.60.$$

因为向 240 人问"你不满意吗?"所以"回答非常满意"、"回答比较满意"、"回答比较不满意"与"回答不满意"的人数的估计(见表 5.12-2 的倒数第 2 行)分别为

$$240 \times \frac{267}{483} = 132.67, \ 240 \times \frac{151}{483} = 75.03, \ 240 \times \frac{32}{483} = 15.90 \ 与 \ 240 \times \frac{33}{483} = 16.40.$$

表 5.12-1 实际出现次数

	满意?	不满意?	和
非常满意	139	128	267
比较满意	82	69	151
比较不满意	12	20	32
不满意	10	23	33
和	243	240	483

表 5.12-2 平均出现次数

	满意?	不满意?	和
非常满意	134.33	132.67	267
比较满意	75.97	75.03	151
比较不满意	16.10	15.90	32
不满意	16.60	16.40	33
和	243	240	483

表 5.12-2 上粗线围着部分的各个类别人数的估计通常称为是齐性假设成立时各个类别的平均出现次数。而将表 5.10,也就是表 5.12-1 上粗线围着部分的各个类别的观察人数称为是实际出现次数。显然,在表 5.12-1 的一系列实际出现

次数与表5.12-2的一系列平均出现次数相差比较大的时候,拒绝原假设,认为齐性假设不成立。

注:通常称表5.12-1与表5.12-2的那种形式的交叉分组列表为列联表(Contingency Table)。表的右边各行的和,以及下边各列的和称为列联表的边际和。属性数据的齐性检验通常称为是列联表的齐性检验。

齐性检验的第三步 与属性数据类别比例检验相类似,计算表5.12-1粗线围着的一系列实际出现次数与表5.12-2粗线围着的一系列相对应的平均出现次数的差的加权平方和:

$$\chi^2 = \sum \frac{(实际出现次数 - 平均出现次数)^2}{平均出现次数} = \frac{(139-134.33)^2}{134.33} + \frac{(82-75.97)^2}{75.97}$$
$$+ \frac{(12-16.10)^2}{16.10} + \frac{(10-16.60)^2}{16.60} + \frac{(128-132.67)^2}{132.67} + \frac{(69-75.03)^2}{75.03}$$
$$+ \frac{(20-15.90)^2}{15.90} + \frac{(23-16.40)^2}{16.40} = 8.675。$$

显然,若加权平方和$\chi^2 = 8.675$比较大,则拒绝原假设,认为齐性假设不成立。为此需要在齐性假设成立时,计算加权平方和χ^2值大于等于8.675的概率。可以证明,对于两组属性数据的齐性检验问题,这个概率正好等于自由度为类别数$r-1=3$的$\chi^2(3)$分布大于等于8.675的概率,也就是说,检验的p值$P(\chi^2(3) \geq 8.675)$。利用Excel,输入χ^2分布函数命令"=chidist(8.675,3)",即得检验的p值等于$P(\chi^2(3) \geq 8.675) = 0.034$。$p < 0.05$,所以拒绝原假设,认为齐性假设不成立。

齐性假设不成立,意味着不同的提问方式对被调查者回答问题有影响。表5.13告诉我们,问"你满意吗?"时,回答"非常满意"和"比较满意"的比例比较大;而问"你不满意吗?"时,则回答"比较不满意"和"不满意"的比例比较大。看来

表5.13 两种提问方式的比较

回答	提出的问题			
	你满意吗?		你不满意吗?	
	人数	比例(%)	人数	比例(%)
非常满意	139	57.20	128	53.33
比较满意	82	33.74	69	28.75
比较不满意	12	4.94	20	8.33
不满意	10	4.12	23	9.58
合计	243	100	240	99.99

"你对这项措施满意吗?"的问题有引导人回答"满意"的倾向,而"你对这项措施不满意吗?"的问题有引导人回答"不满意"的倾向。为此人们建议可以这样"中性"地问:"你对这项措施的看法是:[1]满意,[2]比较满意,[3]比较不满意,[4]不满意。问卷设计是抽样调查的一项重要工作。调查问卷的主体是问题。问题的设

计应避免引导性。

设计调查问卷时,"怎样提问"很重要。而在调查访问时,"谁去问"很重要。不同的访问员去访问同一个调查对象,有时候调查对象对不同的访问员有不同的回答。其原因就在于调查对象有可能迎合访问员,想给访问员一个满意的答复。调查对象所说的话不一定是他真实的想法。民意调查中所谓的"布拉德利"效应就是这个问题的一个典型例子。非洲裔美国人布拉德利曾任洛杉矶市长,他是1982年竞选加利福尼亚州州长的民主党黑人候选人。投票之前的民意调查他领先于其他的候选人,但投票结果他却落选了。他的共和党对手白人候选人最终赢得选举。其原因就是,在对黑人候选人进行民意调查时,被询问者尤其是白人往往不敢直接表明自己内心的想法,害怕招致种族歧视的谴责而没有说真话。他们或者说还没有决定支持谁当选,或者说他们支持黑人候选人。而在真正投票时他们则把票投给了白人候选人。民意调查中所谓的"布拉德利"效应指的是美国选民中的这样一种心态:一些选民可能不愿投票给非洲裔总统候选人,但他对民调机构说了谎。在抽样调查时对所谓的"布拉德利"效应绝不能掉以轻心,人们有的时候可能不说真话。例如,杂志读者阅读量的上门调查,调查结果汇总分析后发现:喜欢某个品位比较高的杂志的人相当多,而喜欢某个大众化杂志的人就不多了。但由出版商提供的数据却明显地显示出相反的结果:品位比较高的那份杂志的发行量只有几十万份,而大众化的那份杂志的发行量却有好几百万份。对这个矛盾不一致现象的一个合理的解释就是,许多被调查者没有说实话,明明爱看大众化杂志却说自己喜欢阅读品位高的杂志。

列联表例如表5.10(或表5.12)的齐性检验假设,实际上是说"不同的提问方式"与"被调查者如何回答问题"相互独立。因而列联表的齐性检验通常称为是列联表的独立性检验。事实上,列联表的独立性检验这一种说法,比齐性检验更为常见。看下面的一个例子。

500个精神病人按抑郁症和自杀意向的轻重程度的实际分类观察数据见表5.14。

表5.14 500个精神病人的(实际)分类数据

精神状况	无抑郁	中等抑郁	严重抑郁	合计
无自杀意向	195	93	34	322
想要自杀	20	27	27	74
曾自杀过	26	39	39	104
合计	241	159	100	500

人们感兴趣的问题是,精神病人的"抑郁症的轻重程度"与"自杀意向的轻重程度"是否相互独立?这个独立性检验问题可看成下面两个齐性检验问题。

第一个齐性检验问题,抑郁症的轻重程度是否影响自杀意向的轻重程度。这就是说,有3组属性数据。它们是分别是"无抑郁症的精神病人"、"中等抑郁症的精神病人"与"严重抑郁症的精神病人"。每组属性数据都有3个类别:"无自杀意向"、"想要自杀"与"曾自杀过"。人们希望知道,"无抑郁症的精神病人"这3个类别的比例,"中等抑郁症的精神病人"这3个类别的比例,与"严重抑郁症的精神病人"这3个类别的比例是否分别相等?

第二个齐性检验问题与第一个正好相反,问的问题是:自杀意向的轻重程度是否影响抑郁症的轻重程度? 3组属性数据分别是"无自杀意向的精神病人"、"想要自杀的精神病人"与"曾自杀过的精神病人",而"无抑郁"、"中等抑郁"与"严重抑郁"看成属性数据的3个类别。人们希望知道,"无自杀意向的精神病人"这3个类别的比例,"想要自杀的精神病人"这3个类别的比例,与"曾自杀过的精神病人"这3个类别的比例是否分别相等?

这两个齐性检验问题相互等价,也就是说如果对第一个齐性检验问题我们认为齐性成立,则第二个也认为齐性成立;如果对第一个齐性检验问题我们认为齐性不成立,则第二个也认为齐性不成立。由此可见,仅需要讨论其中任意一个齐性检验问题。

按前面所说的求解齐性检验问题的3个步骤,不难得到列联表独立性检验的解。提请大家注意的是,两组属性数据的齐性检验问题,计算 p 值的 χ^2 分布的自由度等于类别数 $r-1$。如果是3组属性数据的齐性检验问题,计算 p 值的 χ^2 分布的自由度应等于2乘以类别数 $r-1$,也就是 $2(r-1)$。一般来说,c 组属性数据的齐性检验问题,计算 p 值的 χ^2 分布的自由度等于 $(c-1)(r-1)$。这个检验方法称为是列联表独立性(齐性)的 χ^2 检验。

利用 Excel 的函数命令"chitest"能很快地算得列联表独立性(齐性)χ^2 检验的 p 值。我们以表5.14的数据为例,讲解如何使用 Excel 计算功能求解列联表独立性(齐性)检验问题。

1) 将表5.14粗线围着的各个类别的实际出现次数到 A、B 与 C 列第1到第3个单元格。

2) 在 D 列第1个单元格输入"=sum(a1:c1)",单击确定,则得第1行的和。然后鼠标往下拉,直到 D 列的第3个单元格,则得到列联表的行边际和。

3) 在 A 列第4个单元格输入"=sum(a1:a3)",单击确定,则得第1列的和。然后鼠标往右拉,直到 D 列的第4个单元格,则得到列联表的列边际和。

4) 在例如 G、H 与 I 列第1个单元格上分别输入"=\$a\$4*d1/\$d\$4"、"=\$b\$4*d1/\$d\$4"与"=c4*d1/\$d\$4",单击确定。然后光标一起选中 G、H 与 I 列的第1个单元格,鼠标往下拉,直到 I 列的第3个单元格,则得到独立性(齐性)假设成立时列联表的平均出现次数,见表 5.15。

表 5.15 500 个精神病人的(平均)分类数据

精神状况	无抑郁	中等抑郁	严重抑郁	合计
无自杀意向	155.204	102.396	64.4	322
想要自杀	35.668	23.532	14.8	74
曾自杀过	50.128	33.072	20.8	104
合计	241	159	100	500

5) 在任意一个单元格例如 A 列的第 7 个单元格输入"=chitest(a1:c3,g1:i3)",单击确定,则得检验的 p 值为 1.11×10^{-14}。注意,chitest 函数命令,必须首先输入的是实际出现次数"a1:c3",然后输入平均出现次数"g1:i3"。输入次序不能颠倒。

p 值如此的小,我们当然拒绝列联表的独立性(齐性)假设,认为"抑郁症的轻重程度"与"自杀意向的轻重程度"有关系。表 5.14 粗线围着的各个类别的实际出现次数从左到右、从上到下基本上是下降的趋势。这说明抑郁症轻的精神病人的自杀意向往往也比较轻,抑郁症重的精神病人的自杀意向往往也比较重。这就是列联表所谓正相合的意思。相合性检验问题的讨论本书从略。有兴趣的读者可参阅参考书目[12]。

内容提要

- 理解图 5.1、图 5.2、图 5.3 与图 5.5 所描述的统计检验问题的"反证"思考推断过程。
- 在假设检验问题中,通常按下面的原则设定原假设与备择假设:

  1) 原假设 H_0:不轻易否定的假设,也就是说有了充分、确凿、有效的证据后才能拒绝的假设;

  2) 备择假设 H_1:不轻易肯定的假设,也就是说有了充分、确凿、有效的证据后才能接受的假设。

- 在设定了原假设与备择假设之后,解统计检验问题的第一个关键就是确定检验法则,即什么时候拒绝原假设,认为备择假设是正确的。确定检验法则思考过程见图 5.4。
- 确定了检验法则之后,解统计检验问题的第二个关键就是在原假设成立时计算检验的 p 值。

  1) 若 p 值不比 0.01 大,这意味着在原假设成立时观察到的这件事几乎是不大可能发生的,于是就有了非常充分、确凿、有效的证据高度显著地拒绝原假设。p

值不比 0.01 大,这也意味着拒绝原假设出错的概率不比 0.01 大。

2) 若 p 值比 0.01 大,但不比 0.05 大,这意味着在原假设成立时观察到的这件事基本上是不大可能发生的,于是就有了充分、确凿、有效的证据显著地拒绝原假设。p 值比 0.01 大,但不比 0.05 大,这也意味着拒绝原假设出错的概率比 0.01 大,但不比 0.05 大。

3) 若 p 值比 0.05 大,这意味着在原假设成立时观察到的这件事是有可能发生的,还没有找到充分、确凿、有效的证据拒绝原假设,从而认为原假设是正确的。p 值比 0.05 大,这也意味着倘若拒绝原假设,则出错的概率比 0.05 大。

- p 值告诉我们倘若根据现有的样本观察值拒绝原假设,则在原假设成立时我们承受的风险,犯错误的概率就如 p 值那么大;水平 α 意味着在原假设成立时我们承受的风险,犯错误的概率不会比 α 大。
- 比例的检验,见表 5.1(单边拒绝)与表 5.2(双边拒绝)。
- 正态分布 $N(\mu,\sigma^2)$ 均值 μ 的 t 检验,见表 5.3(单边拒绝)与表 5.4(双边拒绝)。
- 掌握使用 Excel 数据分析功能的"t 检验:平均值的成对二样本分析",完成检验均值的 t 检验。
- 正态分布 $N(\mu,\sigma^2)$ 方差 σ^2 的 χ^2 检验,见表 5.6(单边拒绝)与表 5.7(双边拒绝)。
- 自由度为 m 的 $\chi^2(m)$ 分布大于等于 a 的(上尾)概率的 Excel 函数命令:"=chidist(a,m)"。
- 属性数据类别比例,以及列联表独立性(齐性)的 χ^2 检验,Excel 函数命令:"=chitest(起始单元格:终止单元格,起始单元格:终止单元格)"。

实际出现次数　　　平均出现次数

习 题 五

1. 某省教育行政管理部门说,我们省中学生近视眼发生率为四分之三。该省所辖某市认为我们市中学生近视眼发生率低于四分之三。为此该市教育行政管理部门从中学生中随机抽取 1 000 人。

① 若这 1 000 人中近视眼发生率为三分之二,则能否据此推断该市中学生近视眼发生率低于四分之三?

② 若这 1 000 人中近视眼发生率为 73%,则能否据此推断该市中学生近视眼发生率低于四分之三?

2. 某人投篮球 10 投 8 中。

① 这天他投 5 次篮 5 次都投中了,这能否说明他的命中率提高了? 倘若他这天投 10 次篮 10 次都投中了,这能否说明他的命中率提高了? 又倘若他这天投 20 次篮 20 次都投中了,这能否说明他的命中率提高了?

② 这天他投 2 次篮 2 次都没有投中,这说明他的命中率下降了,为什么? 倘若他这天投 3 次篮 3 次都没有投中,当然也说明他的命中率下降了。看来,根据"3 投 3 不中"与"2 投 2 不中"所作出的判断相同,都认为他的命中率下降了。问:它们之间有什么差别没有? 又倘若他这天仅投 1 次篮没有投中,这能否说明他的命中率降低了?

3. 据以往的观察,来阿明健身俱乐部健身的人中妇女仅占 15%。为吸引更多的妇女来健身,近来俱乐部采用了一个特殊的措施。一周之后,在随机抽取的 300 个来阿明俱乐部健身的人中妇女有 60 人。问:这个数据是否说明俱乐部采用的这个特殊的措施是有效的? 请写出:

① 这两个检验问题的原假设和备择假设;

② 检验法则;

③ 检验的 p 值是如何计算的? p 值等于多少;

④ 根据观察数据,如果你认为俱乐部采用的这个特殊的措施是有效的,那么你的判断出错的可能性有多大?

4. 圆钢强度的测量是一个破坏性试验,其样本容量不会很大。现测得 $n=7$ 根圆钢的强度(千克/平方毫米)数据:22.86,23.27,23.88,31.72,31.58,27.51,22.22。设圆钢强度服从正态分布 $N(\mu, \sigma^2)$。强度是圆钢的一个重要的质量指标。它的质量规格要求圆钢的平均强度 μ 不得低于 30(千克/平方毫米)。基于这批 $n=7$ 根圆钢的强度数据,试判断圆钢的强度是否合格。请写出:

① 这两个检验问题的原假设和备择假设;

② 检验法则;

③ 检验的 p 值是如何计算的? p 值等于多少;

④ 根据试验数据,如果你认为圆钢的强度不合格,则你的判断出错的可能性有多大?

5. 由历史数据知,某城市晚间长途电话的通话的平均时间为 15.2 分钟。现随机抽查了比较多例如 50 个长途电话的通话时间,经计算其样本均值为 14.3 分钟,样本标准差为 8.5 分钟。利用这个样本数据检验晚间长途电话占用的平均时间有没有发生变化? 注:由历史数据知,晚间长途电话的通话时间的分布可以认为是正态分布。

6. 瓶装汽水的一个质量指标是,汽水重的标准差需控制在 0.01 千克之内。现从当日生产的瓶装汽水中随机抽取 28 瓶。这些汽水重的样本标准差为 0.015 千克。设瓶装汽水重的分布是正态分布。试根据样本数据检验,当日生产的瓶装汽水重的标准差是否达到了质量要求?

7. 坚果罐头的标签上说,内含 50% 的花生、25% 胡桃、10% 的杏仁、10% 的榛果和 5% 的果子。某日生产坚果罐头的食品厂随机抽取了几听罐头。将它们打开并将坚果随机地混合在一起。接着从中抓取一把坚果。发现其中有 113 粒花生、41 粒胡桃、17 粒杏仁、18 粒榛果和 10 粒果子。样本数据与标签上的说明是否相符?

8. 向 100 个女性和 100 个男性作调查,了解他们关于给谁买节日礼物最难的看法。调查结果见表 5.16(数据摘自参考书目[13]的 334 页第 14 题)。问:女性和男性关于给谁买节日礼物最难的看法上有没有差异?

表 5.16 给谁买礼物最难的调查数据

性别	给谁买礼物最难					
	配偶	父母	子女	兄弟姐妹	姻亲	其他亲属
女性	25	31	19	3	10	12
男性	37	28	7	8	4	16

9. 3家供应商提供的零件合格和不合格的情况见表 5.17。检验供应商与零件质量的独立性。你的分析结果能告诉采购部门什么信息?

表 5.17 零件合格和不合格的数据

供应商	零件质量		
	良好	小缺陷	大缺陷
A	90	3	7
B	170	18	7
C	135	6	9

第六章

多组数据的比较分析

俗话说,**有比较才能鉴别**。仅说新药的疗效很好,例如治愈率达到80%是不够的,还需将它与原用药的治愈率进行比较,才能信服地说明新药的治愈率显著地提高了。治愈率这类比例的比较问题见第四章§4.1.4小节(比例之差的区间估计)。本节讨论两组和三组以上数据均值的比较,以及两组数据方差的比较问题。讨论时假设数据的分布是正态分布。

§6.1 两组数据的比较

假设有两个测量铁矿石含铁量的方法。为比较这两个方法有没有差异,分别用方法A和B测量了同种型号铁矿石的6个和5个样品,得到的两组数据如下(单位:%):

方法A:29.98 30.04 30.02 30.03 29.97 30.03
方法B:30.02 29.94 29.97 29.98 29.95

经计算

方法A:样本均值 $\bar{x}=30.01167$,样本方差 $s_1^2=0.0008567$,样本标准差 $s_1=0.02927$;

方法B:样本均值 $\bar{y}=29.972$,样本方差 $s_2^2=0.00097$,样本标准差 $s_2=0.03115$。

假设用方法A和B测量铁矿石得到的含铁量分别是正态分布 $N(a,\sigma_1^2)$ 和 $N(b,\sigma_2^2)$,那么这两个方法有没有差异的问题就是下面这两个问题:

问题①,方法A和B测得的含铁量的平均大小是否相等?这也就是说,如何基于容量 $n_1=6$ 和 $n_2=5$ 的这两组数据,检验均值 a 和 b 是否相等。在均值 a 和 b 不等时,通常称这两个测量铁矿石含铁量的方法有系统偏差。

问题②,方法A和B测得的含铁量的离散程度是否相等?这也就是说,如何基于容量 $n_1=6$ 和 $n_2=5$ 的这两组数据,检验标准差 σ_1 和 σ_2,或等价地,检验方差 σ_1^2 和 σ_2^2 是否相等?在方差 σ_1^2 和 σ_2^2 相等时,通常称这两个测量铁矿石含铁量的方法的精度没有差异。

首先讨论比较方差的问题②,然后讨论比较均值的问题①。

§6.1.1 比较正态分布方差的 F 检验

对于单个正态分布 $N(\mu,\sigma^2)$,正如第五章§5.5节所说的,关于均值 μ 是否等于给定 μ_0 的检验问题,人们计算样本 t 值,样本 t 值最关键的部分,也就是它的分子是样本均值 $\bar{x}$ 与 μ_0 的差:$\bar{x}-\mu_0$;而关于方差 σ^2,例如是否等于给定 σ_0^2 的检验问题,其关键是计算样本方差 s^2 与 σ_0^2 的比值:s^2/σ_0^2。相类似地,对于两个正态分布 $N(a,\sigma_1^2)$ 和 $N(b,\sigma_2^2)$ 而言,

- 均值 a 和 b 之间的差异用它们的差 $\delta=a-b$ 来度量。"$a=b$"相当于"$\delta=0$"。因而检验两个正态分布的均值 a 和 b 是否相等,相当于检验均值之差 δ 是否等于 0。一般来说,有均值之差 δ 是否等于某个常数的检验问题。这相当于,第一个正态分布的均值 a 是否等于第二个正态分布的均值 b 与这个常数的和。检验均值的这些问题留待下面的§6.1.2小节讨论。

- 方差 σ_1^2 和 σ_2^2 之间的差异用它们的比值 $\rho=\dfrac{\sigma_1^2}{\sigma_2^2}$ 来度量。"$\sigma_1^2=\sigma_2^2$"相当于"$\rho=1$"。因而检验两个正态分布的方差 σ_1^2 和 σ_2^2 是否相等,相当于检验方差之比 ρ 是否等于 1。一般来说,有方差之比 ρ 是否等于某个常数的检验问题。这相当于,第一个正态分布的方差 σ_1^2 是否等于第二个正态分布的方差 σ_2^2 与这个常数的乘积。本小节讨论方差的检验问题。

方法 A 和 B 测得的含铁量的离散程度是否相等的检验问题,其原假设和备择假设分别是

H_0:$\sigma_1^2=\sigma_2^2$,正态分布 $N(a,\sigma_1^2)$ 和 $N(b,\sigma_2^2)$ 等方差;

H_1:$\sigma_1^2\neq\sigma_2^2$,正态分布 $N(a,\sigma_1^2)$ 和 $N(b,\sigma_2^2)$ 异方差。

方法 A 的 $n_1=6$ 个测量值的样本方差 s_1^2 是 σ_1^2 的估计,方法 B 的 $n_2=5$ 个测量值的样本方差 s_2^2 是 σ_2^2 的估计。既然 σ_1^2 和 σ_2^2 之间的差异用 $\rho=\sigma_1^2/\sigma_2^2$ 度量,因而令 $F=s_1^2/s_2^2$,并且双边拒绝:在样本 F 值是一个比 1 小得多的正数,或是一个比 1 大得多的正数时,拒绝原假设 H_0,认为 $\sigma_1^2\neq\sigma_2^2$。与 t 检验和 χ^2 检验一样,这个检验法则的优点是,样本 F 值的大小与量纲(单位)没有关系。

方法 A 的 $n_1=6$ 个样品数据的样本方差 $s_1^2=0.000\,857$,方法 B 的 $n_1=5$ 个样品数据的样本方差 $s_2^2=0.000\,97$,从而算得 $F=s_1^2/s_2^2=0.883\,2<1$。

- 在样本 F 值小于 1 的时候,接下来判断,它比 1 小到什么样的程度,这就需要在原假设成立,$\sigma_1^2=\sigma_2^2$ 时,计算小于等于 $F=0.883\,2$ 的概率。倘若这个概率比较小,则意味着 $F=0.883\,2$ 是一个比 1 小得比较多的正数。

- 与此相类似,在算得的样本 F 值大于 1 的时候,这就需要在原假设成立,$\sigma_1^2 = \sigma_2^2$ 时,计算大于等于这个 F 值的概率。倘若这个概率比较小,则意味着这个样本 F 值是一个比 1 大得比较多的正数。

这些概率的计算需要用到一个新的分布,这就是著名的英国统计学家费歇尔(Ronald Aylmer Fisher,1890—1962)首次提出的,以他的姓命名的 F 分布。前面两章引进的 t 分布和 χ^2 分布,以及 F 分布并称为由正态分布诱导出的 3 个分布。

可以证明,在原假设成立,$\sigma_1^2 = \sigma_2^2$ 时,样本 F 值小于等于 $F = 0.8832$ 的概率正好等于分子自由度为第一组数据的个数 $n_1 - 1 = 5$,分母自由度为第二组数据的个数 $n_2 - 1 = 4$ 的 F 分布(记为 $F(5,4)$)小于等于 0.8832 的概率:$P(F(5,4) \leqslant 0.8832)$。这个概率是自由度为 $(5,4)$ 的 $F(5,4)$ 分布的下尾概率。$F(5,4)$ 分布的图像以及 $F(5,4)$ 分布小于等于 0.8832 的概率见图 6.1。注意,$F = s_1^2 / s_2^2$,其分子是第一组数据的样本方差 s_1^2,分母是第二数据的样本方差 s_2^2。至此大家会明了,F 分布的前一个自由度,第一组数据个数 $n_1 - 1$ 为什么称之为分子自由度,后一个自由度,第二组数据个数 $n_2 - 1$ 为什么称之为分母自由度。正因为这个检验方法的 p 值的计算与 F 分布有关,故人们通常称这样的检验为 F 检验。

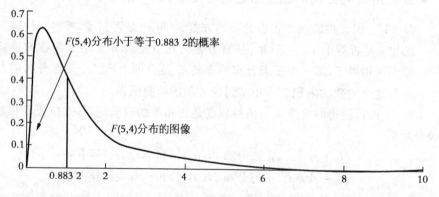

图 6.1 $F(5,4)$ 分布的图像及小于等于 0.8832 的概率

输入 Excel 计算 $F(m_1, m_2)$ 分布上尾概率的函数命令:"$=\text{fdist}(a, m_1, m_2)$",则得到自由度为 (m_1, m_2) 的 $F(m_1, m_2)$ 分布单尾上概率 $P(F(m_1, m_2) \geqslant a)$ 的值。因而为得到单尾下概率 $P(F(m_1, m_2) \leqslant a)$ 的值,仅需输入"$=1-\text{fdist}(a, m_1, m_2)$"。对于方法 A 和 B 测得的含铁量的离散程度是否相等的检验问题来说,输入"$=1-\text{fdist}(0.8832, 5, 4)$"就得到自由度为 $(5,4)$ 的 $F(5,4)$ 小于等于 0.8832 的概率,$P(F(5,4) \leqslant 0.8832) = 0.4364$。

由于检验方法是双边拒绝,在样本 F 值是一个比 1 小得多的正数,或是一个比 1 大得多的正数时,拒绝原假设 H_0,认为方法 A 和 B 测得的含铁量的离散程度不相等($\sigma_1^2 \neq \sigma_2^2$),因而检验的 p 值是单边概率的 2 倍,

$$p = 2 \cdot P(F(5,4) \leqslant 0.8832) = 2 \times 0.4364 = 0.8728。$$

p 值很大,显然不能拒绝原假设,认为方法 A 和 B 测得的含铁量等方差,这两个测量铁矿石含铁量的方法的精度没有差异。

与第五章的 t 检验(见表 5.3 和表 5.4)与 χ^2 检验(见表 5.6 和表 5.7)相类似地,等方差的 F 检验的解概述如下:

- 目的:设有两个正态分布 $N(a, \sigma_1^2)$ 与 $N(b, \sigma_2^2)$,比较方差 σ_1^2 与 σ_2^2;
- 观察到的数据:从正态分布 $N(a, \sigma_1^2)$ 与 $N(b, \sigma_2^2)$ 分别随机抽取 n_1 与 n_2 个个体,测量它们的数量指标值,经计算得

  正态分布 $N(a, \sigma_1^2)$ 的样本容量 n_1,样本均值 $\bar{x}$,样本方差 s_1^2,样本标准差 s_1,

  正态分布 $N(b, \sigma_2^2)$ 的样本容量 n_2,样本均值 $\bar{y}$,样本方差 s_2^2,样本标准差 s_2;
- 计算样本 F 值:$F = \dfrac{s_1^2}{s_2^2}$;
- 等方差的单边拒绝和双边拒绝的 F 检验问题的解见表 6.1。

表 6.1 两个正态总体等方差的 F 检验

检验方法	H_0	H_1	检验法则	检验的 p 值
双边拒绝	$\sigma_1^2 = \sigma_2^2$	$\sigma_1^2 \neq \sigma_2^2$	在 F 比 1 小得多,或比 1 大得多时,认为 $\sigma_1^2 \neq \sigma_2^2$	在 $F < 1$ 时, $p = 2P(F(n_1-1, n_2-1) \leqslant F)$ 输入"$=2*(1-\text{fdist}(F, n_1-1, n_2-1))$" 在 $F > 1$ 时, $p = 2P(F(n_1-1, n_2-1) \geqslant F)$ 输入"$=2*\text{fdist}(F, n_1-1, n_2-1)$"
单边拒绝	$\sigma_1^2 = \sigma_2^2$ $\sigma_1^2 \geqslant \sigma_2^2$	$\sigma_1^2 < \sigma_2^2$	在 F 比 1 小得多时,认为 $\sigma_1^2 < \sigma_2^2$	$p = P(F(n_1-1, n_2-1) \leqslant F)$ 输入"$=1-\text{fdist}(F, n_1-1, n_2-1)$"
	$\sigma_1^2 = \sigma_2^2$ $\sigma_1^2 \leqslant \sigma_2^2$	$\sigma_1^2 > \sigma_2^2$	在 F 比 1 大得多时,认为 $\sigma_1^2 > \sigma_2^2$	$p = P(F(n_1-1, n_2-1) \geqslant F)$ 输入"$=\text{fdist}(F, n_1-1, n_2-1)$"

可以使用 Excel 数据分析功能完成等方差 F 检验,其顺序如下:

(1) 将数据例如方法 A 的 $n_1 = 6$ 个测量值和方法 B 的 $n_2 = 5$ 个测量值分别输入到例如 A 列的前 6 个单元格和 B 列的前 5 个单元格。

(2) 选择工具下拉菜单。

(3) 选择数据分析选项。

(4) 在分析工具框中选择 F 检验,双样本方差;

(5) 在 F 检验,双样本方差对话框中:

1) 在变量 1 的区域①栏中键入 a1 : a6;

2) 在变量 2 的区域②栏中键入 b1 : b5;

3) 在 $\alpha(A)$ 栏中键入水平。水平的默认值为 0.05。本课程不讨论 F 检验的

水平问题,建议跳过这一栏,也就是取默认值 0.05。

4) 选择输出区域,并在输出区域栏中键入例如 D1(让输出的计算结果从 D1 单元格开始);

(6) 单击确定。

Excel 输出的检验计算结果见表 6.2。表的第 5 行的"df"是自由度(degree of freedom)的意思。变量 1 这一列的"5"是分子自由度,而变量 2 这一列的"4"是分母自由度。倒数第 2 行给出的是单尾概率 0.436 396 067。其标记"$P(F<=f)$ 单尾"似乎是说这是左单尾概率。对于测量含铁量的两种方法 A 和 B 的检验问题而言,这的确是左单尾概率。必须注意的是,倘若某个实际问题是右单尾概率,但它的标记仍然是"$P(F<=f)$ 单尾"。判断究竟是左单尾概率,还是右单尾概率,关键看表的第 6 行的 F 值。若 F 小于 1,则是左单尾概率;否则就是右单尾概率。这个单尾概率的两倍就是双尾概率 0.872 792 135。本课程不讨论 F 检验的水平问题,表的最后一行可忽略不看。

表 6.2　F 检验,双样本方差

特征量	变量 1	变量 2
平均	30.011 666 67	29.972
方差	0.000 856 667	0.000 97
观测值	6	5
df	5	4
F	0.883 161 512	
$P(F<=f)$ 单尾	0.436 396 067	
F 单尾临界	0.192 597 783	

使用 Excel 数据分析功能完成等方差 F 检验,以及后面所讲解的各个检验是本课程教学的主要目的,其关键是看懂输出的检验计算结果例如表 6.2,重点看表的第 6 与第 7 两行:

1) 首先记住,"F 检验,双样本方差"的原假设是"方差相等"。然后考虑本题究竟是双边拒绝,还是单边拒绝。

2) 看表的第 6 行。

- 双边拒绝是在 F 比 1 小得多,或比 1 大得多时拒绝原假设,认为方差不等。
- 单边拒绝时考虑:是在 F 比 1 小得多时拒绝原假设,认为前一个总体方差小;还是在 F 比 1 大得多时拒绝原假设,认为前一个总体方差大。

3) 看表的第 7 行。

- 双边拒绝的 p 值等于单尾概率的 2 倍。
- 单边拒绝,在 F 比 1 小时它是左单尾概率;在 F 比 1 大时它是右单尾概率。

§6.1.2 比较正态分布均值的 t 检验

F 检验表明,测量铁矿石含铁量的两种方法 A 和 B 的测量值等方差,这也就是说,方法 A 的测量值是正态分布 $N(a,\sigma^2)$,方法 B 的测量值是正态分布 $N(b,\sigma^2)$,这两个正态分布等方差。本小节首先在等方差的情况讨论均值 a 与 b 是否相等的检验问题。

情况一:两个正态总体等方差

讨论这类检验问题之前首先要解决的一个问题是,这两个正态分布 $N(a,\sigma^2)$ 与 $N(b,\sigma^2)$ 的方差 σ^2 该如何估计?

- 根据方法 A 的 $n_1=6$ 个测量值算得的样本方差 $s_1^2=0.0008567$。由此可得方法 A 测量值正态分布 $N(a,\sigma^2)$ 的方差 σ^2 的估计 $s_1^2=0.0008567$;
- 根据方法 B 的 $n_2=5$ 个测量值算得的样本方差 $s_2^2=0.00097$。由此也可得方法 B 测量值正态分布 $N(a,\sigma^2)$ 的方差 σ^2 的估计 $s_2^2=0.00097$。

也就是说,σ^2 既可以用方法 A 的 $n_1=6$ 个测量值的样本方差 $s_1^2=0.0008567$ 来估计,也可以用方法 B 的 $n_2=5$ 个测量值的样本方差 $s_2^2=0.00097$ 来估计,因而很自然地设想,应该将 σ^2 的这两个估计,$s_1^2=0.0008567$ 与 $s_2^2=0.00097$ 合并起来,得到一个新的 σ^2 的估计。如何合并?$s_1^2=0.0008567$ 是根据 $n_1=6$ 个测量值算得的,而 $s_2^2=0.00097$ 是根据 $n_2=5$ 个测量值算得的。由此可见,求平均,用 $\dfrac{s_1^2+s_2^2}{2}$ 作为 σ^2 的估计是不妥的。可以证明,下面的加权和的合并方式是合理的:

$$s^2=\frac{(n_1-1)s_1^2+(n_2-1)s_2^2}{n_1+n_2-2}=\frac{n_1-1}{n_1+n_2-2}s_1^2+\frac{n_2-1}{n_1+n_2-2}s_2^2$$

$$=\frac{6-1}{6+5-2}s_1^2+\frac{5-1}{6+5-2}s_2^2=\frac{5}{9}s_1^2+\frac{4}{9}s_2^2$$

$$=\frac{5}{9}\times 0.0008567+\frac{4}{9}\times 0.00097=0.000907$$

s^2 将 s_1^2 与 s_2^2 合并在一起。由于 $n_1=6$ 大,$n_2=5$ 小,因为在合并的时候,s_1^2 的权为 $\dfrac{n_1-1}{n_1+n_2-2}=\dfrac{5}{9}$ 比较大,s_2^2 的权为 $\dfrac{n_2-1}{n_1+n_2-2}=\dfrac{4}{9}$ 比较小。s^2 称为等方差 σ^2 的合并估计(Pooled Estimator)。由此得等标准差 σ 的估计为

$$s=\sqrt{\frac{(n_1-1)s_1^2+(n_2-1)s_2^2}{n_1+n_2-2}}=\sqrt{0.000907}=0.03012$$

请大家回忆第二章§2.3.3小节所说的度量数据离散程度的方差的计算公式:

- 设方法 A 的测量值为 $x_1,x_2,\cdots,x_{n_1}$,$n_1=6$,则有

$$s_1^2 = \frac{(x_1-\bar{x})^2+(x_2-\bar{x})^2+\cdots+(x_{n_1}-\bar{x})^2}{n_1-1} = \frac{\sum_{i=1}^{n_1}(x_i-\bar{x})^2}{n_1-1}$$

因而

$$(n_1-1)s_1^2 = \sum_{i=1}^{n_1}(x_i-\bar{x})^2,$$ 这就是方法 A 的测量值的离差平方和。

● 设方法 B 的测量值为 $y_1, y_2, \cdots, y_{n_2}, n_2=5$,则有

$$s_2^2 = \frac{(y_1-\bar{y})^2+(y_2-\bar{y})^2+\cdots+(y_{n_2}-\bar{y})^2}{n_2-1} = \frac{\sum_{i=1}^{n_2}(y_i-\bar{y})^2}{n_2-1}$$

因而

$$(n_2-1)s_2^2 = \sum_{i=1}^{n_2}(y_i-\bar{y})^2,$$ 这就是方法 B 的测量值的离差平方和。

● 那么 σ^2 的合并估计

$$s^2 = \frac{(n_1-1)s_1^2+(n_2-1)s_2^2}{n_1+n_2-2} = \frac{\sum_{i=1}^{n_1}(x_i-\bar{x})^2+\sum_{i=1}^{n_2}(y_i-\bar{y})^2}{n_1+n_2-2}。$$

由此可见,σ^2 的合并估计 s^2 与 s_1^2、s_2^2 有相同的形式。这也从一个侧面说明,用这样的方式将 s_1^2 与 s_2^2 加权合并成 s^2 是合理的。

第二章§2.3.3 小节我们还说,数据 $x_1, x_2, \cdots, x_n$ 的离差平方和 $\sum_{i=1}^{n}(x_i-\bar{x})^2$,看似 n 项平方和,它其实是 $n-1$ 项。因而 $\sum_{i=1}^{n_1}(x_i-\bar{x})^2$ 其实是 n_1-1 项,$\sum_{i=1}^{n_2}(y_i-\bar{y})^2$ 其实是 n_2-1 项,从而 $\sum_{i=1}^{n_1}(x_i-\bar{x})^2+\sum_{i=1}^{n_2}(y_i-\bar{y})^2$ 其实是 $(n_1-1)+(n_2-1)=n_1+n_2-2$ 项平方和。由此可见,σ^2 的合并估计 s^2,实际上就是计算 $\sum_{i=1}^{n_1}(x_i-\bar{x})^2+\sum_{i=1}^{n_2}(y_i-\bar{y})^2$ 的平均。

如何估计等方差 σ^2 的问题解决之后,接下来讨论均值之差的检验问题。方法 A 和 B 测得的含铁量的平均大小是否相等的检验问题,其原假设和备择假设分别是

H_0:$a=b$,正态分布 $N(a,\sigma^2)$ 和 $N(b,\sigma^2)$ 的均值相等;

H_1:$a\neq b$,正态分布 $N(a,\sigma^2)$ 和 $N(b,\sigma^2)$ 的均值不相等。

方法 A 的 $n_1=6$ 个测量值的样本均值 $\bar{x}$ 是 a 的估计,方法 B 的 $n_2=5$ 个测量值的样本均值 $\bar{y}$ 是 b 的估计。既然 a 和 b 之间的差异用 $\delta=a-b$ 度量,因而有双

边拒绝:在 $\bar{x}-\bar{y}$ 是一个比较小的负数,或是一个比较大的正数时,拒绝原假设 H_0,认为 $a\neq b$。上一章§5.4节在讲解单个正态分布均值 t 检验时我们说,通常不是依据样本均值 $\bar{x}$ 的大小检验均值,而是退而求其次,依据样本 t 值的大小检验均值。与此相类似地,在检验两个正态分布的均值是否相等时,通常也是依据两个正态分布的样本 t 值的大小进行检验。这个样本 t 值的形式与单个正态分布时的样本 t 值相类似:

$$\text{单个正态分布时的样本 } t \text{ 值},t=\sqrt{n}\frac{\bar{x}-\mu}{s}=\frac{1}{\sqrt{\frac{1}{n}}}\frac{\bar{x}-\mu}{s}$$

$$\text{两个正态分布时的样本 } t \text{ 值},t=\frac{1}{\sqrt{\frac{1}{n_1}+\frac{1}{n_2}}}\frac{\bar{x}-\bar{y}}{s}$$

单个正态分布样本 t 值中的 s 是样本标准差,它是正态分布 $N(\mu,\sigma^2)$ 的标准差 σ 的估计。两个正态分布样本 t 值中的 s 就是前面所说的等标准差 σ 的估计:

$$s=\sqrt{\frac{(n_1-1)s_1^2+(n_2-1)s_2^2}{n_1+n_2-2}}=0.030\,12$$

在样本 t 值是一个比较小的负数,或是一个比较大的正数时,拒绝原假设 H_0,认为 $a\neq b$。

方法 A 的 $n_1=6$ 个样品数据的样本均值 $\bar{x}=30.011\,67$,方法 B 的 $n_1=5$ 个样品数据的样本均值 $\bar{y}=29.972$,从而算得样本 t 值

$$t=\frac{1}{\sqrt{\frac{1}{n_1}+\frac{1}{n_2}}}\frac{\bar{x}-\bar{y}}{s}=\frac{1}{\sqrt{\frac{1}{6}+\frac{1}{5}}}\times\frac{30.011\,67-29.972}{0.030\,12}=2.175>0$$

- 在样本 t 值是一个正数的时候,接下来判断,它大到什么样的程度,这就需要在原假设成立,$a=b$ 时,计算大于等于 $t=2.175$ 的概率。倘若这个概率比较小,则意味着 $t=2.175$ 是一个比较大的正数。
- 与此相类似地,在算得的样本 t 值是一个负数的时候,需要在原假设成立,$a=b$ 时,计算小于等于这个 t 值的概率。倘若这个概率比较小,则意味着这个样本 t 值是一个比较小的负数。

这些概率的计算都需要用到 t 分布。可以证明,在原假设成立,$a=b$ 时,样本 t 值大于等于 $t=2.175$ 的概率正好等于自由度为这两组数据的个数之和 $n_1+n_2-2=9$ 的 $t(9)$ 分布大于等于 2.175 的上尾概率:$P(t(9)\geq 2.175)$。由于检验方法是双边拒绝,在样本 t 值是一个比较小的负数,或是一个比较大的正数时,拒绝原假设 H_0,认为方法 A 和 B 测得的含铁量的平均大小不相等($a\neq b$),因而检验的 p 值是单边概率的 2 倍(双尾概率),

$$p = 2 \cdot P(t(9) \geqslant 2.175)。$$

输入 Excel 计算 t 分布双尾概率的函数命令："=tdist(2.175,9,2)",则得到自由度为 9 的 $t(9)$ 分布双尾概率,即检验的 p 值等于 0.057 6。p 值较 0.05 大,故不拒绝原假设,认为方法 A 和 B 测得的含铁量的平均大小一样。当然,这个 p 值比 0.05 大得不多,建议增加样品,用方法 A 和 B 再测量一些铁矿石的含铁量,然后再一次检验。

与上一章单个正态分布均值 t 检验的表 5.3 与表 5.4 相类似地,两个等方差的正态分布的均值是否相等的 t 检验的解概述如下。

- 目的:设有两个等方差的正态分布 $N(a,\sigma^2)$ 与 $N(b,\sigma^2)$,比较均值 a 与 b;
- 观察到的数据:从正态分布 $N(a,\sigma_1^2)$ 与 $N(b,\sigma_2^2)$ 分别随机抽取 n_1 与 n_2 个个体,测量它们的数量指标值,经计算,

  正态分布 $N(a,\sigma_1^2)$ 的样本容量 n_1,样本均值 $\bar{x}$,样本方差 s_1^2,样本标准差 s_1,

  正态分布 $N(b,\sigma_2^2)$ 的样本容量 n_2,样本均值 $\bar{y}$,样本方差 s_2^2,样本标准差 s_2;

- 计算 σ^2 的合并估计 $s^2 = \dfrac{(n_1-1)s_1^2 + (n_2-1)s_2^2}{n_1+n_2-2}$;

- 计算样本 t 值,$t = \dfrac{1}{\sqrt{\dfrac{1}{n_1}+\dfrac{1}{n_2}}} \dfrac{\bar{x}-\bar{y}}{s}, s = \sqrt{\dfrac{(n_1-1)s_1^2 + (n_2-1)s_2^2}{n_1+n_2-2}}$;

- 等方差时检验均值的 t 检验的解见表 6.3。

表 6.3 等方差的两个正态分布均值的 t 检验

检验方法	H_0	H_1	检验法则	检验的 p 值
双边拒绝	$a=b$	$a \neq b$	在 t 是比较小的负数,或是比较大的正数时,拒绝原假设 H_0,认为 $a \neq b$	在 $t<0$ 时,$p=2P(t(n_1+n_2-2)\leqslant t)$ 输入"=tdist($-t$,n_1+n_2-2,2)" 在 $t>0$ 时,$p=2P(t(n_1+n_2-2)\geqslant t)$ 输入"=tdist(t,n_1+n_2-2,2)"
单边拒绝	$a=b$ $a \geqslant b$	$a<b$	在 t 是比较小的负数时,认为 $a<b$	$p=P(t(n_1+n_2-2)\leqslant t)$ 输入"=tdist($-t$,n_1+n_2-2,1)"
	$a=b$ $a \leqslant b$	$a>b$	在 t 是比较大的正数时,认为 $a>b$	$p=P(t(n_1+n_2-2)\geqslant t)$ 输入"=tdist(t,n_1+n_2-2,1)"

可以使用 Excel 数据分析功能完成等方差两样本 t 检验,其顺序如下:

(1) 将数据例如方法 A 的 $n_1=6$ 个测量值和方法 B 的 $n_2=5$ 个测量值分别输入到例如 A 列的前 6 个单元格和 B 列的前 5 个单元格;

(2) 选择工具下拉菜单;

(3) 选择数据分析选项;

(4) 在分析工具框中选择 t 检验:双样本等方差假设;

(5) 在 t 检验:双样本等方差假设对话框中:

1) 在变量 1 的区域①栏中键入 a1:a6;

2) 在变量 2 的区域②栏中键入 b1:b5;

3) 在假设平均差(E)栏目中键入一个数,意思是检验变量 1 的均值减去变量 2 的均值,其差是否等于这个键入的数。若检验均值是否相等则键入"0"。

4) 在 $\alpha(A)$ 栏中键入水平。水平的默认值为 0.05。本课程不讨论 t 检验的水平问题,建议跳过这一栏,也就是取默认值 0.05。

5) 选择输出区域,并在输出区域栏中键入例如 D1(让输出的计算结果从 D1 单元格开始);

(6) 单击确定。

Excel 给出的计算结果见表 6.4。第 7 行给出的是 t 分布的自由度:$n_1+n_2-2=9$。第 8 行"t Stat."给出的是样本 t(统计量,Statistic)的值 2.175 091 248。倒数第 4 行给出的是单尾概率 0.028 816 778。其标记"$P(T<=t)$ 单尾"似乎是说这是左单尾概率。对于测量含铁量的两种方法 A 和 B 的检验问题而言,由于表的第 8 行的 t 值是正数,因而它其实是右单尾概率。反之,倘若 t 是负数,则是左单尾概率。这个单尾概率的两倍就是倒数第 2 行给出的双尾概率 0.057 633 557。本课程不讨论 t 检验的水平问题,表的最后第 1、3 行可忽略不看。

表 6.4 t 检验:双样本等方差假设

特征量	变量 1	变量 2
平均	30.011 666 67	29.972
方差	0.000 856 667	0.000 97
观测值	6	5
合并方差	0.000 907 037	
假设平均差	0	
df	9	
T Stat.	2.175 091 248	
$P(T<=t)$ 单尾	0.028 816 778	
T 单尾临界	1.833 112 923	
$P(T<=t)$ 双尾	0.057 633 557	
T 双尾临界	2.262 157 158	

同前面§6.1.1 小节的等方差 F 检验,使用 Excel 数据分析功能完成等方差两样本 t 检验,其关键是看懂输出的检验计算结果例如表 6.4,重点看表的第 8、第 9 与第 11 这 3 行:

1) 首先记住,"t 检验:双样本等方差假设"的原假设是"均值相等"。然后考虑本题究竟是双边拒绝,还是单边拒绝。

2) 看表的第 8 行，
- 双边拒绝是在 t 是比较小的负数，或是比较大的正数时，拒绝原假设，认为均值不等。
- 单边拒绝时考虑：是在 t 是比较小的负数时拒绝原假设，认为前一个总体均值小；还是在 t 是比较大的正数时拒绝原假设，认为前一个总体均值大。
3) 看表的第 9 与第 11 行，
- 在表第 8 行的 t 是负数时表第 9 行的是左下单尾概率；在 t 是正数时表第 9 行的是右上单尾概率。
- 表第 11 行的双尾概率等于表第 9 行的单尾概率的 2 倍。

情况二：两个正态总体异方差

异方差的意思是，这两个正态分布分别是 $N(a, \sigma_1^2)$ 与 $N(b, \sigma_2^2)$。看下面的例子。

某宾馆要求客人对某项服务措施的满意程度评分。分数越高满意程度越高。宾馆收集了 15 个男宾客与 20 个女宾客的评分数据，见表 6.5。根据以往经验，男宾客的评分比女宾客的评分高。问：这批数据是否与以往经验相符？假设评分是正态分布。

表 6.5 宾客对某项服务措施的满意程度评分

男宾客评分		女宾客评分	
184	195	232	204
188	192	174	156
192	186	156	220
197	187	112	180
187	190	156	199
198	187	157	147
173	186	194	183
196		145	185
		142	225
		185	172

经计算

男宾客：人数 $n_1=15$，样本均值 $\bar{x}=189.2$，样本方差 $s_1^2=40.0286$；

女宾客：人数 $n_1=20$，样本均值 $\bar{y}=176.7$，样本方差 $s_2^2=945.8526$。

男宾客评分的样本方差 s_1^2 比女宾客评分的样本方差 s_2^2 小得多，看来相对于女宾客而言，男宾客的评分比较集中。当然，需使用 F 检验法，严格地说明他们的离散程度不一样大。F 检验过程从略。

假设男宾客评分的正态分布是 $N(a,\sigma_1^2)$,女宾客评分的正态分布是 $N(b,\sigma_2^2)$。男宾客评分的样本均值 $\bar{x}$ 比女宾客评分的样本均值 $\bar{y}$ 大,但这能否足以说明以往经验正确,男宾客的评分比女宾客的评分高,尚需严格检验。这个检验问题的原假设与备择假设分别是

原假设 H_0:$a=b$,男女宾客评分的平均值相等;

备择假设 H_1:$a>b$,男宾客评分的平均值大,女宾客评分的平均值小。

方差不等时如何比较两个正态总体均值的问题,看似简单,其实很不容易求解。这个问题一经 W. V. Behrens 于 1929 年首次提出,人们普遍感到要理想地解决这个问题很困难。著名统计学家费歇尔于 1935 年提出了一个新型的解法。人们赞扬费歇尔的创新思想,但对他的解法颇有争议。正因为问题是 Behrens 提出的,是费歇尔给出了它的一个新型解法,因而这个问题通常称为是 Behrens-Fisher 问题。本课程讲解统计学家 Welch 于 1938 年提出的 Behrens-Fisher 问题的近似 t 检验方法。

可使用 Excel 数据分析功能完成异方差两样本(近似)t 检验,其顺序与等方差二样本 t 检验的顺序完全相同,只是步骤 4,在分析工具框中改为选择 t 检验:双样本异方差假设。Excel 给出的计算结果见表 6.6。表的最后第 1、3 行有关检验的水平,可忽略不看。

表 6.6　t 检验:双样本异方差假设

特征量	变量 1	变量 2
平均	189.2	176.2
方差	40.028 571 43	945.852 631 6
观测值	15	20
假设平均差	0	
df	21	
t Stat	1.839 191 32	
$P(T<=t)$ 单尾	0.040 035 05	
T 单尾临界	1.720 742 871	
$P(T<=t)$ 双尾	0.080 070 099	
T 双尾临界	2.079 613 837	

与等方差两样本 t 检验相同,使用 Excel 数据分析功能完成异方差两样本 t 检验,其关键是看懂输出的检验计算结果例如表 6.6,重点看表的第 7、第 8 与第 10 这 3 行,如何看这 3 行,同等方差两样本 t 检验。

既然两个正态分布 $N(a,\sigma_1^2)$ 与 $N(b,\sigma_2^2)$ 的方差 σ_1^2 与 σ_2^2 不等,就不必像等方差那样去构造方差的合并估计。这是表 6.4(t 检验:双样本等方差假设)与表 6.6

(t检验：双样本异方差假设)的一个区别。

另一个区别是，异方差假设的t与等方差假设的t有不同的计算公式：

等方差假设，$t = \dfrac{1}{\sqrt{\dfrac{1}{n_1}+\dfrac{1}{n_2}}} \dfrac{\bar{x}-\bar{y}}{s}$，其中 $s = \sqrt{\dfrac{(n_1-1)s_1^2+(n_2-1)s_2^2}{n_1+n_2-2}}$

异方差假设，$t = \dfrac{\bar{x}-\bar{y}}{\sqrt{\dfrac{s_1^2}{n_1}+\dfrac{s_2^2}{n_2}}}$，

因为男宾客的人数 $n_1=15$，样本均值 $\bar{x}=189.2$，样本方差 $s_1^2=40.0286$；女宾客的人数 $n_1=20$，样本均值 $\bar{y}=176.2$，样本方差 $s_2^2=945.8526$，所以表6.6第7行异方差假设时的 t 是这样计算的：

$$t = \dfrac{\bar{x}-\bar{y}}{\sqrt{\dfrac{s_1^2}{n_1}+\dfrac{s_2^2}{n_2}}} = \dfrac{189.2-176.2}{\sqrt{\dfrac{40.0286}{15}+\dfrac{945.8526}{20}}} = 1.8392$$

由于所讨论的检验问题的原假设 $H_0: a=b$，备择假设 $H_1: a>b$，因此单边拒绝，在 $t=1.8392$ 是一个比较大的正数的时候拒绝原假设，认为男宾客评分的平均值大，女宾客评分的平均值小。

异方差假设与等方差假设的第三个区别是，自由度(df)有不同的计算公式：

等方差假设，自由度 $m = n_1+n_2-2$，

异方差假设，自由度 $m = \dfrac{\left(\dfrac{s_1^2}{n_1}+\dfrac{s_2^2}{n_2}\right)^2}{\dfrac{1}{n_1-1}\left(\dfrac{s_1^2}{n_1}\right)^2+\dfrac{1}{n_2-1}\left(\dfrac{s_2^2}{n_2}\right)^2}$。

表6.6第6行异方差假设时的自由度是这样计算的：

$$m = \dfrac{\left(\dfrac{s_1^2}{n_1}+\dfrac{s_2^2}{n_2}\right)^2}{\dfrac{1}{n_1-1}\left(\dfrac{s_1^2}{n_1}\right)^2+\dfrac{1}{n_2-1}\left(\dfrac{s_2^2}{n_2}\right)^2} = \dfrac{\left(\dfrac{40.0286}{15}+\dfrac{945.8526}{20}\right)^2}{\dfrac{1}{15-1}\left(\dfrac{40.0286}{15}\right)^2+\dfrac{1}{20-1}\left(\dfrac{945.8526}{20}\right)^2}$$
$$= 21.1 \approx 21$$

由于是单边拒绝，在 $t=1.8392$ 是一个比较大的正数的时候拒绝原假设，因此表6.6第8行给出的是单尾概率，也就是检验的 p 值等于自由度为 $m=21$ 的 $t(21)$ 分布大于等于 1.8392 的右单尾概率：

$$p = P(t(21) \geqslant 1.8392) = 0.04 < 0.05$$

我们拒绝原假设，认为男宾客评分的平均值大，女宾客评分的平均值小。

宾客对某项服务措施的满意程度评分的统计分析的结果如下：

- 男宾客评分的平均值大，女宾客评分的平均值小；

- 男宾客评分比较集中,其离散程度小;女宾客评分比较分散,其离散程度大。

表 6.3 是等方差的两个正态分布均值 t 检验。与此相类似地,有异方差的两个正态分布均值 t 检验表,仅需将表 6.3 中等方差的样本 t 值和 t 分布的自由度分别换成异方差的样本 t 值和 t 分布的自由度。异方差的两个正态分布均值 t 检验表从略。

检验难免要用到计算公式,有的公式不容易记住。重要的不是公式的死记硬背,而是理解公式的含义。使用 Excel 数据分析功能完成 t 检验是本课程教学的主要目的,其关键是看懂输出的计算结果,见表 6.4 与表 6.6。

最后提请注意的是,所谓"t 检验:双样本异方差假设",并不是说只有在两个正态分布方差不等时才可以用的检验方法。事实上,即使方差相等,"t 检验:双样本异方差假设"也可以使用。

另请注意的是,在两个正态分布方差不等时,倘若使用"t 检验:双样本等方差假设",很可能会有错误的结论。倘若将异方差误认为等方差,使用"t 检验:双样本等方差假设"解男宾客的评分是否比女宾客的评分高的检验问题,其 Excel 的数据分析功能的计算结果如表 6.7 所示。表 6.7 给出的单尾概率,也就是检验的 p 值,$p=0.059>0.05$。我们不能拒绝原假设,认为男宾客评分的平均值与女宾

表 6.7 误用"t 检验:双样本等方差假设"的计算结果

特征量	变量 1	变量 2
平均	189.2	176.2
方差	40.028 571 43	945.852 631 6
观测值	15	20
合并方差	561.563 636 4	
假设平均差	0	
df(自由度)	33	
T	1.606 092 184	
$P(T<=t)$ 单尾	0.058 890 929	
T 单尾临界	1.692 360 258	
$P(T<=t)$ 双尾	0.117 781 858	
T 双尾临界	2.034 515 287	

客评分的平均值一样大。这个结论与前面使用"t 检验:双样本异方差假设"得出的结论相反。看来,学了统计之后,倘若误用统计,比没有学过统计还要糟糕。这正如,办事不力非因无知,实因误知。在用统计方法解决实际问题时,须了解问题的实际背景,最好首先对数据进行描述性分析,列表、画图与计算特征量例如均值、方差和标准差等。然后在初步直观分析的基础上,深入分析数据。考虑使用何种统计分析方法时,须了解这种统计方法是否适用。如果有多种统计方法可

用,最好每一种方法都使用。看看它们分析的结果有哪些差异与相同的地方。

§6.1.3 成对数据

下面讨论比较两组成对数据的检验问题。首先结合一个实际例子解释成对数据有些什么与众不同的特点,为什么不能将两样本的检验方法例如等方差(或异方差)的检验方法用于比较成对的两组数据的检验问题。

欲比较两种饲料 A 和 B 对猪催肥的增重效果,随便找两头猪,分别用饲料 A 和 B 对它们进行喂养,然后一段时间之后看它们的体重分别增加了多少。这样的比较显然会引起异议。大家可能会说,一段时间之后公猪和母猪的增重很可能会有所不同,所以随便找两头猪,将一头母猪与一头公猪进行比较就不妥当了。找两头性别相同例如两头母猪进行比较,是否就不会引起异议了?显然,年轻的母猪和年龄较大的母猪,瘦的母猪和肥的母猪的增重很可能都会有所不同。即使性别、猪龄和初始重量都相同的两头猪,如果它们圈养在条件不同的猪厩,那它们的增重也会有所不同。可想而知,要找到很多头猪,它们的性别、猪龄、初始重量和圈养的猪厩等等都一模一样,那不是一件容易的事。但不难找到两头猪,它们各方面的情况一模一样。由此可见,比较两种饲料 A 和 B 对猪的催肥效果的实验数据往往就是成对数据:

$$\begin{bmatrix}x_1\\y_1\end{bmatrix}, \begin{bmatrix}x_2\\y_2\end{bmatrix}, \cdots, \begin{bmatrix}x_n\\y_n\end{bmatrix}$$

第 i 对数例如第一对数 x_1 和 y_1,它们分别是两个情况一模一样的猪的增重,不同的仅仅是其中的 x_1 是用饲料 A 喂养的猪的增重,而 y_1 是用饲料 B 喂养的猪的增重。不同的两对猪例如第一对的两头猪和第二对的两头猪,它们的性别、猪龄、初始重量和猪圈等很可能有所不同。由此可见,不同的两对数例如第一对数 x_1 和 y_1 与第二对数 x_2 和 y_2,虽然 x_1 和 x_2 分别是两个都是用饲料 A 喂养的猪的增重,但这两头猪的情况可能有些不同。同样地,y_1 和 y_2 分别是两个都是用饲料 B 喂养的猪的增重,但这两头猪的情况也可能有些不同。由此可见,$x_1, x_2, \cdots, x_n$ 都是用饲料 A 喂养的猪的增重,但这些猪的情况例如性别、猪龄、初始重量和猪圈等很可能有所不同;$y_1, y_2, \cdots, y_n$ 都是用饲料 B 喂养的猪的增重,但这些猪的情况例如性别、猪龄、初始重量和猪圈等也可能有所不同,因而我们不能将比较两个样本的检验方法例如前面所说的等方差(或异方差)的 t 检验方法用于两组成对数据的检验问题。倘若 $x_1, x_2, \cdots, x_n$ 与 $y_1, y_2, \cdots, y_n$ 不仅都是分别用饲料 A 与饲料 B 喂养的猪的增重,而且这些猪的情况例如性别、猪龄、初始重量和猪圈等完全相同,则这样的成对数据 $\begin{bmatrix}x_1\\y_1\end{bmatrix}, \cdots, \begin{bmatrix}x_n\\y_n\end{bmatrix}$ 实际上就是两组数据 $x_1, \cdots, x_n$ 与 $y_1, \cdots, y_n$。

它们的检验问题就可以使用前面所说的等方差(或异方差)的 t 检验方法了。

本章一开头我们说,**有比较才能鉴别**。看来还应该加上一句话,**对等条件下的对照比较才有意义**。

一般来说,效应(作用)有可加性。例如,猪的增重与饲料、性别、猪龄、初始重量和猪圈都有关系,所谓可加性,意思是说猪的增重是饲料、性别、猪龄、初始重量和猪圈等效应的叠加。根据可加性,计算每一对数据的差:$z_i = x_i - y_i, i = 1, 2, \cdots, n$。由于 x_i 和 y_i 都属于第 i 对,因而它们分别是两个情况一模一样的猪的增重,不同的仅仅是其中的 x_i 是用饲料 A 喂养的猪的增重;而 y_i 是用饲料 B 喂养的猪的增重。由此看来,x_i 减去 y_i,把性别、猪龄、初始重量和猪圈等的效应都抵消掉了,剩下的仅仅是饲料 A 与饲料 B 的效应之差。正因为如此,我们假设差 $z_1, z_2, \cdots, z_n$ 的分布是正态分布 $N(\mu, \sigma^2)$,其中的均值 μ 理解为饲料 A 与饲料 B 的效应之差。那么

- "$\mu = 0$"意思是说,饲料 A 和 B 对猪有相等的催肥增重效果;
- "$\mu > 0$"意思是说,饲料 A 对猪的催肥增重效果比饲料 B 好;
- "$\mu < 0$"意思是说,饲料 A 对猪的催肥增重效果比饲料 B 差。

由此可见,比较饲料 A 和 B 对猪催肥增重效果的检验问题,可转换为单个正态分布均值 μ 的检验问题,而这就是上一章 §5.4 节的正态分布均值的 t 检验问题。

成对数据 $\begin{bmatrix} x_1 \\ y_1 \end{bmatrix}, \begin{bmatrix} x_2 \\ y_2 \end{bmatrix}, \cdots, \begin{bmatrix} x_n \\ y_n \end{bmatrix}$ 统计分析的步骤如下:

1) 计算差 $z_i = x_i - y_i, i = 1, 2, \cdots, n$。

2) 计算单个正态分布均值检验的样本 t 值:$t = \sqrt{n} \dfrac{\bar{z}}{s}$,$\bar{z}$ 和 s 分别是 $z_1, z_2, \cdots, z_n$ 的样本均值和样本标准差;

3) 按备择假设的 3 种不同的情况,计算检验的 p 值:
   - 若备择假设为饲料 A 的催肥增重效果比饲料 B 好,则有单边拒绝检验的 p 值,$p = P(t(n-1) \geqslant t)$
   - 若备择假设为饲料 A 的催肥增重效果比饲料 B 差,则有单边拒绝检验的 p 值,$p = P(t(n-1) \leqslant t)$
   - 若备择假设为饲料 A 与饲料 B 的催肥增重效果不一样,则该双边拒绝检验的 p 值为
   $$p = \begin{cases} 2P(t(n-1) \geqslant t), & t > 0 \\ 2P(t(n-1) \leqslant t), & t < 0 \end{cases}$$

可以使用 Excel 数据分析功能完成成对数据的检验。其顺序与前面所说的等方差和异方差的两样本 t 检验的顺序基本相同,只是步骤 4,在分析工具框中选择

"t 检验:平均值的成对二样本分析"。假设有饲料 A 和 B 对猪增重 $n=10$ 对数据,见表 6.8。Excel 给出的这批成对数据的 t 检验:平均值的成对二样本分析的计算结果见表 6.9。由表 6.9 第 9 与第 11 行显示的单尾与双尾概率可以看到,根据这批数据,倘若单边拒绝,我们应认为饲料 A 对猪的催肥增重效果比饲料 B 差;而倘若双边拒绝,我们应认为饲料 A 和 B 对猪有相等的催肥增重效果。建议增加样本,再找一些猪做试验为好。

表 6.9 第 5 行的"泊松相关系数",事实上是"皮尔逊相关系数(Pearson Correlation)"。相关系数的详细介绍请见下一章。此外,还需特别指出的是,成对数据的两组数据的个数是一样多的,应把成对的两个数分别输入到例如 A 列和 B 列同一行的两个单元格中去。

表 6.8 饲料 A 和 B 对猪的增重

饲料 A 的增重	饲料 B 的增重
16.7	19.2
11.7	13.8
13.2	14.3
17.3	16.8
20.2	21.6
14.7	14.5
14.8	20.6
16.8	18.1
14.1	13.1
16.9	18

表 6.9 t 检验:平均值的成对二样本分析

特征量	变量 1	变量 2
平均	15.64	17
方差	5.893 777 778	8.911 111 111
观测值	10	10
泊松相关系数	0.767 205 988	
假设平均差	0	
df	9	
t Stat	−2.240 405 911	
$P(T<=t)$ 单尾	0.025 904 45	
t 单尾临界	1.833 112 923	
$P(T<=t)$ 双尾	0.051 808 9	
t 双尾临界	2.262 157 158	

使用 Excel 数据分析功能完成"t 检验:平均值的成对二样本分析"的关键是看懂输出的检验计算结果例如表 6.9,重点看表的第 8、第 9 与第 11 这三行,如何看这 3 行,同等或异方差两样本 t 检验。

§6.2 方差分析(ANOVA)

本节讨论比较 3 组或更多组数据的检验问题。看下面的从业人员工作压力感的调查。对房地产代理人、保险代理人、股票代理人和律师这 4 个近三十年来在中国异常活跃的职业的从业人员进行调查,调查用 20 个项目测量工作压力,每个项目从小到大有 5 个可选答案。较高的得分表示较高的工作压力。20 个项目的得分总和在 20 与 100 分之间。调查结果如表 6.10 所示。调查的目的是想了解这四种职业从业人员的工作压力感有没有差异。

表 6.10 4 种职业从业人员的工作压力感的调查数据

房地产代理人	保险代理人	股票代理人	律师	房地产代理人	保险代理人	股票代理人	律师
73	37	65	83	85	68	83	60
54	69	48	48	56	57	75	58
80	84	54	76	61	61	53	57
52	81	72	75	77	65	71	69
91	54	65	43	64	50		
62	68	67	63				

这个问题有 $k=4$ 组数据。本节讨论比较多组数据的检验问题时,假设每一组数据的分布都是正态分布,而且这些正态分布有相等的方差。在 4 种职业从业人员的工作压力感的比较分析问题中,假设

第一组房地产代理人工作压力感得分的分布是正态分布 $N(\mu_1,\sigma^2)$;

第二组保险代理人工作压力感得分的分布是正态分布 $N(\mu_2,\sigma^2)$;

第三组股票代理人工作压力感得分的分布是正态分布 $N(\mu_3,\sigma^2)$;

第四组律师工作压力感得分的分布是正态分布 $N(\mu_4,\sigma^2)$。

工作压力感比较分析问题,最主要的就是研究这 $k=4$ 个正态分布的均值 μ_1,μ_2,μ_3,μ_4 是否都相等。这个假设检验问题的原假设是

$H_0: \mu_1=\mu_2=\mu_3=\mu_4$,这 4 种职业从业人员的工作压力感没有差异。

有的检验问题,可能不写备择假设。注意:如果某个检验问题只有原假设,我们就不言自明,认为备择假设是原假设的逆。例如,工作压力感比较分析问题的备择假设就是原假设 H_0 的逆:$H_1: \mu_1,\mu_2,\mu_3,\mu_4$ 不全相等,这 4 种职业从业人员的工作压力感不完全相同。

可以用 Excel 数据分析功能进行多组数据的方差分析。首先将表 6.10 的 4 种职业从业人员的工作压力感的调查数据分别例如输入到 A 列的第 1 到第 11、B 列的第 1 到第 11、C 列的第 1 到第 10 和 D 列的第 1 到第 10 等单元格中去。接下来的顺序与前面所说的 F 与 t 检验的顺序基本相同,仅有两点需特别注意。第一,在分析工具框中选择"方差分析:单因素方差分析";第二,在"方差分析:单因素方差分析"对话框的输入区域①栏中键入 a1:d11。所谓单因素方差分析,就是仅分析一个因素的不同水平之间有没有差异,例如表 6.10 仅有"职业"这一个因素,这个因素取 4 个水平:房地产代理人、保险代理人、股票代理人和律师。分析这 4 个近三十年来在中国异常活跃的职业的从业人员的工作压力感有没有不同。倘若还想了解男性和女性的工作压力感有没有不同,那就是双因素(职业与性别)的方差分析问题。如果在 Excel 的分析工具框中选择"方差分析:可重复双因素方差分析",或选择"方差分析:无重复双因素方差分析",就能进行双因素的方差分析。关于可重复双因素方差分析和无重复双因素方差分析的问题,本课程从略。

Excel 输出的多组数据的"方差分析:单因素方差分析"的计算结果有两张表,见表 6.11 与表 6.12。

表 6.11 描述统计

概要(Summary)

组别	观测数	求和	平均	方差
组 1	$n_1=11$	755	$\bar{x}_1=68.63636$	$s_1^2=176.0545$
组 2	$n_2=11$	694	$\bar{x}_2=63.09091$	$s_2^2=182.0909$
组 3	$n_3=10$	653	$\bar{x}_3=65.3$	$s_3^2=118.4556$
组 4	$n_4=10$	632	$\bar{x}_4=63.2$	$s_4^2=160.4$

表 6.12 方差分析

方差分析(Analysis of Variance)

差异源	SS	df	MS	F	P-value	F crit
组间	218.464 5	3	72.821 5	0.454 301	0.715 784	2.851 741
组内	6 091.155	38	160.293 5			
总计	6 309.619	41				

首先记住,"方差分析:单因素方差分析"的原假设是"这些总体的均值全都相等",以及本题是单边拒绝。看懂方差分析表 6.12 是使用 Excel 数据分析功能完成"方差分析:单因素方差分析"的关键。重点看表的第 5 与第 6 两列。在第 5 列的 F 比较大的时候拒绝原假设,认为这些总体的均值不全相等。第 6 列的 p 值就是比第 5 列这个 F 值大的概率。第 6 列的 p 值比较小意味着第 5 列这个 F 值比较大。因而在第 6 列的 p 值比较小的时候拒绝原假设,认为这些总体的均值不全相等。其中的缘由请看下面的分析。

*§6.2.1 组间变差

表 6.11 是表 6.10 的 4 组数据的描述性统计分析。显然,哪一种职业的工作压力感比较大,不是看和(表 6.11 的第 3 列),因为和的大小与数据个数(第 2 列)有关,而是看平均(第 4 列)。由第 4 列知第一组房地产代理人的样本均值 $\bar{x}_1=68.6364$ 最大,接下来依次是第三组股票代理人的样本均值 $\bar{x}_3=65.3$,第四组律师的样本均值 $\bar{x}_4=63.2$,第二组保险代理人的样本均值 $\bar{x}_2=63.0909$ 最小。显然,我们不能就此马上就说,这 4 种职业从业人员的工作压力感不一样大。只有在这 4 组的样本均值 $\bar{x}_1,\bar{x}_2,\bar{x}_3$ 与 $\bar{x}_4$ 之间的差异比较大的时候,才能这样认为。这 4 组样本均值的差异该如何度量?这也就是说,这 4 组之间的差异该如何度量?

首先根据表 6.11 的第 2 与第 3 列计算总的样本均值 $\bar{x}$：

$$\bar{x} = \frac{\text{第一组和} + \text{第二组和} + \text{第三组和} + \text{第四组和}}{n}$$

$$= \frac{755 + 694 + 653 + 632}{42} = 65.0952$$

其中 $n = n_1 + n_2 + n_3 + n_4 = 11 + 11 + 10 + 10 = 42$ 为总的数据个数。接下来以总的样本均值 $\bar{x}$ 为中心，计算这 4 组的样本均值 $\bar{x}_1, \bar{x}_2, \bar{x}_3$ 与 $\bar{x}_4$ 关于这个中心的差，以及差的平方。差的平方见表 6.13 的第 4 列。由于各组的观察个数不一样大，故以观察个数为权，计算差的平方的加权，见第 5 列。最后计算加权的和，见表 6.13 的最后一行。这个加权和的越大，说明组与组之间的差异越大。它称为是**组间变差**（Between Classes Variance，简记为 B）。

组间变差 $B = \sum$ 组的观察个数 $\times$ (组的平均 $-$ 总的平均)^2

$= \sum n_i (\bar{x}_i - \bar{x})^2 = 137.9353 + 44.1907 + 0.4193 + 31.9193$

$= 218.4645$

事实上，Excel 输出的多组数据的"方差分析：单因素方差分析"的第二张表 6.12（方差分析）第 2 行第 2 列上显示的平方和（Square Sum，简记为 SS）就是组间变差 B。用表 6.13 说明它的计算过程，其目的仅仅是为了让大家更好地了解组间变差 B 的含义，它是组与组之间差异的度量。

表 6.13　组间变差 B

组别	观测数	组平均	(组平均 $-$ 总的平均)^2	以观察个数为权
组 1	$n_1 = 11$	$\bar{x}_1 = 68.63636$	$(\bar{x}_1 - \bar{x})^2 = 12.53957$	$n_1 \cdot (\bar{x}_1 - \bar{x})^2 = 137.9353$
组 2	$n_2 = 11$	$\bar{x}_2 = 63.09091$	$(\bar{x}_2 - \bar{x})^2 = 4.017335$	$n_2 \cdot (\bar{x}_2 - \bar{x})^2 = 44.19068$
组 3	$n_3 = 10$	$\bar{x}_3 = 65.3$	$(\bar{x}_3 - \bar{x})^2 = 0.041927$	$n_3 \cdot (\bar{x}_3 - \bar{x})^2 = 0.419274$
组 4	$n_4 = 10$	$\bar{x}_4 = 63.2$	$(\bar{x}_4 - \bar{x})^2 = 3.591927$	$n_4 \cdot (\bar{x}_4 - \bar{x})^2 = 35.91927$
合计	$n = 42$	组间变差 $B = \sum n_i \cdot (\bar{x}_i - \bar{x})^2 = 218.4645$		

表 6.12 第 3 列上 df(degree of freedom) 是自由度的意思。自由度大家并不陌生，前面在讲解 t、χ^2 与 F 分布时说这些分布都有自由度。我们以第二行的组间变差 B 的自由度为例讲解表 6.12 上自由度的含义。第二行的组间变差 $B = \sum n_i (\bar{x}_i - \bar{x})^2$ 看似是 $k = 4$ 项平方和，其实是 $k - 1 = 3$ 项，因而

组间变差 B 的自由度 $=$ 组数 $- 1$

$= k - 1 = 3$

见表 6.12 第二行第 3 列。

说某个平方和的自由度为 m，意思是说这个平方和看上去的项数可能超过了 m，事实上它只有 m 项。将这个平方和除以它的自由度 m，称为平方和的均方

(Mean of Square,简记为 MS)。

前面所说的 t、χ^2 与 F 分布的自由度实际上都是这个意思。详细情况不再赘述。

将组间变差 B 除以它的自由度 $k-1=3$,就得到组间变差 B 的均方:

$$\text{组间变差 } B \text{ 的均方} = \frac{\text{组间变差 } B}{\text{组间变差 } B \text{ 的自由度}} = \frac{218.464\ 5}{3} = 72.821\ 5$$

见表 6.12 第二行第 4 列。

显然,在组间变差 B 的 MS=72.821 5 比较大的时候,拒绝原假设,认为这 4 种职业从业人员的工作压力感不一样大。但是,组间变差 B 的 MS=72.821 5 是不是比较大难以判断,其中的一个原因就是因为它的大小与量纲有关。

*§6.2.2 组内变差与全变差

本小节首先讲解表 6.12 第三行的组内变差 W 的含义,并计算它的 MS。表 6.11 的第 5 列是各组的样本方差,第一组房地产代理人的样本方差 $s_1^2=176.054\ 5$;第二组保险代理人的样本方差 $s_2^2=182.090\ 9$;第三组股票代理人的样本方差 $s_3^2=118.455\ 6$;第四组律师的样本方差 $s_4^2=160.4$。看来,这些样本方差相差不大。由此可见,假设这 4 种职业工作压力感得分正态分布有相等的方差是可行的。回忆第二章 §2.3.3 小节所说的度量数据离散程度的方差的计算公式:

- 设第一组房地产代理人的测量值为 $x_{11},x_{12},\cdots,x_{1n_1}$,$n_1=11$,则有

$$s_1^2 = \frac{(x_{11}-\bar{x}_1)^2 + (x_{12}-\bar{x}_1)^2 + \cdots + (x_{1n_1}-\bar{x}_1)^2}{n_1-1} = \frac{\sum_{i=1}^{n_1}(x_{1i}-\bar{x}_1)^2}{n_1-1}$$

因而第一组内 $n_1=11$ 个测量值的离差平方和为

$$\sum_{i=1}^{n_1}(x_{1i}-\bar{x}_1)^2 = (n_1-1)s_1^2 = 10 \times 176.054\ 5 = 1\ 760.545$$

它看似 $n_1=11$ 项平方和,其实是 $n_1-1=10$ 项,因而它的自由度是 10。

- 设第二组保险代理人的测量值为 $x_{21},x_{22},\cdots,x_{2n_2}$,$n_2=11$,则有

$$s_2^2 = \frac{(x_{21}-\bar{x}_2)^2 + (x_{22}-\bar{x}_2)^2 + \cdots + (x_{2n_2}-\bar{x}_2)^2}{n_2-1} = \frac{\sum_{i=1}^{n_2}(x_{2i}-\bar{x}_2)^2}{n_2-1}$$

因而第二组内 $n_2=11$ 个测量值的离差平方和为

$$\sum_{i=1}^{n_2}(x_{2i}-\bar{x}_2)^2 = (n_2-1)s_2^2 = 10 \times 182.090\ 9 = 1\ 820.909$$

同第一组的离差平方和,它的自由度为 $n_2-1=10$。
- 设第三组股票代理人的测量值为 $x_{31}, x_{32}, \cdots, x_{3n_3}, n_3=10$,则有

$$s_3^2 = \frac{(x_{31}-\bar{x}_3)^2 + (x_{32}-\bar{x}_3)^2 + \cdots + (x_{3n_3}-\bar{x}_3)^2}{n_3-1} = \frac{\sum_{i=1}^{n_3}(x_{3i}-\bar{x}_3)^2}{n_3-1}$$

因而第三组内 $n_3=10$ 个测量值的离差平方和为

$$\sum_{i=1}^{n_3}(x_{3i}-\bar{x}_3)^2 = (n_3-1)s_3^2 = 9 \cdot 118.4556 = 1066.1$$

同前,它的自由度为 $n_3-1=9$。
- 设第四组律师的测量值为 $x_{41}, x_{42}, \cdots, x_{4n_4}, n_4=10$,则有

$$s_4^2 = \frac{(x_{41}-\bar{x}_4)^2 + (x_{42}-\bar{x}_4)^2 + \cdots + (x_{4n_4}-\bar{x}_4)^2}{n_4-1} = \frac{\sum_{i=1}^{n_4}(x_{4i}-\bar{x}_4)^2}{n_4-1}$$

因而第四组内 $n_3=10$ 个测量值的离差平方和为

$$\sum_{i=1}^{n_3}(x_{3i}-\bar{x}_3)^2 = (n_3-1)s_3^2 = 9 \cdot 160.4 = 1443.6$$

同前,它的自由度为 $n_4-1=9$。

各个组内测量值的离差平方和及其自由度见表 6.14 的第 4 及第 5 列。

表 6.14 组内变差 W

组别	观测数	方差	离差平方和=自由度×方差	自由度
组 1	$n_1=11$	$s_1^2=176.0545$	$(n_1-1) \cdot s_1^2 = 10 \times 176.0545 = 1760.545$	$n_1-1=10$
组 2	$n_2=11$	$s_2^2=182.0909$	$(n_2-1) \cdot s_2^2 = 10 \times 182.0909 = 1820.909$	$n_2-1=10$
组 3	$n_3=10$	$s_3^2=118.4556$	$(n_3-1) \cdot s_3^2 = 9 \times 118.4556 = 1066.1$	$n_3-1=9$
组 4	$n_4=10$	$s_4^2=160.4$	$(n_4-1) \cdot s_4^2 = 9 \times 160.4 = 1443.6$	$n_4-1=9$
合计	$n=42$		组内变差 $W=6091.155$	$n-4=38$

表 6.14 的最后一行的倒数第二个数就是组内变差:

$$W = \sum \text{组内观察值的离差平方和}$$
$$= \sum (\text{第一组观察值} - \text{第一组的平均})^2$$
$$+ \cdots + \sum (\text{最后一组观察值} - \text{最后一组的平均})^2$$
$$= \sum (n_i - 1) \cdot s_i^2$$
$$= 1760.545 + 1820.909 + 1066.1 + 1443.6 = 6091.155$$

由于是将各个组内测量值的离差平方和相加在一起得到了 W,因而称 W 为

组内变差。表 6.14 的最后一行最后一个数就是组内变差 W 的自由度,它的计算公式为

组内变差 W 的自由度 =(第一组观察值个数 -1)$+\cdots+$(最后一组观察值个数 -1)

$\qquad$ = 总的数据个数 $-$ 组数 $= n-k$

$\qquad$ $= 42-4 = 38$。

组内变差 W 的自由度实际上就是将各个组内测量值的离差平方和的自由度加在一起。组内变差 W 除以它的自由度,即得组内变差 W 的 MS(均方):

$$\text{组内变差 } W \text{ 的 } MS = \frac{\text{组内变差 } W}{\text{组内变差 } W \text{ 的自由度}} = \frac{6\,091.155}{38} = 160.293\,5$$

表 6.12 第三行第 2、第 3 与第 4 个数分别是组内变差 W、组内变差 W 的自由度与组内变差 W 的 MS。

组间与组内变差最早是由著名统计学家费歇尔在 1924 年发表的一篇文章中提出来的。费歇尔 1919 年进入英国的罗瑟姆斯特(Rothamsted)农业试验站工作,直到 1939 年他去伦敦大学院(University College London)工作才离开试验站。费歇尔在试验站工作的 20 年时间里,对现代统计学的发展作出了巨大的贡献,其中的一项贡献就是根据农业试验的需要提出并发展了试验设计的理论与方法。同时他因分析试验设计数据的需要提出了方差分析的方法。组间与组内变差就是这个方法的两个重要概念。

方差分析法除了计算组间变差 B 与组内变差 W,还需要计算全变差(Total Variance,简记为 T)。全变差也是方差分析方法的一个重要概念。

全变差

$$T = \sum(\text{第一组观察值} - \text{总的平均})^2 + \cdots + \sum(\text{最后一组观察值} - \text{总的平均})^2$$

$$= \sum_{j=1}^{n_1}(x_{1j} - \bar{x})^2 + \cdots + \sum_{j=1}^{n_k}(x_{kj} - \bar{x})^2$$

将全变差 T 与组内变差 W 进行比较,有

$$W = \sum(\text{第一组观察值} - \text{第一组的平均})^2 + \cdots +$$
$$\sum(\text{最后一组观察值} - \text{最后一组的平均})^2$$

不难理解为什么把 T 称为全变差 T。

组间变差 B、组内变差 W 与全变差 T 之间有下面的等式关系:

$$\text{全变差 } T = \text{组间变差 } B + \text{组内变差 } W$$
$$= 218.464\,5 + 6\,091.155 = 6\,309.619$$

由于这些变差都是平方和的形式,因而上述等式通常称为是平方和分解。此外,与平方和分解相对应地,它们的自由度之间有下面的等式关系:

全变差 T 的自由度 = 组间变差 B 的自由度 + 组内变差 W 的自由度

$=38+3=41$

表 6.12 第四行第 2 与 3 个数分别是全变差 T 与全变差 T 的自由度。

*§6.2.3 变异分解

  下面分析变异产生的原因。很自然地,试验结果的不确定性会产生变异。通常称这种类型的变异为**随机误差**。变异还可能与多个正态分布的均值是否都相等的检验问题的原假设是否成立有关。倘若原假设不成立,这些正态分布的均值不全相等,这也会产生变异。通常称这种类型的变异为**系统误差**。检验原假设是否成立,也就是检验是否存在系统误差。顾名思义,组内变差 W 反映的是组内的变异程度,它与系统误差没有关系。显然,只有组间变差 B 才有可能与系统误差有关。因而可以这样说,在原假设不成立时,组间变差 B 与系统误差有关,其值比较大;在原假设成立时,系统误差不存在,组间变差 B 的值比较小。由此可见,

  平方和分解:全变差 $T=$ 组间变差 $B+$ 组内变差 W,将全变差 T 中可能存在的系统误差都分解到组间变差 B 中去了,组内变差 W 中没有系统变差。这就是方差分析的统计含义。

由方差分析知,相对于组内变差 W 而言,如果组间变差 B 比较大则拒绝原假设,认为这些正态分布的均值不全相等。为此将组间变差 B 的 MS(均方)除以组内变差 W 的 MS(均方),其商记为 F,以首先提出方差分析方法的英国著名统计学家费歇尔的姓命名。

$$F = \frac{\text{组间变差 } B \text{ 的 MS}}{\text{组内变差 } W \text{ 的 MS}} = \frac{72.821\,5}{160.293\,5} = 0.454\,3$$

F 值见方差分析表 6.12 的第 5 列。在 $F=0.454\,3$ 比较大的时候拒绝原假设,认为这 $k=4$ 个正态总体的均值 μ_1,μ_2,μ_3,μ_4 不全相等,这 4 种职业从业人员的工作压力感不一样大。显然,F 的大小与量纲(单位)没有关系。可以证明:在原假设成立,这 4 个正态总体的均值 μ_1,μ_2,μ_3,μ_4 全都相等的时候,比 $F=0.454\,3$ 大的概率,也就是检验的 p 值为

$$\begin{aligned}
p &= P(F(\text{组间变差自由度},\text{组内变差自由度}) \geqslant 0.454\,3) \\
&= P(F(\text{组的个数}-1,\text{总的数据个数}-\text{组数}) \geqslant 0.454\,3) \\
&= P(F(k-1,n-k) \geqslant 0.453\,4) = P(F(3,38) \geqslant 0.453\,4) \\
&= 0.715\,8
\end{aligned}$$

p 值见方差分析表 6.12 的第 6 列。由于 p 值比较大,我们不能拒绝原假设,不能认为这 4 种职业从业人员的工作压力感有差异。

  这个检验方法的关键是平方和分解,将全变差 T 分解为组间变差 B 与组内变差 W 之和。因而首次提出这个方法的费歇尔称这个方法为方差分析(Analysis of Variance,简记为 ANOVA),并且把上面的计算过程用一张表,即所谓的方差分析

表来表示。表 6.12 就是 4 种职业从业人员工作压力感比较问题的方差分析表。能看懂方差分析表是解决多组数据的检验问题的关键。看方差分析表时,一定要思考:解决什么问题?原假设是什么?p 值有多大?本课程不讨论检验的水平问题,方差分析表 6.12 的第 7 列可忽略不看。

*§6.2.4 多重比较

使用方差分析(ANOVA)检验多个总体的均值是否相等的时候,如果拒绝原假设,则认为总体均值不全相等。此时,很可能大家会问,到底哪些均值之间有差异?这就需要两两配对比较。两两配对比较称为是多重比较(Multiple Comparison)。多重比较的方法有好几个。本书通过下面的例子仅介绍一个简单,且较为常用的方法,即邦弗伦尼(Bonferroni)修正。

比较 3 种型号汽车的耗油量。每种型号各选 5 辆汽车,每辆都进行 800 千米的行驶测试。由测试结果算得的每加仑汽油行驶的里程数见表 6.15。

表 6.15 汽车的耗油量测试

型号 1 汽车	型号 2 汽车	型号 3 汽车	型号 1 汽车	型号 2 汽车	型号 3 汽车
30.4	30.4	38.4	30.4	33.6	40
33.6	32	41.6	33.6	36.8	43.2
32	35.2	36.8			

利用 Excel 输出的多组数据的"方差分析:单因素方差分析",分析表 6.15 数据的计算结果见表 6.16。由表 6.16 的第 6 列倒数第 4 行知,方差分析的 p 值为 0.000 277。p 值如此的小,我们拒绝原假设,认为这 3 种型号汽车的每加仑汽

表 6.16 "方差分析:单因素方差分析(Anova: Single Factor)"的计算结果

SUMMARY				
Groups	Count	Sum	Average	Variance
Column 1	5	160	32	2.56
Column 2	5	168	33.6	6.4
Column 3	5	200	40	6.4

ANOVA						
Source of Variation	SS	Df	MS	F	P−value	F crit
Between Groups	179.2	2	89.6	17.5	0.000 277	3.885 294
Within Groups	61.44	12	5.12			
Total	240.64	14				

油行驶的平均里程数不全相等。表 6.16 的第 4 列第 5、6 与 7 行告诉我们,这 3 种型号汽车的每加仑汽油行驶的样本平均里程数为 32、33.6 与 40 千米。由此可见,

型号 3 汽车的样本均值最大,型号 2 汽车其次,型号 1 汽车最小。究竟如何,需要进行多重的两两比较。

多重比较的邦弗伦尼修正的意思是说,如果我们取水平 α,则在多重比较共有 c 个两两比较的时候,应将水平修正为 α/c。这 3 种型号汽车共需进行 $c=3$ 个两两比较:型号 1 汽车与型号 2 汽车的两两比较,型号 1 汽车与型号 3 汽车的两两比较,型号 2 汽车与型号 3 汽车的两两比较。因而如果取水平 $\alpha=0.05$,则应将它修正为 $0.05/3=0.0167$。它的意思是说,当比较例如型号 1 汽车与型号 2 汽车的耗油量时,仅当 p 值小于 0.0167 时,才认为这两辆汽车的每加仑汽油行驶的平均里程数不相等。表 6.17 中的 p 值是利用 Excel 的"t 检验:双样本等方差假设"的数据分析功能得到的。

由表 6.17 知,型号 1 汽车与型号 2 汽车的每加仑汽油行驶的平均里程数没有差别,但它们都与型号 3 汽车的每加仑汽油行驶的平均里程数有差别。型号 3 汽车的每加仑汽油行驶的平均里程数最长,耗油量最省。

表 6.17　多重比较

两两比较	"t 检验:双样本等方差假设"的 p 值	检验结论
型号 1 汽车与型号 2 汽车	$0.2662 > 0.0167$	不能认为汽车 1 与 2 每加仑汽油行驶的平均里程数有差别
型号 1 汽车与型号 3 汽车	$0.000332 < 0.0167$	认为汽车 1 与 3 每加仑汽油行驶的平均里程数有差别
型号 2 汽车与型号 3 汽车	$0.00395 < 0.0167$	认为汽车 2 与 3 每加仑汽油行驶的平均里程数有差别

内容提要

- 由正态分布诱导出的分布

t 分布、χ^2 分布和 F 分布。

- Excel 函数和 t 分布

输入"$=\text{tdist}(a,m,1)$",得右单尾概率 $P(t(m) \geq a)$。

输入"$=\text{tdist}(a,m,2)$",得双尾概率 $P(t(m) \geq a) + P(t(m) \leq -a)$
$= 2P(t(m) \geq a)$。

输入"$=\text{tinv}(\alpha,m)$",得 δ 值,它使得双尾概率等于 α:
$$P(|t(m)| > \delta) = P(t(m) > \delta) + P(t(m) < -\delta) = \alpha.$$

- Excel 函数和 χ^2 分布

输入"$=\text{chidist}(a,m)$",得右单尾概率 $P(\chi^2(m) \geq a)$。

输入"=chiinv(α,m)",得 δ 值,它使得右单尾概率等于 α:
$$P(\chi^2(m) \geqslant \delta) = \alpha。$$

● Excel 函数和 F 分布

输入"=fdist(a,m_1,m_2)",即得右单尾概率 $p = P(F(m_1, m_2) \geqslant a)$。

输入"=finv(α,m_1,m_2)",得 δ 值,它使得右单尾概率等于 α:
$$p = P(F(m_1, m_2) \geqslant \delta) = \alpha。$$

● 两组数据的比较

两个正态分布等方差的 F 检验,见表 6.1 与表 6.2;

两个等方差正态分布均值是否相等的 t 检验,见表 6.3 与表 6.4;

两个异方差正态分布均值是否相等(Behrens-Fisher 问题)的 t 检验,见表 6.6;

成对数据均值是否相等的 t 检验,见表 6.9。

● 方差分析(ANOVA)

设有 $k \geqslant 3$ 组数据,每一组数据的分布都是正态分布,这 k 个正态分布等方差。

1) 原假设 H_0:k 个正态分布的均值都相等;

备择假设 H_1:k 个正态分布的均值不全相等。

2) 计算各组数据个数、样本均值和样本方差:$(n_1, \bar{x}_1, s_1^2), \cdots, (n_k, \bar{x}_k, s_k^2)$。计算总的样本容量 n 和总的样本均值 $\bar{x}$。

3) 计算组间变差 $B = n_1(\bar{x}_1 - \bar{x})^2 + \cdots + n_k(\bar{x}_k - \bar{x})^2$ 和组间变差 B 的均方 $B/(k-1)$。

计算组内变差 $W = \sum_{j=1}^{n_1}(x_{1j} - \bar{x}_1)^2 + \cdots + \sum_{j=1}^{n_k}(x_{kj} - \bar{x}_k)^2$ 和组内变差 W 的均方 $W/(n-k)$。

计算全变差 $T = \sum_{j=1}^{n_1}(x_{1j} - \bar{x})^2 + \cdots + \sum_{j=1}^{n_k}(x_{kj} - \bar{x})^2$。

4) 平方和分解:全变差 T=组间变差 B+组内变差 W,将全变差 T 中可能存在的组与组之间的差异都分解到组间变差 B 中去了,组内变差 W 中只有随机变差。

5) 计算 $F = \dfrac{B \text{ 的 MS}}{W \text{ 的 MS}} = \dfrac{B/(k-1)}{W/(n-k)}$,以及检验的 p 值 $p = P(F(k-1, n-k) \geqslant F)$。

6) 方差分析(ANOVA)表。

变差来源	平方和	自由度	均方	F	p 值
组间	B	$k-1$	$B/(k-1)$	$\dfrac{B/(k-1)}{W/(n-k)}$	$P(F(k-1,n-k)\geqslant F)$
组内	W	$n-k$	$W/(n-k)$		
总的	T	$n-1$			

7) 多重比较。

附 6.1 用 Excel 的数据分析功能比较两组数据

1) 将第一组数据和第二组数据分别输入例如到 A 列和 B 列；
2) 选择工具下拉菜单；
3) 选择数据分析选项；
4) 在分析工具框中：

- 若选择"**F 检验,双样本方差**"则检验两个正态分布的方差是否相等。在 F 检验,双样本方差的对话框中：在变量 1 的区域①栏中键入第一组数据的区域；在变量 2 的区域②栏中键入第二组数据的区域；在 $\alpha(A)$ 栏中键入水平。水平的默认值为 0.05。这里取默认值 0.05。选择输出区域,并在输出区域栏中键入 C1(让输出的检验计算从 C1 单元格开始)。然后单击确定。输出的计算结果见表 6.2。

- 若选择"**t 检验,双样本等方差假设**",则在两个正态分布等方差的条件下检验它们均值之差是否等于某个确定的值。运算顺序同"F 检验,双样本方差",只是其对话框增加了一个选择:"假设平均差(E)"栏目。意思是说检验它们均值之差是否等于键入的数。若键入"0"则检验均值是否相等。输出的计算结果见表 6.4。

- 若选择"**t 检验,双样本异方差假设**",则在两个正态分布异方差的条件下检验它们均值之差是否等于某个确定的值。运算顺序同"t 检验,双样本等方差假设"。输出的计算结果见表 6.6。

- 若选择"**t 检验,平均值的成对二样本分析**",则检验成对数据的均值之差是否等于某个确定的值。运算顺序同"t 检验,双样本等方差假设"。注意:成对数据的两组数据的个数是一样多的,应把成对的两个数分别输入到例如 A 列和 B 列同一行的两个单元格中去。输出的计算结果见表 6.9。

附 6.2 用 Excel 的数据分析功能进行方差分析(ANOVA)

首先将数据例如表 6.10 的 4 种职业从业人员的工作压力感的调查数据分别

输入到 A 列的第 1 到第 11、B 列的第 1 到第 11、C 列的第 1 到第 10 和 D 列的第 1 到第 10 等单元格中去。接下来的顺序与"F 检验：双样本方差"的基本相同，仅有两点不同。一是在分析工具框中选择"方差分析：单因素方差分析"；二是"在方差分析：单因素方差分析"对话框的输入区域①栏中键入 a1：d11。输出的计算结果见表 6.11 与表 6.12。

习 题 六

1. 众所周知，汽车的使用年限越长其平均每年的修理费用越大。与此相类似地，有不少人认为随着汽车使用年限的增长，年修理费的方差也在增大。为检验这个假设是否正确，随机调查了 25 辆已使用 4 年的汽车的年修理费用和 20 辆已使用 2 年的汽车的年修理费用，所得数据见表 6.18（单位：元）。

表 6.18 汽车的年修理费用

使用 4 年的汽车的年修理费用		使用 2 年的汽车的年修理费用	
349	234	231	0
183	269	320	279
442	40	242	0
617	303	104	117
604	331	0	253
695	423	115	187
29	338	166	286
360	344	211	194
586	337	77	103
215	628	111	265
283	386		
113	368		
86			

① 假设汽车的年修理费用服从正态分布。用来论证随着汽车使用年限的增长年修理费的方差是否也增大的检验方法有哪一些？你使用的是什么样的检验方法？

② 你设定的原假设与备择假设各是什么？你的检验方法的 p 值等于多少？你的检验的结论是什么？

③ 根据表 6.18 的数据，如果你认为随着汽车使用年限的增长年修理费的方差也增大，则你的判断出错的可能性有多大？

2. 据说会计师的起始年薪比财务计划人员的起始年薪高。为检验这个说法是否正确，随机调查 8 个会计师和 9 个财务计划人员的起始年薪。样本数据（单位：千元）见表 6.19。

① 假设会计师和财务计划人员的起始年薪的分布都是正态分布，用来检验会计师的起始年薪的平均值是否比财务计划人员的起始年薪的平均值高的检验方法有哪一些？你打算使用

什么样的检验方法?

② 请写出"会计师的起始年薪的平均值是否比财务计划人员的起始年薪的平均值高"的检验问题的原假设与备择假设,以及检验法则。

③ 请使用 Excel 的数据分析功能计算检验的 p 值,p 值等于多少。你的检验的结论是什么?

④ 根据表 6.19 的数据,如果你认为会计师的起始年薪的平均值比财务计划人员的起始年薪的平均值高,则你的判断出错的可能性有多大?

表 6.19　会计师与财务计划人员的起始年薪

会计师起始年薪	财务计划人员起始年薪	会计师起始年薪	财务计划人员起始年薪
61.3	63.2	66.4	53.8
62.4	53.2	62.2	51.6
57.8	51.0	70.6	55.0
70.4	51.8		59.1
55.1	65.5		

3. 据说方法 A 生产的药片厚,而方法 B 生产的药片薄。为检验这个说法是否正确,现从这两种方法生产出来的药片中随机抽取一部分,测得的厚度如表 6.20 所示。

表 6.20　药片厚度

方法 A 生产的药片厚度	方法 B 生产的药片厚度	方法 A 生产的药片厚度	方法 B 生产的药片厚度
48	48	46	47
52	44	48	44
42	44	57	47
58	53	43	
58	50	36	
61	44		

① 假设这两种不同方法生产出来的药片厚度的分布都是正态分布,用来检验方法 A 生产的药片的平均厚度是否比方法 B 生产的药片的平均厚度大的检验方法有哪些? 你打算使用什么样的检验方法?

② 请写出"方法 A 生产的药片的平均厚度 a 是否比方法 B 生产的药片的平均厚度 b 大"的检验问题的原假设与备择假设,以及检验法则。

③ 请使用 Excel 的数据分析功能计算检验的 p 值,p 值等于多少。你的检验的结论是什么?

④ 根据表 6.20 的数据,如果你认为方法 A 生产的药片的平均厚度 a 比方法 B 生产的药片的平均厚度 b 大,则你的判断出错的可能性有多大?

4. 某俱乐部有一个妇女减肥的健美锻炼项目。有 20 个妇女参加了这个项目历时一个月的锻炼活动。之前与之后这 20 个妇女的体重(单位:千克)见表 6.21。

① 妇女参加这个项目历时一个月的锻炼活动之后的平均体重是否比活动之前的平均体重轻? 你使用的是什么样的检验方法?

② 俱乐部说,参加了这个项目历时一个月的锻炼活动之后的平均体重能减轻 3 千克。根据表 6.21 的数据,检验俱乐部的说法是否属实。

表 6.21　参加历时一个月的减肥健美活动之前与之后的体重

参加的妇女	之前的体重	之后的体重	参加的妇女	之前的体重	之后的体重
1	66.3	60.2	11	57	47
2	62.8	52.5	12	56.7	52.9
3	61.7	52.4	13	56.6	58
4	61.3	53	14	56.4	61.8
5	60.9	58.3	15	55.7	46.6
6	60.2	63.7	16	58.1	48
7	59.8	58.4	17	57.9	53.7
8	58.8	52.5	18	57.7	49.3
9	58.7	61.2	19	57.6	48.5
10	58.6	49.8	20	57.5	52.5

5. 某公司的管理人员来自 3 所大学,其中 $n_1=7$ 名管理人员来自 A 大学,$n_2=6$ 名来自 B 大学,$n_3=7$ 名来自 C 大学。该公司的 $N=n_1+n_2+n_3=20$ 名管理人员的年度表现评分的数据列于表 6.22。年度表现评分从 0 到 100,其中 100 是最高的。问:来自这 3 所大学的管理人员的表现有没有差异?

表 6.22　某公司 20 个管理人员的年度表现评分

A 大学	B 大学	C 大学	A 大学	B 大学	C 大学
84	75	58	72	95	65
72	65	78	90	69	72
75	80	80	75		42
95	55	62			

6. 表 6.23 的数据是游泳、打篮球和骑自行车等 3 种不同的运动在 30 分钟内消耗的热量(单位:卡路里)。这些数据是否说明这 3 种运动消耗的热量没有差异?

表 6.23　3 种不同的运动消耗的热量

游泳	打篮球	骑自行车	游泳	打篮球	骑自行车
306	311	289	300	315	302
285	364	188	320	398	201
319	338	221			

7. **性别歧视?** 某企业有 26 个女职工和 24 个男职工。他们的工资收入数据见表 6.24(单位:元)。表 6.24 和下面的表 6.25、表 6.26 的数据分别摘自参考书目[6]的 345 页和 491 页上面的表。

① 女职工抱怨,我们的工资比男职工低,企业歧视女性。她们的抱怨有没有道理?假设职工工资收入服从正态分布。

② 假如职工工资收入不服从正态分布,那该怎么办?你能否用表格、图画的形式形象地回答女职工抱怨有没有道理?

表 6.24 男女职工的工资收入

女职工		男职工		女职工		男职工	
28 500	30 650	39 700	33 700	30 150	31 300	34 800	26 550
31 000	35 050	33 250	36 300	33 550	31 350	32 750	39 200
22 800	35 600	31 800	37 250	27 350	35 700	38 800	41 000
32 350	26 900	38 200	33 950	25 200	35 900	29 900	40 400
30 450	31 350	30 800	37 750	32 050	35 200	37 400	35 500
38 200	28 950	32 250	36 700	26 550	30 450		
34 100	32 900	38 050	36 100				

③ 男职工说,企业没有歧视女性。我们的工资为什么比女职工高,这是因为我们的工龄(工作年限)比她们长。该企业男女职工工龄数据如下。男职工的反驳有没有道理?假设职工工龄服从正态分布。职工的工龄数据见表 6.25(单位:年)。

表 6.25 男女职工的工龄

女职工的工龄			男职工的工龄			女职工的工龄			男职工的工龄		
2	2	3	16	25	15	11	18	2	3	17	19
16	0	29	33	16	19	0	19	0	21	31	6
3	0	1	32	34	1	15	0	20	35	20	23
2	21	0	44	7	14	0	4				
8	11	5	33	19	24						

又假如职工工龄不服从正态分布,你能否用表格、图画的形式形象地说明男职工的工龄比女职工的长?

④ 该企业男女职工的工资收入和工龄的汇总数据见表 6.26。请根据这批数据说明,女职工的抱怨有没有道理,企业有没有歧视女性。

表 6.26 男女职工的工资收入和工龄

女性		男性			
工资(元)	工龄(年)	工资(元)	工龄(年)	工资(元)	工龄(年)	工资(元)	工龄(年)

工资(元)	工龄(年)	工资(元)	工龄(年)	工资(元)	工龄(年)	工资(元)	工龄(年)
28 500	2	30 650	2	39 700	16	33 700	25
31 000	3	35 050	16	33 250	15	36 300	33
22 800	0	35 600	29	31 800	16	37 250	19
32 350	3	26 900	0	38 200	32	33 950	34
30 450	1	31 350	2	30 800	1	37 750	44
38 200	21	28 950	0	32 250	7	36 700	14
34 100	8	32 900	11	38 050	33	36 100	19
30 150	5	31 300	11	34 800	24	26 550	3
33 550	18	31 350	2	32 750	17	39 200	19
27 350	0	35 700	19	38 800	21	41 000	31
25 200	0	35 900	15	29 900	6	40 400	35
32 050	4	35 200	20	37 400	20	35 500	23
26 550	0	30 450	0				

提示:工资收入与工龄有关。因而男女职工工资收入的差异有工龄的影响。显然,如果比较同工龄(或工龄差不多)的男女职工的工资收入,那就没有(或基本没有)工龄的影响了。

第七章

相关与回归分析

第三章§3.2.3小节在以资产组合为例讨论两个随机变量和的方差时,结合图3.7-1与图3.7-2,我们说,基本上同时上升和同时下降的两个股票称它们有正相关关系,而基本上一个上升而另一个下降,一个下降而另一个上升的两个股票称它们有负相关关系。本章将详细讨论变量之间的相关分析,进而讨论回归分析。

§7.1 相关与回归

§7.1.1 正相关关系与正比例关系

必须注意正相关关系与正比例关系的区别。前者是对不确定性现象而言的,而后者是对确定性现象而言的。确定性现象的正比例关系是说,当其中的一个变量增加的时候,另一个变量肯定也增加。例如超市猪肉每500克12元,则顾客购买猪肉的支付总额与猪肉重量之间有正比例关系:

$$支付总额(元)=12(元/500克)\times 重量(500克)$$

猪肉越重,支付总额肯定也越多,而且支付总额(元)一定等于单价12(元/500克)与猪肉重量(500克)的乘积。而不确定性现象的正相关关系是说,当其中的一个变量增大的时候,另一个变量有可能增大,也有可能减小,但总的来说增大的可能性大,减小的可能性小。或者说,当其中的一个变量增大的时候,另一个变量有增大的趋势。例如第一章提到的,"人的身高"与"脚印长度"有这样的正相关关系:

$$人的身高=6.876\times 脚印长度\pm 误差$$

脚印长度一样的人,他们长得并不一样高,这有多个方面的原因。他们来自不同的家庭,遗传基因不同、健康状况不同、饮食不同、运动习惯不同等都可能是造成脚印一样长但身高不一样的原因。每一个原因都可能产生误差,而正相关关系右边的误差是这一系列误差的总和。这个正相关关系告诉我们,如果某人的脚印长度比较长,则他身高总的趋势往往也比较高。其身高在"6.876×脚印长度"的上下波动。正因为有误差,所以有这样的情况:脚印长度长的人,其身高虽然往往比脚印长度短的人高,但也有可能比它矮,尽管这个可能性不大。

§7.1.2 负相关关系

除了正相关,成对的两个变量也可能负相关。所谓负相关关系,意思是说一个变量的值比较大的时候另一个变量的值却往往比较小。与之相应地,一个变量的值比较小的时候,另一个变量的值却往往比较大。对美国纽约州的一所医院全年 289 411 份处方详细审查后,共发现了 905 份处方有错误。平均每天发生 2.5 份错误处方。显然,处方的错误率与医生的工作年限和经验有着极为密切的关系。第一年工作的医生平均错误率为 0.425%,第二年工作的平均为 0.234%,第三年工作的平均为 0.198%,第四年工作的平均为 0.081%。医生的工作年限与错误率有负相关关系。工作年限短的医生开错的处方并不一定比工作年限长的医生多。我们只能这样说,不论医生的工作年限是长还是短,都有可能开错处方,医生开错的处方有可能比较少甚至没有,也有可能比较多,甚至很多。但总的来说,工作年限短的医生开错处方的可能性比工作年限长的医生大。

汽油燃料的消费是大家普遍关心的一个问题。为了使得数据有可比性,用人均燃料消费量来衡量一个地区汽油燃料消费的程度,计算该地区有驾驶执照的人在地区总人口中所占的百分比。显然,人均燃料消费量与有驾驶执照的人占的百分比有正相关关系。此外人们还感兴趣的是,燃料消费与燃料税率之间有什么关系。显然,燃料消费与燃料税率之间有负相关关系。对某地区的有关数据的统计分析,得到的人均燃料消费量与有驾驶执照的人占的比例和税率之间有这样的关系:

人均燃料消费量(升)=412.45+47.35×有驾驶执照的人占的百分比
$$-32.08×税率(分/升)±误差$$

"有驾驶执照的人占的百分比"前面的系数 47.35 是正的,这说明人均燃料消费量与有驾驶执照的人占的百分比有正相关关系。"税率"前面的系数 −32.08 是负的,这说明人均燃料消费量与税率有负相关关系。由此看来,为控制汽油燃料消费量,可提高税率,也可限制驾驶执照的发行。这两项措施对于控制汽油燃料消费量有这样的作用:倘若不限制驾驶执照的发行,那么有驾驶执照的人每增加一个百分比,人均燃料消费量将约增加 47.35 升;倘若提升税率,则税率每升增加一分,人均燃料消费量将约减少 32.08 升。

§7.1.3 儿子身高的回归

英国著名生物和统计学家高尔顿(F. Gaiton,1822-1911)和他的学生,著名统计学家皮尔逊(K. Pearson,1856-1936)对测量得到的 1 078 个父亲及其成年儿子身高的成对数据进行了研究。图 7.1 是 1 078 对父亲及其成年儿子身高的散点图。

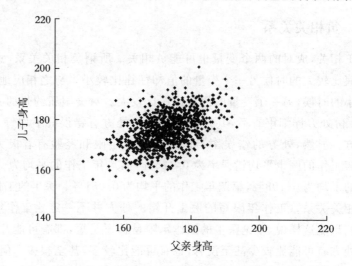

图 7.1　父亲及其成年儿子身高的 1 078 对数据的散点图

由散点图可以看出,父亲及其成年儿子身高有正相关关系。这也就是说,父亲比较高则其成年儿子往往也比较高,而父亲比较矮则其成年儿子往往也比较矮。前一句话是说,若父亲比较高,其成年儿子有的高有的矮,但大多数比较高,或者说若父亲比较高则其成年儿子总的趋势也比较高。同样道理,比较矮的父亲其成年儿子总的趋势也比较矮。

说父亲比较高则其成年儿子往往也比较高,并不是说这些比较高的儿子长得都比父亲还要高,而是说他们比父亲比较矮的成年儿子总的来说要高一些。倘若父亲比较高则其成年儿子往往更高,而父亲比较矮则其成年儿子往往更矮,长此一代一代地传下去,那势必产生两拨人,一拨人越来越高,而另一拨人越来越矮,高矮非常明显。事实上,人类与生物学的其他种族都是稳定的,并没有发生这种两极分化的情况。人的身高为什么没有发生两极分化,其原因就在于:

- 父亲比较高则其成年儿子往往也比较高,并不是说这些比较高的儿子长得都比父亲还要高。事实上这些比较高的儿子中总的来说,没有父亲高的儿子多一些,比父亲还高的儿子少一些。**父亲高,其儿子比他矮的可能性大**。
- 父亲比较矮则其成年儿子往往也比较矮,并不是说这些比较矮的儿子长得都比父亲还要矮。事实上这些比较矮的儿子中总的来说,没有父亲矮的儿子多一些,比父亲还矮的儿子少一些。**父亲矮,其儿子比他高的可能性大**。

总之,儿子身高有着向种族平均身高回归的趋势(见图 7.2)。正因为儿子的身高存在着关于父亲身高的回归,人的身高才没有两极分化,是稳定的。在统计学中,这一类现象的统计分析称为是回归分析,其中"回归"一词出于高尔顿和皮尔逊的父亲和儿子身高的遗传学的例子。必须注意的是,人的身高没有发生两极分化仅仅是"回归分析"的一个作用。如今的回归分析比起高尔顿和皮尔逊的儿子身高的回归有了非常大的实质性的发展,凡是根据一个或一组变量预测另一个或一组变量的问题,统称为回归分析。回归分析的内容非常丰富,应用范围很广,它在各个方面都有着巨大的作用。

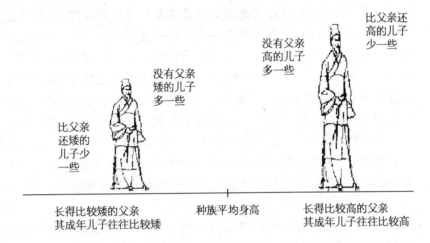

图 7.2 儿子身高向着种族平均身高的回归现象

高尔顿和皮尔逊通过对父亲及其成年儿子身高的正相关关系的深入研究发现了这个回归现象。根据 1 078 个父亲及其成年儿子的身高的测量值,进一步研究发现,父亲及其成年儿子身高之间的正相关关系可描述为

成年儿子的身高(厘米)＝85.67＋0.516×其父亲的身高(厘米)±误差

这个等式告诉我们成年儿子的身高在"85.67＋0.516×其父亲的身高"的上下波动。大家知道人的身高的分布是正态分布 $N(\mu,\sigma^2)$。因而这个正相关关系还可以描述为

成年儿子的身高(厘米)的分布是正态分布 $N(85.67+0.516\times父亲身高,\sigma^2)$。

第三章§3.5节提到,正态分布 $N(\mu,\sigma^2)$ 均值 μ 有非常好的性质:μ 既是均值、又是中位数和众数。由此可见

1) 身高例如为 x(厘米)的父亲很多,其成年儿子有的长得高,有的长得矮,成年儿子平均高度为 $85.67+0.516\times x$;

2) 身高例如为 x(厘米)的父亲很多,身高超过"85.67＋0.516×其父亲的身高"的成年儿子有一半,身高比"85.67＋0.516×其父亲的身高"矮的成年儿子也有一半;

3) 身高例如为 x(厘米)的父亲很多,身高为"85.67＋0.516×其父亲的身高"的成年儿子最多。

下面根据第二句话给出图 7.2 的回归现象的一种解释。

- 倘若某父亲比较高,例如身高 180 厘米,那么他的成年儿子的身高超过 $85.67+0.516\times180=178.55$ 厘米的可能性正好等于 0.5。由此可见,成年儿子的身高超过父亲身高 180 厘米的可能性不到 0.5。因而成年儿子的身高没有超过父亲身高 180 厘米的可能性就比 0.5 大。这就印证了图 7.2 右边所显示的情况:**长得比较高的父亲其成年儿子往往比较高,但是比父亲还高的儿子少一些,没有父亲高的儿子多一些。**可以证明:只要父亲长得比 177 厘米高,就有图 7.2 右边所显示的情况。而且,父亲越高,没有父亲高的儿子越多。注意,177 厘米是根据高尔顿和皮尔逊的 1 078 对父亲及其成年儿子的身高数据得出来的,换一批数据,换一个国家或地区,得出的不一定是 177 厘米,但可以肯定的是,有这样的一个高度,父亲身高超过了这个高度,就有图 7.2 右边所显示的情况。此外,由于有 1 078 对数据,数据量比较大,则还可以肯定的是,倘若高尔顿和皮尔逊另外再对比较多的家庭,测量父亲及其成年儿子的身高,由这一批数据得出的高度与 177 厘米相差不会太多。

- 类似地,倘若某父亲比较矮,例如身高为 165 厘米,那么他的成年儿子的身高超过 $85.67+0.516\times165=171.81$ 厘米的可能性正好等于 0.5。由此可见,成年儿子的身高超过父亲身高 165 厘米的可能性比 0.5 大。因而成年儿子的身高没有超过父亲身高 165 厘米的可能性就比 0.5 小。这就印证了图 7.2 左边所显示的情况:**长得比较矮的父亲其成年儿子往往比较矮,但是比父亲还矮的儿子少一些,没有父亲矮的儿子多一些。**可以证明:只要父亲长得比 177 厘米矮,就有图 7.2 左边所显示的情况。而且,父亲越矮,没有父亲矮的儿子越多。

上面所述的就是图 7.2 显示的回归现象发生缘由的一个说明。而这也说明了为什么人们将下面这个等式称为是父亲身高与其成年儿子身高的回归模型:

儿子的身高(厘米)$=85.67+0.516\times$父亲身高(厘米)$\pm$误差

§7.1.4 预测孩子成年后身高

高尔顿和皮尔逊所建立的父亲身高与其成年儿子身高的回归模型的进一步研究发现,概率 95% 的误差为 9.51 厘米:

成年儿子身高(厘米)$=85.67+0.516\times$父亲身高(厘米)±9.51 厘米,概率为 95%

9.51 厘米的误差不小。例如,某父亲身高 170 厘米,根据这个回归模型我们预测,其成年儿子的身高为 $85.67+0.516\times170=173.39$(厘米),上下误差不超过 9.51

厘米,概率为 95%。这也就是说,身高 179 厘米的父亲,其成年儿子身高的置信水平(概率)为 95% 的预测区间为

$$173.39\pm 9.51,即(173.39-9.51,173.39+9.51)=(163.88,182.9)$$

将身高 170 厘米的父亲的成年儿子身高估计在 163.88 厘米和 182.9 厘米之间,这个区间的长度达到 19.02 厘米,其范围太大了。看来为预测成年儿子的身高,仅知道其父亲的身高是不够的,可能还需要知道其他更多的信息,例如其母亲身高,或其祖父、祖母、外祖父、外祖母等人的身高等。显然,为预测成年儿子的身高,除了父亲的身高,母亲的身高是另一个重要的依据。我国湖北省体育科学研究所提出的根据父母亲身高计算其成年儿子和女儿身高的公式分别为

儿子身高=56.699+0.419×父亲身高(厘米)+0.265×母亲身高(厘米)±3 厘米
女儿身高=40.089+0.306×父亲身高(厘米)+0.431×母亲身高(厘米)±3 厘米

通常将 3 厘米理解为概率为 95% 的预测误差。根据父母亲身高预测成年孩子的身高,上下波动 3 厘米,预测区间的长度为 6 厘米,它的精度比仅根据父亲身高的预测提高了很多。

仅根据父亲的身高预测其成年儿子的身高的回归模型:

儿子的身高(厘米)=85.67+0.516×父亲身高(厘米)±误差

称为是一元回归模型,其中待预测的"儿子的身高"称为因变量,用于预测的"父亲身高"称为自变量。根据父亲与母亲身高预测其成年儿子的身高的回归模型:

儿子身高=56.699+0.419×父亲身高(厘米)+0.265×母亲身高(厘米)±误差

称为二元回归模型,用于预测的自变量有两个,"父亲身高"与"母亲身高"。自变量越多,预测的误差越小。当然,自变量越多,模型就越复杂,往往难以抓住关键的自变量,且计算的工作量就越大,用起来也就越不方便。因而自变量并不是越多越好。总之,自变量多到预测的误差满足实际需要就可以了。显然,选用哪些自变量来进行预测最需慎重考虑。这在很大程度上依赖于我们对所研究的问题的实际背景的理解。解决此类问题要具体问题具体分析。在知道了父亲身高之后,为减少成年儿子身高的预测误差,为什么选用母亲身高,而不是选用祖父或祖母身高、外祖父或外祖母身高的问题,值得大家思考。

§7.1.5 回归模型

首先讨论只有一个自变量的一元回归模型(简称回归模型)。为简化起见,通常将自变量记为 x,因变量记为 y,并且将根据自变量 x 预测因变量 y 的回归模型记为

$$y=ax+b+e$$

模型中的 a 和 b 分别称为斜率和截距,e 表示误差(error)。e 是个随机变量,通常

假设e的分布是正态分布$N(0,\sigma^2)$。由此可见,因变量y的分布是正态分布$N(ax+b,\sigma^2)$。方差σ^2越小,回归模型$y=ax+b+e$就越精确。

- 在斜率a大于0是正数的时候,自变量x和因变量y有正相关关系:自变量x比较大时因变量y往往也比较大;
- 在斜率a小于0是负数的时候,自变量x和因变量y有负相关关系:自变量x比较大时因变量y往往比较小。

总之,用回归模型"$y=ax+b+e$"描述的相关关系,特称为直线相关关系。

前面说,人的身高与脚印长度之间的回归模型就可以写为$y=6.876x+e$,其中因变量y表示人的身高,自变量x表示脚印长度,斜率$a=6.876$,截距$b=0$。人的身高与脚印长度之间有直线正相关关系。前面说的"医生的工作年限"与"处方的错误率"之间有负相关关系,但难说它们之间是直线负相关关系。

根据父亲身高预测其成年儿子身高的回归模型就可以写为:$y=0.516x+85.67+e$,其中因变量y表示儿子的身高,自变量x表示父亲身高,斜率$a=0.516$,截距$b=85.67$。父亲身高与其成年儿子身高有直线正相关关系。儿子身高关于父亲身高的回归模型的概率95%的误差为9.51厘米。大家很可能会问,这个回归模型是如何建立的?这些斜率和截距的数值,以及概率例如是95%的误差是如何计算的?本章下一节§7.2将以第一章的美国黄石国家公园间歇喷泉的例子,来阐述这些问题。

建立了回归模型,例如在美国黄石国家公园间歇喷泉的例子中,我们就可以根据这一次喷发的持续时间,预报"到下一次喷发的间隔时间"为

到下一次喷发的间隔时间(分)=10.74097×这一次喷发持续时间(分)+33.82821,

并且概率95%的误差为13.09792分钟。由此可见,回归模型的应用非常广泛,预测(或称为预报)是它的一个非常重要的应用。

§7.2 建立回归模型

建立回归模型用于预测,一般来说有以下4个步骤:
1) 收集数据;
2) 判断变量之间有没有相关性;
3) 计算回归直线;
4) 给出预测误差和概率。

本节将结合美国黄石国家公园间歇喷泉的例子,介绍如何应用 Excel 软件估计斜率a和截距b,以及如何计算误差和置信水平(概率)。

§7.2.1 收集数据

数据不能太少。根据太少的数据发现的相关关系可能是不真实的,找到的回归模型不能用来预测。1978年8月1日至8月8日清晨8时至午夜老忠实间歇喷泉的喷发持续时间(分钟)和到下一次喷发的间隔时间(分钟)的107对数据见表7.1。数据摘自参考书目[14]第九章例9.1,其中 x 表示喷发持续时间,y 表示到下一次喷发的间隔时间。107对数据(案例)应该说是比较多的。

表 7.1 美国黄石国家公园老忠实间歇喷泉的 107 对数据

8月1日		8月2日		8月3日		8月4日		8月5日		8月6日		8月7日		8月8日	
y	x	y	x	y	x	y	x	y	x	y	x	y	x	y	x
78	4.4	80	4.3	76	4.5	75	4.0	71	4.0	55	1.8	81	3.5	77	4.2
74	3.9	56	1.7	82	3.9	73	3.7	67	2.3	75	4.6	53	2.0	73	4.4
68	4.0	80	3.9	84	4.3	67	3.7	81	4.4	73	3.5	89	4.3	70	4.1
76	4.0	69	3.7	53	2.3	68	4.3	76	4.1	70	4.0	44	1.8	88	4.1
80	3.5	57	3.1	86	3.8	86	3.6	83	4.3	83	3.7	78	4.1	75	4.0
84	4.1	90	4.0	51	1.9	72	3.8	76	3.3	50	1.7	61	3.7	83	4.1
50	2.3	42	1.8	85	4.6	75	3.8	55	2.0	95	4.6	73	4.0	61	2.7
93	4.7	91	4.1	45	1.8	75	4.3	73	4.3	51	1.7	75	4.2	78	4.6
55	1.7	51	1.8	88	4.7	66	2.5	56	2.9	82	4.0	73	3.9	61	1.9
76	4.9	79	3.2	51	1.8	84	4.5	75	4.6	54	1.8	76	4.3	81	4.5
58	1.7	53	1.9	80	4.6	70	4.1	57	1.9	83	4.4	55	1.8	51	2.0
74	4.6	82	4.6	49	1.9	79	3.7	71	3.6	51	1.9	86	4.5	80	4.8
75	3.4	51	2.0	82	3.5	60	3.8	72	3.7	80	4.6	48	2.0	79	4.1
						86	3.4	77	3.7	78	2.9				

§7.2.2 判断变量之间有没有相关性

预测问题的第二步工作是判断变量之间有没有相关性。我们这里是通过制作交叉分组列表和画散点图来判断相关性。这个方法比较直观,容易理解。此外还有定量的判断方法,留待本章下一节§7.3讲解。

交叉分组列表的制作步骤如下:

寻找最小值和最大值:喷发持续时间的最小值1.7、最大值4.9;到下一次喷发的间隔时间的最小值为42、最大值为95;

将数据分组:一般分5到20组。喷发持续时间分7组,组距为0.5;到下一次喷发的间隔时间分6组,组距为10;

计算频数:经观察计数,107对数据中喷发持续时间在1.6~2.0之间,到下一次喷发的间隔时间在41~50之间的有6对。其余的依此类推。

表 7.2 是根据表 7.1 的数据得到的交叉分组列表。

表 7.2　交叉分组列表(喷发持续时间×到下一次喷发的间隔时间)

		1.6—2.0	2.1—2.5	2.6—3.0	3.1—3.5	3.6—4.0	4.1—4.5	4.6—5.0
到下一次喷发的间隔时间(分)	91—100	0	0	0	0	0	1	2
	81—90	0	0	0	3	6	11	4
	71—80	0	0	1	5	15	11	8
	61—70	2	2	1	0	4	3	0
	51—60	17	1	1	1	1	0	0
	41—50	6	1	0	0	0	0	0
		喷发持续时间(分)						

运用 Excel 制作表 7.1 数据的交叉分组列表需使用 IF 函数。IF 函数的功能:判断某个给定的条件是否成立,若判断成立,则返回一个特定的值,否则返回另一个特定的值。交叉分组列表制作的步骤如下:

1) 建立数据文件,例如将表 7.1 的喷发持续时间(x)的数据放在 A 列的第 2 至第 108 个单元格,到下一次喷发的间隔时间(y)的数据放在 B 列的第 2 至第 108 个单元格,并在 A 列和 B 列的第 1 个单元格,以及 C 列和 D 列的第 1 个单元格分别输入"持续时间"和"间隔时间"。

2) 在 C 列的第 2 个单元格输入:

=IF(A1<=2,"X1",IF(A1<=2.5,"X2",IF(A1<=3,"X3",IF(A1<=3.5,"X4",IF(A1<=4,"X5",IF(A1<=4.5,"X6",IF(A1<=5,"X7")))))));

然后确定,鼠标往下拉直到 C 列的第 108 个单元格,则 A 列的第 2 至第 108 个单元格上的数值(喷发持续时间)就分别依次转化为 C 列的第 2 至 108 个单元格上的属性(定性)数据。

3) 在 D 列的第 2 个单元格输入:

=IF(B1<=50,"Y1",IF(B1<=60,"Y2",IF(B1<=70,"Y3",IF(B1<=80,"Y4",IF(B1<=90,"Y5",IF(B1<=100,"Y6"))))));

然后确定,鼠标往下拉直到 D 列的第 108 个单元格,则 B 列的第 2 至第 108 个单元格上的数值(下一次喷发的间隔时间)就分别依次转化为 D 列的第 2 至 108 个单元格上的属性(定性)数据。

4) 使用 Excel"数据"菜单上的"数据透视表和数据透视图(P)"命令就可制作"喷发持续时间×到下一次喷发的间隔时间"的交叉分组列表 7.2。其制作过程同第二章§2.2.1 小节所述的定性数据的列表描述方法。

交叉分组列表 7.2 的左上角和右下角的方格中都是 0。这说明喷发持续时间短但到下一次喷发的间隔时间长,以及喷发持续时间长但到下一次喷发的间隔时间短都不大可能发生。去掉这些0,中间用实线围着的灰色部分显然有向上的趋势。由交叉分组列表7.2可以看到,喷发持续时间与到下一次喷发的间隔时间有正相关关系,而且它们的关系基本上是直线关系。除了交叉分组列表,还可以在散点图上更加直观形象地看到它们之间的这样一种关系。

图7.3是根据表7.1的数据得到的散点图。考虑到制作交叉分组列表的工作比较复杂,因而预报问题的第二步工作通常仅画散点图。

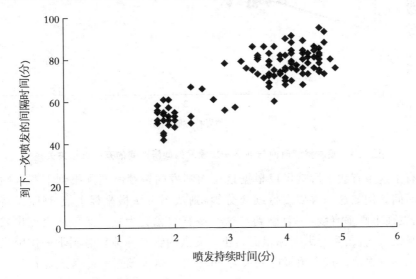

图7.3 喷发持续时间与到下一次喷发的间隔时间的散点图

只需要启动Excel中文版"插入"菜单上的"函数"命令就可以画散点图,其步骤如下:

1) 建立数据文件,例如,将表7.1的喷发持续时间(x)的数据放在A列的第1至第107个单元格,到下一次喷发的间隔时间(y)的数据放在B列的第1至第107个单元格;

2) 选中A、B两列;

3) 选择函数下拉菜单,或点击Excel上方的常用工作栏的图表向导;

4) 选择图表选项;

5) 选择XY散点图,然后在对话框中选择完成。建议大家在对话框中选择下一步,看看接下来要做什么。

散点图7.3大致显示出,若喷发持续时间短,则到下一次喷发的间隔时间往往也比较短;而若喷发持续时间长,则到下一次喷发的间隔时间往往也比较长。它们之间有正相关关系。散点图7.3也显示出,数据点大致落在左下角和右上角的两个点簇中。这说明喷发持续时间或者比较短,或者比较长,中间的不多见。散点图7.3

启示我们,画一条直线(见图7.4),使得这条直线在散点图上这些数据点的中间。

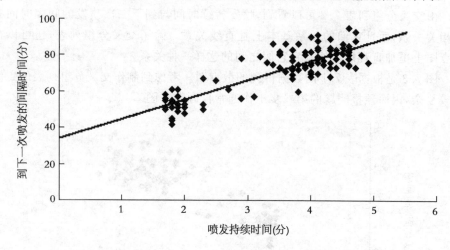

图 7.4　喷发持续时间与到下一次喷发的间隔时间的直线正相关关系

有了这条直线之后就可以根据这一次喷发的持续时间预报到下一次喷发的间隔时间。例如这一次喷发持续 3 分钟,则从图 7.4 横坐标上点 3(喷发持续时间)出发往上画垂直线,一直画到与这一条直线相交为止。然后从交点出发往左画水平线,一直画到与纵坐标相交为止。交点的纵坐标值就是到下一次喷发的间隔时间的预报值。这个预报值大致为 66 分钟。这个预报的过程见图 7.5。

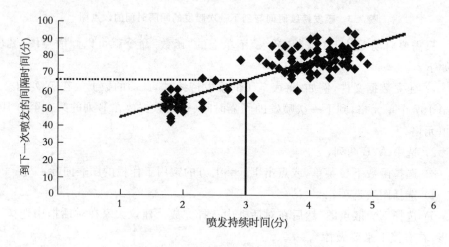

图 7.5　到下一次喷发的间隔时间的预报

在散点图 7.3 上画直线依据的是人的主观判断。例如图 7.4 上的这条直线,可能有人认为不是很恰当,尤其对右上角的这个点簇来说它应该再往上撬一点。但倘若往上撬则对左下角的这个点簇来说就不恰当了。

我们知道 $y=ax+b$ 是坐标平面上的直线方程,所以在散点图 7.3 上寻找一条直线,使得这条直线在散点图上这些数据点的中间,相当于寻找 a 和 b,使得直线:

到下一次喷发的间隔时间 $=a\times$ 喷发持续时间 $+b$

符合要求。这条直线方程称为**直线回归方程**,简称**回归直线**。

可以应用 Excel 软件估计 a 和 b 值。显然,这个定量方法是一种客观的判断方法。其推导过程需要应用统计分析的理论和方法,本书从略。

§7.2.3 计算回归直线

就我们所讨论的美国黄石国家公园间歇喷泉的例子而言,只要把斜率 a 和截距 b 估计出来,就得到了回归直线。启动 Excel 中文版"插入"菜单上的"函数"命令就可以计算斜率 a 和截距 b。此外,我们也可以输入某个函数的名称及其计算要求直接进行计算。直接计算的步骤如下:

1) 建立数据文件,例如,将表 7.1 的喷发持续时间(x)的数据放在 A 列的第 1 至第 107 个单元格,到下一次喷发的间隔时间(y)的数据放在 B 列的第 1 至第 107 个单元格。

2) 在其他任意一个单元格上输入:

"=slope(b1:b107,a1:a107)",然后确定,则得斜率(Slope) $a=10.74097$

3) 在其他任意另一个单元格上输入:

"=intercept(b1:b107,a1:a107)",然后确定,则得截距(Intercept) $b=33.82821$

必须注意的是,首先输入待预报的因变量:到下一次喷发的间隔时间(y)的数据 b1:b107,然后输入可观察的自变量:喷发持续时间(x)的数据 a1:a107。输入的次序不能颠倒。严格地说,斜率 $a=10.74097$ 和截距 $b=33.82821$ 是根据 1978 年 8 月 1 日至 8 月 8 日清晨 8 时至午夜的 107 对观察数据(见表 6.1)计算得到的,它并不是斜率 a 和截距 b 的真正的值。倘若我们在另外的时间再进行观察,则由此计算得到的斜率 a 和截距 b 的值极有可能与 $a=10.74097$ 和 $b=33.82821$ 不一样。因而 $a=10.74097$ 和 $b=33.82821$ 应称作根据 1978 年 8 月 1 日至 8 月 8 日清晨 8 时至午夜的 107 对观察数据计算得到的斜率 a 和截距 b 的估计值,简称估计值,或估计。估计值与真正的值有偏差。估计的精度如何是一个令人感兴趣的问题。根据统计理论和方法计算得到的斜率 a 和截距 b 的估计值,其偏差是可以控制的,且随着我们观察次数越来越多,估计的精度将越来越高。

有了斜率 a 和截距 b 的估计,我们就有了回归直线:

到下一次喷发的间隔时间 $=10.74097\times$ 喷发持续时间 $+33.82821$

图 7.4 上的这条线直就是根据这个回归直线画出来的。

有了回归直线,我们就能根据喷发持续时间的观察值预测到下一次喷发的间隔时间,其预报值就是

到下一次喷发的间隔时间的预报值＝10.740 97×喷发持续时间＋33.828 21。

倘若这一次喷发持续 3 分钟,将它代入回归直线,由于

$$10.740\ 97 \times 3 + 33.828\ 21 = 66.051\ 12,$$

故预报下一次喷发大概在 66.051 12 分钟后发生。这说明喷发持续 3 分钟时,到下一次喷发的间隔时间可能超过 66.051 12 分钟,有正误差;也可能不到 66.051 12 分钟,有负误差;其平均为 66.051 12 分钟。这也就是说,喷发持续 3 分钟时到下一次喷发的间隔时间在 66.051 12 分钟的上下波动。由回归直线得到预报值之后,下一步的工作就是讨论波动的幅度,误差的范围有多大,也就是预报的精度有多大。

§7.2.4 给出预测误差和概率

这项工作关系到预测的可信程度,很重要。一般来说可以分成以下两个步骤来完成:

1) 计算"y 关于 x 的标准误";
2) 计算预测误差和概率。

在预报问题的第 4 步,我们假设变量的分布是正态分布,这也就是说,根据自变量 x 预测因变量 y 的回归模型 $y=ax+b+e$,还可以表述为,知道了自变量 x 之后,因变量 y 的分布是正态分布 $N(ax+b, \sigma^2)$。例如,对于我们所讨论的美国黄石国家公园间歇喷泉的例子,在得到了斜率 a 和截距 b 的估计后,我们就可以说

到下一次喷发的间隔时间 y 的分布是正态分布 $N(10.740\ 97x + 33.828\ 21, \sigma^2)$,

其中,x 是喷发持续时间。显然,接下来的问题就是,方差 σ^2 或标准差 σ 该如何估计?

启动 Excel 中文版"插入"菜单上的"函数"命令就可以得到标准差 σ 的估计。此外,我们也可以输入函数名直接进行计算。首先建立数据文件,例如将表 7.1 的喷发持续时间(x)的数据放在 A 列的第 1 至第 107 个单元格,到下一次喷发的间隔时间(y)的数据放在 B 列的第 1 至第 107 个单元格。然后在其他任意一个单元格上输入:

"=steyx(b1:b107,a1:a107)",然后确定,则得标准差 σ 的估计等于 6.68 261。提醒大家注意的是,首先输入待预报的因变量的数据 b1:b107,然后输入可观察的自变量的数据 a1:a107。输入的次序不能颠倒。注意,这个 Excel 函数命令的前 3 个字母"ste"是 standard error(标准误)的简写。这个函数命令"steyx"是"因变量 y 关于自变量 x 的回归标准误"的意思,简单地说,就是"y 关于 x 的标准误"。有了标准

差 σ 的估计 6.682 61 之后,我们就可以说,在喷发持续时间已知等于 x 的时候,到下一次喷发的间隔时间 y 的分布是正态分布 $N(10.740\ 97x+33.828\ 21,\ 6.682\ 61^2)$。由此可见,根据第二章 §2.3.4 小节的经验法则,我们就能说

- 倘若喷发持续时间为 x(分钟),则到下一次喷发的间隔时间 y(分钟)在 $(10.740\ 97x+33.828\ 21)\pm 6.682\ 61$ 之间的概率为 68.27%。这也就是说,概率 68.27% 的误差为一个标准差 6.682 61。
- 倘若喷发持续时间为 x(分钟),则到下一次喷发的间隔时间 y(分钟)在 $(10.740\ 97x+33.828\ 21)\pm 2\times 6.682\ 61$ 之间的概率为 95.45%。这也就是说,概率 95.45% 的误差为两个标准差 $2\times 6.682\ 61=13.365\ 22$。
- 倘若喷发持续时间为 x(分钟),则到下一次喷发的间隔时间 y(分钟)在 $(10.740\ 97x+33.828\ 21)\pm 3\times 6.682\ 61$ 之间的概率为 99.73%。这也就是说,概率 99.73% 的误差为 3 个标准差 $3\times 6.682\ 61=20.047\ 83$。

概率 95.45%、误差两个标准差 $2\times 6.682\ 61=13.365\ 22$(分钟)看来比较恰当,人们可以接受。当然,概率 95.45% 带有小数点,总让人感到不满意。如果希望概率改为整数 95%,那就需要应用第三章的图 3.27 与表 3.22,或者下面的表 7.3 与图 7.6。表 7.3 给出了有关标准正态分布的几个数,而图 7.6 说明了它们的含义。记住这些数这对于在利用回归方程进行预报时计算误差与概率十分有用。

表 7.3　标准正态分布 $N(0,1)$ 中间部分的概率和系数

中间部分的概率	系数
80%	1.281 6
90%	1.644 9
95%	1.960 0
99%	2.575 8

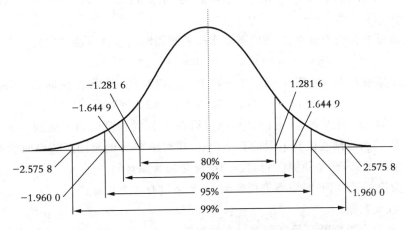

图 7.6　标准正态分布 $N(0,1)$ 中间部分的概率和系数

表 7.3 与图 7.6 告诉我们,对于标准正态分布 $N(0,1)$ 而言,
- 它在 -1.2816 与 1.2816 之间的概率(比例)为 80%;
- 它在 -1.6449 与 1.6449 之间的概率(比例)为 90%;
- 它在 -1.9600 与 1.9600 之间的概率(比例)为 95%;
- 它在 -2.5758 与 2.5758 之间的概率(比例)为 99%。

那么,对于一般的正态分布 $N(\mu,\sigma^2)$ 而言,
- 它在 $\mu-1.2816\sigma$ 与 $\mu+1.2816\sigma$ 之间的概率(比例)为 80%;
- 它在 $\mu-1.6449\sigma$ 与 $\mu+1.6449\sigma$ 之间的概率(比例)为 90%;
- 它在 $\mu-1.9600\sigma$ 与 $\mu+1.9600\sigma$ 之间的概率(比例)为 95%;
- 它在 $\mu-2.5758\sigma$ 与 $\mu+2.5758\sigma$ 之间的概率(比例)为 99%。

用得比较多的是概率(比例)为 95% 的情况。

到下一次喷发的间隔时间 y 的分布是正态分布 $N(10.74097x+33.82821, 6.68261^2)$,其中标准差 $\sigma=6.68261$,$1.9600\times6.68261=13.09792$,所以到下一次喷发的间隔时间 y 在 $10.74097x+33.82821-13.09792$ 与 $10.74097x+33.82821+13.09792$ 之间的概率为 95%。这也就是说,

到下一次喷发的间隔时间 y 在 $10.74097x+33.82821\pm13.09792$ 之间的概率为 95%。由此得到,美国黄石国家公园间歇喷泉的预报问题的解:

若喷发持续时间为 x(分钟),则预报下一次喷发大概在 **$10.74097x+33.82821$(分钟)**后发生,其概率 95% 的预报误差为 **13.09792(分钟)**。这也就是说,若喷发持续时间为 x(分钟),则下一次喷发间隔时间的概率 95% 的预测区间为 **$10.74097x+33.82821\pm13.09792$(分钟)**。

图 7.7 的中间、上面与下面的 3 条直线分别为

中间那条直线为下一次喷发间隔时间 y 的预测值:$y=10.74097x+33.82821$;

上面那条直线为概率 95% 的下一次喷发间隔时间 y 的预测区间的上限:
$$y=10.74097x+33.82821+13.09792;$$

下面那条直线为概率 95% 的下一次喷发间隔时间 y 的预测区间的下限:
$$y=10.74097x+33.82821-13.09792。$$

在表 7.1 的 107 对观察值(案例)中,超过概率 95% 的预测区间上限的有 3 个点,低于概率 95% 的预测区间下限的有 1 个点,在概率 95% 的预测区间里面的有 103 个点。由此可见,这个预测区间的预测情况是较为满意的。

前面说了,使用回归模型进行预测,一般来说有 4 个步骤:

1) 收集数据;

2) 画散点图判断变量之间有没有相关性;

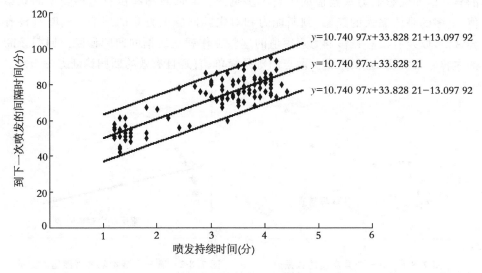

图 7.7 预测值与预测区间

3) 计算斜率和截距,得到回归直线,给出预测值;
4) 计算回归标准误,给出预测误差和概率。

可能有人会说,画散点图判断变量之间有没有相关性这个步骤能否省略? 有了数据马上直接计算斜率和截距,计算预报误差和概率,这样岂不很快就得到了预报的计算公式? 这样的做法是有问题的。这样做,我们就可以在任意两个变量之间计算回归直线,根据一个变量的数值来预报另一个变量的数值。倘若这两个变量没有丝毫的相关性,这样建立的预报计算公式有什么意义? 画散点图判断变量之间有没有相关性这个步骤不能省略。只有当变量之间有了相关性之后,预报才有意义。事实上,这项工作还需要加强,除了图示,还需计算相关系数,使用数值方法判断变量之间有没有相关性,见下一节。

画散点图除了判断相关性,还可以用来发现数据中有没有例如异常数据等。看散点图 7.8-1 你就会发现有一个异常的观察值。除诊断异常值之外,散点图还可用来诊断发现的异常值有没有很大的影响力。看散点图 7.8-2 你就会发现,右边这个异常观察值的影响力非常大。去掉这个观察值,根据剩下的观察值求得的回归直线方程的方向向上。倘若不去掉它,根据所有的观察值求得的回归直线方程的方向就向下了。这足以说明右边的这个观察值的影响力之大。这种类型的观察值称为是强影响力观察值,或高杠杆率观察值。强影响力观察值的自变量(或因变量)往往与众不同,比较大或比较小。因而人们通常怀疑变量取极端值的观察值可能是强影响力观察值。异常值与强影响力观察值不要轻易地删除它。它们很可能会给我们提供很多的信息。当然如图 7.8-1 和图 7.8-2 那样有着明显的异常值和强影响力观察值的图是不多见的。看散点图有没有这种类型的观察值,更多的是依靠人的经验、判断能力和对实际问题的背景的理解。判断有没有异常值,以及有没有强影响力观察值的这些工作就是所谓的回归诊断。回归诊断的内容非常实用,且很丰富。散点图等是简单、直观且有效的回归诊断方法。

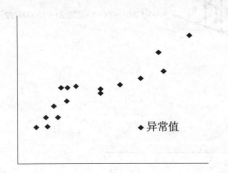
图 7.8-1　有一个异常值的数据

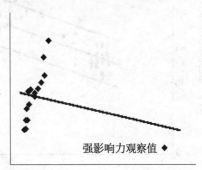
图 7.8-2　有一个强影响力观察值的数据

§7.3　相关系数

设有两个变量 x 和 y,例如,"喷发持续时间"和"到下一次喷发的间隔时间"。观察 $n=107$ 次喷发,测量每一次喷发的持续时间和到下一次喷发的间隔时间。从而有来自这两个变量的 $n=107$ 对的成对数据

$$\begin{bmatrix} x_1 \\ y_1 \end{bmatrix}, \begin{bmatrix} x_2 \\ y_2 \end{bmatrix}, \cdots, \begin{bmatrix} x_n \\ y_n \end{bmatrix}.$$

这两个变量 x 和 y,"喷发持续时间"和"到下一次喷发的间隔时间"的线性相关的程度可用相关系数 r 来度量。

仅需启动 Excel"插入"菜单上的"函数"命令就可以计算相关系数 r 的值。首先建立数据文件,例如将表 7.1 的喷发持续时间(x)的数据放在 A 列的第 1 至第 107 个单元格,到下一次喷发的间隔时间(y)的数据放在 B 列的第 1 至第 107 个单元格。接着在其他任意一个单元格上输入:

"=correl(a1∶a107,b1∶b107)",然后确定,则得相关系数 $r=0.858\,427$。

这个相关系数值是正的,这说明喷发持续时间 x 与到下一次喷发的间隔时间 y 是正线性相关,简称正相关。**相关系数的计算与数据输入的次序,自变量数据在先,还是因变量数据在先是没有关系的。**若输入:"=correl(b1∶b107,a1∶a107)",仍然得相关系数 $r=0.858\,427$。

相关系数有下述两个非常好的性质:

性质一　相关系数 r 的值与数据的单位没有关系。如果将表 7.1 的喷发持续

时间(或到下一次喷发的间隔时间)的数据单位由分改为例如秒,仍然得相关系数 $r=0.858\,427$。

性质二 相关系数 r 的值总是在 -1 和 1 之间:

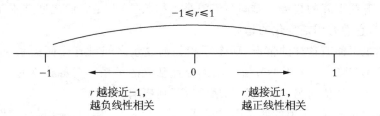

在 $r=1$ 时,变量 x 与 y 有确定的正的向上的直线关系(见图 7.9-1);r 越接近 1,变量 x 与 y 越有正的向上的直线关系,即越有正线性相关性(见图 7.9-2)。在 $r=-1$ 时,变量 x 与 y 有确定的负的向下的直线关系(见图 7.9-5);r 越接近 -1,变量 x 与 y 越有负的向下的直线关系,即越有负线性相关性(见图 7.9-4)。总之,在 r^2 越大,越是认为线性相关。显然,在 $r=0$,或接近于 0 的时候,认为变量 x 与 y 没有线性相关性(见图 7.9-3)。

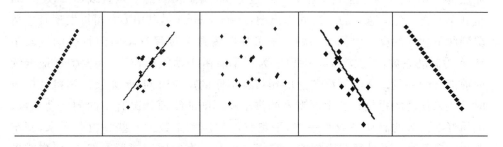

图 7.9-1　$r=1$　　图 7.9-2　$r=0.8$　　图 7.9-3　$r=0$　　图 7.9-4　$r=-0.8$　　图 7.9-5　$r=-1$

相关的概念最早是高尔顿提出的。相关系数的计算公式首先由埃其渥斯(Francis Ysidro Edgeworth,1845-1926)给出。埃其渥斯出生在爱尔兰,牛津大学毕业后一直在英国工作。由于皮尔逊将当时已有但表述含混不清的相关和回归的结果作了系统的综合整理,在理论和方法上都作了全新的处理与发展,因而这个相关系数通常称为皮尔逊相关系数。

在 $r=0$ 或接近于 0 时变量 x 与 y 的不线性相关性包括很多的情况。首先说不相关,然后说线性不相关的含义。

所谓不相关,意思是说一个变量的值比较大或比较小的时候,另一个变量的值可能比较大也可能比较小,没有什么增加或减少的趋势可言,如图 7.9-3 所示。必须注意的是,

在两个变量不相关时,并不是说它们之间一点关系都没有。

例如,某地逐月的气温(或降雨量),一个变量是时间(单位:月),一个变量是气温。一月接一月,一年接一年地过去,气温上升、下降、再上升、再下降,周而复始。气温有年周期性。由此可见,随着时间一年年地过去,气温这个变量显然没有单调上升或下降的趋势。时间与气温是不相关的,但是它们之间并不是一点关系都没有,它们有周期变化的趋势。

当然也可能有这样的情况,两个不相关的变量之间没有任何关系,也就是说它们有着第三章§3.2.4小节所介绍的**变量独立**的关系。变量独立时,一个变量取什么样大小的值对另一个变量的值没有任何影响。

必须注意的是,相关的两个变量可能不线性相关。例如,前面说的"医生的工作年限"与"处方的错误率"之间有负相关关系,但难说它们之间是直线负相关关系。这也就是说,难以找到根据自变量 x(医生的工作年限)预测因变量 y(处方的错误率)的(直线)回归模型"$y=ax+b+e$"。当然也可能有这样的情况,用以预测的回归模型不是直线,而是二次、指数或对数的。又如行驶在高速公路上的汽车,紧急情况处理不当,发生了交通事故。交警往往根据刹车距离 s 推测他的车速 v。显然,刹车距离 s 与车速 v 正相关。经过分析,用于预测的不是直线回归模型,而是刹车距离 s 是车速 v 的二次回归模型:$s=tv+kv^2+e$,其中 t 为司机发现紧急情况到踩下刹车的反应时间,一次项 tv 可理解为这个过程汽车向前行驶的一段距离;k 为制动系数,二次项 kv^2 可理解为刹车后由于动能的作用,还要惯性地继续向前滑行的一段距离。不同状态的司机有不同的反应时间,例如饮酒司机的反应时间比未饮酒的司机长。不同型号的汽车和不同的路面状况有不同的制动系数,品质好的汽车的制动系数小一些,平整路面的制动系数大一些。由此看来,刹车距离 s 与车速 v 不是直线正相关。它们之间是二次的回归模型。二次、三次或更高次的回归模型统称为多项式回归模型。通常将多项式模型变换为有多个自变量的多元线性回归模型,然后利用线性回归模型的方法求解。这个问题留待下一节§7.4.4简要讨论。

§7.3.1 检验:是否线性相关

判断喷发持续时间 x 与到下一次喷发的间隔时间 y 的线性相关性实际上就是一个假设检验问题。"线性相关"的反面是"不线性相关"。不线性相关包括很多的情况,其中最为简单明了的情况是相互独立。是否相互独立是人们很为关心的一个问题。必须注意的是,

为简化是否线性相关的检验问题的讨论,人们通常将"独立"作为"线性相关"的反面,并且取原假设为独立,备择假设为线性相关。

将独立取为原假设,除了人们很关心的是否相互独立,也考虑到计算检验 p 值的

需要。

是否线性相关的检验问题的原假设和备择假设分别为

H_0：变量 x 和 y 相互独立，H_1：变量 x 和 y 线性相关。

一般来说，人们是通过判断 r 的平方即 r^2 是否太大了，来决定是否拒绝原假设。这也就是说 r^2 可作为是否线性相关的检验问题的检验统计量，并且在 r^2 比较大的时候拒绝原假设，认为变量 x 和 y 线性相关。令

$$F = (n-2)\frac{r^2}{1-r^2}$$

不难证明：若 r^2 比较大，则 F 也比较大。反之亦真，若 F 比较大，则 r^2 也比较大。因而 F 也可作为是否线性相关的检验问题的检验统计量，在 F 比较大的时候拒绝原假设，认为变量 x 和 y 线性相关。接下来的问题就是，如何判断 F 是否比较大？也就是如何计算检验的 p 值？F 作为检验统计量的好处就在于，倘若原假设 H_0 成立，变量 x 和 y 相互独立的时候，判断 F 是否比较大，仅需计算概率，也就是检验的 p 值

$$p = P(F(1, n-2) \geqslant F)$$

根据表 7.1 的 $n=107$ 对数据算得的喷发持续时间 (x) 与到下一次喷发的间隔时间 (y) 的相关系数 $r=0.858\,427$。由此得

$$F = (n-2)\frac{r^2}{1-r^2} = (107-2)\frac{0.858\,427^2}{1-0.858\,427^2} = 294.083\,118$$

使用 Excel，输入 "=fdist(294.0831 18,1,105)"，即得检验的 p 值

$$p = P(F(1,105) \geqslant 294.083\,118\,8) = 3.249\,24 \cdot 10^{-32}$$

p 值如此的小，使得我们毫无怀疑地拒绝原假设，认为喷发持续时间 x 与到下一次喷发的间隔时间 y 的线性相关性成立。这也就是说它们之间有直线回归模型：$y = ax + b + e$。

根据皮尔逊的 $n=1\,078$ 个父亲及其成年儿子的身高的测量值，所得到的 y（成年儿子的身高）与 x（其父亲的身高）的相关系数 $r=0.5$。看来这个相关系数不很大。究竟大还是不大，这要看它的 p 值。由 $n=1\,078$ 和 $r=0.5$，算得 $F=358.666\,7$。y（成年儿子的身高）与 x（其父亲的身高）是否线性相关的检验问题的 p 值为

$$p = P(F(1,107\,6) \geqslant 358.666\,7) = 3.067\,93 \cdot 10^{-69}$$

p 值如此的微小，这说明相关系数 $r=0.5$ 可以认为是很大的了。父亲及其成年儿子的身高线性相关性成立，它们之间有线性回归模型：$y = ax + b + e$。社会统计（尤其是人口统计）的样本量往往成百上千比较大，因而 0.3、0.4 那样大小的相关系数也可看成是比较大的，由此就能说明所研究的两个量的线性相关性成立，它们之间有线性回归模型。当然这样得到的线性回归模型往往有改进的余地。

§7.3.2 测定系数

相关系数 r 的平方 r^2 称为回归模型的测定系数(coefficient of determination)。

因变量 $y_1, y_2, \cdots, y_n$ 的值为什么有的大有的小？因变量的这些变异的产生有多方面的原因，其中一个很重要的原因就是自变量的影响。在因变量的变异中，约有比例 r^2 的原因可以用自变量的影响给予解释。换句话说，自变量可用来测定因变量的(比例) r^2 个变异。

根据表 7.1 的 $n=107$ 对数据算得的喷发持续时间(x)与到下一次喷发的间隔时间(y)的相关系数 $r=0.858427$，测定系数 $r^2=0.736897$。这说明，喷发间隔时间为什么有的长有的短，其 73.7% 的原因可以由上一次喷发持续时间有的长有的短来解释。为预测喷发间隔时间，上一次喷发持续时间约有四分之三的作用。人们曾尝试利用其他的信息，例如上次喷发间隔时间，以及再上一次喷发持续时间预测喷发持续时间。虽有改进，但不显著。考虑到由上一次喷发持续时间预测到下一次喷发间隔时间的概率 95% 的误差 13.09792 分钟可为人们接受，因而美国黄石国家公园是用上一次喷发持续时间这一个自变量来进行预测的。

根据皮尔逊的 $n=1078$ 个父亲及其成年儿子的身高的测量值，所得到的 y (成年儿子的身高)与 x (其父亲的身高)的相关系数 $r=0.5$，测定系数 $r^2=0.25$。这说明，成年儿子为什么有的高有的矮，其 25% 的原因可归结于其父亲的高矮。看来为预测成年儿子的身高，父亲的身高只有四分之一的作用，知道其他更多的信息例如母亲身高很有必要。

引入了相关系数与测定系数之后，前一节 §7.2 所说的回归模型预测的 4 个步骤可扩充到 6 个步骤：

1) 收集数据；
2) 画散点图，判断变量之间有没有相关性，有没有异常值和强影响力观察值；
3) 计算相关系数；
4) 计算斜率和截距，得到回归直线，给出预测值；
5) 计算回归标准误、预测误差和概率，分析给出的预测误差和概率是否满足要求。
6) 计算测定系数，分析得到回归直线有没有改进的余地。若需要改进，则根据问题的实际意义，寻找新的自变量。多元回归模型的求解见下一节。

*§7.3.3 相关系数的计算公式的由来

设有两个变量 x 和 y，以及来自这两个变量的成对数据

$$\begin{pmatrix} x_1 \\ y_1 \end{pmatrix}, \begin{pmatrix} x_2 \\ y_2 \end{pmatrix}, \cdots, \begin{pmatrix} x_n \\ y_n \end{pmatrix},$$

首先分别计算 $x_1, x_2, \cdots, x_n$ 和 $y_1, y_2, \cdots, y_n$ 的平均数:

$$\overline{x} = \frac{x_1 + x_2 + \cdots + x_n}{n} = \frac{\sum x_i}{n}, \overline{y} = \frac{y_1 + y_2 + \cdots + y_n}{n} = \frac{\sum y_i}{n}.$$

所谓变量 x 和 y 正相关,就是 x_i 的值比较大的时候 y_i 的值往往也比较大,而 x_i 的值比较小的时候 y_i 的值往往也比较小。由此看来,在 x_i 比它的平均数 $\overline{x}$ 大的时候 y_i 往往也比它的平均数 $\overline{y}$ 大,而在 x_i 比它的平均数 $\overline{x}$ 小的时候 y_i 往往也比它的平均数 $\overline{y}$ 小。因而在变量 x 和 y 正相关的时候,离差 $x_i - \overline{x}$ 与 $y_i - \overline{y}$ 往往都是正的或都是负的,也就是说离差叉积 $(x_i - \overline{x})(y_i - \overline{y})$ 往往为正。所谓往往为正,意思是说 $(x_1 - \overline{x})(y_1 - \overline{y}), (x_2 - \overline{x})(y_2 - \overline{y}), \cdots, (x_n - \overline{x})(y_n - \overline{y})$ 这 n 个离差叉积中取正值的多而取负值的少。由此看来,可以用这些离差叉积连加的和:

$$L_{xy} = (x_1 - \overline{x})(y_1 - \overline{y}) + (x_2 - \overline{x})(y_2 - \overline{y}) + \cdots + (x_n - \overline{x})(y_n - \overline{y})$$
$$= \sum_{i=1}^{n}(x_i - \overline{x})(y_i - \overline{y})$$

来度量正相关。通常称 L_{xy} 为变量 x 和 y 的离差叉积和。在离差叉积和 L_{xy} 取正而且越来越大的时候,我们就认为这两个变量越是正相关。

离差叉积和 L_{xy} 不仅可以度量正相关,还可以度量负相关。负相关时,在 x_i 比它的平均数 $\overline{x}$ 大的时候 y_i 却往往比它的平均数 $\overline{y}$ 小,而在 x_i 比它的平均数 $\overline{x}$ 小的时候 y_i 却往往比它的平均数 $\overline{y}$ 大。因而在变量 x 和 y 负相关的时候,离差 $x_i - \overline{x}$ 与 $y_i - \overline{y}$ 往往一个是正的而另一个是负的,也就是说离差叉积 $(x_i - \overline{x})(y_i - \overline{y})$ 往往为负。所谓往往为负,意思是说 $(x_1 - \overline{x})(y_1 - \overline{y}), (x_2 - \overline{x})(y_2 - \overline{y}), \cdots, (x_n - \overline{x})(y_n - \overline{y})$ 这 n 个离差叉积中取负值的多而取正值的少。因而在离差叉积和 L_{xy} 取负且越来越小的时候,我们就认为变量 x 和 y 越是负相关。

当然,倘若离差叉积和 L_{xy} 接近 0,我们就认为变量 x 和 y 既不正相关也不负相关,即不相关。

用离差叉积和 L_{xy} 度量相关性最大的缺点在于它的值与数据的单位有关。例如在变量 x 和 y 都是长度的时候,单位取为厘米时的 L_{xy} 的值是单位取为米时的 L_{xy} 的值的 100×100,即 1 万倍。为此将离差叉积和 L_{xy} 除以 $(\sqrt{L_{xx}}\sqrt{L_{yy}})$,从而得到

$$r = \frac{L_{xy}}{\sqrt{L_{xx}}\sqrt{L_{yy}}}$$

其中

$$L_{xx} = \sum_{i=1}^{n}(x_i - \bar{x})^2 = (x_1 - \bar{x})^2 + (x_2 - \bar{x})^2 + \cdots + (x_n - \bar{x})^2$$

$$L_{yy} = \sum_{i=1}^{n}(y_i - \bar{y})^2 = (y_1 - \bar{y})^2 + (y_2 - \bar{y})^2 + \cdots + (y_n - \bar{y})^2$$

L_{xx} 与 L_{yy} 其实就是我们在第二章§2.3.3节讲解方差与标准差时介绍过的离差平方和。L_{xx} 与 L_{yy} 分别称为变量 x 与 y 的离差平方和。

显然,r 的值与数据的单位没有关系。可以证明它的值总是在 -1 和 1 之间。

§7.4 多元线性模型

一般来说,学生购买书籍的支出这个因变量(y)与两个自变量有关:一是其家庭收入(x_1),二是他所在的年级(x_2)。家庭收入越高,年级越高,购买书籍等支出往往也越多。为探讨它们之间的关系,随机调查了18位学生,所得数据见表7.4(数据摘自参考书目[15]第三章习题三第7题)。

表7.4 学生购买书籍的支出,其家庭收入及所在的年级

买书支出 (y 元/年)	家庭收入 (x_1 元/月)	所在的年级 (x_2)	买书等支出 (y 元/年)	家庭收入 (x_1 元/月)	所在的年级 (x_2)
450.5	1 712	4	793.2	3 331	7
507.7	1 742	4	660.8	3 660	5
613.9	2 043	5	792.7	3 509	6
563.4	2 187	4	580.8	3 579	4
501.5	2 194	4	612.7	3 590	5
781.5	2 404	7	890.8	3 719	7
541.8	2 735	4	1 121	4 353	9
611.1	2 948	5	1 094.2	5 239	8
1 222.1	3 302	10	1 253	6 041	10

使用二元线性回归模型:"$y = a_1 x_1 + a_2 x_2 + b + e$",描述学生购买书籍的支出($y$)与其家庭收入($x_1$)和他所在的年级($x_2$)之间的关系,其中 a_1 与 a_2 分别称为自变量 x_1 与 x_2 的斜率,b 称为截距。二元或更多元的线性回归模型可使用Excel数据分析功能完成它的一系列的计算。事实上,§7.2节讨论的一元线性回归模型($y = ax + b + e$)也可使用Excel数据分析功能完成求解。使用Excel数据分析功能解线性回归模型的计算程序如下:

(1) 输入数据。提请注意的是,在解二元或更多元的线性回归模型时,自变量的数据必须输入在相邻的列。为此建议因变量的数据例如将表7.4的买书的支出(y)的数据输入在例如A列的第1至第18个单元格,两个自变量:x_1 和 x_2 的数据从左至右分别输入在相邻的例如B列和C列。这也就是说,将第一个自变量

x_1,即家庭收入的数据输入在 B 列的第 1 至第 18 个单元格;将第二个自变量 x_2,即年级输入在 C 列的第 1 至第 18 个单元格;

(2) 选择工具下拉菜单;

(3) 选择数据分析选项;

(4) 在分析工具框中选择回归;

(5) 在回归对话框中:

1) 在 Y 值输入区域(Y)栏中键入"a1:a18";

2) 在 X 值输入区域(X)栏中键入"b1:c18";

3) 在置信度(F)栏中键入置信水平。置信水平的默认值为 0.95。回归分析不讨论置信水平问题,建议跳过这一栏,也就是取默认值 0.95。

4) 选择输出区域(o),并在输出区域栏中键入 E1(让输出的检验结果从 E1 单元格开始);

(6) 单击确定。

"回归分析"的计算结果有 3 张表。本课程教学的主要目的,是让学生能看懂输出的计算结果。首先讲解"回归分析"计算结果的第一张表,见表 7.5。

表 7.5 回归统计

Multiple R(复相关系数 R)	0.989 811
R Square(R 的平方,测定系数)	0.979 727
Adjusted R Square (修正的 R 的平方,修正的测定系数)	0.977 023
标准误差(y 关于 x_1 和 x_2 的回归标准误)	39.211 62
观测值(案例数)	18

§7.4.1 回归模型复相关系数、测定系数与回归标准误

对于一元线性回归模型而言,我们计算的相关系数是因变量 y 与自变量 x 之间的相关系数。而二元线性回归模型有一个因变量 y,但是有两个自变量:x_1 和 x_2。一个变量与两个或更多个变量之间的相关系数称为是复相关系数,记为 R。计算 R 的思路如下。首先将这两个自变量:x_1 和 x_2 组合在一起,令 $z=a_1x_1+a_2x_2$,其中 a_1 和 a_2 是任意给定的常数。然后计算变量 y 与 z 之间的相关系数。显然,这个相关系数与给定的常数 a_1 和 a_2 有关。最后讨论一个最大值问题,在 a_1 和 a_2 取什么值的时候,这个相关系数最大。这个最大的相关系数就称为是因变量 y 与 2 个自变量 x_1 和 x_2 之间的复相关系数:

$$R=\max_{a_1,a_2}\{y \text{ 与}(a_1x_1+a_2x_2)\text{的相关系数}\}$$

表 7.5 第 1 行的 0.989 811 就是学生购买书籍的支出(y)与其家庭收入(x_1)和他

所在的年级（x_2）之间的复相关系数。

必须注意的是，复相关系数一定是正的。在一元线性回归模型中，如果因变量 y 与自变量 x 负相关，则其相关系数是负的，但 Excel 回归分析输出的因变量 y 与自变量 x 的复相关系数却是正的。

同一元线性回归模型，表 7.5 第 2 行的（复相关系数的平方）R^2 称为测定系数。它表示因变量 y 为什么有的大有的小，约有比例 R^2 的原因可以用自变量 x_1 和 x_2 的影响来解释（测定）。学生购买书籍的支出 y 与其家庭收入 x_1 和他所在的年级 x_2 的复相关系数 $R=0.989\,811$，测定系数 $R^2=0.979\,727$。这说明学生购买书籍的支出（y）这 18 个观察值为什么有的大有的小，约有 98% 是由学生家庭收入（x_1），以及他所在的年级（x_2）的不同而引起的。

在学生购买书籍的支出的例子中，如果只选用一个自变量（其家庭收入），则测定系数 $r^2=0.621\,691$。而如果选用两个自变量（其家庭收入和年级），则测定系数就增大为 $R^2=0.979\,7$。每增加一个自变量，测定系数就肯定增大。难道自变量越多越好？其实不然，自变量越多，问题越复杂，应用就越不方便。很自然地，人们就会考虑能否将测定系数 R^2 稍加修正，使得它在自变量个数增加时增加得不多，且在自变量个数达到一定的程度的时候不再增加，反而减少。为此提出了校正的测定系数，通常把它记为 $\bar{R}^2$：

$$\bar{R}^2 = 1 - \frac{n-1}{n-p-1}(1-R^2)$$

其中 p 是自变量个数。在学生购买书籍的支出的例子中，有 $p=2$ 个自变量，$n=18$ 个数据（案例），测定系数 $R^2=0.979\,727$，因而表 7.5 第 3 行显示的校正的测定系数

$$\bar{R}^2 = 1 - \frac{n-1}{n-p-1} \cdot (1-R^2) = 1 - \frac{18-1}{18-2-1} \times (1-0.979\,727) = 0.977\,023$$

每增加一个自变量，测定系数 R^2 肯定增大，但校正的测定系数 $\bar{R}^2$ 不一定增大。在增加了一个自变量之后，如果校正的测定系数 $\bar{R}^2$ 没有增大，那我们就应该考虑，增加的这个自变量可能无助于因变量的预测。此时应考虑有下面两种可能性。有可能增加的这个自变量不说明问题，需要选用另外的自变量。也有可能不需要再增加自变量了。

表 7.5 第 4 行显示的标准误差 39.211 62（元/年），可理解为 y 关于 x_1 和 x_2 的回归标准误。在根据自变量 x_1 和 x_2 预测因变量 y 的时候，这个标准误差用来计算误差和概率。例如，概率 95% 的误差为 1.960 0 · 39.211 62＝76.85（元/年）。

对表 7.5，回归统计而言，最重要的是表的

- 第 1 行（复相关系数）；

- 第 2 行(测定系数);
- 第 4 行(y 关于 x_1 和 x_2 的回归标准误)。

§7.4.2　检验回归模型有没有意义

接下来讲解 Excel"回归分析"计算结果的第二张表,见表 7.6。

表 7.6　方差分析

特征量	df	SS	MS	F	Significance F
回归分析	2	1 114 549.378	557 274.7	362.443 030 7	2.004 23E−13
残差	15	23 063.267	1 537.551		
总计	17	1 137 612.645			

表 7.6 用来检验回归模型有没有意义。对于一元回归模型"$y=ax+b+e$"而言,斜率 $a=0$,意思是说,自变量 x 的取值与因变量 y 的取值没有关系,显然这个回归模型没有意义。类似地,对于二元回归模型"$y=a_1x_1+a_2x_2+b+e$"而言,在斜率 a_1 与 a_2 都等于 0 的时候,因变量 y 与自变量 x_1 和 x_2 都没有关系,回归模型也没有意义。在学生购买书籍的支出的这个二元回归模型的例子中,回归模型有没有意义的检验问题的原假设为

H_0:$a_1=a_2=0$,回归模型没有意义;

其备择假设默认为 H_1:a_1 和 a_2 不全都等于 0,回归模型有意义。

对表 7.6 方差分析而言,最重要的是记住,此表用来解回归模型有没有意义的检验问题。这个检验问题的原假设为 H_0:回归模型没有意义。表 7.6 方差分析的第 5 与第 6 两列是解这个检验问题的关键。在第 5 列的 F 比较大的时候拒绝原假设,认为回归模型有意义。第 6 列是 p 值,它就是比第 5 列这个 F 值大的概率。第 6 列的 p 值比较小意味着第 5 列这个 F 值比较大。因而我们在第 6 列的 p 值比较小的时候认为回归模型有意义。

表 7.6 第 5 列的 $F=362.443\,030\,7$,第 6 列的 p 值为 $2.004\,23\cdot10^{-13}$。p 值如此之小,说明 F 值非常的大,因而我们拒绝原假设,认为 a_1 与 a_2 不全都等于 0,描述学生购买书籍的支出(y)与其家庭收入(x_1)和他所在的年级(x_2)之间的回归模型"$y=a_1x_1+a_2x_2+b+e$"是有意义的。在回归模型有意义的时候,接下来的问题就需要估计斜率与截距,计算误差与概率。反之,倘若表 7.6 方差分析第 6 列的 p 值比较大,认为模型没有意义,那就没有必要去关心斜率与截距的估计值是多少,也没有必要计算误差与概率。需要关心的是,为预测因变量如何寻找新的自变量。

下面简要介绍表 7.6 方差分析的第 5 与第 6 列上的 F 值与 p 值的检验原理。与上一章的§6.2.3 节完全相同,其原理就是**变异分解**。

变异分解

学生购买书籍的支出这 18 个观察值为什么有的大有的小？试验结果的不确定性是一个原因，这就是随机误差。此外，倘若原假设不成立，回归模型有意义，学生有不同的家庭收入，以及在不同的年级，这也会使得学生购买书籍的支出不一样，这是系统误差。检验回归模型有没有意义，也就是检验是否存在系统误差。若存在系统误差，则回归模型有意义。

表 7.6 第 3 列 SS(平方和)上的 3 个数分别是

- 回归(Regression)分析平方和：$SSR = 1\,114\,549.378$；
- 残差(误差，Error)平方和：$SSE = 23\,063.267$；
- 总计(ToTal)平方和：$SST = 1\,137\,612.645$。

我们着重讲解这 3 个平方和的含义，至于它们的计算公式从略。上一章 §6.2.3 节，比较多组数据的检验问题时有个平方和分解：全变差 $T =$ 组间变差 $B +$ 组内变差 W。这个平方和分解将多组数据的全变差 T 中可能存在的系统误差都分解到组间变差 B 中去了，组内变差 W 中没有系统变差。由此我们令

$$F = 组间变差 B 的均方(MS) / 组内变差 W 的均方(MS),$$

且在 F 比较大的时候认为有系统误差，组与组之间有差异。与此相类似地，回归分析也有平方和分解：

$$总计平方和 SST = 回归分析平方和 SSR + 残差平方和 SSR。$$

它将总计平方和 SST 中可能存在的系统误差都分解到回归分析平方和 SSR 中去了，残差平方和 SSE 没有系统误差。据此令

$$F = \frac{回归分析平方和\ SSR\ 的均方(MS)}{残差平方和\ SSE\ 的均方(MS)}$$

且在 F 比较大的时候认为有系统误差，回归模型有意义。

表 7.6 第 2 列 df(自由度)上的 3 个数分别是

- 回归(Regression)分析平方和 SSR 的自由度等于自变量的个数 $p = 2$；
- 残差平方和 SSE 的自由度等于数据组(案例)数 $n = 18$，减去自变量的个数 $p = 2$，再减去 1，它等于 $n - p - 1 = 18 - 2 - 1 = 15$；
- 总计平方和 SST 的自由度等于数据(案例)数 $n = 18$，减去 1。它等于 $n - 1 = 18 - 1 = 17$。

与平方和分解公式相类似地，这 3 个自由度有下面的关系：

总计平方和 SST 的自由度 = 回归分析平方和 SSR 的自由度 + 残差平方和 SSR 的自由度。

表 7.6 第 4 列 MS(均方)上的两个数分别是：

- 回归分析平方和 SSR 的均方(MS)

$$=\frac{\text{回归分析平方和}SSR}{\text{回归分析平方和}SSR\text{的自由度}}=\frac{1\,114\,549.378}{2}=557\,274.689$$

- 残差分析平方和 SSE 的均方(MS)

$$=\frac{\text{回归分析平方和}SSE}{\text{回归分析平方和}SSE\text{的自由度}}=\frac{23\,063.267}{15}=1\,537.551$$

从而得表 7.6 第 5 列上的

$$F=\frac{\text{回归分析平方和}SSR\text{的均方}(MS)}{\text{残差平方和}SSE\text{的均方}(MS)}=\frac{557\,274.689}{1\,537.551}=362.44$$

倘若 $F=362.44$ 是一个比较大的数,则拒绝原假设,认为回归模型有意义。表 7.6 第 6 列上的"Significance F"意思是,$F=362.44$ 是不是显著地大(大到什么样的程度)。比 $F=362.44$ 大的概率,也就是检验的 p 值等于

$$p=P(F(\text{回归分析平方和的自由度},\text{残差平方和的自由度})\geqslant 362.44)$$
$$=P(F(\text{自变量个数}\,p,\text{数据(案例)数}\,n-\text{自变量个数}\,p-1)\geqslant 362.44)$$
$$=P(F(2,18-2-1)\geqslant 362.44)$$
$$=P(F(2,15)\geqslant 362.44)=2.004\,23\times 10^{-13}。$$

p 值如此之小,这说明 $F=362.44$ 显著地大,我们拒绝原假设,认为 a_1 与 a_2 不全都等于 0,描述学生购买书籍的支出(y)与其家庭收入(x_1)和他所在的年级(x_2)之间的回归模型"$y=a_1x_1+a_2x_2+b+e$"是有意义的。当拒绝原假设,认为斜率 a_1 与 a_2 不全都等于 0 后,随之而来的问题是,a_1 与 a_2 是全都不等于 0,还是其中有一个不等于 0,另一个等于 0? 当然,截距 b 是否等于 0 也是人们关心的问题。这些检验问题以及斜率与截距的估计问题的求解留待下一小节讨论。

§7.4.3 截距与斜率是否等于 0 的检验以及它们的估计问题

Excel "回归分析"计算结果的第三张表用来讨论斜率与截距是否等于 0 的检验,以及它们的估计问题。前面我们说,回归分析不讨论置信水平问题,因而仅需看第三张表的前 5 列,见表 7.7。

表 7.7 检验截距与斜率是否等于 0

截距与变量	系数数值	标准误差	t 值	p 值
截距	$-0.975\,568$	30.322 36	0.032 1 73	0.974 758 12
自变量 x_1	0.040 219	0.011 634 828	3.456 775 8	0.003 522 52
自变量 x_2	104.314 59	6.409 135 758	16.275 921	6.099 34E$-$11

描述学生购买书籍的支出(y)与其家庭收入(x_1)和他所在的年级(x_2)之间的回归模型"$y=a_1x_1+a_2x_2+b+e$"有 $p=2$ 个自变量,故表 7.7 讨论 $p+1=3$ 个检验问题。第 2 行讨论截距 b 是否等于 0 的检验问题,第 3 与第 4 行分别讨论自变量 x_1 的斜率(系数)a_1 与自变量 x_2 的斜率(系数)a_2 是否等于 0 的检验问题。注意,

这些检验问题的原假设是"截距（或斜率）等于 0"，而且它们都是在 t 的绝对值 $|t|$ 比较大的时候拒绝原假设，认为截距（或斜率）不等于 0。

第 2 行讨论的截距 b 是否等于 0 的检验问题的原假设为 $H_0：b=0$。备择假设默认为截距 b 不等于 0。在表 7.7 第 2 行第 4 列的 t 的绝对值 $|t|$ 比较大的时候拒绝原假设，认为截距 b 不等于 0。最后一列上的 0.974 758 12 就是这个检验问题的 p 值。p 值如此的大，第 4 列的 t 值的绝对值 $|t|=0.032\,173$ 当然不是一个比较大的数，因而我们不能拒绝原假设，认为截距 b 等于 0。这也就是说，描述学生购买书籍等支出 (y) 与其家庭收入 (x_1) 和他所在的年级 (x_2) 之间的回归模型可简化为"$y=a_1x_1+a_2x_2+e$"。

表 7.7 第 3 行讨论自变量 x_1 的斜率（系数）a_1 是否等于 0 的检验问题。其原假设为 $H_0：a_1=0$。在第 4 列的 t 的绝对值 $|t|$ 比较大的时候拒绝原假设，认为斜率 a_1 不等于 0。最后一列上的 0.003 522 52 就是这个检验问题的 p 值。p 值如此的小，第 4 列的 t 值的绝对值 $|t|=3.456\,775\,8$ 当然是一个比较大的数，因而我们拒绝原假设，认为自变量 x_1 的斜率 a_1 不等于 0。第 2 列上的 0.040 219 就是斜率 a_1 的估计值。

同样的道理，表 7.7 第 4 行讨论自变量 x_2 的斜率（系数）a_2 是否等于 0 的检验问题。其原假设为 $H_0：a_2=0$。在第 4 列的 t 的绝对值 $|t|$ 比较大的时候拒绝原假设，认为斜率 a_2 不等于 0。最后一列上的 $6.099\,34\times10^{-11}$ 就是这个检验问题的 p 值。p 值几乎等于 0，第 4 列的 t 值的绝对值 $|t|=16.275\,921$ 当然是一个非常大的数，因而我们拒绝原假设，认为自变量 x_2 的斜率 a_2 不等于 0。第 2 列上的 104.314 59 就是斜率 a_2 的估计值。

根据表 7.6 方差分析的检验，回归模型是有意义的。根据表 7.7 对截距和斜率的检验与估计，得到的回归模型是 $y=0.04x_1+104.31x_2+e$。这也就是说，学生购买书籍的支出(元/年)$=0.04\times$其家庭收入(元/月)$+104.31\times$所在年级$+e$。

根据表 7.5，得到 y 关于 x_1 和 x_2 的回归标准误为 39.21(元/年)。因而概率 95% 的误差为 $1.960\,0 \cdot 39.21=76.85$(元/年)。学生一年购买书籍的支出上下波动 76.85 元，应该说是可以接受的。例如，有个 9 年级的学生，家庭月收入 4 800 元，他一年购买书籍等支出的估计值为 $0.04\times4\,800+104.31\times9=1\,130.79$(元)，概率 95% 的误差为 76.85 元。这也就是说，他一年购买书籍支出的区间估计为 $1\,130.79\pm76.85$(元)。

根据表 7.5，得到测定系数 0.979 727，修正的测定系数 0.977 023。这都说明，学生购买书籍的支出有差异，约有 98% 是由学生家庭收入有差异，以及所在年级的不同而引起的。看来，为预测学生购买书籍等支出，根据学生家庭收入与年级这两个自变量已差不多足够了。

*§7.4.4 将非线性回归问题化为线性回归问题

下面通过 3 个例子,叙述如何将某些非线性回归问题化为线性回归问题,然后求解,并由此说明线性回归有着广泛的应用。

第一个例子:将非线性的指数曲线回归变换为线性回归

19 世纪四五十年代,苏格兰物理学家 James D. Forbes 的理论认为水的沸点(F)与气压(Q)有这样的关系:

Forbes 公式:$Q = \alpha e^{\beta F}$,其中参数 α 和 β 是两个正数。

这个公式告诉我们,气压 Q 越高沸点 F 也越高。众所周知,山上的气压比平地低,所以山上水的沸点比平地上水的沸点 100℃ 低,山越高沸点就越低。显然,它们之间并不是直线关系,而是指数曲线关系。由于在 19 世纪四五十年代难以将精密的气压计运输上山,所以人们通过测量沸点,然后运用 Forbes 公式计算出气压,其最终目的是为了根据气压计算海拔高度。为运用 Forbes 公式首先得求解 α 和 β 这两个参数的值。按理说,为寻求两个未知数的数值,仅需在两个不同高度的地方测量沸点与气压,得到两个等式列出方程就可以了。但实际情况远没有这么简单。这是因为 Forbes 公式描述的是理想状态下沸点与气压的关系。而实际情况偏离了理想状态,实际观察数据是有误差的。为此 Forbes 在阿尔卑斯山及苏格兰等处测量了 $n=17$ 个地方的沸点与气压。表 7.8 列举了他的测量数据,沸点的单位是度(摄氏),气压的单位是毫米汞柱。

表 7.8 沸点与气压

沸点 F	气压 Q	沸点 F	气压 Q	沸点 F	气压 Q
90.28	528.066	93.83	606.806	98.61	723.646
90.17	528.066	93.94	609.346	98.11	705.104
92.17	568.960	94.11	610.108	99.28	737.616
92.44	575.818	94.06	609.854	99.94	758.952
93.00	588.010	95.33	638.556	100.11	763.524
93.28	593.090	95.89	674.878		

第一和第二个观察值(案例)的气压都是 528.066(毫米汞柱),但是第一个观察值(案例)的沸点是 90.28(℃),而第二个却与之不同,沸点是 90.17(℃)。不同的沸点有相同的的气压,这说明存在随机误差。误差与很多因素有关。它可能与空气的湿度、风力、烧水的器皿与人的掌控程度有差异等等有关。因而这是一个回归问题,需根据表 7.8 的数据估计 Forbes 公式中的参数 α 和 β。显然,这是一个非线性的指数曲线回归。解决这个非线性回归问题的方法就是把它变换为线性回归问题。在 Forbes 公式的两边取对数,则有 $\ln(Q) = \ln(\alpha) + \beta F$。考虑到随机

误差的影响,所以对表7.8这17个观察值(案例)来说,就是因变量为$\ln(Q)$与自变量为F的一元线性回归:$\ln(Q)=\ln(\alpha)+\beta F+e$,其截距为$\ln(\alpha)$,斜率为$\beta$。

从理论上讲水的沸点(F)与气压(Q)有Forbes公式:$Q=\alpha e^{\beta F}$。这是指数曲线关系。但实际观察到的情况,水的沸点(F)与气压(Q)有非线性的指数曲线回归。而这个非线性的指数曲线回归可变换为水的沸点(F)与气压(Q)的对数($\ln Q$)之间的线性回归。为此将表7.8中气压(Q)的数据转换为对数($\ln Q$),得表7.9。

根据表7.9所列的水的沸点(F)与气压(Q)的对数($\ln Q$)的数据,使用Excel的数据分析功能,不难得到截距$\ln(\alpha)$的估计为2.922 8,斜率β的估计为0.037 13。从而得α的估计为$e^{2.922\,8}=18.593\,3$。Forbes公式为$Q=18.593\,3 \cdot e^{0.037\,13F}$。

表7.9 沸点与气压的对数

沸点 F	气压的对数 $\ln Q$	沸点 F	气压的对数 $\ln Q$
90.28	6.269 2	94.06	6.413 2
90.17	6.269 2	95.33	6.459 2
92.17	6.343 8	95.89	6.514 5
92.44	6.355 8	98.61	6.584 3
93.00	6.376 7	98.11	6.558 3
93.28	6.385 3	99.28	6.603 4
93.83	6.408 2	99.94	6.631 9
93.94	6.412 4	100.11	6.637 9
94.11	6.413 6		

第二个例子:多项式回归

前面说行驶中的汽车,刹车距离s是车速v的二次回归模型:$s=tv+kv^2+e$,为估计未饮酒司机驾驶某型号汽车的刹车距离s与车速v的关系式$s=tv+kv^2$中的参数t和k,让志愿者在未饮酒的状态以各种不同车速v驾驶该型号汽车行驶在高速公路上,并随机设置紧急情况。表7.10是车速v(米/秒)和刹车距离s(米)的$n=21$个观察值(案例)。

表7.10 刹车距离s(米)和车速v(米/秒)

刹车距离 s	车速 v	刹车距离 s	车速 v	刹车距离 s	车速 v
10.3	8	29.6	15	60	22
12.5	9	34	16	66	23
15.1	10	37.6	17	70	24
17.9	11	41	18	74	25
20.2	12	46	19	80	26
23.2	13	49.2	20	85	27
26.9	14	54.8	21	93	28

考虑到随机误差,对表 7.10 这 21 个观察值(案例)来说,有回归模型 $s=tv+kv^2+e$,其中刹车距离 s 是因变量,车速 v 是自变量,误差 $e\sim N(0,\sigma^2)$。这个回归模型称为一个自变量的二次多项式回归模型,简称多项式回归模型。一个自变量的二次多项式回归模型的一般形式为

$$s=b+tv+kv^2+e$$

定义新的自变量,将多项式回归模型变换为多元线性回归模型,这是解多项式回归模型的常用方法,例如定义 $u=v^2$,则二次多项式模型"$s=b+tv+kv^2+e$"就变换为有两个自变量 v 和 u 的二元线性回归模型:

$$s=b+tv+ku+e$$

为此需将表 7.10 的数据拓展为表 7.11。表 7.11 除了有刹车距离 s 和车速 v 的数据,还有车速平方 $u=v^2$ 的数据。

根据表 7.11 的数据使用 Excel 数据分析功能,经检验其截距 b 等于 0,算得的回归方程为 $\hat{s}=0.54v+0.10u$。这也就是说,有回归多项式方程 $\hat{s}=0.54v+0.10v^2$。前面我们将刹车距离 s 看成是因变量,车速 v 看成是自变量,似乎是由车速 v 预测刹车距离 s。事实上,在车祸现场,通常是利用所得到的回归多项式方程 $\hat{s}=0.54v+0.10v^2$,由观察到的刹车距离 s 推测车速 v。

表 7.11 刹车距离 s、车速 v 和车速平方 $u=v^2$

s	v	$u=v^2$	s	v	$u=v^2$	s	v	$u=v^2$
10.3	8	64	29.6	15	225	60	22	484
12.5	9	81	34	16	256	66	23	529
15.1	10	100	37.6	17	289	70	24	576
17.9	11	121	41	18	324	74	25	625
20.2	12	144	46	19	361	80	26	676
23.2	13	169	49.2	20	400	85	27	729
26.9	14	196	54.8	21	441	93	28	784

第三个例子:含有定性数据的回归问题

欲比较两种饲料 A 和 B 对猪的催肥效果,除了用上一章§6.1.3 节的成对数据的方法外,还可以用本章介绍的回归分析方法。成对数据的方法需要寻找一对对猪,每一对的两头猪的性别、猪龄、初始重量和圈养的猪厩等基本情况都是一模一样。而对于回归分析方法,这些要求可以部分满足,甚至可以都不满足。寻找一些猪例如 24 头猪,其初始重量可以不同,但其性别、猪龄和圈养的猪厩等情况差不多相同,而这是容易做到的。然后随机地把它们平均分为两组。饲料 A 和 B 各喂养其中的一组 12 头猪。这些猪的初始重量(公斤)和喂养一段时间后的增重

(千克)见表 7.12。

表 7.12 猪的初始重量和喂养一段时间后的增重

喂养饲料 A		喂养饲料 A		喂养饲料 B		喂养饲料 B	
初始重量	增量	初始重量	增量	初始重量	增量	初始重量	增量
15	85	14	84	17	105	19	99
13	83	17	90	16	90	18	94
11	65	22	89	18	100	24	91
12	76	20	83	18	95	23	95
12	80	25	100	21	103	27	102
16	91	30	105	22	106	32	110

倘若不考虑初始重量,那就可以用上一章§6.1.2节的两个正态总体等方差或异方差的 t 检验方法比较饲料 A 和 B。Excel 数据分析功能检验的结果,饲料 B 的催肥效果好,用它喂养的猪的平均增重比用饲料 A 喂养的猪的平均增重大 13.25(千克)。显然,猪的增重与其初始重量是有关系的。经计算喂养饲料 A 的 12 头猪的初始重量的平均值为 17.25(千克),而喂养饲料 B 的 12 头猪的初始重量的平均值为 21.25(千克)。饲料 B 的催肥效果好是否是因为它喂养的 12 头猪原来就比较重?或者说,饲料 B 的催肥效果的确好,但有没有好到用它喂养的猪的平均增重比用饲料 A 喂养的猪的平均增重大 13.25(千克)?理想的处理途径应该是这样的,首先将初始重量对猪的增重的影响分解出来,然后再来比较饲料 A 和 B 对猪的催肥效果。用回归分析方法求解这个比较问题就是这样做的。

喂养饲料 A 还是喂养饲料 B 这是定性变量。这是一个分成两类的定性变量。通常假设只取 0 和 1 两个值的一个变量 x_1 来代表二分类定性变量,令 $x_1=0$ 表示喂养饲料 A,$x_1=1$ 表示喂养饲料 B。将定性变量数量化的这样的变量 x_1 称为是虚拟变量(dummy variable)。令 z 和 y 分别表示猪的初始重量和其增重。这就有了自变量为 x_1 和 z、因变量为 y 的二元线性回归模型 $y=a_1x_1+a_2z+b+e$,同时将表 7.12 的数据拓展成表 7.13。

表 7.13 饲料类别的虚拟变量 x_1、猪的初始重量 z 和增重 y

x_1	z	y	x_1	z	y	x_1	z	y	x_1	z	y
0	15	85	0	14	84	1	17	105	1	19	99
0	13	83	0	17	90	1	16	90	1	18	94
0	11	65	0	22	89	1	18	100	1	24	91
0	12	76	0	20	83	1	18	95	1	23	95
0	12	80	0	25	100	1	21	103	1	27	102
0	16	91	0	30	105	1	22	106	1	32	110

使用 Excel 数据分析功能,算得回归方程为 $\hat{y}=65.3451+8.4798x_1+1.1926z$。猪的初始重量 z 前面的系数为 1.1926,它表示初始重量每增加 1(千

克),则一段时间之后猪平均增重 1.192 6(千克)。系数 1.192 6 表示初始重量对猪的增重的作用。由于我们假设 $x_1=0$ 表示喂养饲料 A,$x_1=1$ 表示喂养饲料 B,所以将 $x_1=0$ 和 $x_1=1$ 分别代入所算得的回归方程 $\hat{y}=65.345\,1+8.479\,8x_1+1.192\,6z$,分别得

喂养饲料 A 的回归方程 $\hat{y}=65.345\,1+1.192\,6z$

喂养饲料 B 的回归方程 $\hat{y}=73.824\,9+1.192\,6z$

其中 $73.824\,9=65.345\,1+8.479\,8$。

由此可见,喂养饲料 B 的催肥效果好,喂养饲料 B 的猪的平均增重比喂养饲料 A 的猪的平均增重大了 $73.824\,9-65.345\,1=8.479\,8$(千克)。饲料类别虚拟变量 x_1 前面的系数 8.479 8 表示不同饲料对猪的催肥效果的差别。回归分析方法分解了初始重量与饲料类别对猪的增重的影响,猪的初始重量 z 前面的系数反映了初始重量对猪的增重的作用,而饲料类别虚拟变量 x_1 前面的系数则反映了饲料类别对猪的催肥效果。由于系数 8.479 8 是正的,因此喂养饲料 B 的催肥效果好。倘若这个系数是负的,则反过来说明喂养饲料 B 的催肥效果差。

前面我们不考虑初始重量,使用上一章§6.1.2 节的两个正态总体等方差或异方差的 t 检验方法比较了饲料 A 和 B,同样认为喂养饲料 B 的催肥效果好,但算得喂养饲料 B 的平均增重比喂养饲料 A 的平均增重大 13.25(千克)。看来,这个差值中有初始重量的影响。将初始重量对猪的增重的影响分解出来之后,喂养饲料 B 的平均增重就比喂养饲料 A 的平均增重仅大 8.497 8(千克)。

如果有多于两种的很多种猪的饲料需要比较,应该如何定义虚拟变量?假如有三种猪的饲料 A、B 和 C,则它就是一个分成三类的定性变量。我们能否用取 0、1 和 2 三个值的一个虚拟变量 x_1 来代表这个三分类定性变量,令 $x_1=0$ 表示喂养饲料 A,$x_1=1$ 表示喂养饲料 B,$x_1=2$ 表示喂养饲料 C? 倘若这样做,就无形之中认为从饲料 A 到饲料 B,再到饲料 C,其催肥效果呈单调上升或单调下降的趋势,而且认为"喂养饲料 A 和饲料 B 的增重效果的差别"等于"喂养饲料 B 和饲料 C 的增重效果的差别"。由此看来,用取 0、1 和 2 三个值的一个虚拟变量 x_1 来代表这个三分类定性变量是不恰当的。对于多分类例如三分类的定性变量,人们通常定义两个虚拟变量 x_1 和 x_2,并且规定例如

"$x_1=0,x_2=0$"表示第 1 个分类例如喂养饲料 A;

"$x_1=1,x_2=0$"表示第 2 个分类例如喂养饲料 B;

"$x_1=0,x_2=1$"表示第 3 个分类例如喂养饲料 C。

类似地,对于 k 个分类的定性变量,人们就定义 $k-1$ 个虚拟变量 $x_1,x_2,\cdots,x_{k-1}$,并且

以"$x_1=0,x_2=0,\cdots,x_{k-1}=0$"表示第 1 个分类;

以"$x_1=1, x_2=0, \cdots, x_{k-1}=0$"表示第 2 个分类；

……

以"$x_1=0, \cdots, x_{k-2}=0, x_{k-1}=1$"表示第 k 个分类。

*§7.4.5 复共线性

为预测成年儿子的身高,仅知道其父亲的身高是不够的,可能还需要知道其他更多的信息,那么为什么人们选用父母亲身高预测成年儿子的身高,而不是选用父亲和祖父身高,其很重要的原因就是因为父亲和祖父身高的相关性比父母亲身高的相关性强得多。如果进一步,多元线性模型的某些自变量之间的相关性太强了,相关系数接近1(或-1),则称它有复共线性(Multi-Collinearity)。除了判断有没有异常值和强影响力观察值之外,判断有没有复共线性也是多元线性模型的一项重要工作。看下面的例子(摘自参考书目[6],第十二章,Case:Controlling Quality of Production)。

有这么多的产品需要修理,或作为废品被扔掉,大家感到很不安。有的工人说,恒温车间的温度控制得不够好,温度的波动程度太大了,影响了产品质量。温度波动越小,不合格率越低。有的人说,是材料问题。倘若我们使用密度比较大的材料,不合格率肯定能降下来。有的人说,产品流动的速度太快了,我们的操作跟不上。假如速度慢一点,不合格率就会降低。也有人说,晚班工人的生产经验不如早班工人,所以晚班产品的不合格率高于早班。为验证这些说法是否准确,工厂收集了 30 组数据,见表 7.14。数据文件中 5 个变量的解释如下:

表 7.14 产品不合格的相关性分析

W	D	R	I	N	W	D	R	I	N
0.97	32.08	177.7	0	0.2	2.76	21.58	244.7	1	42.2
2.85	21.14	254.1	0	47.9	2.36	26.3	222.1	1	13.4
2.95	20.65	272.6	0	50.9	1.09	32.19	181.4	1	0
2.84	22.53	273.4	1	49.7	2.15	25.73	241	0	20.6
1.84	27.43	210.8	1	11	2.12	25.18	226	1	15.9
2.05	25.42	236.1	1	15.6	2.27	23.74	256	0	44.4
1.5	27.89	219.1	0	5.5	2.73	24.85	251.9	0	37.6
2.48	23.34	238.9	0	37.4	1.46	30.01	192.8	1	2.2
2.23	23.97	251.9	0	27.8	1.55	29.42	223.9	1	1.5
3.02	19.45	281.9	1	58.7	2.92	22.5	260	0	55.4
2.69	23.17	254.5	1	34.5	2.44	23.47	236	0	36.7
2.63	22.7	265.7	1	45	1.87	26.51	237.3	0	24.5
1.58	27.49	213.3	0	6.6	1.45	30.7	221	1	2.8
2.48	24.07	252.2	0	31.5	2.82	22.3	253.2	1	60.8
2.25	24.38	238.1	0	23.4	1.74	28.47	207.9	1	10.5

4 个自变量:

W：每班工作 4 小时，变量 W 表示一个班 4 小时内温度波动的标准差；

D：材料密度；

R：产品流动的速率；

I：I(Indicator)是个示性变量，"$I=1$"表示早班生产，"$I=0$"表示晚班生产；

因变量 N：变量 N 是 1 000 件产品中的不合格产品的平均数。

建立四元回归模型：$N=a_1W+a_2D+a_3R+a_4I+b+e$。考虑复共线性需要计算这 4 个自变量的每两个之间的相关系数。当然，最好连带一起考察这 4 个自变量与因变量的相关性。使用 Excel 数据分析功能计算多个变量每两个之间的相关系数的程序如下：

1) 输入数据，例如将表 7.14 的 5 个变量的数据依次输入到 A 到 E 列的第 1 至第 30 个单元格；

2) 选择工具下拉菜单；

3) 选择数据分析选项；

4) 在分析工具框中选择相关系数；

5) 在相关系数对话框中：

(1) 在输入区域(I)栏中键入 a1：e30；

(2) 选择输出区域(o)，并在输出区域栏中键入 G1(让输出的计算结果从 G1 单元格开始)；

6) 单击确定。

"相关系数"的计算结果见表 7.15。

表 7.15　相关系数

列别	列 1：W	列 2：D	列 3：R	列 4：I	列 5：N
列 1：W	1				
列 2：D	−0.959 1	1			
列 3：R	0.908 292	−0.915 42	1		
列 4：I	−0.001 74	0.145 125	−0.068 85	1	
列 5：N	0.929 073	−0.923 39	0.885 35	−0.075 44	1

表 7.15 的对角线单元格上的数是一个变量与它自身的相关系数，它显然等于 1。对角线下方单元格上的数是两个变量的相关系数。对角线上下方单元格上的数关于对角线对称，所以上方的数省略不写。

首先考察 4 个自变量 W、D、R 与 I 两两之间的相关性。由对角线下方前 3 行前 3 列单元格上的数可以看到，变量 W、D 和 R 两两的相关性都非常强，W 和 D 强负相关，W 和 R 强正相关，D 和 R 强负相关。看来这个四元回归模型："$N=a_1W+a_2D+a_3R+a_4I+b+e$"有复共线性。表 7.15 第 4 行上的数分别是自变量 I 与自变量 W、D、R 的相关系数，看来 I 与 W、D、R 分别都基本上相互独立。

接下来考察 4 个自变量 W、D、R、I 与因变量 N 之间的相关性。看表 7.15 的最后一行，前 3 列上的数分别是自变量 W、D、R 与因变量 N 的相关系数。这说明 W、D、R 与因变量 N 的关系都比较大。由此初步判断，根据自变量 W、D 和 R 可以很好地预测因变量 N，此外由于 W、D 和 R 两两的相关性都非常强，因而根据自变量 W、D 和 R 预测因变量 N，与根据一个自变量 W（或 D，或 R）预测因变量 N 基本上差别不大。最后一行第 4 列的 $-0.075\,44$ 是自变量 I 与因变量 N 的相关系数，自变量 I 与因变量 N 关系不大。看来有人说晚班产品的不合格率高于早班，这是错觉。

使用 Excel 根据表 7.14 的数据，计算回归模型："$N=a_1W+a_2D+a_3R+a_4I+b+e$"。

- 经检验，这个回归模型是有意义的。
- 接下来检验斜率就发现问题了。不仅与因变量 N 关系不大的自变量 I 前面的斜率 a_4 等于 0，而且与因变量 N 关系都大的自变量 W、D 和 R 前面的斜率 a_1、a_2 和 a_3 都等于 0。既然回归模型："$N=a_1W+a_2D+a_3R+a_4I+b+e$"中的斜率 a_1、a_2、a_3 和 a_4 都等于 0，那么这个回归模型怎么可能是有意义的呢？

之所以前后矛盾，其原因就是因为有复共线性。下面作一个直观的解释。由于自变量 W、D 和 R 两两的相关性都非常强，所以在预测因变量 N 时，它们实际上是一个自变量。一个变量的重要性由 3 个变量来分摊，很有可能每一个变量都变得不重要了。

这个例子的复共线性问题的一个处理方法就是，安排新的试验，削弱复共线性。W 和 D 的强负相关，意味着温度波动的标准差 W 比较大的时候，材料密度 D 往往却比较小；反之，温度波动的标准差 W 比较小的时候，材料密度 D 往往却比较大。既然如此，我们就在温度波动的标准差 W 与材料密度 D 都比较大的时候，以及在温度波动的标准差 W 与材料密度 D 都比较小的时候安排试验，记录不合格产品数。增加了这类新数据（案例）后，就可减弱 W 和 D 之间强负相关性。

发现复共线性之后，人们很可能这样想，既然在预测因变量 N 时自变量 W、D 和 R 实际上是一个自变量，我们就建立因变量 N 关于一个自变量例如 W 的回归模型。温度波动的标准差 W 与不合格产品数 N 的相关系数达到 0.929073，它们有很强的正相关性，所建立的 N 关于 W 的回归模型是有意义的。既然回归模型有意义，这是否可以说明温度波动标准差太大是这么多的产品需要修理或作为废品被扔掉的原因？这是否可以说降低温度波动的标准差就能减少不合格产品数？事实上，这不一定对。有可能存在这样的情况，虽然温度波动的标准差 W 与不合格产品数 N 有很强的正相关性，但温度波动标准差太大并不是这么多的产品需要修理或作为废品被扔掉的原因。这是因为这么多的产品需要修理或作为废品被扔掉可能另有一个原因,例如材料密度 D 太小了。由于 W 和 D 的强负相关,所以在材料密度 D 比较小的时候,温度波动的标准差 W 往往比较大。正因为如此,才让我们看到"温度波动标准差比较大时有比较多的产品需要修理或作为废品被扔掉"这样的现象。而这就让我们产生一个错觉,认为温度波动标准差太大是这么多的产品需要修理或作为废品被扔掉的原因。这个错觉产生的过程见图 7.10。倘若根据这个错觉,一味地降低温度波动的标准差,而不加大材料密度,那不合格产品数是不可能减少的。

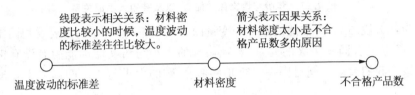

图 7.10 相关关系与因果关系

必须注意的是,统计数据分析得到的是相关关系,而

相关关系并不一定是因果关系。

将相关关系进一步辨识为因果关系是很有意义的一件事。2008 年诺贝尔医学奖授予德国科学家哈拉尔德·楚尔·豪森及两名法国科学家弗朗索瓦丝·巴尔-西诺西和吕克·蒙塔尼。豪森的获奖成就是发现了人乳头状瘤病毒(HPV),并且他利用分子生物学方法证明了该病毒的致癌机理,它是导致女性第二常见癌症——宫颈癌的罪魁祸首。正因为豪森开创性的工作,发现了人乳头状瘤病毒(HPV),并证明了它与宫颈癌有因果关系,所以目前已开发出预防宫颈癌的 HPV 疫苗,造福人类。要证明某种病毒与癌症之间的直接因果关系是相当困难的。例如,现在只能说乙肝病毒与肝癌高度相关,还没有证明两者之间有必然的因果关系。否则人类就可以开发出预防肝癌的疫苗了。

在第一章§1.1.2 小节曾说,在分析观察数据时找到的两个量之间的关系有可能是"假"的,也就是说所观察到的仅仅是表面现象,它们其实是没有这样关系的。与此相类似地,关于相关性必须注意的是:

当两个变量相关的时候,必须注意分析它们的相关性有没有受到第三个变量的影响。

例如,对在校的所有的低年级和高年级的儿童,都记录下他所穿的鞋的尺寸以及他语文阅读能力的成绩,你会发现鞋的大小与语文阅读能力强烈地正相关。难道学会的新词越多,他的脚就变得越大?或者说,有一个办法使得儿童学会更多的新词,那就是想办法使得他的脚变大?事实上这个问题涉及第三个变量,那就是年龄。年龄大了,阅读得更好而且由于长大而穿不下原来的鞋。这3个变量的关系如图7.11所示。

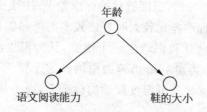

图 7.11 年龄与语文阅读能力,以及鞋的大小的关系

为什么说图7.11描述的这3个变量的关系是正确的,这仅需要看相同年龄的儿童,或者说看同一年级的儿童,看他们鞋的大小与语文阅读能力有没有正相关的关系。我们就会发现对同一年级儿童来说,鞋的大小与语文阅读能力就没有什么关系了。

内容提要

- 相关关系

1) 正相关:当一个变量增加(或减少)的时候,另一个变量同步有增加(或减少)的趋势;

2) 负相关:当一个变量增加(或减少)的时候,另一个变量反之有减少(或增加)的趋势。

- 线性回归模型,简称回归模型

因变量 $y=a\times$ 自变量 $x+b+e$,a 是斜率,b 是截距,e 是误差。

1) 在斜率 $a>0$ 时,因变量 y 与自变量 x 线性正相关;

2) 在斜率 $a<0$ 时,因变量 y 与自变量 x 线性负相关。

通常假设误差 e 的分布是 $N(0,\sigma^2)$,则因变量 y 的分布是 $N(ax+b,\sigma^2)$。

- 使用回归模型"因变量 $y=a\times$ 自变量 $x+b+e$"进行预测的6个步骤:

1) 收集数据;

2) 画散点图,判断变量之间有没有相关性,有没有异常值和强影响力观察值;

3) 计算相关系数。输入"=correl(起始单元格:终止单元格,起始单元格:终止单元格)";
        变量1   变量2

4) 计算斜率和截距,得到回归直线,给出预测值。

斜率 a：输入"＝slope(起始单元格：终止单元格,起始单元格：终止单元格)"；

       因变量   自变量

截距 b：输入"＝intercept(起始单元格：终止单元格,起始单元格：终止单元格)"；

       因变量   自变量

回归直线：因变量 $y=a\times$自变量 $x+b$。在自变量为 x 时因变量 y 的预测值为 $ax+b$。

5) 计算回归标准误，预测误差和概率，预测区间。

回归标准误：输入"＝steyx(起始单元格：终止单元格,起始单元格：终止单元格)"；

       因变量   自变量

概率例如 95% 的误差为 1.960 0×回归标准误；

自变量为 x 时因变量 y 的概率例如 95% 的预测区间为 $ax+b\pm1.96\times$回归标准误，或者说，概率例如 95% 的预测区间为

($ax+b-1.96\times$回归标准误，$ax+b+1.96\times$回归标准误)；

分析给出的预测误差、预测区间和概率是否满足要求。

6) 计算测定系数(相关系数的平方)，分析得到回归直线有没有改进的余地。若需要改进，则根据问题的实际意义，寻找新的自变量。

● 多元例如二元线性回归模型："$y=a_1x_1+a_2x_2+b+e$"

使用 Excel 数据分析功能，回归分析的程序如下：

1) 建立数据文件，例如将表 7.4 的因变量买书的支出(y)的数据输入在例如 A 列的第 1 至第 18 个单元格，两个自变量：家庭收入 x_1 和所在年级 x_2 的数据从左至右分别输入在相邻的例如 B 列和 C 列的第 1 至第 18 个单元格；

2) 选择工具下拉菜单；

3) 选择数据分析选项；

4) 在分析工具框中选择回归；

5) 在回归对话框中：

a) 在 Y 值输入区域(Y)栏中键入"a1：a18"；

b) 在 X 值输入区域(X)栏中键入"b1：c18"；

c) 在置信度(F)栏中键入置信水平。置信水平的默认值为 0.95。回归分析不讨论置信水平问题，建议跳过这一栏，也就是取默认值 0.95。

d) 选择输出区域(o)，并在输出区域栏中键入 E1(让输出的检验结果从 E1 单元格开始)；

6) 单击确定。

"回归分析"的计算结果有三张表:表 7.5,表 7.6 和表 7.7。看懂输出的计算结果是关键。

a) 表 7.5,回归统计给出了复相关系数,测定系数与 y 关于 x_1 和 x_2 的回归标准误;

b) 表 7.6,方差分析用来解回归模型有没有意义的检验问题,这个检验问题的原假设是回归模型没有意义;

c) 表 7.7 讨论截距与斜率是否等于 0 的检验与它们的估计问题,这些检验问题的原假设是"截距(或斜率)等于 0"。

- 多元线性回归模型的共线性

使用 Excel 数据分析功能计算多个变量每两个之间的相关系数的程序如下:

1) 输入数据,例如将表 7.14 的 5 个变量的数据依次输入到 A 到 E 列的第 1 至第 30 个单元格;

2) 选择工具下拉菜单;

3) 选择数据分析选项;

4) 在分析工具框中选择相关系数;

5) 在相关系数对话框中:

a) 在输入区域(I)栏中键入"a1:e30";

b) 选择输出区域(o),并在输出区域栏中键入 G1(让输出的计算结果从 G1 单元格开始);

6) 单击确定。

"相关系数"的计算结果见表 7.15。

- 相关关系并不意味着因果关系

习 题 七

1. 高尔顿和皮尔逊根据 1078 个父亲及其成年儿子的身高的测量值,建立了回归模型:

成年儿子的身高(厘米)=85.67+0.516×其父亲的身高(厘米)±误差

根据这个回归模型,为什么说只要父亲长得比 177 厘米高,就有图 7.2 右边所显示的情况:长得比较高的父亲其成年儿子虽然往往比较高,但是比父亲还高的儿子少一些,没有父亲高的儿子多一些。类似地,只要父亲长得比 177 厘米矮,就有图 7.2 左边所显示的情况:长得比较矮的父亲其成年儿子虽然往往比较矮,但是比父亲还矮的儿子少一些,没有父亲矮的儿子多一些。

2. 凯恩斯消费函数的简单形式为消费的预测值=a×收入+b。表 7.16 是美国 1960—1986 年的人均可支配收入和个人消费支出(按 1982 年美元计)的数据(数据摘自参考书目[3]

第 238—239 页上的表)。

① 试计算凯恩斯消费函数的简单形式中的斜率 a 和截距 b 的值。
② 根据凯恩斯消费函数的简单形式可以由收入预测消费,试计算预测误差和概率。

表 7.16 美国 1960—1986 年人均可支配收入和个人消费支出

年份	收入	消费	年份	收入	消费	年份	收入	消费
1960	6 036	5 561	1969	7 891	7 185	1978	9 735	8 808
1961	6 113	5 579	1970	8 134	7 275	1979	9 829	8 904
1962	6 271	5 729	1971	8 322	7 409	1980	9 722	8 783
1963	6 378	5 855	1972	8 562	7 726	1981	9 769	8 794
1964	6 727	6 099	1973	9 042	7 972	1982	9 725	8 818
1965	7 027	6 362	1974	8 867	7 826	1983	9 930	9 139
1966	7 280	6 607	1975	8 944	7 926	1984	10 419	9 489
1967	7 513	6 730	1976	9 175	8 272	1985	10 622	9 830
1968	7 728	7 003	1977	9 381	8 551	1986	10 947	10 142

3. 用调羹舀取黄豆。有一种说法,有的人总是舀得比较多,而有的人总是舀得比较少。为检验这种说法是否正确,要求 20 个同学用调羹舀取黄豆,表 7.17 是他们第 1 次和第 2 次舀取的黄豆的粒数。试画这批数据的散点图,并计算它们的相关系数,看看这种说法是否正确。

表 7.17 用调羹舀取黄豆

第 1 次舀取黄豆数	第 2 次舀取黄豆数	第 1 次舀取黄豆数	第 2 次舀取黄豆数	第 1 次舀取黄豆数	第 2 次舀取黄豆数	第 1 次舀取黄豆数	第 2 次舀取黄豆数
130	129	127	130	129	127	130	130
131	128	127	127	129	131	127	128
127	130	129	128	130	129	127	129
129	131	129	126	128	121	129	130
130	130	127	129	130	129	130	129

4. 成年男子的身高与体重正相关,因而体重较重的趋向于身高较高。这是不是意味着,要想长得高那就多吃一点?

5. "口红经济"说的是,统计数据显示随着经济一点点恶化,市场口红销售将节节上升。例如,2001 年 12 月 14 日《今日信息报》登载的一篇文章说,根据市场调查,美国 8 月到 10 月大卖场的口红销售比上年同期上升 11%。但是,化妆品公司主要收入来源的高价化妆品、保养品等销售却未见上扬。

① 请尝试分析"口红经济"现象,为什么在口红销售高升的背后,隐藏的是经济下滑的警讯。
② "口红经济"现象是否意味着,大家少买甚至不买口红,经济就会上去了?

6. 某学校老师发现,学生看电视的小时数与他阅读测验得分有负相关关系。
① 这是不是说,只要少看电视就可提高学习成绩?
② 下面的 4 句话是不是都对?那些话有可能比较符合实际情况?
● 看电视多的学生中阅读测验得分不高的学生多。
● 阅读测验得分不高的学生中看电视多的学生多。
● 看电视少的学生中阅读测验得分高的学生多。

● 阅读测验得分高的学生中看电视少的学生多。

7. 想知道能不能用空气温度推测海水温度,收集了某沿海地区的空气和海水温度的统计数据,见表7.18。

表 7.18　空气温度和海水温度　　　　　　　　　　（单位:摄氏温度）

空气温度	海水温度	空气温度	海水温度
13.9	9.4	31.1	28.3
15.0	10.6	31.1	26.7
18.3	13.3	28.9	25.0
23.9	18.9	23.9	22.2
27.2	21.7	20.0	15.6
30.0	25.6	15.0	10.0

① 能不能用空气温度推测海水温度?
② 如果能用空气温度推测海水温度,请给出推测计算公式。
③ 在空气温度是21℃时,推测海水温度,以及它的概率95%的误差。

8. 据说职工迟到与他居住地离上班地点的远近有关。为验证这个说法,一位社会学家作了调查,调查数据见表7.19。

表 7.19　职工年迟到次数与住地远近

编号	年迟到次数	住地远近(千米)	编号	年迟到次数	住地远近(千米)
1	8	1	6	3	10
2	5	3	7	5	12
3	8	4	8	2	14
4	7	6	9	4	14
5	6	8	10	2	18

① 画年迟到次数与住地远近(千米)的散点图。
② 计算年迟到次数与住地远近(千米)的相关系数。
③ 将年迟到次数作为因变量,住地远近(千米)作为自变量,对这两个变量进行回归分析。
④ 你认为这批数据有没有验证了这样的说法:职工迟到与他居住地离上班地点的远近有关。如果这个说法得到了验证,试建立年迟到次数 y 关于住地远近 x 的回归直线方程,并对他们之间的关系进行描述。
⑤ 倘若某位职工的住地离上班地点5(千米),请预测他的年迟到次数,以及他的95%的预测误差。

9. 为了解大学校园附近的餐馆的月营业收入(千元)和学生人数(千人)的关系,$n=10$个大学的记录数据见表7.20。

表 7.20　学生人数与月营业收入

x:学生人数(千人)	2	6	8	8	12	16	20	20	22	26
y:月营业收入(千元)	58	105	88	118	117	137	157	169	149	202

① 月营业收入和学生人数之间的相关系数为多少?

② 将学生人数视为自变量 x,月营业收入视为因变量 y。设月营业收入 y 关于学生人数 x 的回归模型为 $y=ax+b+e$。回答下列问题:月营业收入 y 关于学生人数 x 的回归模型中的斜率 a 的估计为多少?截距 b 的估计为多少?月营业收入 y 关于学生人数 x 的回归标准误为多少?

③ 倘若某大学有 15(千人)个学生,那么该大学校园附近餐馆的月营业收入的预测值为多少?95% 的预测误差为多少?请写出它的 95% 的预测区间。

④ 月营业收入 y 关于学生人数 x 的回归模型的测定系数为多少?请解释这个测定系数有什么样的含义?

10. 小孩的体积不容易测量,而称其重量不难。显然,体积与重量正相关。越重的小孩其体积往往越大。为了由小孩的重量推测他的体积,测量了 $n=18$ 个小孩的重量 x(千克)和体积 y(立方分米),实测数据见表 7.21。

表 7.21　小孩的重量与体积

重量 x	体积 y	重量 x	体积 y	重量 x	体积 y
10.4	10.2	15.1	14.8	16.5	15.9
10.5	10.4	15.1	15.1	16.7	16.6
11.9	11.6	15.1	14.5	17.1	16.7
12.1	11.9	15.7	15.7	17.1	16.7
13.8	13.5	15.8	15.2	17.6	17.6
15.0	14.5	16.0	15.8	18.4	18.3

① 画体积与重量之间的散点图,并计算其相关系数。

② 将重量作为自变量 x,体积作为因变量 y,计算体积 y 关于重量 x 的回归直线方程。

③ 倘若某小孩重 14 千克,请预测该小孩的体积,以及它的 95% 的预测区间。

④ 体积 y 关于重量 x 的回归模型的测定系数为多少?请解释这个测定系数有什么样的含义?

11. 商品在某地区的销售额(单位:万元)与该地区的居民人数(单位:万)和平均每个家庭的总收入(单位:万元)都有关系。16 个地区的统计数据见表 7.22。

表 7.22　商品销售额、地区居民人数和平均每个家庭的总收入

销售额	居民人数	家庭总收入的平均	销售额	居民人数	家庭总收入的平均
145	20.7	6.9	233	33.0	8.3
83	19.3	5.4	112	11.5	8.3
179	27.1	5.9	147	16.1	8.4
248	38.1	7.2	70	4.4	8.9
237	38.2	7.5	60	2.6	8.9
286	40.5	7.8	98	12.8	9.0
90	7.8	7.8	125	15.1	9.6
165	21.5	8.0	198	20.0	10.7

① 计算商品销售额、地区居民人数和平均每个家庭的总收入这 3 个指标两两之间的相关系数。

② 计算"商品销售额"与"地区居民人数、平均每个家庭的总收入"的复相关系数。

③ 将地区居民人数和平均每个家庭的总收入分别作为自变量 x_1 和 x_2，商品销售额作为因变量 y，计算商品销售额 y 关于居民人数 x_1 和家庭总收入的平均 x_2 的回归直线方程。

④ 倘若某地区居民人数 25.0 万，家庭总收入的平均 8.1 万元，请预测该地区这个商品的销售额，以及它的 95% 的预测区间。

⑤ 这个回归模型的测定系数为多少？请解释这个测定系数的含义。

12. 使用回归分析的方法解第六章习题六的第 7 题，企业究竟有没有歧视女性。

提示：工资收入与工龄有关。因而要回答女职工的抱怨有没有道理，企业有没有歧视女性的问题，可首先扣除工龄对职工的工资收入的影响，然后比较扣除工龄影响的男女职工的工资收入。参阅本章§7.4.4 第三个例子的解。

第八章

规划求解

本章所讲解的规划求解的内容是运筹学在管理决策中的应用。顾名思义,运筹学就是"运作"和"筹划"的意思。运作筹划、效益优化的思想古代就有,例如众所周知的"田忌赛马"、"丁谓挖沟"与"沈括运粮"等。但作为一门新兴学科,运筹学(Operational Research)最早于1938年由英国波德塞(Bawdesy)运作研究(Operational Research)小组负责人罗韦(A. P. Rowe)提出。该研究小组与皇家空军合作进行防空预警演习中的战术研究工作。因而罗韦被认为是OR(Operational Research,运筹学)一词的创始人,而英国的波德塞则是运筹学这一学科的发源地。第二次世界大战期间运筹学发展迅速,成效卓著。当时英美等国都成立了运作研究小组,运用运筹学的方法成功地解决了许多复杂的战略和战术问题,例如商船队如何编队护航,以使得在德国潜艇攻击时船队的损失最小;在各种情况下如何调整反潜深水炸弹的爆炸深度,最大限度地增加对德国潜艇的杀伤力等。但迫于战时的特殊环境,运筹学的研究仅集中于军事应用,其系统理论研究十分薄弱。二战后,运筹学的学科理论系统化、应用实践广泛化,以及教育与普及工作等,都得到了非常大的发展,迅速成长为一门具有许多分支和复杂体系的新兴基础科学和应用科学。

运筹学模型往往需要进行十分繁琐的数值计算,即便那些不很复杂的模型也大多如此,手工计算往往根本无法胜任。计算机技术的迅猛发展,促进了运筹学的蓬勃发展,使得运筹学得以成功及时地解决经济与技术管理中复杂的决策问题。

本章通过实例讲解运筹学的两个模型:线性规划和非线性规划,讲解如何运用Excel的"规划求解(Solver Parameters)"功能解线性规划和非线性规划问题。

§8.1 线性规划

经济系统的运行过程往往可归结为投入产出的过程,也就是投入资源(人力、物力、财力、时间等)、产出效益(实物和劳务的数量、质量、价值、效率等)的过程。

很自然地人们希望投入少而产出多。对于这样一个经济系统如何运营的问题,运筹学往往从以下两个方面着手进行研究:

1) 投入给定,如何实现最大产出?

2) 产出给定,如何实现最小投入?

这就是运筹学在经济管理中研究的所谓经济系统最优化问题。看下面的例子。

§8.1.1 最大利润规划问题

例 8.1 某企业生产两种桶装涂料:涂料 A 与 B。一桶涂料 A 与 B 在第一车间的加工时间分别是 15 与 10 工时,在第二车间的加工时间分别是 15 与 30 工时。第一与第二车间每天都最多加工 2 400 工时。涂料 A 与 B 需要用两种原料:原料 1 与 2。一桶涂料 A 与 B 分别使用 15 和 5 千克原料 1,以及 10 和 5 千克原料 2。由于原料供应限制,企业每天最多使用的原料 1 与 2 都是 2 400 千克。由于市场需求限制,涂料 A 与 B 一天分别最多生产 100 和 50 桶。涂料 A 与 B 每一桶的利润分别为 450 和 600 元。企业生产管理人员面临一个规划问题:每种涂料每天各生产多少桶,就能使得企业的利润最大,最大的利润是多少?这个最大利润规划问题的有关信息见表 8.1。

表 8.1 最大利润规划问题

		涂料 A	涂料 B	资源限制
一桶涂料的工时	第一车间	15	10	2 400
	第二车间	15	30	2 400
一桶涂料的原料	原料 1	15	5	2 400
	原料 2	10	5	2 400
市场需求限制		至多 100 桶	至多 50 桶	
一桶涂料的利润		450 元	600 元	

为建立一个模型解决这个规划问题,首先引入记号:

x_1:涂料 A 一天的产量,以桶为单位;

x_2:涂料 B 一天的产量,以桶为单位。

则企业一天的利润 z 为

$$z = 450x_1 + 600x_2$$

这个最大利润规划问题提出的任务是,如何安排涂料 A 与 B 一天的产量 x_1 与 x_2,使得利润 $z = 450x_1 + 600x_2$ 最大:$\max_{x_1, x_2}\{z\} = \max_{x_1, x_2}\{450x_1 + 600x_2\}$,其中 maximun,简写为 max,是"最大化"的意思;而 minimun,简写为 min,是"最小化"的意思。在规划问题中,通常称

涂料的产量 x_1 与 x_2 为决策变量；

利润 $z=450x_1+600x_2$ 为规划问题的目标函数。

目标函数最大化：$\max\limits_{x_1,x_2}\{z\}=\max\limits_{x_1,x_2}\{450x_1+600x_2\}$ 是这个规划问题的最终要求。为简单明了起见，有时就称

$$\max\limits_{x_1,x_2}\{z\}=\max\limits_{x_1,x_2}\{450x_1+600x_2\}$$ 为规划问题的目标函数。

通常将 $\max\limits_{x_1,x_2}\{z\}=\max\limits_{x_1,x_2}\{450x_1+600x_2\}$ 简写为 $\max\{450x_1+600x_2\}$。

由于一桶涂料 B 的利润 600 元比一桶涂料 A 的利润 450 元大，看来不难解决这个规划问题。为增加利润，我们令 $x_1=0$，不生产涂料 A，仅生产涂料 B 就行了。事实上，规划问题的求解没有这么容易，难就难在它必须满足一些约束限制条件。对这个最大利润规划问题而言，它有以下 3 个方面的约束：

1) 工时约束：

第 1 车间的工时约束，$15x_1+10x_2\leqslant 2\,400$；

第 2 车间的工时约束，$15x_1+30x_2\leqslant 2\,400$。

2) 原料约束：

原料 1 的约束，$15x_1+5x_2\leqslant 2\,400$；

原料 2 的约束，$10x_1+5x_2\leqslant 2\,400$。

3) 市场需求约束：

$x_1\leqslant 100, x_2\leqslant 50$。

上述这 3 个方面的约束都是不等式约束。有些规划问题还可能有等式约束。除了这 3 个方面约束，显然还有下面两个约束：

4) 非负约束：$x_1\geqslant 0, x_2\geqslant 0$。

5) 整数约束：由于涂料一天的产量以桶为单位，所以 x_1 与 x_2 必须是整数。

所谓的规划求解，就是在众多的约束条件下，确定决策变量的数值，使得目标函数最优（最大化或最小化）。

由于目标函数与所有的约束条件都是决策变量 x_1 与 x_2 的线性函数，因而称这个最大利润规划问题为线性规划问题。

§8.1.2 线性规划问题的解

上述这个最大利润规划问题有两个决策变量，因而能用图解的方法求出最优解。图解法本课程从略。两个决策变量之所以能用图解法，就是因为画的是平面图形。倘若规划问题有 3 个决策变量 x_1、x_2 与 x_3，如果用图解法，那就得画立体图形。立体图形不容易画，且不容易辨识。因而难以用图解法求解有 3 个决策变量的规划问题。倘若有 4 个或更多个决策变量，图解法就显得无能为力了。1947

年美国数学家丹捷格(George Dantgig)提出了单纯形法,线性规划问题的这一个代数解法是运筹学发展史上最重大的进展之一。单纯形法的基本思路就是"迭代"。首先找个初始解,如果初始解不是最优解,那就寻找一个比它更优的解,并把找到的那个解迭代作为第二步的初始解。如果第二步的初始解还不是最优解,那就再寻找一个比它更优的解,并把找到的那个解迭代作为第三步的初始解。迭代过程依此类推,直到找到最优解为止。这个迭代过程犹如爬山,从某一处例如山脚(初始解)开始,一步步地往上爬,直到到达山顶为止。对爬山而言,从哪里开始爬很重要。山往往不止有一个峰。我们要爬的是最高的山顶。可想而知,很有可能从山脚往上爬,我们并没有爬到最高的山顶,而是爬到次高或更低的山顶。其原因就在于我们从不是最高山峰的山脚往上爬。此外,山脚有好多处,所以从最高山峰的这一个山脚往上爬可能很快就能爬到山顶,而从另一山脚爬到山顶很慢。由此可见,选择合适的山脚往上爬关系到我们爬到的山顶是否是最高的山顶,以及我们能否很快爬到最高的山顶。与此相类似地,选取合适的初始解对于单纯形法能否很快的求得最优解至关重要。单纯形法求解线性规划问题,需要做大量繁琐的计算。单纯形法本课程从略。

  本课程讲解线性规划问题的计算机求解方法。下面结合上述最大利润的规划问题,介绍如何使用 Excel 的"规划求解(Solver Parameters)"功能解线性规划问题。使用计算机求解规划问题的过程,犹如单纯形法的"迭代"过程,而计算机软件将帮助我们免除迭代过程中的大量繁琐的计算,很快就能找到最优解。

  建立 Excel 工作表格是 Excel 规划求解功能解线性规划问题的第一步工作。为做好这项工作,建议将决策变量、目标函数与任务约束都放在一起,把规划问题表述成下面的形式:

决策变量:x_1, x_2。

目标函数:$\max\{450x_1 + 600x_2\}$。

任务约束:

第一车间的工时约束,$15x_1 + 10x_2 \leqslant 2\,400$;

第二车间的工时约束,$15x_1 + 30x_2 \leqslant 2\,400$;

原料 1 的约束,$15x_1 + 5x_2 \leqslant 2\,400$;

原料 2 的约束,$10x_1 + 5x_2 \leqslant 2\,400$;

市场需求约束:$x_1 \leqslant 100, x_2 \leqslant 50$;

非负约束:$x_1 \geqslant 0, x_2 \geqslant 0$;

整数约束:x_1 与 x_2 是整数。

决策变量、目标函数与任务约束统称为规划问题三要素。

表 8.2　最大利润规划问题的 Excel 工作表格

序号	A	B	序号	A	B
1	决策变量	产量	11		
2	涂料 A	1	12		原料约束
3	涂料 B	1	13	原料 1	20
4			14	原料 2	15
5		利润	15		
6	目标函数	1 050	16		市场需求与整数约束
7			17	涂料 A 产量	1
8	约束	工时约束	18	涂料 B 产量	1
9	第一车间	25	⋮		
10	第二车间	45			

这个最大利润规划问题的 Excel 工作表格如表 8.2 所示。下面说明其中的数字是如何输入的。

● B2 与 B3 单元格输入的分别是决策变量涂料 A 与 B 的产量 x_1 与 x_2 的初始值,例如 1 与 1。一般可根据所讨论的规划问题选择合适的数作为初始值。为什么说选择合适的数作为初始值很重要,这有以下两个方面的原因:

① 犹如山往往不止有一个峰,规划问题也可能有多个最优解。我们欲寻求的是全局最优解,而不是局部最优解。初始值选择不当,有可能得到的最优解是局部最优。可根据问题的实际意义以及人们的经验选择合适的初始值。此外,找到的最优解究竟是局部最优还是全局最优,也可根据问题的实际意义以及我们的经验来进行判断。从不同的角度出发多选择几个初始值,比较找到的最优解,不失是一个寻找全局最优解的好办法。注意,全局最优解通常就简称为最优解。

② 一般来说,规划问题的计算机求解很快就能实现。但经济与技术管理中的决策问题有极其复杂,其计算机求解过程的速度比较慢,甚至慢到令人无法接受。选择合适的初始值对于这类复杂的规划问题能否很快地求得最优解非常重要。

● B6 单元格输入"=450*b2+600*b3",这其实是输入目标函数"$450x_1 + 600x_2$"。

● B9 与 B10 单元格分别输入"=15*b2+10*b3"与"=15*b2+30*b3",这其实是分别输入第一与第二车间的工时约束"$15x_1 + 10x_2$"与"$15x_2 + 30x_3$"。依此类推,B13 与 B14 单元格分别输入"=15*b2+5*b3"与"=10*b2+5*b3",其实是分别输入原料 1 与原料 2 的约束"$15x_1 + 5x_2$"与"$10x_1 + 5x_2$"。最后在 B17 与 B18 单元格分别输入"=b2"与"=b3",其实是分别输入市场需求对涂料 A 与 B 的产量 x_1 与 x_2 的约束。

建立 Excel 工作表格之后,操作 Excel 求解规划问题的步骤如下:

(1) 选择工具下拉菜单;

(2) 选择规划求解选项。

(3) 在"规划求解(参数)"的对话框中：

1) 在设置目标单元格(E)中键入 b6；

2) 由于所解的是最大利润规划问题,因而在等于栏中选择最大值(M)；

3) 在可变单元格(B)栏中键入两个决策变量 b2,b3。倘若有 3 个或更多个决策变量,可按"初始单元格:终止单元格"的形式输入；

4) 选择选项(O),进入"规划求解选项"对话框。在"规划求解选项"对话框选择采用线性模型(M)和假定非负(G),然后选择确定,回到"规划求解(参数)"对话框。

5) 在约束(U)栏中选择添加,进入添加约束对话框。

① 添加第一车间工时约束。在添加约束对话框的单元格引用位置栏中键入 b9,在＜＝下拉菜单,选择＜＝,在约束(C)栏中键入 2 400,然后再一次选择添加。

② 添加第二车间工时约束。在添加约束对话框的单元格引用位置栏中键入 b10,在＜＝下拉菜单,选择＜＝,在约束(C)栏中键入 2 400,然后再一次选择添加。

③ 添加原料 1 约束。在添加约束对话框的单元格引用位置栏中键入 b13,在＜＝下拉菜单,选择＜＝,在约束(C)栏中键入 2 400,然后再一次选择添加。

④ 添加原料 2 约束。在添加约束对话框的单元格引用位置栏中键入 b14,在＜＝下拉菜单,选择＜＝,在约束(C)栏中键入 2 400,然后再一次选择添加。

⑤ 添加市场需求对于涂料 A 的约束。在添加约束对话框的单元格引用位置栏中键入 b17,在＜＝下拉菜单,选择＜＝,在约束(C)栏中键入 100,然后再一次选择添加。

⑥ 添加市场需求对于涂料 B 的约束。在添加约束对话框的单元格引用位置栏中键入 b18,在＜＝下拉菜单,选择＜＝,在约束(C)栏中键入 50,然后再一次选择添加。

⑦ 添加涂料 A 与 B 产量 x_1 与 x_2(桶)的整数(integer)约束。在添加约束对话框的单元格引用位置栏中键入 b2：b3,在＜＝下拉菜单,选择 int,然后选择确定,回到"规划求解(参数)"对话框。

必须注意的是,添加整数约束时在添加约束对话框的单元格引用位置栏中键入的是决策变量的单元格 **b2：b3**。

6) 选择求解。则 b2 和 b3 单元格分别显示出最优解:在涂料 A 与 B 的产量分别是 100 与 30 桶的时候,利润达到最大,最大利润为 63 000 元(见 b6 单元格)。除此之外,还提供"规划求解结果对话框",供选择。

① 在规划求解结果对话框中若选择保存规划求解结果(k),则最后输出的是

最优解,而若选择恢复为原值(o),则最后输出的是原先设定的初始值。本例选择保存规划求解结果(k)。

② 在规划求解结果对话框的报告(R)栏中有 3 项选择:运算结果报告,敏感性报告与极限值报告。可以不选,或选择其中的几项,或全选。这几个报告的简要介绍见后面。

③ 选择确定。

最大利润规划问题的 Excel 最后输出的计算结果见表 8.3。

表 8.3 最大利润规划问题的 Excel 计算结果

序号	A	B	序号	A	B
1	决策变量	产量	11		
2	涂料 A	100	12		原料约束
3	涂料 B	30	13	原料 1	1 650
4			14	原料 2	1 150
5		利润	15		
6	目标函数	63 000	16		市场需求约束
7			17	涂料 A 产量	100
8	约束	工时约束	18	涂料 B 产量	30
9	第 1 车间	1 800	⋮		
10	第 2 车间	2 400			

这个最大利润规划问题的运算结果报告见表 8.4。运算结果报告分 3 张表。第一张表关于目标函数。它告诉我们规划的目标是最大化,利润的初始值是 1 050 元,

表 8.4 最大利润规划问题的运算结果报告

目标单元格(最大值)

单元格	名字	初值	终值
$B$6	目标函数 利润	1 050	63 000

可变单元格

单元格	名字	初值	终值
$B$2	涂料 A 产量	1	100
$B$3	涂料 B 产量	1	30

约束

单元格	名字	单元格值	公式	状态	型数值
$B$9	第 1 车间 工时约束	1 800	$B$9<=2 400	未到限制值	600
$B$10	第 2 车间 工时约束	2 400	$B$10<=2 400	到达限制值	0
$B$13	原料 1 原料约束	1 650	$B$13<=2 400	未到限制值	750
$B$14	原料 2 原料约束	1 150	$B$14<=2 400	未到限制值	1 250
$B$17	涂料 A 产量 市场需求约束	100	$B$17<=100	到达限制值	0
$B$18	涂料 B 产量 市场需求约束	30	$B$18<=50	未到限制值	20

最终优化的结果是63 000元。

运算结果报告表8.4的第二张表关于决策变量。我们有两个决策变量:涂料A与B。它们产量的初始值都是1,最终优化计算结果分别是100与30桶。这也就是说,每天生产100桶涂料A与30桶涂料B,就能使利润最大。

运算结果报告表8.4的第三张表关于约束。前两行分别是第一与第二车间工时约束。最终计算结果它们的工时分别为1 800与2 400,其上限都是2 400。因而第一车间未到上限、第二车间到达限制值,差分别是600与0。最后一列的标识"型数值"翻译自"Slack"。看来把它翻译成"松弛"比较恰当。它表示到达限制值还有多少剩余。第三张表的第3与4行分别是原料1与2的约束。最终计算结果原料1与原料2分别使用1 650与1 150千克,其上限都是2 400千克,都未到限制值,分别剩余750与1 250千克。第5与第6行分别是市场需求对涂料A与B产量的约束。前者到达限制值,差是0;后者未到限制值,差是20。

"到达限制值"可理解为把水灌到瓶里,水到了瓶颈。这说明若把瓶颈提高,还可能把水灌到瓶里。由此可见,若要增加利润,那就应该首先考虑到达限制值的第二车间工时约束与市场需求对涂料A产量的约束。应该挖掘潜力增加第二车间工时,使得它的上限超过原先设定的2 400。还要挖掘市场对涂料A的需求,使得其产量的上限超过原先设定的100桶。我们当然也要研究,在情况有变即第二车间工时的上限降低了,或者市场对涂料A的需求减少了的时候,它们对利润的影响。增加(或减少)第二车间工时,以及提高(或降低)市场对涂料A的需求,究竟对增加(或减少)利润能起多大的作用,这需要看敏感性报告。

"未到限制值"可理解为把水灌到瓶里,未到瓶颈水就灌完了。这种情况,即使把瓶颈提高也无济于事,已没有水灌到瓶里去了。由此可见,增加原料1与原料2的供应,挖掘潜力增加第一车间的工时,以及挖掘市场对涂料B的需求,对增加利润没有什么帮助,应放在次要的位置考虑。当然,减少原料1与原料2的供应,减少第二车间的工时,以及降低市场对涂料B的需求,对利润也没有什么影响。

§8.1.3 敏感性分析

这个最大利润规划问题,求得的最优解是,涂料A产量100桶,涂料B产量30桶,目标函数利润的最大值63 000元。所谓敏感性分析,就是研究目标函数中的系数,以及任务约束中的系数与限制发生一些变化后,对最优解有没有影响。最大利润规划问题的敏感性报告(见表8.5)讨论下面两个敏感性问题:

敏感性问题1 目标函数利润 $z=450x_1+600x_2$,其系数450与600元分别是一桶涂料A与B的利润。众所周知,商品的利润有不确定性,往往会随着市场的变化而上涨或下降。规划问题关于不确定性的研究有两种方法。第一种方法如本书前几章所述,假设不确定的利润是个随机变量,它有个概率分布,然后研究目标函数最大利润有什么样的不确定性。这类研究就是所谓的随机规划。随机规划是运筹学的重要分支之一。本书不讨论随机规划问题。通常用来处理利润不确定性的是第二种方法:研究当一桶涂料 A 与 B 的利润发生变化后,规划问题的最优解仍然是涂料 A 产量 100 桶与涂料 B 产量 30 桶,还是有所变化? 这就是所谓的敏感性问题。为简单起见,通常限于讨论,仅一个发生变化而其他所有的都不变化时的敏感性问题。例如在涂料 A 的利润发生变化,而涂料 B 的利润,以及其他所有任务约束中的系数与限制都没有发生变化的时候,研究涂料 A 利润的变化对最优解有什么影响。

敏感性问题 2 我们以最大利润规划问题的第一车间工时约束为例讲解问题 2。第一车间工时约束为 $15x_1 + 10x_2 \leqslant 2\,400$,其上限为 $2\,400$ 工时。倘若挖掘潜力提高上限超过了 $2\,400$,或因情况变化上限下降低于 $2\,400$,目标函数利润的最大值仍然稳定在 $63\,000$ 元,还是有所增加或有所减少? 增加(或减少)多少? 这就是敏感性问题 2 所研究的问题。至于这个任务约束"$15x_1 + 10x_2 \leqslant 2\,400$"中的系数 15 与 10 发生变化时,它对最优解有什么影响,本课程不讨论。同敏感性问题 1,敏感性问题 2 也仅限于讨论,仅一个变而其他所有的都不变时对最优解的影响。

- 敏感性问题 1 研究,倘若目标函数的某一系数发生变化而其他所有的都不变时,它对最优解有什么影响。
- 敏感性问题 2 研究,倘若某一任务约束的限制发生变化而其他所有的都不变时,它对目标函数最优值有什么影响。

这个最大利润规划问题的敏感性报告表 8.5 有两张表。第一张表研究敏感性问题 1:在目标函数的系数,也就是涂料 A 或 B 的利润发生变化而其他所有的都不变时,它对最优解有什么影响。先看涂料 B 这一行。其最后 3 列告诉我们,涂料 B 原先利润 600 元 1 桶,允许增加与减少的量分别是 300 元与 600 元。由于

涂料 B 原先利润 600 元 − 允许减少的量 600 元 = 0 元,

涂料 B 原先利润 600 元 + 允许增加的量 300 元 = 900 元,

因此当**涂料 B 的利润在 0 与 900 元之间变化**,而其他所有皆不变时,**最优解:"涂料 A 产量 100 桶,涂料 B 产量 30 桶"保持不变**。注意,涂料 B 的利润在 0 元与 900 元之间变化,它不包括 0 元与 900 元。

接下来看涂料 A 这一行。其中允许增加 1E+30,意思是允许增加 10^{30}。这个数非常大,它其实是无穷大。涂料 A 这一行的最后 3 列说,它的利润 450 元允许增加无穷大,允许减少 150 元。因而**在涂料 A 的利润超过 300 (= 450 − 150)元**

时,无论它多大,只要其他所有的皆不变化,则最优解保持不变。第 4 列的标识"递减成本"翻译自"Reduced Cost",其含义本书不讨论。对运筹学有兴趣的读者可参阅参考书目[8]与[16]。

表 8.5 最大利润规划问题的敏感性报告

可变单元格

单元格	名字	终值	递减成本	目标式系数	允许的增量	允许的减量
$B$2	涂料 A 产量	100	0	450	1E+30	150
$B$3	涂料 B 产量	30	0	600	300	600

约束

单元格	名字	终值	阴影价格	约束限制值	允许的增量	允许的减量
$B$9	第 1 车间 工时约束	1 800	0	2 400	1E+30	600
$B$10	第 2 车间 工时约束	2 400	20	2 400	600	900
$B$13	原料 1 原料约束	1 650	0	2 400	1E+30	750
$B$14	原料 2 原料约束	1 150	0	2 400	1E+30	1 250
$B$17	涂料 A 产量 市场需求约束	100	150	100	60	40
$B$18	涂料 B 产量 市场需求约束	30	0	50	1E+30	20

敏感性报告表 8.5 的第二张表研究敏感性问题 2:在某一任务约束的限制发生变化而其他所有的都不变化时,它对最优解有什么影响? 首先看第 4 列"阴影价格(Shadow Price)"。阴影价格等于 0 的是未到限制值的 4 个约束:第一车间工时约束,原料 1 与原料 2 的约束,以及涂料 B 产量的市场需求约束等。这些约束的上限如果在允许的范围内发生变化,它对目标函数最优值没有影响。最后 3 列将告诉我们允许的范围是如何计算的。例如第一车间工时约束,这一行的最后 3 列说,这个约束的上限 2 400,允许增加与减少的量分别是 1E+30(无穷大)与 600。其允许的范围为 1 800(=2 400−600)到无穷大。因而在其他所有的都不变,仅第一车间工时约束的上限在 1 800 与无穷大之间变化时,目标函数最优值始终稳定在 63 000 元。这说明挖掘第一车间的潜力,即使将它的工时约束上限从原先的 2 400 工时起提得非常高,对增加利润没有丝毫帮助。同样地,若因情况变化其上限下降低于原先的 2 400 工时,只要下降幅度不超过 600 工时,最优利润 63 000 元仍保持稳定。原料 1 与 2 的约束,以及涂料 B 产量的市场需求约束的讨论与此相类似,请读者讨论。

阴影价格等于 0 的约束,其限制在允许的范围内发生的变化,对目标函数最优值没有影响。

阴影价格不等于 0 的是到达限制值的两个约束:第二车间工时约束与涂料 A 产量的市场需求约束。第二车间工时约束的阴影价格为 20,其上限 2 400,允许增加与减少的量分别是 600 与 900,故其允许范围为 1 500(=2 400−900)到 3 000

(=2 400+600)。这说明如果第二车间工时约束的上限从原先的 2 400 提高到 3 000,则目标函数最优值利润就会比 63 000 元大。阴影价格 20 还表示,上限每提高 1,最优利润就会增加 20 元。反之,如果第二车间工时约束的上限从原先的 2 400 下降到 1 500,则目标函数最优值利润就会比 63 000 元小。阴影价格 20 意思是说,上限每下降 1,最优利润就会减少 20 元。涂料 A 产量市场需求约束的阴影价格 150 的含义,请读者讨论。

阴影价格等于 $a\neq 0$ 的约束,其限制在允许的范围内发生的变化,对目标函数最优值有影响。限制每增加 1,目标函数最优值就增加 a。反之,限制每减少 1,目标函数最优值就减少 a。

这个最大利润规划问题的极限值报告见表 8.6。表的上一部分,目标函数利润的优化值是 63 000 元。表的下一部分关于两个决策变量:涂料 A 与 B。它们的产量最终优化计算结果分别是 100 桶与 30 桶。接下来极限值报告就计算,当一个决策变量取下极限值 0 与取上极限值(最终优化计算结果)时的目标函数利润是多少。下面这两项计算留给读者考虑(每桶涂料 A 与 B 的利润分别为 450 与 600 元)。

1) 在涂料 B 产量保持不变,为最终优化计算结果 30 桶,涂料 A 产量取下极限值 0 与取上极限值(最终优化计算结果)100 桶时,总的目标函数利润的计算;

2) 在涂料 A 产量保持不变为最终优化计算结果 100 桶,涂料 B 产量取下极限值 0 与取上极限值(最终优化计算结果)30 桶时,总的目标函数利润的计算。

表 8.6 最大利润规划问题的极限值报告

	目标式		
单元格	名字	值	
$B$6	目标函数 利润	63 000	

	变量		下限	目标式	上限	目标式
单元格	名字	值	极限	结果	极限	结果
$B$2	涂料 A 产量	100	0	18 000	100	63 000
$B$3	涂料 B 产量	30	0	45 000	30.00000001	63 000

§8.1.4 最小运输成本规划问题

经济系统最优化问题,除了例 8.1 的求解利润最大的规划问题,还有下面的求解运输成本最小的规划问题。

例 8.2 某企业在 3 个城市 1、2 与 3 都设有工厂。这 3 个产地生产的产品有 4 个销地:城市Ⅰ、Ⅱ、Ⅲ与Ⅳ。每个产地的产量与每个销地的需求量见表 8.7。

表 8.7 产地的产量与销地的需求量

产地	产量	销地	需求量
城市 1	80 箱	I	80 箱
城市 2	140 箱	II	65 箱
城市 3	110 箱	III	70 箱
		IV	85 箱
合计	330 箱	合计	300

3 个产地的总产量大于 4 个销地的总需求。这是一个产销不平衡的运输问题。每个产地的单箱产量运往每个销地的运输成本见表 8.8。企业生产管理人员面临一个规划问题:应如何调运,使得总的运输成本最小?最小的运输成本是多少?

表 8.8 产地的单箱产量运往销地的运输成本

产地	销地 I	销地 II	销地 III	销地 IV
城市 1	460	510	650	860
城市 2	350	410	690	790
城市 3	990	680	380	680

通常将安排的调运计划排列成一个交叉表,如表 8.9 所示。其中的运输量例如 x_{11} 表示从产地城市 1 到销地城市 I 的运输量,x_{21} 表示从产地城市 2 到销地城市 I 的运输量,依此类推。这也就是说,x_{ij} 的下标 $\{ij\}$ 有两个数,前一个数 i 表示产地城市,后一个数 j 表示销地城市。表 8.9 中这 12 个变量 $x_{11}, x_{12}, \cdots$ 就是这个规划问题的决策变量。

表 8.9 从每一个产地到每一个销地的运输量

产地	销地				合计
	I	II	III	IV	
1	x_{11}	x_{12}	x_{13}	x_{14}	≤80
2	x_{21}	x_{22}	x_{23}	x_{24}	≤140
3	x_{31}	x_{32}	x_{33}	x_{34}	≤110
合计	80	65	70	85	300 330

这个调运计划的总的运输成本 z 为

$$z = 460x_{11} + 510x_{12} + 650x_{13} + 860x_{14} + 350x_{21} + 410x_{22} + 690x_{23} + 790x_{24} + 990x_{31} + 680x_{32} + 380x_{33} + 680x_{34}$$

最小运输成本规划问题提出的任务是,如何调运,也就是如何确定表 8.9 中的运输量,使得总的运输成本 z 最小:$\min\{z\} = \min\{460x_{11} + \cdots + 680x_{34}\}$。$\min\{460x_{11} + \cdots + 680x_{34}\}$ 就是这个规划问题的目标函数。

这个最小运输成本规划问题有以下 3 个方面的约束：

1) 产地产量约束：

产地城市 $1, x_{11}+x_{12}+x_{13}+x_{14} \leqslant 80$；

产地城市 $2, x_{21}+x_{22}+x_{23}+x_{24} \leqslant 140$；

产地城市 $1, x_{31}+x_{32}+x_{33}+x_{34} \leqslant 110$。

2) 销地需求量约束：

销地城市 Ⅰ, $x_{11}+x_{21}+x_{31}=80$；

销地城市 Ⅱ, $x_{12}+x_{22}+x_{32}=65$；

销地城市 Ⅲ, $x_{13}+x_{23}+x_{33}=70$；

销地城市 Ⅳ, $x_{14}+x_{24}+x_{34}=85$。

3) 显然，还有非负约束：表 8.9 中这 12 个变量 $x_{11}, x_{12}, \cdots$ 皆大于等于 0。

由 Excel 计算机求解这个最小运输成本线性规划问题的第一步工作，是建立 Excel 工作表格，见表 8.10。下面说明表 8.10 中的数字是如何输入的。

表 8.10 最小运输成本规划问题的 Excel 工作表格

序号	A	B	C	D	E
1	每箱运费	销地城市 Ⅰ	销地城市 Ⅱ	销地城市 Ⅲ	销地城市 Ⅳ
2	产地城市 1	460	510	650	860
3	产地城市 2	450	690	410	790
4	产地城市 3	990	650	380	680
5					
6		产量			需求量
7	产地城市 1	80		销地城市 Ⅰ	80
8	产地城市 2	140		销地城市 Ⅱ	65
9	产地城市 3	110		销地城市 Ⅲ	70
10				销地城市 Ⅵ	85
11	决策变量				
12	运输量	销地城市 Ⅰ	销地城市 Ⅱ	销地城市 Ⅲ	销地城市 Ⅳ
13	产地城市 1	1	1	1	1
14	产地城市 2	1	1	1	1
15	产地城市 3	1	1	1	1
16					
17		运输成本			
18	目标函数	7 520			
19					
20	约束	产量			
21	产地城市 1	4			

续表

序号	A	B	C	D	E
22	产地城市 2	4			
23	产地城市 3	4			
24					
25		需求量			
26	销地城市 I	3			
27	销地城市 II	3			
28	销地城市 III	3			
29	销地城市 VI	3			
⋮					

- 前 4 行输入的是表 8.8 产地的单箱产量运往销地的运输成本。接下来输入的是表 8.7 产地的产量与销地的需求量。
- 从 B13 单元格到 E15 单元格输入的是决策变量，也就是从产地到销地的运输量 $x_{11},\cdots,x_{34}$ 的初始值。我们这里取初始值都是 1。
- B18 单元格输入的是目标函数 $460x_{11}+\cdots+680x_{34}$，也就是 B2 到 E4 单元格的运费与 B13 到 E15 单元格的运输量的两两乘积的和。直接按公式 $460x_{11}+\cdots+680x_{34}$ 一步步输入，相当繁琐。若用计算乘积和的 Excel 函数命令，则仅需在 B18 单元格输入"=sumproduct(b2:e4,b13:e15)"，那就简便得多。
- 用计算和的 Excel 函数命令，在 B21、B22 与 B23 单元格分别输入产地产量约束"=sum(b13:e13)"、"=sum(b14:e14)"与"=sum(b15:e15)"。在 B26、B27、B28 与 B29 单元格分别输入销地需求量约束"=sum(b13:b15)"、"=sum(c13:c15)"、=sum(d13:d15)与"=sum(e13:e15)"。

建立 Excel 工作表格之后，操作 Excel 求解最小运输成本规划问题的步骤与例 8.1 的最大利润规划问题完全相同，仅下面几处稍有不同。

1) 在"规划求解(参数)"的对话框中，由于所解的是最小运输成本规划问题，因而在等于栏中选择最小值(N)；

2) 在可变单元格(B)栏中键入"b13:e15"；

3) 在添加约束对话框中，由于销地需求量是等号"="约束，因而在<=下拉菜单，选择"="。

计算机求解最小运输成本规划问题，所得到的最优调运方案见表 8.11，这个调运方案的运输成本 154 900 元达到最小。

表 8.11 从每一个产地到每一个销地的运输量

产地	销地				合计
	Ⅰ	Ⅱ	Ⅲ	Ⅳ	
1	0	65	0	0	65
2	80	0	45	0	125
3	0	0	25	85	110
合计	80	65	70	85	300

这个最小运输成本规划问题的运算结果报告、敏感性报告与极限值报告请读者自行阅读解释。事实上,在这 3 个报告之中,敏感性报告的分析最为重要,其余两个报告可省略不看。

§8.2 非线性规划

在目标函数与所有的约束条件都是决策变量的线性函数时,称这个规划问题为线性规划问题。反之,在目标函数与所有的约束条件中,只要有一个不是决策变量的线性函数,则称这个规划问题为非线性规划问题。看下面的例子。

产地城市 A 在由西向东的河边。若取河为 X 轴,产地城市 A 为原点,则销地城市 B 的坐标为 (80,60),单位千米。从产地城市 A 运送一箱货物去销地城市 B,1 千米公路的运费为 10 元。考虑到 1 千米水路的运费仅为 2 元,比公路运费低得多,故计划在河的 C 处建一码头,先将货物从产地城市 A 由水路运到码头 C,然后再由公路将货物从码头 C 运往销地城市 B。企业生产管理人员面临一个规划问题:码头 C 应建在何处,才能使得总的运输成本最小?最小的运输成本是多少?这个问题就是所谓的选址问题,见图 8.1。

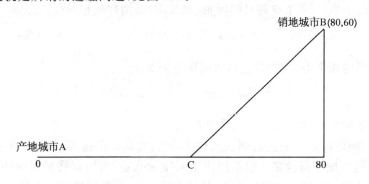

图 8.1 最小运输成本规划问题

这个选址规划问题可表述成下面的形式:
- 决策变量:从产地城市 A 到码头 C 的距离 x;

- 目标函数：$\min\{2x+10\sqrt{(80-x)^2+60^2}\}$；
- 约束：$0 \leqslant x \leqslant 80$。

由于目标函数不是决策变量 x 的线性函数，因此这是非线性规划问题。它的 Excel 求解同线性规划，只是目标函数的输入形式为"＝2＊b2＋10＊sqrt((80－b2)x2＋3 600)"，其中 b2 单元格是决策变量 x。在 $x=67.75$，也就是码头 C 建在离产地城市 A 的 67.75 千米的河边，运输成本最小，为 747.88 元。非线性规划问题的运算结果、敏感性与极限值报告比较复杂，其讲解从略。

经济系统最优化问题，除了生产调度的如例 8.1 求解利润最大的规划问题，如例 8.2 求解运输成本最小的规划问题，以及上述的选址规划问题之外，还有投资领域的例如投资组合收益与风险的规划问题。要讨论这个问题，首先得解决投资组合的收益如何度量的问题。

§8.2.1 投资组合的回报

某个股票昨天的收盘价是 50 元，今天的收盘价是 60 元，很自然地认为若投资这个股票，则收益为 10 元。假如另有一个股票，它昨天的收盘价 5 元，今天的收盘价 15 元，你能认为这两个股票的收益相同，都是 10 元吗？买前一个股票，投入 50 元赚 10 元；而买后一个股票，投入 5 元赚 10 元。它们显然是不同的，后一个股票的收益远比前一个股票大。人们除了关心股价的上涨与下降，其实更应关心它的回报。所谓回报，就是投入例如 1 元钱，赚或亏了多少。"回报"相当于"增长率"。它与"增加量"是两个不同的概念。将第 t 个交易日与前一个，也就是第 $t-1$ 个交易日进行比较。$\Delta_t = s_t - s_{t-1}$ 是增加量，其中 s_t 和 s_{t-1} 分别是第 t 和第 $t-1$ 个交易日某股票的股价。前面所讨论的这两个股票的增加量一样大，都是 10 元。第 t 个交易日相对于第 $t-1$ 个交易日的回报（增长率）是增加的相对量：

$$r = \frac{\Delta_t}{s_{t-1}} = \frac{s_t - s_{t-1}}{s_{t-1}}$$

这两个股票的回报不一样大，它们的回报分别等于

$$\frac{60-50}{50}=20\%, \quad \frac{15-5}{5}=200\%$$

后一个股票的回报远比前一个股票的大。

显然，如果回报 r 是正的则表示赚了，r 越大则赚得越多；如果 r 是负的则表示亏了，r 越小则亏得越多。通常用回报来度量收益，有时就将回报（return）称为收益。不难理解回报 r 的下述含义：既然在第 $t-1$ 个交易日投入 1 元钱购买这个股票，则在第 t 个交易日就能回报 r，那么倘若你投入 a 元钱，则就能回报 ar 元钱。

市场上有股票、债券、基金、黄金与白银等投资项目，为简单起见，不失一般性，我们仅讨论股票，且仅将资金限于投资 3 个股票：股票 1，2 与 3。假设这 3 个

股票的回报分别为 r_1, r_2 与 r_3。所谓投资组合,可简单地理解为,将投资资本分别按一定的比例 α_1, α_2 与 α_3 购买这 3 个股票。显然,$\alpha_1+\alpha_2+\alpha_3=1$。而投资组合的回报就是,倘若投资资本为 1 元钱,则赚或亏了多少。若总的投资资本是 1 元钱,则这项投资组合意思是说,分别用 α_1, α_2 与 α_3 元的钱购买股票 1,2 与 3。由于这 3 个股票的回报分别为 r_1, r_2 与 r_3,因而投资组合的(总的)回报就等于 $\alpha_1 r_1 + \alpha_2 r_2 + \alpha_3 r_3$。同样道理,若有 m 个投资项目,其回报分别为 $r_1, r_2, \cdots, r_m$。将投资资本按比例 $\alpha_1, \alpha_2, \cdots, \alpha_m$ 投资于这 m 个投资项目,则这项投资组合回报等于 $\alpha_1 r_1 + \alpha_2 r_2 + \cdots + \alpha_m r_m$。

- 投资组合:a——投资 A 公司股票的比例
   b——投资 B 公司股票的比例
   c——投资 C 公司股票的比例
- 约束条件:a、b 与 c 非负,$a+b+c=1$。
- 这个投资组合的期望回报:
   $a \cdot$ (公司 A 的期望回报)$+b \cdot$ (公司 B 的期望回报)$+c \cdot$ (公司 C 的期望回报)

§8.2.2 优化投资组合

投资组合未来回报的预测

回报有不确定性,是个随机变量。根据历史数据,可以看到股票以往涨涨跌跌的情况,算得每一个股票的一系列的回报值。投资组合的一个重要问题是,如何根据历史数据预测其未来的回报? 通常用投资组合的期望(平均)回报 μ 作为其未来回报的预测值,其中

$$\mu = E(\alpha_1 r_1 + \alpha_2 r_2 + \alpha_3 r_3)$$

由于投资比例 α_1, α_2 与 α_3 是待定的常数,根据第二章 §3.2.3 小节所说的:"和的期望等于期望的和",若记股票 1,2 与 3 的回报 r_1, r_2 与 r_3 的期望(平均)分别为

$$E(r_1)=\mu_1, E(r_2)=\mu_2 \text{ 与 } E(r_3)=\mu_3$$

则投资组合的期望(平均)回报

$$\mu = E(\alpha_1 r_1 + \alpha_2 r_2 + \alpha_3 r_3) = \alpha_1 \cdot E(r_1) + \alpha_2 \cdot E(r_2) + \alpha_3 \cdot E(r_3)$$
$$= \alpha_1 \mu_1 + \alpha_2 \mu_2 + \alpha_3 \mu_3$$

其中股票 1,2 与 3 的期望回报 μ_1, μ_2 与 μ_3 是可以根据股票的历史数据把它们估计出来的。

下面简述估计的过程。

根据某股票很多个交易日的记录,经计算得到它的 n 个回报值。画直方图,列频数频率分布表,数值描述(计算均值、方差与标准差等)可用来了解该股票收益统计分布的规律性。根据本书第二章§2.3.2 与§2.3.3 小节的计算公式,可分别算得回报的平均数、方差与标准差。将根据股票 1,2 与 3 的历史数据算得的平均数分别记为 $\bar{r}_1,\bar{r}_2$ 与 $\bar{r}_3$,方差(标准差)分别记为 $s_1^2(s_1),s_2^2(s_2)$ 与 $s_3^2(s_3)$,则由平均数 $\bar{r}_1,\bar{r}_2$ 与 $\bar{r}_3$,得到投资组合的未来回报 $\alpha_1 r_1 + \alpha_2 r_2 + \alpha_3 r_3$ 的预测值为 $\alpha_1 \bar{r}_1 + \alpha_2 \bar{r}_2 + \alpha_3 \bar{r}_3$。投资组合优化的一个重要问题是:

- 投资组合:α_1 为投资股票 1 的比例;

  α_2 为投资股票 2 的比例;

  α_3 为投资股票 3 的比例。

- 约束条件:α_1、α_2 与 α_3 非负,$\alpha_1 + \alpha_2 + \alpha_3 = 1$。

- 基于以往股票的历史数据,算得股票 1,2 与 3 的平均回报分别为 $\bar{r}_1,\bar{r}_2$ 与 $\bar{r}_3$。

- 基于以往股票的历史数据,如何适当地选取投资比例 α_1,α_2 与 α_3,使得投资组合的未来回报的预测值 $\alpha_1 \bar{r}_1 + \alpha_2 \bar{r}_2 + \alpha_3 \bar{r}_3$ 越大越好。

假设根据股票 1,2 与 3 的历史数据算得的平均数(单位:%)分别为 $\bar{r}_1 = 12.5,\bar{r}_2 = 9.1$ 与 $\bar{r}_3 = 13.4$,则投资组合优化的目标函数为 $12.5\alpha_1 + 9.1\alpha_2 + 13.4\alpha_3$。既然股票 3 的回报 13.4% 为最大,为使得目标函数 $12.5\alpha_1 + 9.1\alpha_2 + 13.4\alpha_3$ 最大,我们就令 $\alpha_1 = \alpha_2 = 0$,不买股票 1 与 2,将全部资本都投入股票 3,令 $\alpha_3 = 1$。事实上,没有这么容易,难就难在我们还得考虑投资组合的风险。一般来说,回报高的股票往往风险比较大。为了减少投资组合的风险,回报高与回报低的股票都要购买。投资组合优化的另一个重要问题就是,购买哪几个股票,按什么样的比例去购买,以使得投资组合的风险越小越好?要讨论这个问题,首先得解决投资组合的风险如何度量的问题。

风险可理解为不确定性。度量风险有好几种方法。投资组合的风险,也就是投资组合回报 $\alpha_1 r_1 + \alpha_2 r_2 + \alpha_3 r_3$ 的风险可用它的方差(标准差)来度量:

$$\text{方差 } \sigma^2 = \text{Var}(\alpha_1 r_1 + \alpha_2 r_2 + \alpha_3 r_3), \text{标准差 } \sigma = \sqrt{\text{Var}(\alpha_1 r_1 + \alpha_2 r_2 + \alpha_3 r_3)}.$$

第三章§3.2.3 小节说:"和的方差并不一定等于方差的和"。因而投资组合回报的方差 $\sigma^2 = \text{Var}(\alpha_1 r_1 + \alpha_2 r_2 + \alpha_3 r_3)$ 的计算公式比较复杂,如下所述。

- 投资组合:α_1 为投资股票 1 的比例;

  α_2 为投资股票 2 的比例;

  α_3 为投资股票 3 的比例。

- 约束条件:α_1、α_2 与 α_3 非负,$\alpha_1 + \alpha_2 + \alpha_3 = 1$。

- 这个投资组合的期望回报:

$\alpha_1 \cdot$（股票 1 的期望回报）$+\alpha_2 \cdot$（股票 2 的期望回报）$+\alpha_3 \cdot$（股票 3 的期望回报）。

- 这个投资组合回报的方差：

$\alpha_1^2 \cdot$（股票 1 回报的方差）$+\alpha_2^2 \cdot$（股票 2 回报的方差）

$+\alpha_3^2 \cdot$（股票 3 回报的方差）

$+2\alpha_1\alpha_2 \cdot$（股票 1 与 2 回报的相关系数）$\cdot$（股票 1 回报的标准差）$\cdot$（股票 2 回报的标准差）

$+2\alpha_1\alpha_3 \cdot$（股票 1 与 3 回报的相关系数）$\cdot$（股票 1 回报的标准差）$\cdot$（股票 3 回报的标准差）

$+2\alpha_2\alpha_3 \cdot$（股票 2 与 3 回报的相关系数）$\cdot$（股票 2 回报的标准差）$\cdot$（股票 3 回报的标准差）

下面对这个投资组合回报方差的计算公式作一个简要的说明。首先将第三章§3.2.3 小节所说的有关内容作一个简要的回顾。

先考虑最简单的情况：只有两个股票：股票 1 与股票 2，其回报分别是 r_1 与 r_2，投资资本为 2 元钱，各用 1 元钱购买这两个股票。则这个投资组合的回报等于 r_1+r_2。根据第三章§3.2.3 小节所说的，则有

- 在股票 1 与 2 正相关（基本上同时上升和同时下跌）时，

$$\mathrm{Var}(r_1+r_2) > \mathrm{Var}(r_1) + \mathrm{Var}(r_2)$$

- 在股票 1 与 2 负相关（基本上一个上升而另一个下跌，一个下跌而另一个上升）时

$$\mathrm{Var}(r_1+r_2) < \mathrm{Var}(r_1) + \mathrm{Var}(r_2)$$

究竟正相关两个股票的投资组合回报的方差大了多少，负相关两个股票的投资组合回报的方差小了多少，这需要用到本书第七章所讲解的相关系数。

$$\mathrm{Var}(r_1+r_2) = \mathrm{Var}(r_1) + \mathrm{Var}(r_2) +$$
$$2\times\text{"股票 1 回报与股票 2 回报的相关系数"}\times$$
$$\text{"股票 1 回报的标准差"}\times\text{"股票 2 回报的标准差"}$$

令股票 1 回报的方差 $\sigma_1^2 = \mathrm{Var}(r_1)$，股票 2 回报的方差 $\sigma_2^2 = \mathrm{Var}(r_2)$，$\rho_{12}$ 是股票 1 与 2 回报的相关系数，则有

$$\mathrm{Var}(r_1+r_2) = \sigma_1^2 + \sigma_2^2 + 2\rho_{12}\sigma_1\sigma_2$$

其中 $\sigma_1 = \sqrt{\mathrm{Var}(r_1)}$ 与 $\sigma_2 = \sqrt{\mathrm{Var}(r_2)}$ 分别是股票 1 与 2 回报的标准差。由此看来，相比于 $\sigma_1^2 + \sigma_2^2$，股票 1 与股票 2 的这个投资组合回报的方差 $\mathrm{Var}(r_1+r_2)$ 仅多了 $2\rho_{12}\sigma_1\sigma_2$。因而，

- 在股票 1 与股票 2 正相关，$\rho_{12} > 0$ 时，投资组合回报的方差 $\mathrm{Var}(r_1+r_2)$ 比 $\sigma_1^2 + \sigma_2^2$ 大，大了 $2\rho_{12}\sigma_1\sigma_2$；

- 在股票1与股票2负相关，$\rho_{12}<0$时，投资组合回报的方差$\mathrm{Var}(r_1+r_2)$比$\sigma_1^2+\sigma_2^2$小，小了$2|\rho_{12}|\sigma_1\sigma_2$。

下面考虑稍许复杂一些的情况：仍然只有两个股票：股票1与股票2，其回报分别是r_1与r_2，但投资资本为1元钱，将它按一定的比例α_1与α_2分别购买这两个股票，则这个投资组合的回报等于$\alpha_1 r_1+\alpha_2 r_2$。与$\mathrm{Var}(r_1+r_2)$的计算公式相类似地，方差$\mathrm{Var}(\alpha_1 r_1+\alpha_2 r_2)$的计算公式为

$$\mathrm{Var}(\alpha_1 r_1+\alpha_2 r_2)=\alpha_1^2\sigma_1^2+\alpha_2^2\sigma_2^2+2\rho_{12}\alpha_1\alpha_2\sigma_1\sigma_2。$$

依此类推，多于两个股票例如3个股票：股票1、2与3的投资组合回报$\alpha_1 r_1+\alpha_2 r_2+\alpha_3 r_3$的方差

$$\mathrm{Var}(\alpha_1 r_1+\alpha_2 r_2+\alpha_3 r_3)$$
$$=\alpha_1^2\sigma_1^2+\alpha_2^2\sigma_2^2+\alpha_3^2\sigma_3^2+2\rho_{12}\sigma_1\sigma_2+2\rho_{13}\sigma_1\sigma_3+2\rho_{24}\sigma_2\sigma_3，$$

其中α_1,α_2与α_3是投资比例，$\sigma_1^2=\mathrm{Var}(r_1)$、$\sigma_2^2=\mathrm{Var}(r_2)$与$\sigma_3^2=\mathrm{Var}(r_3)$分别是股票1、股票2与股票3的回报的方差，从而知$\sigma_1$、$\sigma_2$与$\sigma_3$分别是股票1、股票2与股票3的回报的标准差，$\rho_{12}$、$\rho_{13}$与$\rho_{23}$分别是股票1与2、股票1与3、股票2与3回报的相关系数。这个公式就是上面所述的投资组合回报方差的计算公式。

基于以往股票的历史数据投资组合回报方差的估算

在投资组合回报方差的计算公式中α_1,α_2与α_3待定，而股票1，2与3回报的方差σ_1^2(标准差σ_1)、方差σ_2^2(标准差σ_2)与方差σ_3^2(标准差σ_3)，以及两两之间的相关系数ρ_{12}，ρ_{13}与ρ_{23}可分别用前面算得的历史数据来估计。估计的方法如下。

在同一个交易日记录某两个股票的回报，得到一对数据(案例)。假设有n对案例：

$$\begin{bmatrix}r_{11}\\r_{21}\end{bmatrix},\begin{bmatrix}r_{12}\\r_{22}\end{bmatrix},\cdots,\begin{bmatrix}r_{1n}\\r_{2n}\end{bmatrix},$$

其中r_{ij}的下标$\{ij\}$，前一个数$i=1,2$分别表示是第一、第二个股票的回报，后一个数$j=1,2,\cdots,n$表示是第$j=1,2,\cdots,n$个交易日的回报。首先对每一个股票进行数值描述，得到每一个股票回报的平均数、方差与标准差：

第一个股票回报的平均数 $\bar{r}_1$，方差 s_1^2 与标准差 s_1；

第二个股票回报的平均数 $\bar{r}_2$，方差 s_2^2 与标准差 s_2。

接下来计算，这两个股票回报的相关系数。

股票1与股票2回报的相关系数：$\rho_{12}=\dfrac{L_{12}}{\sqrt{L_{11}L_{22}}}$，

其中，

股票1回报的离差平方和：$L_{11}=(r_{11}-\bar{r}_1)^2+(r_{12}-\bar{r}_1)^2+\cdots+(r_{1n}-\bar{r}_1)^2$；

股票 2 回报的离差平方和：$L_{22} = (r_{21} - \bar{r}_2)^2 + (r_{22} - \bar{r}_2)^2 + \cdots + (r_{2n} - \bar{r}_2)^2$；

股票 1 与股票 2 回报的离差叉积和：

$L_{12} = (r_{11} - \bar{r}_1)(r_{21} - \bar{r}_2) + (r_{12} - \bar{r}_1)(r_{22} - \bar{r}_2) + \cdots + (r_{1n} - \bar{r}_1)(r_{2n} - \bar{r}_2)$。

在 $\rho_{12} > 0$ 时，股票 1 与股票 2 的回报正相关，ρ_{12} 越接近 1，它们越是正相关；在 $\rho_{12} < 0$ 时，股票 1 与股票的回报 2 负相关，ρ_{12} 越接近 -1，它们越是负相关。

假如某项投资组合有 3 个股票，那就需要计算每一个股票回报的均值（期望）、方差与标准差，以及每两个股票回报之间的相关系数。通常将这些计算结果排列成表 8.12。

表 8.12　3 个股票数值描述的汇总

股票	期望回报	回报标准差	回报方差	相关系数		
				股票 1	股票 2	股票 3
股票 1	$\bar{r}_1$	s_1	s_1^2			
股票 2	$\bar{r}_2$	s_2	s_2^2	ρ_{12}		
股票 3	$\bar{r}_3$	s_3	s_3^2	ρ_{13}	ρ_{23}	

有了表 8.12，则这项投资组合的未来回报 $\alpha_1 r_1 + \alpha_2 r_2 + \alpha_3 r_3$ 的方差估算为

$$\alpha_1^2 s_1^2 + \alpha_2^2 s_2^2 + \alpha_3^2 s_3^2 + 2\rho_{12}\alpha_1\alpha_2 s_1 s_2 + 2\rho_{13}\alpha_1\alpha_3 s_1 s_3 + 2\rho_{23}\alpha_2\alpha_3 s_2 s_3。$$

投资组合优化的另一个重要问题是

基于以往股票的历史数据，如何适当地选取投资比例

α_1, α_2 与 α_3，使得投资组合的未来回报的方差

$$\alpha_1^2 s_1^2 + \alpha_2^2 s_2^2 + \alpha_3^2 s_3^2 + 2\rho_{12}\alpha_1\alpha_2 s_1 s_2 + 2\rho_{13}\alpha_1\alpha_3 s_1 s_3 + 2\rho_{23}\alpha_2\alpha_3 s_2 s_3$$

越小越好。

例如，表 8.13 是根据股票 1，2 与 3 的历史数据算得的。由此表可以看到股票 1 与 2，股票 1 与 3，股票 2 与 3 回报的相关系数分别为 $-0.401, 0.323, 0.260$。股票 1 与 2 的回报负相关，其余的正相关。

表 8.13　3 个股票回报的期望、标准差、方差与相关系数

股票	期望回报 单位：%	回报标准差 单位：%	回报方差 单位：(%)²	相关系数		
				股票 1	股票 2	股票 3
股票 1	12.5	3.8	14.44			
股票 2	9.1	3.2	10.24	-0.401		
股票 3	13.4	4.1	16.81	0.323	0.260	

如果分别用 α_1, α_2 与 α_3 元的钱购买股票 1，2 与 3，则这项投资组合的期望回报、回报的方差与标准差分别为

- 期望回报：$12.5\alpha_1 + 9.1\alpha_2 + 13.4\alpha_3$
- 回报方差：$14.44\alpha_1^2 + 10.24\alpha_2^2 + 16.81\alpha_3^2 - 2 \times 0.401 \times 3.8 \times 3.2\alpha_1\alpha_2 +$

$$2\times 0.323\times 3.8\times 4.1\alpha_1\alpha_3 + 2\times 0.260\times 3.2\times 4.1\alpha_2\alpha_3$$
$$= 14.44\alpha_1^2 + 10.24\alpha_2^2 + 16.81\alpha_3^2 - 9.75\alpha_1\alpha_2 + 10.06\alpha_1\alpha_3 + 6.82\alpha_2\alpha_3$$

- 回报标准差：$\sqrt{14.44\alpha_1^2 + 10.24\alpha_2^2 + 16.81\alpha_3^2 - 9.75\alpha_1\alpha_2 + 10.06\alpha_1\alpha_3 + 6.82\alpha_2\alpha_3}$

前面所说的投资组合优化的两个重要问题是：

1) 如何适当地选取投资比例 α_1, α_2 与 α_3，使得期望回报（投资组合未来回报的预测值）越大越好？

2) 如何适当地选取投资比例 α_1, α_2 与 α_3，使得回报标准差（投资组合未来回报的风险）越小越好？

俗话说，鱼和熊掌不能兼得。既要期望回报最大，又要回报标准差最小，那基本上是不可能的事。退而求其次，通常人们从下面两个角度考虑投资组合的优化问题。

优化问题1 对于期望回报我们有一个最低要求，例如不低于 12.5%，然后建立一个风险最小化模型：

决策变量：投资比例 α_1, α_2 与 α_3。

目标函数：

$$\min\{\sqrt{14.44\alpha_1^2 + 10.24\alpha_2^2 + 16.81\alpha_3^2 - 9.75\alpha_1\alpha_2 + 10.06\alpha_1\alpha_3 + 6.82\alpha_2\alpha_3}\}.$$

约束条件：

期望回报 $12.5\alpha_1 + 9.1\alpha_2 + 13.4\alpha_3 \geq 12.5$；

投资比例 $\alpha_1 + \alpha_2 + \alpha_3 = 1, \alpha_1 \geq 0, \alpha_2 \geq 0, \alpha_3 \geq 0$。

优化问题2 对于回报风险我们有一个最低要求，例如回报标准差不大于 3%，然后建立一个期望回报最大化模型：

决策变量：投资比例 α_1, α_2 与 α_3。

目标函数：$\max\{12.5\alpha_1 + 9.1\alpha_2 + 13.4\alpha_3\}$。

约束条件：

回报标准差

$$\sqrt{14.44\alpha_1^2 + 10.24\alpha_2^2 + 16.81\alpha_3^2 - 9.75\alpha_1\alpha_2 + 10.06\alpha_1\alpha_3 + 6.82\alpha_2\alpha_3} \leq 3;$$

投资比例 $\alpha_1 + \alpha_2 + \alpha_3 = 1, \alpha_1 \geq 0, \alpha_2 \geq 0, \alpha_3 \geq 0$。

这两个优化规划问题的 Excel 求解步骤同线性规划。对于期望回报不低于 12.5% 的回报标准差最小的优化问题1，目标函数输入的是"= sqrt(14.44 * b2^2 + 10.24 * b3^2 + 16.81 * b4^2 − 9.75 * b2 * b3 + 10.06 * b2 * b4 + 6.82 * b3 * b4)",

其中 b2, b3 与 b4 单元格是决策变量（投资比例）α_1, α_2 与 α_3。对回报标准差不大于 3% 的期望回报最大的优化问题2，回报标准差约束条件输入的是

"=sqrt(14.44 * b2^2＋10.24 * b3^2＋16.81 * b4^2－9.75 * b2 * b3＋10.06 * b2 * b4＋6.82 * b3 * b4)"。

这两个优化规划问题的解见表 8.14。

表 8.14 投资组合优化问题的解

	期望回报不低于 12.5% 的回报标准差最小的优化问题			回报标准差不大于 3% 的期望回报最大的优化问题	
最优投资比例	股票 1	44.3%	最优投资比例	股票 1	44.1%
	股票 2	11.7%		股票 2	6.9%
	股票 3	44.0%		股票 3	49%
期望回报		12.5%	期望回报		12.7%
回报标准差		2.84%	回报标准差		3%

投资组合的这两个优化问题的敏感性报告的分析从略。事实上,除了看敏感性报告,建议读者对于例如期望回报不低于 12.5% 的回报标准差最小的优化问题,还可以将最低的期望回报增加到例如 13%、13.5% 等,或减少到例如 12%、11.5% 等,计算投资比例与最小的回报标准差,观察它们是怎样变化的。

§8.3 整数规划

本章最大利润规划问题的例 8.1,其决策变量为涂料 A 与 B 每天各生产多少桶。由于涂料一天的产量以桶为单位,这两个决策变量必须是整数。若一个规划问题,其某些决策变量必须是整数,则称它为**整数规划**。整数规划问题的某些决策变量如果仅限于取 0 和 1 这两个值,则称这类整数规划为 **0－1 规划**。看下面的指派问题。

指派问题 有几项不同的生产任务,若干个人都可承担这些任务。由于各人的特长不尽相同,因而完成各项任务的效率例如消耗的时间也不同。企业生产管理人员面临一个规划问题:如何指派这些任务给这些人,使得总的效率最高,也就是总的消耗时间最少?

设有 4 项生产任务与 4 个工人。每人完成各项任务所消耗的时间见表 8.15。问如何指派,才能使总的消耗时间最少?本章研究的指派问题是,指每个工人只能干一项工作,且每项工作只能一个工人干。

表 8.15 每个工人完成各项任务所消耗的时间

工人	生产任务 1	生产任务 2	生产任务 3	生产任务 4
工人 1	19	18	23	22
工人 2	15	24	18	21
工人 3	26	19	17	16
工人 4	19	17	21	23

- 这个指派规划问题的决策变量是 0-1 变量 $x_{ij}(i=1,2,3,4, j=1,2,3,4)$：
$$x_{ij}=\begin{cases}1, & \text{指派工人 } i \text{ 去完成生产任务 } j; \\ 0, & \text{没有指派工人 } i \text{ 去完成生产任务 } j.\end{cases}$$
- 其目标函数是总消耗时间
$$z=19x_{11}+18x_{12}+23x_{13}+22x_{14}+15x_{21}+24x_{22}+18x_{23}+21x_{24}$$
$$+26x_{31}+19x_{32}+17x_{33}+16x_{34}+19x_{41}+17x_{42}+21x_{43}+23x_{44}$$

目标函数最小化：$\min\{z\}$ 是这个指派规划问题的最终要求。
- 除了决策变量 x_{ij} 是 0-1 变量这个约束之外，它还有以下两个方面的约束：

1) 每个工人只能干一项工作：

工人 1 只能干一项工作，$x_{11}+x_{12}+x_{13}+x_{14}=1$；

工人 2 只能干一项工作，$x_{21}+x_{22}+x_{23}+x_{24}=1$；

工人 3 只能干一项工作，$x_{31}+x_{32}+x_{33}+x_{34}=1$；

工人 4 只能干一项工作，$x_{41}+x_{42}+x_{43}+x_{44}=1$。

2) 每项工作只能一个工人干：

生产任务 1 只能一个工人干，$x_{11}+x_{21}+x_{31}+x_{41}=1$；

生产任务 2 只能一个工人干，$x_{12}+x_{22}+x_{32}+x_{42}=1$；

生产任务 3 只能一个工人干，$x_{13}+x_{23}+x_{33}+x_{43}=1$；

生产任务 4 只能一个工人干，$x_{14}+x_{24}+x_{34}+x_{44}=1$。

这个指派问题其实是 0-1 整数的线性规划，其 Excel 求解同线性规划问题例 8.1 与例 8.2。它的 Excel 工作表格类似于表 8.10，例 8.2 最小运输成本规划问题的 Excel 工作表格。同例 8.1 最大利润规划问题的整数约束，添加决策变量 x_{ij} 的 0-1 约束时，在添加约束对话框的单元格引用位置栏中键入**决策变量的单元格**例如 b2:e5。由于是 0-1 约束，故在≤下拉菜单，选择 bin。bin 是 binary 的缩写。

这个指派问题的最优解是 $x_{12}=x_{21}=x_{34}=x_{43}=1$，也就是指派工人 1 去完成生产任务 2、工人 2 去完成生产任务 1、工人 3 去完成生产任务 4、工人 4 去完成生产任务 3。其最小目标函数值，即总的消耗时间的最小值为 70。

内容提要

- 规划问题三要素：决策变量、目标函数与任务约束。
- 使用 Excel 规划求解功能，解规划问题的程序：

1) 建立 Excel 工作表格，例如表 8.2，表 8.10 等。

2) 操作 Excel 规划求解功能：建立 Excel 工作表格→ 工具→规划求解。

3) 规划求解对话框：设置目标单元格（E）中键入…；在等于栏中选择…；在可

变单元格(B)栏中键入…;选择选项(O);在约束(U)栏中选择添加,进入添加约束对话框。

- 敏感性报告分析。
- 线性规划:目标函数与所有的约束条件等都是决策变量的线性函数。
- 非线性规划:目标函数与所有的约束条件中,只要有一个不是决策变量的线性函数。
- 整数规划:某些决策变量必须是整数。
- 0—1规划:某些决策变量仅限于取 0 和 1 这两个值。

习 题 八

1. 某企业需生产 500 克瓶装涂料。涂料由 A、B 两种原料混合而成。工艺要求规定,A 种原料最多不能超过 350 克,B 种原料不能少于 200 克。A 种原料的购进价格为 4 克/元,B 种原料 7 克/元。两种原料的市场供应没有限制。问:每瓶涂料中两种原料各使用多少,才能使加工成本最小?

2. 某企业生产两种型号的产品:产品 A 与 B。一件产品 A 与 B 在第一车间的加工时间分别是 20 与 10 工时,在第二车间的加工时间分别是 20 与 30 工时。第一与第二车间每周最多加工的工时分别是 5 000 与 8 000 工时。一件产品 A 与 B 的成本分别是 150 元与 100 元。众所周知,产品的产量与市场需求,以及产品的价格有关。根据经验,产品 A 的周产量的上限是 4 900 $-P$;产品 B 的周产量的上限是 6 400 $-2Q$,其中 P 与 Q 分别是产品 A 与 B 的价格。企业生产管理人员面临一个规划问题:如何适当地确定每一种产品的价格,适当地确定每一种产品的周产量,以使得企业的利润最大? 最大的利润是多少?

3. 某公司有 20 个技术人员,分散在 A、B 和 C 3 处。每处各有 7、4 和 9 个技术人员。有 E、F、G 和 H 4 个顾客各需要技术人员 3、6、5 和 6 个。技术人员从 A、B 和 C 到 E、F、G 和 H 的路费(服务成本)见表 8.16。应如何派遣技术人员,在满足各个顾客的需要的前提下使得服务成本最省?

表 8.16 从 A、B 和 C 到 E、F、G 和 H 的服务成本

地点	顾客 E	顾客 F	顾客 G	顾客 H
A	3	11	3	10
B	1	9	2	8
C	7	4	10	5

4. 设有 A、B、C 和 D 4 座煤矿,每月各生产煤 80、60、30 和 50 万吨。这 4 座煤矿所在地的坐标分别为 A(7,3)、B(3,10)、C(8,14)和 D(12,12),见图 8.2。要将这 4 座煤矿生产的煤集中在一处,然后再往外运。

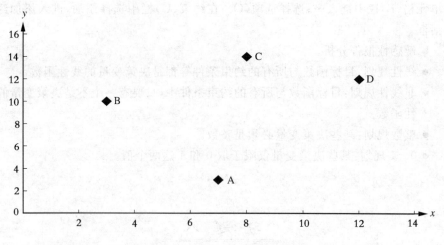

图 8.2 A、B、C 和 D 4 座煤矿的坐标

① 为使得煤的运输成本最省，它们应集中在何处？

② 假设横坐标 x 轴是一条河。欲在河边建一码头，然后将这 4 座煤矿生产的煤集中在码头，再经水路往外运。为使得煤的运输成本最省，码头应建在河的哪一处？

③ 假设仅横坐标 3 到 5 的 x 轴适合建码头，则码头应建在何处？

④ 除了横坐标 3 到 5 的 x 轴，假设横坐标 8 到 11 的 x 轴也适合建码头，则码头应建在何处？

5. 表 8.17 是根据股票 1,2,3 与 4 的历史数据算得的。

表 8.17 4 个股票回报的期望、标准差、方差与相关系数

股票	期望回报 单位:%	回报标准差 单位:%	回报方差 单位:(%)^2	相关系数		
				股票1	股票2	股票3
股票 1	17.85	30.53	932.08			
股票 2	12.70	19.47	379.08	−0.035		
股票 3	19.33	27.07	732.78	0.182	0.104	
股票 4	22.99	15.00	225.00	0.124	0.305	0.396

① 投资这 4 个股票，期望回报不低于 20%。请根据这个要求，建立风险(回报标准差)最小化模型，并计算这 4 个股票的最优投资比例。

② 投资这 4 个股票，回报标准差不高于 13%。请根据这个要求，建立期望回报最大化模型，并计算这 4 个股票的最优投资比例。

③ 参照(1)的计算，填写表 8.18。当然，参照(2)的计算，也可填写与表 8.18 相类似的表。

④ 根据表 8.18 的第 1 与第 2 列的数据，画期望回报与回报标准差的散点图。此图通常称为是股票 1、2、3 与 4 的有效边界(efficient frontier)。请思考，为什么称它为边界？

表 8.18 期望回报与回报标准差

期望回报不低于	回报标准差最小值	最优投资比例			
		股票 1	股票 2	股票 3	股票 4
14%					
15%					
16%					
17%					
18%					
19%					
20%					
21%					
22%					

6. 某市欲设立若干个超市。经研究讨论,有 10 个位置可供选择。这些超市的投资额与月利润(单位:万元)的预测值见表 8.19。

表 8.19 超市的投资额与年利润的预测值

预测值	市东区		市西区				市南区		市北区		
	东 1	东 2	西 1	西 2	西 3	西 4	南 1	南 2	北 1	北 2	北 3
投资额	80	130	70	120	90	100	85	110	140	125	160
年利润	95	145	90	165	90	110	80	95	160	100	175

由于各个地区的居民密集程度与消费水平有差异,因而建立的超市需满足下面的条件:
- 在市东区的两个位置至少选一个建立超市;
- 在市西区的 4 个位置至多选两个建立超市;
- 在市南区的两个位置至少选一个建立超市;
- 在市北区的 3 个位置至少选两个建立超市;

在投资总额不超过 800 万元的前提下,应在何处设立超市,可使月利润达到最大?

第九章

决策分析

顾名思义,所谓决策分析,就是各行各业的管理人员为解决当前发生的问题或未来可能发生的问题,决定应对之策的过程。一般来说,决策问题有下面 4 个要素:

1) 决策者:例如管理人员。
2) 行动方案:供决策者选择采用的各个应对策略。
3) 环境状态:决策问题很可能处于不尽相同的环境状态,例如市场的需求不同,可能使产品热销,也可能一般,甚至滞销。显然,各行动方案在不同的环境状态下可能有不同的结果,例如收益,或损失等。
4) 各个行动方案不同环境状态下的收益(或损失)。

在决策时,倘若环境状态完全确定,例如第八章所讨论的线性规划与非线性规划求解问题就称为确定型决策问题。否则,就是不确定型决策问题。

对于确定型决策问题,由于决策的环境状态完全确定,一旦选定行动方案,所产生的结果例如利润或成本就可准确预料,因而人们往往能求得例如最大利润或最小成本的最佳方案。而不确定型决策问题,由于有不同的环境状态,以至于一个行动方案在不同的环境状态下很可能会产生不同的结果。因而往往难以求得方方面面令大家都满意的行动方案。最佳方案的选择与决策者的价值观、偏好等有关。保守稳妥的管理者倾向于选择风险比较小的行动方案,而冒险进取的管理者爱好选择利润比较大的行动方案。这也就是说,他们有不同的决策准则。

不确定型决策问题有两种类型:

1) 各个环境状态发生的概率例如市场需求热销、一般与滞销发生的可能性,决策者事先未知,难以预料。
2) 如果各个环境状态发生的概率都已知,此时通常特称这个不确定型决策问题为风险型决策问题。例如本书第三章§3.3 节"期望-方差的决策分析"中所讨论的开发还是不开发新产品,中型扩建还是大型扩建为好的决策问题就是风险型决策问题。

本章将介绍不确定情况下的决策分析常用的几个准则,以及贝叶斯(Bayes)

决策分析与效用（Utility）函数理论，最后简要介绍博弈论。

必须指出的是，尽管确定型决策问题的决策环境状态完全确定，人们能选择到最佳方案，但通常仍需讨论，当决策环境状态有所变化时最佳方案能否保持稳定？倘若不能保持稳定时，它是如何变化的？这就是确定型决策问题例如第八章讨论的规划求解问题的敏感性分析。事实上，不确定型以及风险型决策问题也有敏感性分析。例如上面提到的开发还是不开发新产品，中型扩建还是大型扩建为好的风险型决策问题，第三章§3.3节依据期望-方差的决策准则，认为开发新产品建中型工厂的决策比较好。那么接下来就应该考虑敏感性分析。显然，市场对新产品的需求量高、中和低的概率究竟有多大，是这个决策问题的一个关键性数据，它们的变化，甚至一些不大的变化也会敏感地影响到决策问题的求解。开发新产品、建中型工厂的决策比较好，是在市场需求量高、中和低的概率分别是 0.3、0.5 和 0.2 的条件下求得的，倘若这些概率偏离原先设定的值，例如分别更改为 0.4、0.4 和 0.2，或者 0.5、0.3 和 0.2 之后，开发新产品、建中型工厂的决策是否稳健（robust）？是否仍然是一个比较好的决策方案？由此看来，有的人把敏感性分析（sensitivity analysis）称作稳健性分析（robustness analysis）不无道理。

§9.1 不确定型决策问题常用的决策准则

对于不确定型决策问题，不同价值观、偏好的决策人，可能采用不同的决策准则。例如，
- 冒险进取的管理者爱好选择利润比较大的行动方案。他们根据最大收益最大化准则选取行动方案。最大收益最大化准则简称为极大极大准则（Maximax）。
- 保守稳妥的管理者倾向于选择风险比较小的行动方案。他们根据最小收益最大化准则选取行动方案。最小收益最大化准则简称为极大极小准则（Maximin）。

例 9.1 某企业开发生产一个新产品。这个新产品有 3 个投资策略：引进国际上先进的生产线；将企业原有的生产线加以改进；部分生产线国际上引进，部分是原有生产线的改进。这项决策问题的不确定性因素是市场情况多变，新产品有可能畅销，也有可能良好、较差，甚至滞销。经研究分析，不同策略不同市场情况新产品的销售收益见表 9.1（单位：百万元）。

表 9.1　新产品的投资策略、市场情况与收益

投资策略	市场情况			
	畅销	良好	较差	滞销
引进生产线	80	40	−30	−70
部分引进、部分改进	55	37	−15	−40
改进原生产线	31	31	9	−1

冒险富有进取性的管理者采用的极大极大准则,其实就是比较各个策略的最大收益。引进生产线、部分引进部分改进与改进原生产线,这 3 个策略的最大收益分别是 80,55 与 31(见表 9.2 最右边一列)。极大极大准则比较各个策略的最大收益,将最大收益最大化。由于引进生产线的最大收益 80 比另外两个策略的最大收益都来得大,因而冒险进取的管理者的极大极大准则倾向于采用引进生产线的投资策略。采用这个投资策略是为了获得最大收益 80(百万元)。

表 9.2　最大收益最大化准则(极大极大准则)

投资策略	市场情况				最大收益
	畅销	良好	较差	滞销	
引进生产线	80	40	−30	−70	80
部分引进、部分改进	55	37	−15	−40	55
改进原生产线	31	31	9	−1	31

保守稳妥的管理者采用的极大极小准则,其实就是比较各个策略的最小收益。引进生产线、部分引进部分改进与改进原生产线,这 3 个策略的最小收益分别是 −70、−40 与 −1(见表 9.3 最右边一列)。极大极小准则比较各个策略的最小收益,将最小收益最大化。由于改进原生产线的最小收益 −1 比另外两个策略的最小收益都来得大,因而保守稳妥的管理者的极大极小准则倾向于采用改进原生产线的投资策略。采用这个投资策略确保收益至少有 −1(至多亏损 1)百万元。

表 9.3　最小收益最大化准则(极大极小准则)

投资策略	市场情况				最小收益
	畅销	良好	较差	滞销	
引进生产线	80	40	−30	−70	−70
部分引进、部分改进	55	37	−15	−40	−40
改进原生产线	31	31	9	−1	−1

除了冒险进取的极大极大准则与保守稳妥的极大极小准则之外,比较著名的还有极小极大准则(Minimax)。所谓极小极大,就是最大后悔(机会损失)最小化的意思。

采用了某个决策之后决策人有可能感到满意,也有可能感到失望、后悔。例如某人在寻找工作。他去公司 A 应聘,公司 A 决定录用他并要求与他签约,此时

他面临一个选择,是否与公司 A 签约。假设他认为过些日子还不断地有更好公司的应聘机会而拒绝与公司 A 签约。倘若他后面找到的公司 B 比公司 A 差,那他就会后悔。假设他最关心的是薪水。倘若公司 A 给出的月薪是 7 500 元,公司 B 给的月薪是 5 000 元,两者相抵消,他的后悔的大小就可度量为 2 500 元。2 500 元称为后悔,或机会损失(Opportunity Loss)值。当然还有这样的可能性,一段时间之后,公司 A 因财务危机倒闭了,则他显然不会后悔反而感到庆幸。由此看来,会不会后悔,有多大的后悔,这与市场情况(环境状态)有关。不同的环境状态,后悔值是不一样大的。因而我们是在环境状态给定之后计算后悔值的。其计算公式为

某个环境状态的某个策略的后悔值
=这个环境状态的最优策略的收益-这个环境状态的这个策略的收益

根据表 9.1 的新产品的投资策略与收益数据算得的各个市场情况各个投资策略的后悔值见表 9.4。例如在市场情况畅销时,引进生产线是最优投资策略,其收益 80 最大。由此可见,在市场情况畅销时若采用引进生产线的投资策略那是不会后悔的,其后悔值等于 0。而若采用部分引进、部分改进,或改进原生产线的投资策略就会后悔,它们的后悔值分别为

市场情况畅销时部分引进、部分改进投资策略的后悔值等于 80-55=25;
市场情况畅销时改进原生产线的投资策略的后悔值等于 80-31=49。

表 9.4 各个市场情况各个投资策略的后悔值

市场情况	畅销		良好		较差		滞销		最大后悔
最大收益	80		40		9		-1		
投资策略	收益	后悔	收益	后悔	收益	后悔	收益	后悔	
引进生产线	80	0	40	0	-30	39	-70	69	69
部分引进、部分改进	55	25	37	3	-15	24	-40	39	39
改进原生产线	31	49	31	9	9	0	-1	0	49

极小极大准则,其实就是比较各个策略的最大后悔值。引进生产线、部分引进部分改进与改进原生产线,这 3 个策略的最大后悔分别是 69、39 与 49(见表 9.4 最右边一列)。极小极大准则比较各个策略的最大后悔,将最大后悔最小化。由于部分引进、部分改进的最大后悔 39 比另外两个策略的最大后悔都来得小,因而根据极小极大准则,倾向于采用部分引进、部分改进的投资策略。

极小极大准则,又称为最大后悔最小化准则,或最大机会损失最小化准则。这个准则是美国著名经济统计学家 Savage 提出的,故又称 Savage 准则。

§9.2 风险型决策问题常用的决策准则

风险型决策问题,各个环境状态发生的概率都已知,例如例 9.1 的新产品投资策略问题,经讨论分析新产品销售情况畅销、良好、较差与滞销的概率分别等于 0.2,0.4,0.3 与 0.1,见表 9.5。

表 9.5　风险型决策问题

市场情况		畅销	良好	较差	滞销
	概率	20%	40%	30%	10%
投资策略	引进生产线	80	40	−30	−70
	部分引进、部分改进	55	37	−15	−40
	改进原生产线	31	31	9	−1

§9.2.1　期望收益决策准则

所谓期望收益准则,其实就是比较各个策略的期望收益。第三章§3.3 节期望收益准则就已被用来解决开发还是不开发新产品,中型扩建还是大型扩建为好的决策问题。

由表 9.5 知,

● 引进生产线这个策略收益的分布列:

引进生产线	畅销	良好	较差	滞销
	20%	40%	30%	10%
收益	80	40	−30	−70

● "引进生产线"的期望收益 $=80\times0.2+40\times0.4+(-30)\times0.3+(-70)\times0.1=16$。

类似地,由表 9.5 算得"部分引进、部分改进"与"改进原生产线",这两个策略的期望收益分别是 17.3 与 21.2。这 3 个策略的期望收益见表 9.6 最右边一列。期望收益准则比较各个策略的期望收益,将期望收益最大化。由于改进原生产线的期望收益 21.2 比引进生产线与部分引进、部分改进的期望收益都来得大,因而根据期望收益准则,倾向于采用改进原生产线的投资策略。

正如第三章§3.3 节讨论开发还是不开发新产品,中型扩建还是大型扩建为好的决策问题时所说,除了比较各个策略的期望收益,还需比较它们的风险,也就是比较各个策略收益的标准差。尽可能选取标准差比较小的行动方案。

表9.6　期望收益准则

	市场情况	畅销	良好	较差	滞销	期望收益
	概率	20%	40%	30%	10%	
投资策略	引进生产线	80	40	−30	−70	16
	部分引进、部分改进	55	37	−15	−40	17.3
	改进原生产线	31	31	9	−1	21.2

"引进生产线"收益的标准差

$$= \sqrt{(80-16)^2 \times 0.2 + (40-16)^2 \times 0.4 + (-30-16)^2 \times 0.3 + (-70-16)^2 \times 0.1}$$
$$= 49.23$$

类似地,算得"部分引进、部分改进"与"改进原生产线",这两个策略收益的标准差分别是32.88与12.31。这3个策略的期望收益与收益的标准差见表9.7最右边两列。根据期望收益准则我们采用的改进原生产线的投资策略,其收益的标准差比另外两个策略收益的标准差都来得小。由此看来,采用改进原生产线的投资策略比较恰当,它不仅期望收益比较大,而且收益的标准差也比较小。

表9.7　各个投资策略期望收益与收益的标准差

	市场情况	畅销	良好	较差	滞销	期望收益	收益标准差
	概率	20%	40%	30%	10%		
投资策略	引进生产线	80	40	−30	−70	16	49.23
	部分引进部分改进	55	37	−15	−40	17.3	32.88
	改进原生产线	31	31	9	−1	21.2	12.31

很可能会发生这样的情况,这个行动方案的期望收益最大,但收益的标准差却是另一个行动方案最小。碰到两者不一致的情况我们可以按第八章§8.2.1节讨论投资组合收益时所说的,退而求其次。考虑下面两类决策问题:

1) 在期望收益达到一定要求(至少多大)的条件下,寻找一个决策,其风险(方差,或标准差)最小。

2) 在风险(方差,或标准差)达到一定要求(至多多大)的条件下,寻找一个决策,其期望收益最大。

§9.2.2　期望后悔(机会损失)决策准则

所谓期望后悔(机会损失)准则,其实就是比较各个策略的期望后悔(机会损失)值。由表9.4可得各个市场情况下各个投资策略的后悔(机会损失)值,由表9.5可知各个市场情况发生的概率。然后由此算得各个投资策略的期望后悔(机会损失)值,见表9.8最右边一列。期望后悔(机会损失)准则比较各个策略的期望后悔(机会损失),将期望后悔(机会损失)最小化。由于改进原生产线的期望后悔(机会损失)13.4比另外两个策略的期望后悔(机会损失)都来得小,因而根据期望后悔(机会损失)准则,倾向于采用改进原生产线的投资策略。

表 9.8 期望后悔(机会损失)决策准则

市场情况		畅销	良好	较差	滞销	期望后悔
概率		20%	40%	30%	10%	(机会损失)值
投资策略	引进生产线	0	0	39	69	18.6
	部分引进部分改进	25	3	24	39	17.3
	改进原生产线	49	9	0	0	13.4

§9.2.3 最大可能决策准则

人们往往需要猜测某一事件究竟有没有可能发生。通常用来解这个决策问题的一个简单方法是,估算这个事件发生的概率。如果事件发生的概率比较大,我们就猜测它会发生。事件发生的概率越大,猜测它发生的可信(把握)程度就越大。看下面的例子。

某人通过手机短消息告诉别人,他的 email 地址是 wangj1970@hotmail.com,收到短消息后,别人给他发邮件。在写邮址时写好 wangj 之后就停住了,别人不知后面那个究竟是数字"1",还是英文字母"l"。假如知道他的姓名,或者知道他是1970 年出生的,那是很容易猜测的。倘若什么都不知道,我想大家都会这样认为,数字"1"的可能性比英文字母"l"的可能性大一些,因而猜测这是数字"1"。

根据最大可能准则猜测某件事会不会发生,这个想法非常自然朴素。人们多半对此习以为常,而不去进一步思考。英国统计学家费歇尔经过深入研究,由这样一个再平常简单不过的事提出了最大似然法。这是统计学中理论意义非常重要、应用极其广泛的一个方法。这个方法可用于本书前面所讨论的估计与检验问题。最大似然法从略。

§9.3 贝叶斯决策

贝叶斯决策其实是处理风险型决策问题的一个方法。与最大可能决策准则相似,它也是通过估算事件发生的概率预测事件是否发生。倘若事件发生的概率超过 0.5 不多,我们显然没有多大的把握猜测它会发生。贝叶斯决策告诉我们,这时可通过例如观察、调查或试验等方法收集数据,然后在上一次估算的基础上,根据样本数据再次估算事件发生的概率。这就是贝叶斯决策的过人之处。

贝叶斯决策的特点:在上一次估算的基础上,根据样本数据再次估算事件发生的概率。

贝叶斯决策以英国人贝叶斯(Thomas Bayes,1701-1761)的姓名命名。贝叶斯在他逝世前的4个月写了遗书。在遗书中他将一篇文章托付给他的朋友,而他当时并不知他朋友在何处。所幸的是,他的朋友在贝叶斯死后整理他的文件时发现了这篇文章。贝叶斯的这篇遗作由他的朋友于1763年12月23日在英国皇家学会宣读,并于次年(1764)年发表。对于贝叶斯在遗作中提出的思想,世人一直争论不断。200多年以来接受贝叶斯思想的人越来越多,最终形成了统计界的新的贝叶斯学派。贝叶斯的遗作是这个学派的奠基石。1958年《Biometrika》(生物计量,国际权威统计杂志)全文重新刊载了贝叶斯的遗作。贝叶斯统计是各行各业进行科学研究的重要工具。贝叶斯决策仅是贝叶斯统计的一个方面的内容,它的应用非常广泛。下面看一个医生诊断疾病的例子。

医生初步诊断(先验信息),某病人有60%的可能性(先验概率)患某种疾病。为确诊他究竟有没有患该种疾病,医生要病人做某项检查。根据文献记载与经验,若病人患该种疾病,则检查结果呈阳性的可能性为90%;若病人未患该种疾病,则检查结果呈阳性的可能性为5%。如果病人的检查结果是阳性(观察结果),他患该种疾病的可能性显然比原先的估计60%来得大,那么它究竟等于多少?他患该种疾病的可能性是否很大,以至于医生基本上能确诊他患了该种疾病?这个问题的贝叶斯决策的计算过程如图9.1所示。

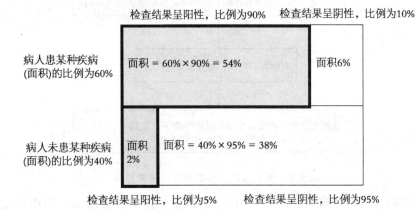

图 9.1　贝叶斯决策

首先画一个边长为1的单位正方形,它表示整个的情况。然后将单位正方形分为两个长方形。上与下的两个长方形的面积分别等于60%与40%。上面的长方形表示"病人患某种疾病",面积60%是它的先验概率;下面的长方形表示"病人未患某种疾病",面积40%是它的先验概率。

- 对于患该种疾病的病人而言,检查结果阳性的可能性为90%。为此将上面那个面积为60%的长方形分为两个长方形,左面那个粗线围着的长方形表示检查结果呈阳性,其面积是60%的90%,等于54%;右面那个小的长方形表示检查结果呈阴性,其面积是60%的10%,等于6%。
- 对于未患该种疾病的病人而言,检查结果呈阳性的可能性为5%。为此将下面那个面积为40%的长方形分为两个长方形,左面那个粗线围着的长方形表示检查结果呈阳性,其面积是40%的5%,等于2%;右面那个大的长方形表示检查结果呈阴性,其面积是40%的95%,等于38%。

已知病人的检查结果是阳性,这说明病人在粗线围着的图形之中。如果在上面那个粗线围着的面积等于54%的长方形,这说明他患该种疾病;而如果在下面那个粗线围着的面积等于2%的长方形,这说明他未患该种疾病。由此可见,如果病人的检查结果是阳性,则他患该种疾病的可能性(后验概率)为

如果病人的检查结果是阳性,则他患该种疾病的后验概率$=\dfrac{54\%}{54\%+2\%}=96.4\%$

由此看来,如果病人的检查结果是阳性(观察结果),他患该种疾病的后验概率比先验概率60%大得多,超过了95%,医生基本上能确诊他患了该种疾病。

医生诊断疾病的这个贝叶斯决策的过程如图9.2所示。

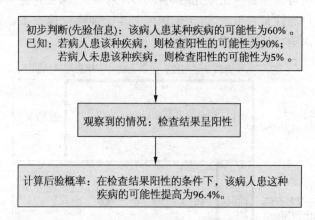

图 9.2 医生诊断疾病的贝叶斯决策过程

倘若病人的检查结果是阴性,这说明病人不在图9.1粗线围着的图形之中,而在其右边。右边也有两个长方形,上面那个面积6%小的长方形表示他患该种疾病,下面那个面积38%大的长方形表示他未患该种疾病。因而

如果病人的检查结果是阴性,则他患该种疾病的后验概率$=\dfrac{6\%}{6\%+38\%}=13.6\%$

这说明如果病人的检查结果是阴性(观察结果),他患该种疾病的后验概率比先验概率60%小得多。但13.6%还没有小到医生基本上能确诊他未患该种疾病的程度。为避免误诊,医生很可能要病人再作一项检查。此时,医生将上一次算得的后验概率,病人有13.6%的可能性患该种疾病作为这一次的先验概率,然后根据

第二项检查的结果,再一次计算后验概率。

伊索寓言"狼来了"的故事家喻户晓。孩子第一次喊狼来了,村民们为什么立即上山打狼,是因为他们相信孩子说的是实话。村民们没有看到狼,却看到孩子在笑,他们生气地想这个孩子会说谎,说的话不太可信。村民们的这样一个心理活动其实就是一个贝叶斯决策推断过程。孩子第二次又喊狼来了,村民们还是相信他的话上山打狼。想不到又上当了,大家气坏了。孩子又一次说谎,使得村民们认为这个孩子一点不可信。这又是一个贝叶斯决策推断过程。第三次,狼真的来了,无论孩子怎样大声地哭着喊叫,就没有一个村民去帮助他了。看来做事说话讲究信用非常重要。

某项产品是针对大学生的需要而设计的。关于它在大学生中的认知度,管理部门经过研究分析,认为产品在大学生中的认知度不外乎下面这3种情况:

情况1:产品在大学生中有90%的认知度,比较高;

情况2:产品在大学生中有70%的认知度,中等;

情况3:产品在大学生中有40%的认知度,比较差。

根据过去的经验,大家认为有先验概率:

情况1"新产品在大学生中有90%的认知度"的可信程度(先验概率)为50%;

情况2"新产品在大学生中有70%的认知度"的可信程度(先验概率)为30%;

情况3"新产品在大学生中有40%的认知度"的可信程度(先验概率)为20%。

由于最大的可信程度也只有50%,因而难以决策,究竟哪一个情况可信。为此决定在大学生中作一个小规模的调查。首先随机选取若干个高校。然后在选中的高校中随机调查一些大学生。为简单起见,我们假设仅调查1个大学生,调查结果是他对该产品有认知度。倘若仅根据这个调查结果,就断定情况1可信,大家肯定认为这样说不够稳妥。显然,将先前研究分析的结果与这一次调查结果,综合在一起考虑比较恰当。综合在一起考虑的贝叶斯决策的计算过程如图9.3所示。

已知随机调查的这1个大学生对产品有认知度,这说明那个大学生在粗线围着的图形之中。粗线围着的图形由3个长方形组成,上、中、下这3个长方形的面积分别等于45%、21%与8%。因而

- 如果随机调查的这1个大学生对产品有认知度,则情况1"产品在大学生中有90%的认知度"的可信程度(后验概率) $=\dfrac{45\%}{45\%+21\%+8\%}=60.8\%$;

- 如果随机调查的这1个大学生对产品有认知度,则情况2"产品在大学生中有70%的认知度"的可信程度(后验概率) $=\dfrac{21\%}{45\%+21\%+8\%}=28.4\%$;

- 如果随机调查的这1个大学生对产品有认知度,则情况3"产品在大学生中有40%的认知度"的可信程度(后验概率) $=\dfrac{8\%}{45\%+21\%+8\%}=10.8\%$。

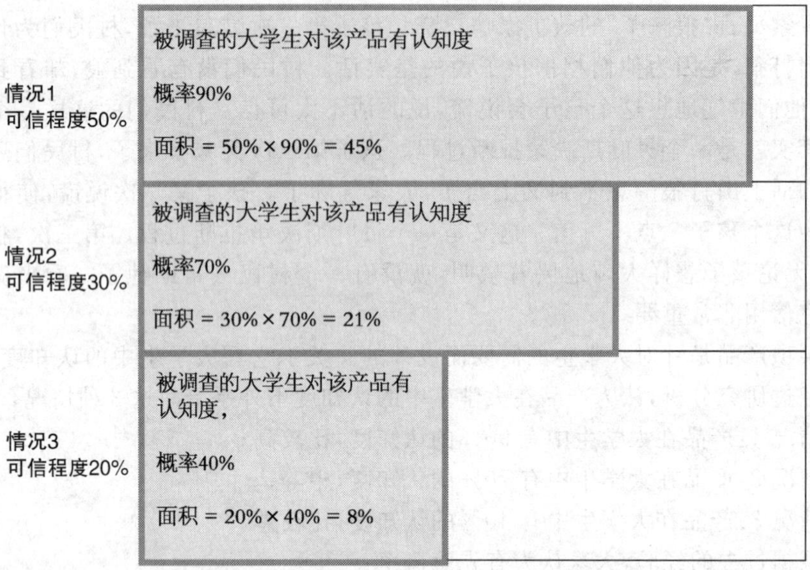

情况1 可信程度50%	被调查的大学生对该产品有认知度 概率90% 面积 = 50%×90% = 45%
情况2 可信程度30%	被调查的大学生对该产品有认知度 概率70% 面积 = 30%×70% = 21%
情况3 可信程度20%	被调查的大学生对该产品有认知度， 概率40% 面积 = 20%×40% = 8%

图 9.3　综合在一起考虑的贝叶斯决策过程

看来至此还不能确定哪一种情况是可信的。我们还需要再随机调查一些大学生，了解他们对产品有没有认知度，然后再进行贝叶斯推断决策。此时应将先验概率，情况1、2与3的可信程度由 50%、30%与 20%调整为贝叶斯决策推断得到的后验概率 60.8%、28.4%与 10.8%。

§9.4　效用函数

彩票早就问世。现代彩票业也有 100 多年的历史了。彩票业要做到公平，不是一件容易的事，需要对它进行深入的研究。公平的彩票是不可能预测的，能预测的彩票是不公平的。只有公平的彩票，才能使人们抱着热心公益的健康心态去购买彩票，把它视为休闲娱乐的一种方式。

彩票中奖很难。以在美国影响最大的劲球奖为例，一位彩票管理局的执行主席曾经打过这样的比方：把一个杯子放在街心，登上纽约市 102 层的帝国大厦顶层，将一枚硬币抛下去，劲球奖中奖的概率比硬币正好抛中杯子的概率还要小。既然彩票中奖的概率非常小，为什么总有许多人去买彩票？这正如前面所说的，人们热心公益，把买彩票视为休闲娱乐活动。此外，去买彩票的原因还与钱的效用有关。

假设某项彩票金额 1 元钱，若中奖可得 10 万元。假设中奖概率为二十万分之一。买还是不买这项彩票的决策树模型如图 9.4 所示。

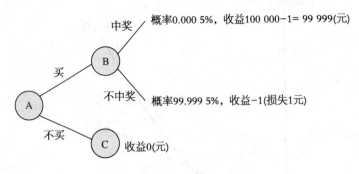

图 9.4　买彩票的决策树模型

使用期望收益决策准则分析要不要买彩票的决策问题。
- 事件 B 表示买彩票，它的期望收益与收益标准差分别为

$$99999 \times 0.000005 + (-1) \times 0.999995 = -0.5(元)$$

$$\sqrt{(99999-(-0.5))^2 \cdot 0.000005 + (-1-(-0.5))^2 \cdot 0.999995}$$
$$=223.61(元)$$

- 事件 C 表示不买彩票，它的期望收益与收益标准差皆为 0 元。

既然购买彩票的期望收益是 −0.5 元，平均而言购买彩票总是亏的，而卖彩票的总是赚的，但为什么总有许多人去买彩票？这是因为人们感到：

"损失 1 元钱无所谓，得到 10 万元钱令人无比惊喜。"

这也就是说，在买彩票的时候 1 元钱的效用(Utility)比 1 元钱小得多。它可能好比 1 角，甚至 1 分钱。而彩票中奖所得的 99 999 元钱的效用比 99 999 元钱多得多。它可能好比 100 万元钱甚至更多的钱。总之，钱 X(金额)的效用 $U(X)$ 不一定等于 X，见图 9.5。

引入效用函数之后，期望收益决策准则可修改为期望效用收益决策准则。由于 1 元钱与 99 999 元钱的效用分别为 $U(I)=0.01$ 元，$U(99999)=100$ 万元，所以买彩票效用收益的分布列为

收益	−1	99 999
效用收益	−0.01	1 000 000
概率	0.999 995	0.000 005

效用收益的期望等于

$$1000000 \times 0.000005 + (-0.01) \times 0.999995 \approx 5(元)$$

因而，在买彩票的人看来，平均而言购买彩票不亏，是赚的。

正因为买彩票时的效用函数如图 9.5 所示，少的钱的效用没有钱那么多，而

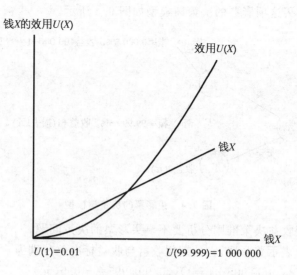

图 9.5　钱 X 和它的效用 $U(X)$

多的钱的效用比钱多,越是多的钱它的效用就比钱越是多得多。这说明人在买彩票时可理解为,他是抱着冒险进取的心态,追求高收益。

冒险进取心态的决策者有图 9.5 那样的效用函数;
保守稳妥心态的决策者有图 9.6 那样的效用函数。

与图 9.5 冒险进取心态决策者的效用函数不同的是,对图 9.6 的效用函数来说,少的钱的效用比钱多,而多的钱的效用没有钱那么多,越是多的钱它的效用就比钱越是少得多。这说明有这类效用函数的人在决策时抱着保守稳妥的心态。追求的不是高收益。

钱的效用的概念应用很广,例如人们常说商品定价须考虑顾客的承受能力,而这在某种程度上顾客的承受能力与钱的效用有关。2011 年 4 月 13 日解放日报《经济观察》栏目有一篇讨论物价的署名为"葱油饼与干脆面,选哪个?"的文章说:

"某小学附近点心铺的葱油饼 1 元一个很受欢迎,每天放学来买的小朋友总是排成长队。学校旁边有家卖零食和杂货的小店,它的干脆面 0.6 元一包,但生意一直不太好。这是因为小学生认为干脆面不如葱油饼好吃。近来葱油饼由原来的 1 元一个涨到 1.5 元一个。买葱油饼的队伍明显短了。虽然干脆面也涨了,由原来的 0.6 元一包涨到 1 元一包,但买干脆面的小学生多了。葱油饼与干脆面的遭遇,为什么前后不一样?

在葱油饼 1 元一个,干脆面 0.6 元一包的时候,由于 1 元钱在小学生眼里是可以接受的价位,且葱油饼比干脆面香,所以尽管葱油饼贵,但它受小学生欢迎。而当两者都涨价之后,原来葱油饼比干脆面贵 0.4 元,而现在葱油饼比干脆面贵 0.5

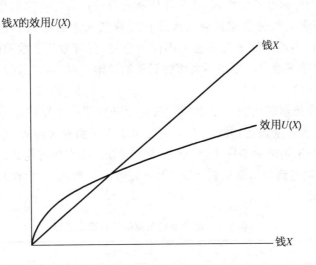

图 9.6 保守稳妥型决策者的效用函数

元,因而除了在小学生眼里涨价之后葱油饼比干脆面相对更贵,买葱油饼不合算之外,买干脆面的小学生多的另一个原因是,小学生们感到它涨到 1 元一包还是可以接受的,但葱油饼 1.5 元一个太贵了。由于葱油饼与干脆面可互相替代,葱油饼贵了,小学生就买干脆面来替代它。由葱油饼与干脆面,这两个可互相替代、非生活必需商品的问题,联想到某些不具有可替代性的生活必需品如粮、油、肉、蛋等的价格的上涨,必须考虑居民心目中钱的效用,否则将实实在在影响百姓生活。"

§9.5 德尔菲法与层次分析法

§9.5.1 德尔菲法

德尔菲法(Delphi Method)是 20 世纪 40 年代由赫尔默(Helmer)和戈登(Gordon)首创的。1946 年,美国兰德公司首次采用这个方法进行决策分析。德尔菲这一名称起源于古希腊太阳神阿波罗的神话。传说中阿波罗神能预见未来。在德尔菲有座阿波罗神殿,据说这是一个预卜未来的神谕之地,于是人们就借用此地名,作为这个方法的名字。德尔菲法也称专家调查法,是一种采用通讯方式将所需解决的决策问题分别发送到各个专家手中,征询意见。然后汇总全部专家的意见,整理出综合意见。随后将综合意见再反馈给各个专家,再次征询意见。各专家依据综合意见修改自己原有的意见。然后再汇总,再反馈。多次反复,逐步取得较为一致的预测结果。

与常见的专家会议法相同,德尔菲法能充分发挥各位专家的作用,集思广益。同时,德尔菲法又能避免专家会议法存在的权威人士的意见影响他人意见的缺陷;碍于情面,不愿意发表与其他人不同的意见,盲目服从多数的缺陷;以及出于自尊心,不愿意修改自己原来不全面的意见的缺陷。显然,过程较为复杂、费时较长是德尔菲法的一个缺点。

表9.9是德尔菲法的一个案例。某公司开发了一个新产品。为确定它的产量,需对它的销售量进行预测。于是该公司成立了由业务经理、市场专家和销售人员等8位专家组成的专家小组。8位专家对新产品全年可能的销售量提出个人判断,3次反馈得到的结果见表9.9。由此表可以看到,第三次判断时这8位专家意见逐渐趋同。

表9.9 新产品销售量的德尔菲法预测

专家	第一次判断			第二次判断			第三次判断		
	最低销售量	最可能销售量	最高销售量	最低销售量	最可能销售量	最高销售量	最低销售量	最可能销售量	最高销售量
1	150	750	900	600	750	900	550	750	900
2	300	500	750	300	500	750	300	600	750
3	400	600	800	500	700	800	500	700	800
4	750	900	1 500	600	750	1 500	500	600	1 250
5	250	300	400	250	400	500	400	500	600
6	250	300	500	350	400	700	370	450	610
7	200	450	600	300	500	650	400	500	650
8	100	200	350	220	400	500	300	500	600
平均	300	500	725	390	550	775	415	575	770
标准差	203.5	240.5	368.4	154.3	158.1	325.1	93.8	106.9	222.5
中位数	250	475	675	325	500	700	400	550	700
极差	650	700	1 150	380	350	1 000	250	300	625

§9.5.2 层次分析法

层次分析(Analytic Hierarchy Process,简称AHP)法是20世纪70年代中期由美国运筹学家托马斯·塞蒂(T. L. Saaty)首创的。这是一种系统、层次化的分析方法,常用来处理复杂的决策问题。

层次分析法一般有以下5个步骤。

步骤一:建立层次结构模型

中国民航协会用户工作委员会设置的旅客评价意见卡(见表9.10)其实就是

表 9.10 旅客评价意见卡

第一层	第二层	第三层
旅客评价	航空售票服务	1. 售票服务
		2. 机票价格
		3. 航班时刻
	机场候机服务	1. 引导标志
		2. 航班信息
		3. 候机广播服务
		4. 候机文化娱乐
		5. 餐饮质量
		6. 餐饮价格
		7. 洗手间卫生
		8. 安全检查
		9. 候机环境与秩序
	办理乘机手续服务	1. 服务意识
		2. 办理登机手续速度
		3. 收运行李
		4. 航班延误时服务
	机上服务	1. 航班正点情况
		2. 服务意识
		3. 餐饮质量
		4. 广播服务
		5. 文化娱乐
		6. 书报杂志质量
		7. 客舱洗手间卫生
		8. 起飞、降落感受
		9. 客舱环境
		10. 客舱安全
	到达机场服务	1. 提取行李速度
		2. 转机服务
		3. 延伸服务

一个层次结构模型。层次分析法设置的第一层为目标层,只有 1 个指标:"旅客评价"。然后将这个指标分解,设置第二层。第二层从属于第一层。它的意思是说,

旅客将从航空售票服务、机场候机服务、办理登机手续服务、机上服务与到达机场服务等 5 个方面给出评价。第三层从属于第二层。它的意思是说,旅客将从售票服务等 3 个方面对航空售票服务给出评价;将从引导标志等 9 个方面对机场候机服务给出评价;将从服务意识等 4 个方面对办理登机手续服务给出评价;将从航班正点情况等 10 个方面对机上服务给出评价;将从提取行李速度等 3 个方面对到达机场服务给出评价。旅客评价意见卡共有 3 层。更复杂的决策问题可能有 4 层或更多的层。总之,同一层的指标从属于上一层的指标,也就是对上层指标有影响,同时又支配下一层的指标,也就是受到下层指标的作用。

步骤二:两两成对比较

假设第 1 个指标的作用为 1,然后比较它与第 2、3、4 与第 5 个指标对"旅客评价"的作用大小有什么不同。用 1—9 的比较尺度度量其他各个指标的作用的大小。第 1 个指标与各个指标比较的结果见表 9.11 的"航空售票服务"行。表的"机场候机服务"、"办理乘机手续服务"、"机上服务"与"到达机场服务"行,分别是第 2、3、4 与第 5 个指标与自身,以及后面各个指标比较的结果。请注意:表 9.11 是作者的比较结果,可视为虚构的,无指导意义。

表 9.11　第二层 5 个指标与自身,以及后面各个指标的成对比较

评价指标	航空售票服务	机场候机服务	办理乘机手续服务	机上服务	到达机场服务
航空售票服务	1	1/2	1/2	1/5	1/2
机场候机服务		1	1	1/3	1
办理乘机手续服务			1	1/3	1
机上服务				1	3
到达机场服务					1

下面叙述表 9.11 中各个数字的意义如下:
- 数字 1 表示前后两个指标对上一层指标的重要性相同;
- 数字 3 表示前一个指标比后一个略重要;
- 数字 5 表示前一个指标比后一个重要;
- 数字 7 表示前一个指标比后一个重要得多;
- 数字 9 表示前一个指标比后一个极其重要;
- 数字 2、4、6 和 8 分别表示前一个指标比后一个的重要性之间介于 1 与 3、3 与 5、5 与 7 和 7 与 9 之间;
- 前一个指标比后一个的重要性为 $1/n, n=1,2,\cdots,9$,这相当于后一个指标比前一个的重要性为 n。据此,我们就能在表 9.11 的下三角部分的各个空格内填上数字,从而有表 9.12。

表 9.12　第二层 5 个指标的两两成对比较

评价指标	航空售票服务	机场候机服务	办理乘机手续服务	机上服务	到达机场服务
航空售票服务	1	1/2	1/2	1/5	1/2
机场候机服务	2	1	1	1/3	1
办理乘机手续服务	2	1	1	1/3	1
机上服务	5	3	3	1	3
到达机场服务	2	1	1	1/3	1

步骤三:检查一致性

检查:在表 9.12 中有没有两个指标,它们重要性的成对比较不一致,是否有的时候大有的时候小。需特别指出的是,1—9 的比较尺度是倍数关系。这也就是说,数字 3 应理解为前一个指标的重要性是后一个的 3 倍;数字 3 与 5 并不是说两个指标的重要性相差 2,而是说它们的重要性有 3∶5 的关系。如果有两个指标,它们的重要性有的时候看成 2 与 4,有的时候看成 3 与 5。尽管它们的差都等于 2,但由于前者的比为 2∶4,后者的比为 3∶5,这两个指标的成对比较不一致。

两两成对比较的表 9.12,有一个非常好的性质:

- 一行一行看。"航空售票服务"行的 5 个数字是在航空售票服务的重要性取为 1 时,这 5 个指标重要性之比;"机场候机服务"行的 5 个数字是在机场候机服务的重要性取为 1 时,这 5 个指标重要性之比;依此类推。一行一行看的时候,数字越大,指标的重要性越低;数字越小,指标的重要性越高。检查两两成对比较的一致性就是看,各行的 5 个数字的比值是否相等。
- 一列一列看。"航空售票服务"列的 5 个数字是在航空售票服务的重要性取为 1 时,这 5 个指标重要性之比;"机场候机服务"列的 5 个数字是在机场候机服务的重要性取为 1 时,这 5 个指标重要性之比;依此类推。与一行一行看不同的是,一列一列看的时候,数字越大,指标的重要性越高;数字越小,指标的重要性越低。与一行一行看相同的是,检查两两成对比较的一致性也就是看,各列的 5 个数字的比值是否相等。显然,"看:各列的 5 个数字的比值是否相等",等价于"看:各行的 5 个数字的比值是否相等"。

下面用检查各行的 5 个数字的比值是否相等的方法,检查两两成对比较的一致性。

1) 由"航空售票服务"这一行知,与航空售票服务的重要性相比较,这 5 个指标重要性之比为 1∶1/2∶1/2∶1/5∶1/2;

2) 由"机场候机服务"这一行知,与机场候机服务的重要性相比较,这 5 个指标重要性之比为 2∶1∶1∶1/3∶1=1∶1/2∶1/2∶1/6∶1/2;

3) 由"办理乘机手续服务"这一行知,与办理乘机手续服务的重要性相比较,这 5 个指标重要性之比为 2∶1∶1∶1/3∶1=1∶1/2∶1/2∶1/6∶1/2;

4) 由"机上服务"这一行知,与机上服务的重要性相比较,这 5 个指标重要性之比为 5∶3∶3∶1∶3=1∶3/5∶3/5∶1/5∶3/5;

5) 由"到达机场服务"这一行知,与到达机场服务的重要性相比较,这 5 个指标重要性之比为 2∶1∶1∶1/3∶1=1∶1/2∶1/2∶1/6∶1/2。

将这些比值排列在一起,得表 9.13。由此可见,这 5 个指标的两两成对比较并不完全一致。不一致的原因在于机上服务与其他指标的重要性的比值并不完全相等。

表 9.13 5 个指标重要性之比

航空售票服务	:	机场候机服务	:	办理乘机手续服务	:	机上服务	:	到达机场服务
1	:	1/2	:	1/2	:	1/5	:	1/2
1	:	1/2	:	1/2	:	1/6	:	1/2
1	:	1/2	:	1/2	:	1/6	:	1/2
1	:	3/5	:	3/5	:	1	:	3/5
1	:	1/2	:	1/2	:	1/6	:	1/2

发现了不一致的两两比较,可考虑予以校正,以达到一致。倘若意见不统一,无法校正,那也无妨。只要两两比较基本一致,也就是两两比较大多数一致,且不一致的相差不大就可以了。(随机)基本一致的定量检验方法从略。不难由表 9.13 知,表 9.12 的两两比较基本一致。

步骤四:计算权重

第二层的 5 个指标对第一层的指标:"旅客评价"的作用是不一样大的,也就是说它们有不等的权重。前面我们说,每一列的 5 个数字是这 5 个指标重要性之比,且数字越大,指标的重要性越高;数字越小,指标的重要性越低。由此可见,表 9.12 每一列的 5 个数字都可看成这 5 个指标重要性之比。为此将它们综合在一起。由于各列依次是在航空售票服务、机场候机服务、办理乘机手续服务、机上服务与到达机场服务的重要性为 1 时第二层这 5 个指标重要性之比,因而用相加的方法把各列综合在一起。计算第二层这 5 个指标权重的方法如表 9.14 所示。

- 计算表 9.12 各行,也就是表 9.14 粗线围着部分各行的和,以及这些和的总和,见表 9.14 的倒数第 2 列。
- 将各行的和分别除以总和,从而得各个指标的权重,见表 9.14 的最后一列。"航空售票服务"、"机场候机服务"、"办理乘机手续服务"、"机上服务"与"到达机场服务"的权重分别为 0.080 12、0.158 26、0.158 26、0.445 10 与 0.158 26。

我们这里所说的权重的计算方法比较简单。精确的计算方法需要应用矩阵、矩阵的特征根和特征向量等知识,本书从略。事实上,在两两比较完全一致的时候,简单方法与精确方法得到的权重是完全相等的。在两两比较不完全一致的时候,一致的情况越多,简单方法与精确方法得到的权重就越相差不大。

表 9.14 权重的计算

评价指标	航空售票服务	机场候机服务	办理乘机手续服务	机上服务	到达机场服务	合计	权重
航空售票服务	1	1/2	1/2	1/5	1/2	2.7	2.7/33.7 =0.080 12
机场候机服务	2	1	1	1/3	1	5.33	5.33/33.7 =0.158 26
办理乘机手续服务	2	1	1	1/3	1	5.33	5.33/33.7 =0.158 26
机上服务	5	3	3	1	3	15	15/33.7 =0.445 10
到达机场服务	2	1	1	1/3	1	5.33	5.33/33.7 =0.158 26
					合计	33.7	1

有了第二层的 5 个指标对第一层的指标的权重之后,接下来计算第三层的指标对它从属的第二层某个指标的权重。例如,计算从属于第二层的"航空售票服务"这个指标的,第三层的售票服务、机票价格与航班时刻这 3 个指标的权重。计算方法同第二层各个指标权重的计算。

有了权重之后,层次分析法的最后一个步骤就是如何测算最后一层各项指标的数值。

步骤五:指标测算

表 9.10 的旅客评价意见卡第三层各项指标都是采用下面的测算方法:

| 很满意 | 满意 | 一般 | 不满意 | 很不满意 |
| 100 分 | 80 分 | 60 分 | 40 分 | 0 分 |

这种统一的等级评分方法的一大优点就是,各个指标数值是用同样的方法度量的,可直接用来对照比较。如果度量方法不同,则必须对各个指标的数值分别进行标准化处理。常用的数据标准化,有第二章§2.3.5 数据变换小节所介绍的数据标准化变换:

$x_i \to y_i = \dfrac{x_i - \bar{x}}{s}$，其中 $\bar{x}$ 与 s 分别是原有数据 $x_1, x_2, \cdots, x_n$ 的平均数与标准差。

除标准化变换，还有其他的数据标准化方法。经济合作与发展组织(Organization of Economic Cooperation and Development，简称OECD)发布的幸福指数(Your Better Life Index)的指标体系的层次结构见表9.15。其中有的是正向指标(指标值越大越幸福)，例如，第一个指标"人均住房间数"等；有的是逆向指标(指标值越小越幸福)，例如，第二个指标"住所没有卫生设施的人口比例"等。

表9.15 OECD幸福指数指标体系的层次结构

第一层	第二层	第三层	单位
幸福	住房	1. 人均住房间数	间
		2. 住所没有卫生设施的人口比例	%
	收入	3. 家庭人均可支配收入	美元
		4. 家庭人均净金融资产	美元
	就业	5. 就业率	%
		6. 长期失业率	%
	社区生活	7. 可获得社区帮助的人口比例	%
	教育	8. 受教育程度	%
		9. 学生阅读能力指数	—
	环境	10. 可吸入颗粒物浓度	微克/立方米
	政府管理	11. 选民投票率	%
		12. 法律法规和公共政策的协商指数	—
	健康	13. 预期寿命	岁
		14. 自我健康评价	%
	生活满意	15. 生活满意度	—
	安全	16. 故意杀人率	人
		17. 遇袭率	%
	工作与生活条件	18. 工作时间超长的员工比例	%
		19. 妇女就业率	%
		20. 休闲和个人护理时间	小时

在有了参与排名的所有国家的数据之后，为了计算综合指数，OECD对不同指标的数据进行的标准化处理如下所述。

- 正向指标数据的标准化处理：参与排名的所有国家中，指标值最大的得10分，最小的得0分，指标得分的计算公式为

$$\text{指标得分} = 10 \times \dfrac{\text{指标值} - \text{最小值}}{\text{最大值} - \text{最小值}}$$

- 逆向指标数据的标准化处理：参与排名的所有国家中，指标值最小的得 10 分，最大的得 0 分，指标得分的计算公式为

$$指标得分 = 10 \times \left(1 - \frac{指标值 - 最小值}{最大值 - 最小值}\right)$$

§9.6 博弈论

竞争是人类生活的常见现象，如游戏、打牌、下棋、体育比赛、军事对抗、谈判与企业间的市场竞争等。竞争时各方为了维护自己的利益，不仅研究有哪些行动方案(策略)可供自己考虑采取，还要研究对手可能采用的行动方案。博弈论(The Game Theory)有时也称为对策论，它研究竞争过程中对策的理论与方法。本书仅考虑两个决策者的竞争问题。事实上，本章前面各节所讨论的决策问题都可看成人与自然的竞争，而各个环境状态就是自然选择采用的应对之策。由此看来，本章一开始所说的决策问题的 4 个要素，这里就演变为博弈论的 3 个要素：

1) 局中人。参与竞争的各方，本章仅假设有两个局中人：A 与 B。

2) 策略集。每个局中人都有可供自己选择的策略集。设局中人 A 可采用 m 个策略：$a_1, \cdots, a_m$，局中人 B 可采用 n 个策略：$b_1, \cdots, b_n$。当然，局中人的策略集也可能包含无限多个策略。

3) 收益矩阵。收益 (s_{ij}, t_{ij}) 的意思是说，当(行)局中人 A 采用策略 a_i，(列)局中人 B 采用策略 b_j 时，局中人 A 与 B 的收益分别为 s_{ij} 与 t_{ij}。

"石头剪子布"是我们大家从孩提时起就喜欢玩的猜拳游戏。它起源于中国，后来传到日本、朝鲜等地，之后传到了欧洲，到了近现代逐渐风靡世界。这个儿童喜欢玩的猜拳游戏有两个局中人：儿童 A 与 B，每一个儿童都有 3 个可供选择的策略：石头、剪子与布。假设游戏是 1 分输赢。那么这个猜拳游戏的收益函数可排列成矩阵的形式，见表 9.16。由收益矩阵知，若儿童 A 选择石头，儿童 B 选择剪子，则收益为(1, −1)。前一个数 1 表示儿童 A (行局中人)赢 1 分，后一个数 −1 表示儿童 B (列局中人)输 1 分。

表 9.16 猜拳游戏"石头剪子布"的收益矩阵

儿童A \ 儿童B	石头	剪子	布
石头	(0,0)	(1,−1)	(−1,1)
剪子	(−1,1)	(0,0)	(1,−1)
布	(1,−1)	(−1,1)	(0,0)

不难发现,表 9.16 的收益矩阵有这样的性质,儿童 A 与 B 的收益之和恰都等于 0。

具有这一特性的博弈称为是零和博弈。零和博弈的两个局中人,若一方赢了则另一方就输,而且输赢的量相等。除了游戏,在社会政治经济活动中也可能出现零和博弈的情况。此外,出现比较多的是非零和博弈。显然,人们对非零和博弈如何达到互惠互利,这种双赢的结局很感兴趣。

博弈论的理论与方法非常丰富,若想深入了解博弈论,读者可参阅参考书目[7]。

§9.6.1 纳什(Nash)均衡

1994 年诺贝尔经济学奖授予 3 位数理经济学家,美国伯克利加利福尼亚大学的约翰·豪尔绍尼(J. Harsanyi)、普林斯顿大学约翰·纳什(J. Nash)和德国波恩大学的赖因哈德·泽尔滕(Reinhard Selten),以表彰他们把博弈论运用于经济分析所取得的卓越成就。约翰·纳什 1948 年进入普林斯顿大学读数学博士。1950 年他的博士论文《非合作博弈》为博弈论成为一门成熟的学科作出了创始性的贡献。泽尔滕和豪尔绍尼对纳什的非合作博弈的思想进行了精心的研究,无论是博弈论的理论发展还是其在社会政治经济活动中的实际应用,他们都作出了开创性的贡献。本小节简要介绍纳什提出的非合作博弈的均衡理论。

可能大家看过电影《美丽心灵》(A Beautiful Mind)。电影描写纳什 1958 年从事业的顶峰滑向了精神失常的低谷之后,他的妻子、朋友和同事们没有抛弃他,而是不遗余力地帮助他,挽救他。妻子和朋友的关爱终于得到了回报。80 年代末起纳什神奇般地逐渐恢复了健康。清醒过来之后,纳什迎来了他生命中的一件大事:荣获诺贝尔经济学奖。纳什处于梦境一般的精神状态长达 25 年。其间他的名字开始出现在 70 年代和 80 年代的经济学课本、进化生物学论文、政治学专著和数学期刊的各领域中。他的名字已经成为经济学或数学的一个名词,如"纳什均衡"、"纳什谈判解"、"纳什程序"、"德乔治-纳什结果"、"纳什嵌入"和"纳什破裂"等。我们仅介绍纳什均衡。纳什在 1950 年的博士论文中提出的纳什均衡的概念在非合作博弈理论中起着核心的作用。后续的研究基本上都是建立在这一概念之上的。纳什均衡的提出和不断完善为博弈论广泛应用于经济学、管理学、社会学、政治学、军事科学等领域奠定了坚实的理论基础。

讲解"纳什均衡",最著名的案例就是"囚徒的困境"。1950年,斯坦福大学客座教授、数学家塔克在给心理学家作讲演时,讲了两个囚犯的故事。假设A和B两人私入民宅被警察抓住。警方将这两人分别置于不同的两个房间内进行审讯,对每一个犯罪嫌疑人,警方给出的政策都是:如果你们两个犯罪嫌疑人都坦白了罪行,交出了赃物,则两人以偷窃罪各被判刑8年;如果一个坦白另一个抵赖,则坦白者减刑8年,立即释放,而没有坦白的加刑2年,共判刑10年;如果两人都抵赖,则警方以私入民宅罪将两人各判入狱1年。这两个囚犯陷入了困境,面临着两难的选择:坦白还是抵赖。表9.17给出了这个"囚徒困境"博弈的收益矩阵。显然,囚徒困境是非零和博弈。

表9.17 囚徒的困境

嫌疑人A \ 嫌疑人B	坦白	抵赖
坦白	(−8,−8)	(0,−10)
抵赖	(−10,0)	(−1,−1)

倘若这个囚徒困境是合作博弈,也就是说他们两人关在一起,可互相串供,则他们一定达成协议选择最好的策略,双方都抵赖,每人都只判1年。注意,合作博弈达成的协议是有约束力的,双方都要求对方不能违反它。一旦有一方违反协议,坦白了罪行,则另一方就要加重判刑10年。既然警方将这两人隔离在不同的两个房间,所以他们无法串供,这是非合作博弈。讨论非合作博弈问题的一个基本出发点,就是假设每个局中人都是"理性的经济人",都是从利己的目的出发选择策略。这也就是说,每个局中人在选择策略的时候,不顾及它是否损害了对方的利益,而且认为对方也是这样的,为求自保甚至可出卖别人的利益。

首先分析犯罪嫌疑人A从利己的目的出发,面对着"坦白或抵赖"这个两难的选择,他是怎样盘算对策的。

- 犯罪嫌疑人A想,如果犯罪嫌疑人B选择坦白,则若我也坦白将坐8年监狱,而若抵赖将坐10年监狱,看来坦白比抵赖划算。所以在犯罪嫌疑人B选择坦白时,犯罪嫌疑人A也选择坦白。
- 犯罪嫌疑人A又想,如果犯罪嫌疑人B选择抵赖,则若我坦白就可立即释放,而若抵赖将坐1年监狱,看来坦白仍然比抵赖划算。所以在犯罪嫌疑人B选择抵赖时,犯罪嫌疑人A仍选择坦白。

综上所述,对犯罪嫌疑人A而言,不论犯罪嫌疑人B坦白与否,我都是坦白划算。同样道理,犯罪嫌疑人B也是这样想的,选择坦白。最终,他们两人都选择坦白,都被判 8 年刑期。由此看来,对犯罪嫌疑人 A 与 B 都有利的策略(双方都抵赖)和结局(都被判 1 年刑期),在非合作博弈的时候是不会出现的。

在囚徒困境的例子中,最终得到了一个并非最优的结果,就是两人都选择坦白因此都被判 8 年。这个结果被称为非合作博弈的"纳什均衡"(Nash equilibrium)。这是博弈论中最基本的一个概念,是人们提到博弈论时说得最多的一个词语。下面解释纳什均衡的含义。

假设有两个局中人:A 与 B。每个局中人都有有限个可供自己选择的策略,局中人 A 可采用 m 个策略:$a_1,\cdots,a_m$,局中人 B 可采用 n 个策略:$b_1,\cdots,b_n$。策略组合 (a_i,b_j) 意思是说,(行)局中人 A 采用策略 a_i,(列)局中人 B 采用策略 b_j。称策略组合 (a_i,b_j) 是纳什均衡,意思是说,

- 在局中人 B 采用策略 b_j 时,a_i 是局中人 A 的最好对策。也就是说,倘若局中人 A 改变策略,他的收益不可能提高,只会降低。
- 在局中人 A 采用策略 a_i 时,b_j 是局中人 B 的最好对策。也就是说,倘若局中人 B 改变策略,他的收益不可能提高,只会降低。

由此可见,纳什均衡指的是这样一种策略组合,这种策略组合由所有局中人的最优策略组成。它的意思是说,每个局中人都确信,在其他局中人的策略给定不变的情况下,他选择了最优策略以回应对手的策略。看来,这样一个策略组合均衡了各个局中人的利益,以至于没有局中人有积极性选择其他策略。显然,"纳什均衡"是由单个局中人的最优策略组成,它并不意味着是总体最优的结果。"纳什均衡"描述的就是一种非合作博弈均衡。经济、社会、政治、国防、管理和日常生活中的博弈现象,非合作的情况普遍存在。"纳什均衡"应用广泛,意义深远。

法国经济学家古诺(Cournot)于 1838 年提出的古诺模型被认为是纳什均衡应用的最早版本。古诺模型只有两家厂商,它们在进行价格博弈。这两家厂商陷入困境,面临着两难的选择:高价还是低价。表 9.18 给出了古诺模型的利润矩阵。

表 9.18 古诺模型

厂商 A \ 厂商 B	高价	低价
高价	(32,32)	(0,44)
低价	(44,0)	(24,24)

倘若这两家厂商相互勾结,都取高价,他们的利润最多。也就是说,若形成垄断,则博弈双方通常会抬高价格。为保护消费者的利益,不允许垄断经营,这两家厂商相互博弈的结果是,都取低价,达到纳什均衡。完全竞争、非合作的行为导致了社会所期望的经济效率状态。倘若厂商采取合作行动垄断价格,那么社会的经

济效率就会遭到破坏。

企业面临着两难的选择:要不要治理污染。倘若其他企业不考虑环境污染,仅有一个企业从利他的目的出发,投资治理污染,那么这家企业的生产成本就会增加,价格就要提高,它的产品就没有竞争力,甚至企业还要破产。非合作的行为导致的"纳什均衡"状态就是,所有企业都会从利己的目的出发,采取不治理环境污染的策略。因而政府必须加强环境污染管理,以使得企业相互合作,都来治理环境污染,并采取低污染的生产方式。这样一来,企业不仅获得高利润,而且环境将更好。

任何一个国家在国际贸易中都面临着保持贸易自由与实行贸易保护主义的两难选择。如果贸易双方的博弈是不合作博弈,则其"纳什均衡"状态就是,每一个国家都对其他国家实施贸易限制例如提高关税,结果谁也没有捞到好处。反之,如大家能达成协议,互相合作,从互惠互利的原则出发,减少关税。最终结果大家都从贸易自由中获得了最大利益,而且全球贸易的总收益也增加了。

§9.6.2 混合策略

非合作博弈不一定有纳什均衡。例如,猜拳游戏"石头剪子布"就没有纳什均衡。由表9.16的猜拳游戏"石头剪子布"的收益矩阵可以看到,在儿童B采用"石头"策略时,儿童A的最佳对策是"布"。为此,在它的收益(1,-1)的1下面画一条线,见表9.19的第三行第一列。同样道理,在第一行第二列的收益(1,-1)的1下面画一条线,用以表示儿童B采用"剪子"策略时,儿童A的最佳对策是"石头";第二行第三列的收益(1,-1)的1下面画一条线,用以表示儿童B采用"布"策略时,儿童A的最佳对策是"剪子"。注意,儿童A的最佳对策的线画在左边。而表示儿童B的最佳对策的线画在右边。由表9.19可以看到,左边画的线(儿童A的最佳对策)与右边画的线(儿童B的最佳对策)不在同一个地方,这说明儿童A的最佳对策与儿童B的最佳对策不可能组合在一起。因而任意一个策略组合,不可能既是儿童A的最佳对策,又是儿童B的最佳对策。猜拳游戏"石头剪子布"没有纳什均衡。

表9.19 寻找猜拳游戏"石头剪子布"的纳什均衡

儿童A \ 儿童B	石头	剪子	布
石头	(0,0)	(1,-1)	(-1,1)
剪子	(-1,1)	(0,0)	(1,-1)
布	(1,-1)	(-1,1)	(0,0)

通常称这个寻找非合作博弈纳什均衡的方法为画线法。将这个方法用于囚

徒困境,则有表 9.20。由表 9.20 可以看到,左边画的线(犯罪嫌疑人 A 的最佳对策)与右边画的线(犯罪嫌疑人 B 的最佳对策)相会在策略组合(坦白,坦白)。犯罪嫌疑人 A 与 B 都坦白是非合作博弈囚徒困境的纳什均衡。

表 9.20　囚徒困境的纳什均衡

犯罪嫌疑人 A ＼ 犯罪嫌疑人 B	坦白	抵赖
坦白	(−8,−8)	(0,−10)
抵赖	(−10,0)	(−1,−1)

如果某个非合作博弈没有纳什均衡,可拓广策略集到混合策略。对猜拳游戏"石头剪子布"而言,儿童 A 的混合策略就是按给定的概率分布,随机地从"石头"、"剪子"与"布"这 3 个策略中挑选 1 个。例如取等可能的概率分布,这也就是说,"石头"、"剪子"与"布"被儿童 A 选中的可能性各等于 1/3。引入了混合策略之后,儿童 A 的策略集就有无限多个策略。只要 p_1 与 p_2 满足条件:$0 \leqslant p_1, p_2, p_1 + p_2 \leqslant 1$,它就对应儿童 A 的一个混合策略:"石头"、"剪子"与"布"被儿童 A 选中的可能性分别等于 p_1、p_2 与 $1 - p_1 - p_2$。同样地,只要 q_1 与 q_2 满足条件:$0 \leqslant q_1, q_2, q_1 + q_2 \leqslant 1$,它就对应儿童 B 的一个混合策略:"石头"、"剪子"与"布"被儿童 B 选中的可能性分别等于 q_1、q_2 与 $1 - q_1 - q_2$。可以证明,推广到混合策略之后,猜拳游戏"石头剪子布"就有纳什均衡:儿童 A 与 B 都是等可能地挑选"石头"、"剪子"与"布"。

非合作博弈可能有多个纳什均衡。看下面的情侣博弈。一对情侣在争论,究竟是看足球,还是看芭蕾。这个博弈的收益矩阵见表 9.21。

表 9.21　情侣博弈

男 ＼ 女	足球	芭蕾
足球	(3,1)	(0,0)
芭蕾	(0,0)	(1,3)

由画线法(见表 9.21)可以看到,如果这两个情侣都不愿意合作,那么这个博弈有两个纳什均衡:(足球,足球)与(芭蕾,芭蕾)。若引入混合策略,则还有一个纳什均衡:男方以(3/4,1/4),女方以(1/4,3/4)的概率选择(足球,芭蕾)。在情侣争论的时候,建议双方合作,合作博弈寻找到的解对双方更有利。在情侣合作时,以这样的方式解决争论比较好,博弈的最优解是以(1/2,1/2)的概率,一起去看足球,或一起去看芭蕾。

内容提要

- 不确定型决策问题常用的几个决策准则：
1) 最大收益最大化准则，简称极大极大准则；
2) 最小收益最大化准则，简称极大极小准则；
3) 最大后悔（机会损失）最小化准则，简称极小极大准则。
- 风险型决策问题常用的几个决策准则：
1) 期望收益决策准则；
2) 期望后悔（机会损失）决策准则；
3) 最大可能决策准则。
- 贝叶斯决策：在上一次估算的基础上，根据样本数据再次估算事件发生的概率。
- 效用函数
冒险进取心态的决策者有图 9.5 那样的效用函数；
保守稳妥心态的决策者有图 9.6 那样的效用函数。
- 德尔菲法
- 层次分析（AHP）法
- 博弈论
1) 博弈论的 3 个要素：局中人、策略集、收益矩阵。
2) 非合作博弈的纳什均衡；混合策略。

习 题 九

1. 安装机器并进行调试。根据以往经验："调试成功"的概率有 85%。因为这个 85% 的成功率并不令人满意，所以在机器运行之后随机选取它的一个产品进行检验。假如根据以往经验：机器调试成功后有 2% 的不合格品率，而在机器调试不成功时有 80% 的不合格品率。

① 假设在机器运行之后检验的一个产品是合格品，问在这种情况下"调试成功"的概率应从 85% 调整为多少？管理部门认为，只要"调试成功"的概率没有超过 99%，就需要继续随机选取它的一个产品进行检验。问：检验出一个合格品后"调试成功"的概率有没有超过 99%？倘若没有超过，那就需要继续随机选取它的一个产品进行检验。

② 假设在检验出一个合格品后又继续检验出一个合格品，问："调试成功"的概率应继续调整为多少？这个概率有没有超过 99%？倘若没有超过，那就需要再一次继续随机选取它的一个产品进行检验。

2. 某制造厂从两个不同的供应商购买零件。该工厂有 60% 的零件来自供应商 I，其余

40%的零件来自供应商Ⅱ。根据历次供应的情况发现,供应商Ⅰ供应的零件合格的可能性有95%,而供应商Ⅱ供应的零件合格的可能性只有90%。

① 试将零件来自哪一个供应商作为第一步骤,而将零件是否合格作为第二步骤,画两步骤概率树。

② 该制造厂购买的零件是合格品的可能性有多大?

③ 该制造厂将购买的零件用于制造机器。在对计划出厂的机器进行检验时,有一台机器因安装了不合格的零件而突然不运转。这个不合格的零件究竟是哪个供应商供应的?考虑到供应商Ⅰ供应的零件比供应商Ⅱ多,有人认为这个不合格的零件应来自供应商Ⅰ。另有人对他的看法表示异议。说供应商Ⅰ虽然供应的零件多,但它供应的零件是不合格的可能性比供应商Ⅱ低。请问,这个不合格的零件来自供应商Ⅰ和供应商Ⅱ的可能性各是多少?

3. 有一家糕饼店的新鲜蛋糕的日需求量可能为100、150、200、250与300中的某一个。糕饼店经理面临的一个决策问题:每天进多少货?蛋糕的售价是15元一个,每个蛋糕进货的成本为7元。如果有蛋糕当天没有销售掉,则晚上歇业后以1元一个处理给某饲养场。

① 分别用极大极大准则、极大极小准则与极小极大准则讨论糕饼店经理面临的这个决策问题。

② 如果新鲜蛋糕的日需求量的概率分布已知,如表9.22所示。请讨论糕饼店经理面临的这个决策问题。

表9.22　新鲜蛋糕的日需求量的概率分布

需求量	100	150	200	250	300
概率	0.1	0.2	0.3	0.3	0.2

第十章

时间序列分析

第二章在介绍数据分类时,按其收集到的时间可以分为横断面数据和时间序列数据两种类型,本章将就时间序列数据的一般处理方法进行介绍。首先,我们对时间序列加以简单的叙述,时间序列是变量按时间间隔的顺序而形成的随机变量序列。我们依时间发展的先后顺序进行观测,这些观测到的数据有着比较独特的性质,即将来的数据通常以某种随机的方式依赖于当前得到的观测数据,而这种相依性使得利用过去预测未来成为可能。因此,时间序列是某一统计指标长期变动的数量表现,时间序列分析就是估算和研究某一时间序列在长期变动过程中所存在的统计规律性。在这里我们将就简单时间序列分析和平稳时间序列分析分别进行讨论。

§10.1 简单时间序列分析

§10.1.1 时间序列趋势外推法

在一个时间序列中,某些社会、经济系统中的渐进发展过程,往往存在某种长期趋势。像有些趋势几乎是呈水平方向的,例如,在 2005 年 7 月 21 日前,即汇改前的人民币兑美元的汇率变化;而有些趋势呈现某些特定的形态,如指数状态,实际问题中如我国 1978—2011 年 GDP 年度数据,有些趋势还可能呈诸如线性的、对数形式的等等。因此,用适当的方法测定这个趋势,给它选择一个合适的趋势曲线方程,以作为外推预测的依据,是统计预测的基本方法之一。

趋势曲线外推预测一般来说要满足如下两个假设:
- 影响预测对象过去发展因素在很大程度上也将决定未来的发展;
- 预测对象的发展过程没有发生突变,而是一个渐变过程。

利用趋势外推法,主要解决两个问题:一是找到合适的趋势拟合曲线方程,二是如何确定趋势曲线方程中的参数。下面简单介绍几种常见的趋势曲线方程。

在实际应用中,最常用的是一些比较简单的函数形式,如多项式函数、指数函数、逻辑斯蒂曲线等,下面介绍几种主要形式。

多项式函数

多项式模型的一般形式为

$$y_t = a_0 + a_1 t + a_2 t^2 + \cdots + a_k t^k \tag{10.1}$$

其中 y_t 为 t 时刻的序列的数据；t 为时间变量；$a_0, a_1, \cdots, a_k$ 为多项式系数。当 $k=1$ 时，是线性模型；当 $k=2$ 时，为二次抛物线模型；当 $k=3$ 时，为三次抛物线模型。在实际使用中，三次以上的多项式模型很少应用。

指数函数

一般形式为

$$y_t = A e^{a \cdot t} \tag{10.2}$$

该函数曲线适用于变化率和变化量本身 y 成比例的对象，如人口或生物种群繁殖生长、研究质变前的发展速度、新产品在成长期的销售量，等等。

逻辑斯蒂曲线

该曲线由德国数学家、生物学家维赫斯特（P. F. Verhust）于 1837 年首先提出，之后美国生物学家、人口统计学家珀尔（Pearl）用它对生物繁殖和生长过程进行了大量研究，故又称珀尔曲线。其公式为

$$y_t = \frac{K}{1 + a e^{-bt}} \tag{10.3}$$

由式(10.3)可见，当 $t \to +\infty$ 时，$y_t \to K$ 是达到饱和状态的极限值，而且求得 y_t 对 t 的拐点，即增长速度的转折点为 $t = \dfrac{\ln a}{b}, y_t = \dfrac{1}{2}K$。

因此，如何根据实际中预测对象的规律来选择合适的曲线，就成为趋势外推法应用的一个重要问题。

§10.1.2 趋势预测模型的确定

由于预测曲线具有多样性，因此能否正确地选择趋势模型，对预测任务的成败至关重要。为了获得与预测对象发展趋势一致的趋势模型，不仅要分析预测对象历史演变的特点即测试历史数据的特点，而且更重要的是要分析其未来发展趋势。由此看来，选择趋势预测模型时，一方面要从客观上分析其过去序列的特点，另一方面又要从主观上判断其未来趋势。前者主要可由已有的样本数据分析得到，而后者却要依据预测人员的经验和判断，体现了预测的科学性和艺术性的统一。利用趋势外推法从事实际预测时，一般可以建立几种不同的趋势模型，然后逐个进行分析比较，包括进行残差平方和检验等，最终选择一个比较好的预测模型。

上述过程用比较具体化形式可以表示为,在得到 n 个历史数据 $y_1, y_2, \cdots, y_n$ 后,简单的如 y_t 是一元状况的,则可以将数据描绘在一个 y_t-t 坐标系上,其中横轴表示时间 t,纵轴表示 y_t。这时通常把坐标系中各个点用折线连起来,由此可以比较容易的看出时间序列的可能的趋势,其关系可以写为

$$y_t = f(t)$$

如果我们通过一些方法获得了 $f(t)$ 的具体形式,不难外推 $t=n+1$ 时 y_{n+1} 的预测值。在这里,对于 $f(t)$ 的确定是通过历史数据 $y_1, y_2, \cdots, y_n$ 进行拟合得到的。$f(t)$ 的形式可能是各种各样的,一般可以是上述介绍的几种函数曲线形式,当趋势模型选定后,首要的工作就是要确定模型中的参数。不同的趋势模型可能会有不同的参数估计方法,最小二乘法是广泛使用的一种曲线拟合方法。其优点是运算简单,对模型中的参数得到无偏估计。在实际运用中,有两种情况:一种情况是可以直接按最小二乘法,只要作简单的变量替换就可以进行,如多项式函数;另一种情况是方程式需要作适当的变换,以转换成第一种情形,再作处理。

下面以多项式函数为例给出其最小二乘方法的计算过程。设时间序列样本数据为 $(t_1, y_1), (t_2, y_2), \cdots, (t_n, y_n)$,选取的趋势曲线为 t 的 k 次多项式为 (10.1) 式,运用最小二乘法给出参数 $a_0, a_1, \cdots, a_k$ 的估计值。即曲线拟合目标是使误差的平方和

$$Q = \sum_{t=1}^{n} (\hat{y}_t - y_t)^2$$

达到最小。根据数学计算,需要关于参数 $a_0, a_1, \cdots, a_k$ 对 Q 求偏导,再令其为零,得到方程

$$\frac{\partial Q}{\partial a_i} = 0, i = 0, 1, \cdots, k$$

其解即为所求。对于 k 次多项式,我们分别给出 $k=1, 2$ 的最小二乘估计 $\hat{a}_0, \hat{a}_1, \cdots, \hat{a}_k$。

当 $k=1$ 时,易得 a_0, a_1 的最小二乘估计满足下列方程组

$$\begin{cases} \sum_{t=1}^{n} y_t = \hat{a}_0 n + \hat{a}_1 \sum_{t=1}^{n} t, \\ \sum_{t=1}^{n} t \cdot y_t = \hat{a}_0 \sum_{t=1}^{n} t + \hat{a}_1 \sum_{t=1}^{n} t^2 \end{cases}$$

解之得

$$\begin{cases} \hat{a}_1 = \dfrac{\sum_{t=1}^{n}(y_t - \bar{y})(t - \bar{t})}{\sum_{t=1}^{n}(t - \bar{t})^2}, \\ \hat{a}_0 = \bar{y} + \hat{a}_1 \bar{t}, \end{cases}$$

其中 $\bar{t} = \dfrac{(n+1)}{2}$ 是平均数，$\bar{y} = \dfrac{1}{n}\sum\limits_{t=1}^{n} y_t$。

当 $k=2$ 时，a_0, a_1, a_2 的最小二乘估计满足下列方程组

$$\begin{cases} \sum\limits_{t=1}^{n} y_t = \hat{a}_0 n + \hat{a}_1 \sum\limits_{t=1}^{n} t + \hat{a}_2 \sum\limits_{t=1}^{n} t^2, \\ \sum\limits_{t=1}^{n} t y_t = \hat{a}_0 \sum\limits_{t=1}^{n} t + \hat{a}_1 \sum\limits_{t=1}^{n} t^2 + \hat{a}_2 \sum\limits_{t=1}^{n} t^3, \\ \sum\limits_{t=1}^{n} t^2 y_t = \hat{a}_0 \sum\limits_{t=1}^{n} t^2 + \hat{a}_1 \sum\limits_{t=1}^{n} t^3 + \hat{a}_2 \sum\limits_{t=1}^{n} t^4。 \end{cases}$$

类似地，其他几种形式的函数也可以通过函数变换线性化后再计算。上述过程可以运用 Excel 来实现，我们通过客运量的例子进行说明。

例 10.1 表 10.1 是 1990—2010 年铁路、公路、水运和民航等各种交通工具的客运量，我们将运用各种方法分析各种交通工具的客运量走势。

表 10.1　1990—2010 年各种交通工具客运量　　　　　　（单位：万人）

年份	铁路	公路	水运	民航
1990	95 712	648 085	27 225	1 660
1991	95 080	682 681	26 109	2 178
1992	99 693	731 774	26 502	2 886
1993	105 458	860 719	27 074	3 383
1994	108 738	953 940	26 165	4 039
1995	102 745	1 040 810	23 924	5 117
1996	94 796	1 122 110	22 895	5 555
1997	93 308	1 204 583	22 573	5 630
1998	95 085	1 257 332	20 545	5 755
1999	100 164	1 269 004	19 151	6 094
2000	105 073	1 347 392	19 386	6 722
2001	105 155	1 402 798	18 645	7 524
2002	105 606	1 475 257	18 693	8 594
2003	97 260	1 464 335	17 142	8 759
2004	111 764	1 624 526	19 040	12 123
2005	115 583	1 697 381	20 227	13 827
2006	125 656	1 860 487	22 047	15 968
2007	135 670	2 050 680	22 835	18 576
2008	146 193	2 682 114	20 334	19 251
2009	152 451	2 779 081	22 314	23 052
2010	167 609	3 052 738	22 392	26 769

注：数据来自于《2011 中国统计年鉴》。

各种交通工具客运量的走势图见图 10.1—图 10.4。

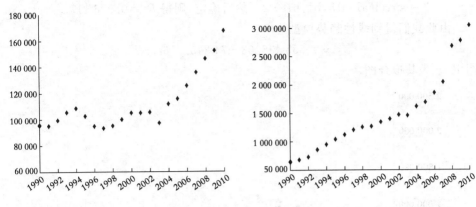

图 10.1　1990—2010 年铁路客运量　　　图 10.2　1990—2010 年公路客运量

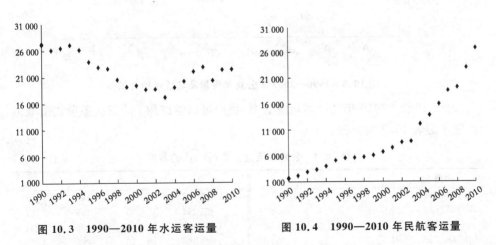

图 10.3　1990—2010 年水运客运量　　　图 10.4　1990—2010 年民航客运量

根据第七章以及图 10.2 的走势图,我们选择 1990—2007 年建立关于 t 的线性趋势模型,启动 Excel 中文版"插入"菜单上的"函数"命令就可以计算斜率 a_1 和截距 a_0。此外,我们也可以输入某个函数的名称及其计算要求直接进行计算。直接计算的步骤如下:

1) 建立数据文件,年度时间(t)的数据放在 A 列的第 1 至第 18 个单元格,将表 10.1 的公路客运量(y)的数据放在 B 列的第 1 至第 18 个单元格。

2) 在其他任意一个单元格上输入:
"=slope(b1:b18,a1:a18)",然后确定,则得斜率(Slope) $\hat{a}_1 = 74\,245.816$;

3) 在其他任意另一个单元格上输入:
"=intercept(b1:b18,a1:a18)",然后确定,则得截距(Intercept) $\hat{a}_0 = 555\,436.63$。

4) 在其他任意另一个单元格上输入：

"=correl(a1:a18,b1:b18)^2",然后确定,则得 $R^2=0.976\ 117\ 9$。

由此我们得到线性趋势模型为

$$y_t = 555\ 436.63 + 74\ 245.816t,$$

图 10.5 为其拟合图。

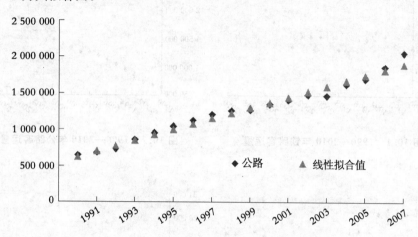

图 10.5　1990—2007 年公路客运量及其线性拟合值

对于 1990—2010 年公路客运量数据,我们可以尝试用 t 的三次多项式模型拟合,需考虑表 10.2 的数据。

表 10.2　公路客运量 y 及 t, t^2, t^3 的数据　　　　　　（单位:万人）

公路 y	t	t^2	t^3	公路 y	t	t^2	t^3
648 085	1	1	1	1 402 798	12	144	1 728
682 681	2	4	8	1 475 257	13	169	2 197
731 774	3	9	27	1 464 335	14	196	2 744
860 719	4	16	64	1 624 526	15	225	3 375
953 940	5	25	125	1 697 381	16	256	4 096
1 040 810	6	36	216	1 860 487	17	289	4 913
1 122 110	7	49	343	2 050 680	18	324	5 832
1 204 583	8	64	512	2 682 114	19	361	6 859
1 257 332	9	81	729	2 779 081	20	400	8 000
1 269 004	10	100	1 000	3 052 738	21	441	9 261
1 347 392	11	121	1 331				

根据表 10.2 的数据使用 Excel 数据分析功能,具体步骤如下:

1) 选择"工具"菜单中的"数据分析"命令。

2) 在分析工具列表框中选择"回归"项,单击"确定"。

3) 在"回归"对话框中,y 输入区域为"a1:a21";x 区域为"b1:d21"。

4)"输出选项"选择"新工作组表"。

单击"确定"后,在新工作表内输出最小二乘回归趋势模型的报告,见图10.6。

SUMMARY OUTPUT								
回归统计								
Multiple R	0.99231							
R Square	0.984679							
Adjusted R Sq	0.981975							
标准误差	91089.63							
观测值	21							
方差分析								
	df	SS	MS	F	nificance F			
回归分析	3	9.07E+12	3.02E+12	364.1972	1.28E-15			
残差	17	1.41E+11	8.3E+09					
总计	20	9.21E+12						
	Coefficien	标准误差	t Stat	P-value	Lower 95%	Upper 95%	下限 95.0	上限 95.0
Intercept	351363.5	96125.13	3.655273	0.001959	148557.3	554169.8	148557.3	554169.8
X Variable 1	208018.7	36962.14	5.627886	3.01E-05	130035.4	286002	130035.4	286002
X Variable 2	-19349.7	3856.661	-5.01722	0.000106	-27486.6	-11212.9	-27486.6	-11212.9
X Variable 3	746.6834	115.4063	6.470055	5.76E-06	503.1989	990.1707	503.1989	990.1707

图 10.6 最小二乘回归趋势模型的输出表

由此,可以得到回归方程为

$$\hat{y}_t = 351\,363.54 + 208\,018.7 \cdot t - 19\,349.73 \cdot t^2 + 746.69 \cdot t^3$$

其拟合情况见图10.7。

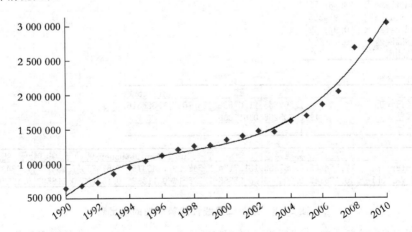

图 10.7 1990—2010 年公路客运量及其三次多项式模型拟合情况

对于 1990—2010 年民航客运量数据,我们可以尝试用 t 的指数函数 $y_t = A \cdot e^{\alpha \cdot t}$ 模型拟合。首先关于上述指数函数两边同去对数,得 $\log y_t = \log A + \alpha t$,因此,需考虑表 10.3 的数据。

表 10.3　民航客运量 y,$\ln y$ 及 t 的数据　　　　　　　　　单位:万人

民航 y	$\ln y$	t	民航 y	$\ln y$	t
1 660	7.414 573	1	18 645	8.925 853	12
2 178	7.686 162	2	18 693	9.058 820	13
2 886	7.967 627	3	17 142	9.077 837	14
3 383	8.126 518	4	19 040	9.402 860	15
4 039	8.303 752	5	20 227	9.534 378	16
5 117	8.540 324	6	22 047	9.678 342	17
5 555	8.622 454	7	22 835	9.829 626	18
5 630	8.635 865	8	20 334	9.865 318	19
5 755	8.657 824	9	22 314	10.045 510	20
6 094	8.715 060	10	22 392	10.195 000	21
6 722	8.813 141	11			

根据表 10.3 的数据使用 Excel 数据分析功能,建立 $\ln y$ 与 t 的线性趋势模型,重复上述计算步骤,在新工作表内输出最小二乘回归趋势模型的报告,见图 10.8。

SUMMARY OUTPUT							
回归统计							
Multiple R	0.987179						
R Square	0.974523						
Adjusted R Sq	0.973182						
标准误差	0.126752						
观测值	21						
方差分析							
	df	SS	MS	F	gnificance F		
回归分析	1	11.67636	11.67636	726.7687	1.32E-16		
残差	19	0.305256	0.016066				
总计	20	11.98161					
	Coefficien	标准误差	t Stat	P-value	Lower 95%	Upper 95%	下限 95.0%	上限 95.0%
Intercept	7.554805	0.057356	131.7174	1.34E-29	7.434757	7.674853	7.434757	7.674853
X Variable 1	0.123143	0.004568	26.95865	1.32E-16	0.113582	0.132703	0.113582	0.132703

图 10.8　最小二乘线性趋势模型的输出表

由此得到指数趋势模型为 $y_t = 1\,909.897\,4 \cdot e^{0.123\,1 \cdot t}$,其拟合情况见图 10.9。

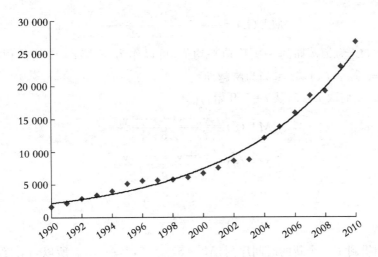

图 10.9 1990—2010 年民航客运量指数模型拟合情况

利用上述模型,我们可以给出预测值,如取 $t=22$, $y_{22}=28\,715.86$。即 2011 年的民航客运量的预测值为 28 715.86 万人。

§10.1.3 移动平均

移动平均(Moving Averages)是一种简单平滑预测技术,它的基本思想是:根据时间序列资料、逐项推移,依次计算包含一定项数的序列平均值,以反映长期趋势的方法。因此,当时间序列的数值由于受周期变动和随机波动的影响,起伏较大,不易显示出事件的发展趋势时,使用移动平均法可以消除这些因素的影响,显示出事件的发展方向与趋势(即趋势线),然后依趋势线分析预测序列的长期趋势。移动平均法有两个显著的特点:第一,对于较长观察期内,时间序列的观察值变动方向和程度不尽一致,呈现出波动状态;或受随机因素影响比较明显时,移动平均法能够在消除不规则变动的同时,又对其波动有所反映,即移动平均法在反映现象变动方面是比较敏感的。第二,移动平均法所需储存的观察值比较少,因为随着移动,远期的观察值对预测期数值的确定就不必要了,这一点使得移动平均法可长期用于同一问题的连续研究,而不论延续多长时间,所保留的观察值是不必增加的,只需保留跨越期这个观察值就可以了。从具体方法上来说,移动平均法有一次移动平均法、二次移动平均法、加权移动平均法等,本章主要介绍一次移动平均法和二次移动平均法。

设 $\{y_t; t=1,2,3,\cdots,n\}$ 是一个时间序列,所谓一次移动平均法,是时间序列按一定跨越期 L,移动计算观察值的算术平均数,其平均数随着观察值的移动而向后移动。计算公式为

$$M_t^{(1)}(L) = \frac{y_t + y_{t-1} + \cdots + y_{t-L+1}}{L} \qquad (10.4)$$

其中 $M_t^{(1)}(L)$ 为第 t 期的一次移动平均值，可以作为 y_t 第 $t+1$ 期的预测值，即 $M_t^{(1)}(L) = \hat{y}_{t+1}, L(1 \leqslant L \leqslant n)$ 为跨越期数。

例如，我们取 $L=5$，从 $t=5$ 开始，计算

$$M_5^{(1)}(5) = \frac{y_5 + y_4 + \cdots + y_1}{5}$$

$$M_6^{(1)}(5) = \frac{y_6 + y_5 + \cdots + y_2}{5}$$

……

$$M_n^{(1)}(5) = \frac{y_n + y_{n-1} + \cdots + y_{n-L+1}}{5}$$

这样我们得到了一个新的时间序列 $\{M_t^{(1)}(5); t=5,7,\cdots,n\}$。所以，$\{y_t\}$ 经过这样平均化处理后得到的新的时间序列 $\{M_t^{(1)}(5)\}$ 比起原序列 $\{y_t\}$ 更具"无趋势"或者"呈水平趋势"。根据公式(10.4)，平滑过程 $\{M_t^{(1)}(5)\}$ 是从第 5 个数据开始，向前逐步采用每 5 个数据进行一次平均，由此成为"移动平均"。

在实际计算中，如果在计算移动平均值时跨越期 L 取得比较大，还可以对上式再简化。

因为第 t 期的一次移动平均值为 $M_{t-1}^{(1)}(L) = \frac{y_{t-1} + y_{t-2} + \cdots + y_{t-L}}{L}$，所以第 $t+1$ 期的移动平均值可以简化为

$$M_t^{(1)}(L) = M_{t-1}^{(1)}(L) + \frac{y_t - y_{t-L}}{L} \qquad (10.5)$$

由(10.5)式可看出，每个新的移动平均值是对前一个移动平均值的调整，且当 L 越增大时，移动平均值序列表现得越平滑，只在每个移动平均值之间作了很小的调整。用简化公式计算，只要在前期移动平均值上加一个调整值 $\frac{y_t - y_{t-L}}{L}$ 即可。

例如，运用一次移动平均法拟合 1990—2010 年水运客运量，根据表 10.1 中水运客运量的数据使用 Excel 数据分析功能，具体步骤如下：

1) 选择"工具"菜单中的"数据分析"命令。
2) 在分析工具列表框中选择"移动平均"项，单击"确定"。
3) 在"数据源区域"框中，输入一行或一列数据。本例输入 a1：a21。
4) 在"间隔"框中，输入要在移动平均中包括的值的数目。本例输入 2。
5) 在"输出区域"框中，输入希望结果开始的单元格地址。
6) 选择"图表输出"复选框以查看用于比较实际客运量与预测客运量的一个图表。

单击"确定"后,得到分析结果,具体见图10.10。

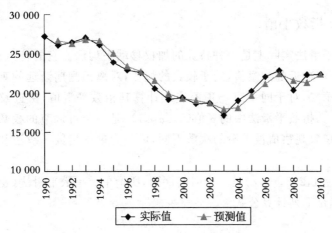

图 10.10 1990—2010 年水运客运量的移动平均预测情况

一次移动平均法有较大的局限性。一方面,这种方法只能向未来预测一期;另一方面,对于有明显趋势变动的市场现象时间序列,一次移动平均法是不适合的,它只适用于基本呈水平型变动,又有些波动的时间序列,可以消除不规则变动的影响。

二次移动平均预测法是对一次移动平均值再进行第二次移动平均,并在此基础上,建立预测模型,求出预测值的预测方法。由于二次移动平均预测法是在一次移动平均的基础上建立起来的,它解决了一次移动平均法中预测值滞后于实际观察值的矛盾,因此,它适合于有明显趋势变动的市场现象时间序列进行预测,同时保留了一次移动平均法的优点。二次移动平均法的具体计算公式为

$$M_t^{(1)}(L) = \frac{y_t + y_{t-1} + \cdots + y_{t-L+1}}{L} \tag{10.6}$$

$$M_t^{(2)}(L) = \frac{M_t^{(1)}(L) + M_{t-1}^{(1)}(L) + \cdots + M_{t-L+1}^{(1)}(L)}{L} \tag{10.7}$$

其中 $M_t^{(1)}(L)$ 为第 t 期的一次移动平均值, $M_t^{(2)}(L)$ 为第 t 期的二次移动平均值,L 为计算移动平均值的跨越期。则二次移动平均预测法的预测模型为

$$F_{t+T} = a_t + b_t T \tag{10.8}$$

其中 T 表示第 t 期向前预测的期数,a_t 第 t 期趋势直线的截距,b_t 第 t 期趋势直线的斜率。并且

$$a_t = 2M_t^{(1)}(L) - M_t^{(2)}(L)$$

$$b_t = \frac{2}{L-1}(M_t^{(1)}(L) - M_t^{(2)}(L))$$

所以,我们可以看到其截距和斜率的确定是以一次和二次移动平均值为依据

的,且各期的截距、斜率是变化的。

§10.1.4 指数平滑

指数平滑法实际上是一种特殊的加权移动平均法。它的特点有以下几点：首先,对离预测期近的观察值,给予较大的权数,对离预测期渐远的观察值给予递减的权数。第二,对于同一市场现象连续计算其指数平滑值,由近及远按等比级数减小。第三,指数平滑法中的 α 值 $(0 \leqslant \alpha \leqslant 1)$,是一个可调节的权数值。指数平滑法按市场现象观察值被平滑的次数不同,可分为单重指数平滑法和多重指数平滑法。

设 $\{y_t; t=1,2,3,\cdots,n\}$ 是一个时间序列,所谓单重指数平滑法(也称一次指数平滑法)为满足下列计算公式

$$S_t^{(1)} = S_{t-1}^{(1)} + \alpha(y_t - S_{t-1}^{(1)}) \tag{10.9}$$

其中 $\alpha(0 \leqslant \alpha \leqslant 1)$ 为平滑常数, $S_t^{(1)}$ 为第 t 期的一次指数平滑值。

在实际应用中,为了简化计算过程,常常将一次指数平滑值计算公式变形为一次指数平滑的预测模型,其公式为

$$S_t^{(1)} = \alpha y_t + (1-\alpha) S_{t-1}^{(1)} \tag{10.10}$$

上述公式的实际意义是, $S_t^{(1)}$ 是 y_t 和 $S_{t-1}^{(1)}$ 的加权算术平均数,随着 α 取值的大小变化,决定 y_t 和 $S_{t-1}^{(1)}$ 对 $S_t^{(1)}$ 的影响程度,当 α 取 1 时, $S_t^{(1)} = y_t$;当 α 取 0 时, $S_t^{(1)} = S_{t-1}^{(1)}$。另外, $S_t^{(1)}$ 具有逐期追溯性质,可探源至 $S_{t-k+1}^{(1)}$ 为止,包括全部数据。这是因为

$$S_t^{(1)} = \alpha y_t + \alpha(1-\alpha) y_{t-1} + \alpha(1-\alpha)^2 y_{t-2} + \cdots + \alpha(1-\alpha)^k y_{t-k} + (1-\alpha)^{k+1} S_{t-k}^{(1)} \tag{10.11}$$

即平滑常数以指数形式递减,故称之为指数平滑法。指数平滑常数取值至关重要。平滑常数决定了平滑水平以及对预测值与实际结果之间差异的响应速度。平滑常数 α 越接近于1,远期实际值对本期平滑值的下降越迅速;平滑常数 α 越接近于0,远期实际值对本期平滑值影响程度的下降越缓慢。由此,当时间数列相对平稳时,可取较大的 α;当时间数列波动较大时,应取较小的 α,以不忽略远期实际值的影响。尽管 $S_t^{(1)}$ 包含有全期数据的影响,但实际计算时,仅需要两个数值,即 y_t 和 $S_{t-1}^{(1)}$,再加上一个常数 α,这就使指数滑动平均具递推性质,从而给预测带来了极大的方便。根据公式(10.10),有

$$S_1^{(1)} = \alpha y_1 + (1-\alpha) S_0^{(1)}$$

但是,一般的不存在 y_0,这样也无从产生 $S_0^{(1)}$,自然也就无法据上述公式计算 $S_1^{(1)}$。通常指数平滑法定义 $S_1^{(1)}$ 为初始值。初始值的确定也是指数平滑过程的一个重要条件。在这里,如果能够找到 y_1 以前的历史资料,那么,初始值 $S_1^{(1)}$ 的确定是

可以做到的。一般地,数据较少时可用全期平均、移动平均法,数据较多时,可用最小二乘法。

多重指数平滑法,是对市场现象的实际观察值,计算二次或二次以上的指数平滑值,再以指数平滑值为基础来建立预测模型,对市场现象进行预测的方法。二次指数平滑法指对市场现象实际观察值测算两次平滑值,并在此基础上建立预测模型,对市场现象进行预测的方法。二次指数平滑值必须在一次平滑值的基础上计算,二次指数平滑法解决了一次指数平滑法不能解决的问题,一是解决了一次指数平滑不能用于有明显趋势变动的市场现象的预测,二是解决了一次指数平滑只能向未来预测一期的不足。

二次指数平滑法在应用中,首先是计算出市场现象时间序列的一次、二次指数平滑值,然后在此基础上建立二次指数平滑预测模型,最后利用预测模型进行预测,并进行误差测算。

二次指数平滑法的一次、二次指数平滑值的计算公式为

$$S_t^{(1)} = \alpha \cdot y_t + (1-\alpha)S_{t-1}^{(1)}$$

$$S_t^{(2)} = \alpha \cdot S_t^{(1)} + (1-\alpha)S_{t-1}^{(2)}$$

其中 $S_t^{(1)}$ 第 t 期的一次指数平滑值,$S_t^{(2)}$ 第 t 期的二次指数平滑值,α 为平滑系数。

从上式可看出,二次指数平滑值是在一次指数平滑值基础上测算的。二次指数平滑法的预测模型为

$$F_{t+T} = a_t + b_t T \tag{10.12}$$

其中 T 表示第 t 期向前预测的期数,F_{t+T} 为第 $t+T$ 期预测值,a_t 第 t 期趋势直线的截距,b_t 第 t 期趋势直线的斜率。是根据一次、二次指数平滑值确定的,具体为

$$a_t = 2S_t^{(1)} - S_t^{(2)}, b_t = \frac{\alpha}{1-\alpha}(S_t^{(1)} - S_t^{(2)})$$

我们仍以表 10.1 的数据加以说明,考虑 1990—2010 年铁路客运量数据,运用一次指数平滑法对其进行预测。使用 Excel 数据分析功能,如果我们不指定初始平滑值,则可以直接利用命令菜单进行计算,具体如下:

1) 选择"工具"菜单中的"数据分析"命令。
2) 在分析工具列表框中选择"指数平滑"项,单击"确定"。
3) 在"数据源区域"框中,输入一行或一列数据。本例输入"b2:b22"。
4) 在"阻尼系数"框中,选 $1-\alpha = 0.18$。
5) 在"输出区域"框中,输入希望结果开始的单元格地址。
6) 选择"图表输出"复选框以查看用于比较实际客运量与预测客运量的一个图表。

单击"确定"后,得到分析结果,具体见图 10.11。

年份	铁路客运量	
1990	95712	
1991	95080	95712
1992	99693	95193.76
1993	105458	98883.14
1994	108738	104274.5
1995	102745	107934.6
1996	94796	103679.1
1997	93308	96394.96
1998	95085	93863.65
1999	100164	94865.16
2000	105073	99210.21
2001	105155	104017.7
2002	105606	104950.3
2003	97260	105488
2004	111764	98741.03
2005	115583	109419.9
2006	125656	114473.6
2007	135670	123643.2
2008	146193	133505.2
2009	152451	143909.2
2010	167609	150913.5

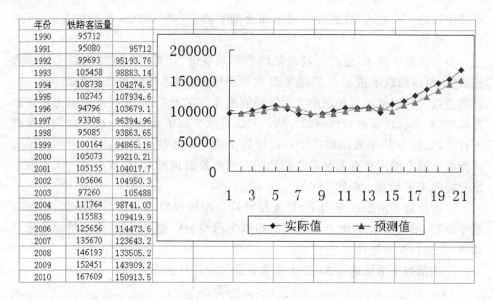

图 10.11　1990—2010 年铁路客运量的指数平滑预测情况

*§10.2　平稳时间序列模型

上一节我们讨论了时间序列分析中一些最简单的情况。但是，在实际问题中我们接触到的大量时间序列都很复杂，常常无法使用这些简单的方法加以处理。通常地，由于经济系统惯性的作用，经济时间序列往往存在着前后依存关系。变量当前的取值主要与其前几时期的取值状况有关，用数学模型来描述这种关系就是下面介绍的**自回归模型**（Autoregressive Model）。有些情况下，序列$\{y_t\}$的记忆是关于过去外部干扰的记忆。在这种情况下，$\{y_t\}$可以表示成过去干扰值和现在干扰值的线性组合，此类模型常称为序列$\{y_t\}$的**移动平均模型**（Moving Average Model）。如果序列$\{y_t\}$的当前值不仅与自身的过去值有关，而且还与其以前进入系统的外部干扰存在一定依存关系，则在用模型刻画这种动态特征时，模型中既包括自身的滞后项，也包括过去的外部干扰，这种模型叫做**自回归移动平均模型**（Autoregressive-Moving Average Model）。上述 3 类模型统称为**平稳时间序列模型**。

为此，需要先从时间序列平稳性入手，所谓平稳性（stationary），简单地说，就是系统达到统计平衡状态，其统计特征不随时间推移而变化。假如该时间序列的随机特征随时间变化，则称过程是非平稳的。在这里，我们引入宽平稳（wide-sense stationary）或协方差平稳（covariance stationary）序列的定义。

定义 10.1 设 $\{y_t\}$ 是一个时间序列,若 $\{y_t\}$ 的所有二阶矩都存在,并且
(1) 对任意 $t, E(y_t)=\mu$ 为常数;
(2) 对任意 $t, Var(y_t)=\sigma^2$ 为常数;
(3) 对任意 t 和任意的 k,$\mathrm{cov}(y_t, y_{t-k})=\gamma_k$ 只与 k 有关,

则称 $\{y_t\}$ 为**宽平稳序列**或**协方差平稳序列**。

对于平稳序列,最简单的是白噪声序列,具体定义如下。

定义 10.2 设 $\{\varepsilon_t\}$ 是一个时间序列,如果对于任意的 s,t,有

$$E\varepsilon_t=\mu, \mathrm{cov}(\varepsilon_t,\varepsilon_s)=\begin{cases}\sigma^2; & s=t;\\ 0; & s\neq t;\end{cases}$$

则称 $\{\varepsilon_t\}$ 是一个**白噪声序列**(White noise),记为 $\varepsilon_t \sim WN(\mu,\sigma^2)$。

当 $\{\varepsilon_t\}$ 独立时,称 $\{\varepsilon_t\}$ 是一个**独立的白噪声序列**。

白噪声序列是特殊的平稳的时间序列,因其均值为零,方差不变,随机变量之间非相关。显然上述白噪声序列是宽平稳时间序列。

白噪声源于物理学与电学,原指音频和电信号在一定频带中的一种强度不变的干扰声。

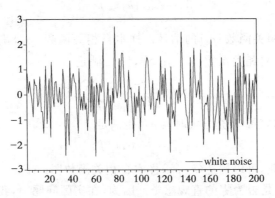

图 10.12 由白噪声过程产生的时间序列

§10.2.1 自相关函数(AFC)和偏自相关函数(PAFC)

对于平稳时间序列,时间序列数据最重要的特征就是相依性,自相关分析法是进行时间序列分析的有效方法,它简单易行,较为直观,根据绘制的自相关分析图和偏自相关分析图,我们可以初步地识别平稳序列的模型类型和模型阶数。利用自相关分析法可以测定时间序列的随机性和平稳性,以及时间序列的季节性。

自相关函数(AFC)

对于平稳时间序列 $\{y_t\}$,关于自相关函数(AFC),需要从两个方面进行讨论,

一是理论自相关函数(AFC)，根据平稳时间序列定义，对任意 t 和任意的 k，
$$\gamma_k = \text{cov}(y_t, y_{t-k}), k = 0, 1, 2, \cdots$$
为理论自协方差函数，又因为 $\text{Var}(y_t) = \text{cov}(y_t, y_t) = \gamma_0$，则
$$\rho_k = \frac{\gamma_k}{\gamma_0} = \frac{\text{cov}(y_t, y_{t-k})}{\sqrt{\text{Var}(y_t)\text{Var}(y_{t-k})}}, k = 0, 1, 2, \cdots$$
称为时间序列$\{y_t\}$的理论自相关函数(AFC)。

另一方面，根据理论自相关函数，可以定义样本的自相关函数。对于给定的时间序列观测值 $y_1, y_2, \cdots, y_T$，根据数理统计知识，样本自协方差函数义为
$$\hat{\gamma}_k = \frac{1}{T}\sum_{j=1}^{T-k}(x_j - \bar{x})(x_{j+k} - \bar{x}), 1 \leqslant k \leqslant T-1$$
$$\hat{\gamma}_{-k} = \hat{\gamma}_k, 1 \leqslant k \leqslant T-1$$
其中 $\bar{x} = \frac{1}{T}\sum_{j=1}^{T}x_j$ 为样本均值，则样本自协方差函数$\{\hat{\gamma}_k\}$是$\{y_t\}$的自协方差函数$\{\gamma_k\}$的估计。样本自相关函数定义为
$$\hat{\rho}_k = \frac{\hat{\gamma}_k}{\hat{\gamma}_0}, |k| \leqslant T-1 \tag{10.13}$$
是$\{y_t\}$的理论自相关函数$\{\rho_k\}$的估计。样本自相关函数$\{\hat{\rho}_k\}$满足如下大样本性质，即对于样本的自相关系数$\{\hat{\rho}_k\}, q > 0, \{\hat{\rho}_k\}$满足
$$\hat{\rho}_k \sim N\left(0, \frac{1}{T}\left[1 + 2\sum_{j=1}^{q}\hat{\rho}_j^2\right]\right)$$
进一步地，当样本容量 T 充分大时，$\{\hat{\rho}_k\}$也满足
$$\hat{\rho}_k \sim N(0, 1/T)$$

利用这一性质，可以构造$(k, \hat{\rho}_k)$样本自相关函数图(AFC)，AFC 可以提供理论自相关函数 ρ_k 是否为零的直观感觉。因为，在实际问题中，我们不可能获得理论自相关函数 ρ_k，当使用样本自相关函数 $\hat{\rho}_k$ 估计理论自相关函数 ρ_k 时，即使理论自相关函数 ρ_k 为零，样本自相关函数 $\hat{\rho}_k$ 也不可能恰好为零。这时需要建立一种方法，给出$|\hat{\rho}_k|$在什么范围内可以视作对应的理论自相关函数 ρ_k 为零。利用上述结论，可以建立$|\hat{\rho}_k| > \frac{2}{\sqrt{T}}$，则拒绝原假设 $H_0: \rho_k = 0$。因此，当 T 比较大时，可以在 AFC 图上画出两条界线，这样可以很清楚地看出哪些样本自相关函数 $\hat{\rho}_k$ 超越了界线，由此得到了所谓的自相关函数图。利用自相关函数图可以大致判断时间序列的平稳性、简单的模型识别，等等。而利用自相关函数图判断时间序列的平稳性主要利用平稳时间序列的自相关函数 ρ_k 随着 k 的增加会迅速向零靠拢，但是，非平稳时间序列不具有这样的特性，我们通过下列例子加以说明。

例 10.2 表 10.4 为上证综合指数 2003 年 1 月 14 日—3 月 21 日之间的有关数据(数据已被取整),运用样本自相关函数图进行分析。

表 10.4 上证综合指数 2003 年 1 月 14 日—3 月 21 日之间的收盘指数

日期	序号	上证指数	日期	序号	上证指数	日期	序号	上证指数
2003-1-14	1	1 467	2003-2-14	14	1 511	2003-3-5	27	1 517
2003-1-15	2	1 460	2003-2-17	15	1 497	2003-3-6	28	1 498
2003-1-16	3	1 486	2003-2-18	16	1 496	2003-3-7	29	1 493
2003-1-17	4	1 479	2003-2-19	17	1 511	2003-3-10	30	1 469
2003-1-20	5	1 483	2003-2-20	18	1 509	2003-3-11	31	1 470
2003-1-21	6	1 455	2003-2-21	19	1 479	2003-3-12	32	1 475
2003-1-22	7	1 461	2003-2-24	20	1 482	2003-3-13	33	1 465
2003-1-23	8	1 451	2003-2-25	21	1 511	2003-3-14	34	1 466
2003-1-24	9	1 479	2003-2-26	22	1 513	2003-3-17	35	1 468
2003-2-10	10	1 480	2003-2-27	23	1 514	2003-3-18	36	1 460
2003-2-11	11	1 493	2003-2-28	24	1 512	2003-3-19	37	1 470
2003-2-12	12	1 511	2003-3-3	25	1 525	2003-3-20	38	1 465
2003-2-13	13	1 504	2003-3-4	26	1 524	2003-3-21	39	1 474

按照样本自相关函数计算的原理,启动 Excel,运用函数公式进行计算,然后再绘制自相关函数图。具体步骤如下:

1)输入数据到 a1:c40,在 e1,g1,h1,i1 分别输入 Z,Lag,ACF,界值。在 g2:g13 内输入滞后的序号 1,2,…,12。

2)画上证综合指数折线图,选择 c1:c40,点击"图表向导",绘制折线图。

3)为了将原始数据标准化,在 e2 输入公式:
"=(C2−AVERAGE($C$2:$C$40))/STDEV($C$2:$C$40)"
然后再通过拖曳鼠标可以计算其他值。

4)计算 ACF 值,在 h2 输入公式:
"=SUMPRODCT(OFFSET($E$2:$E$40,G2,0,39−G2),
OFFSET($E$2:$E$40,0,0,39−G2))/38"
然后再通过拖曳鼠标可以计算滞后 1 到 12 的 ACF 值。

5)在单元格 i2 中输入公式:"=2/SQRT(39)",然后再通过拖曳鼠标到 i13。

6)绘制 ACF 图:选中 h1:h13,点击"图表向导",按照导向绘制柱形图。

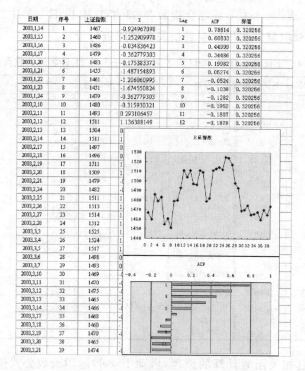

日期	序号	上证指数	Z	Lag	ACF	界值
2003,1,14	1	1467	-0.924967098	1	0.78614	0.320256
2003,1,15	2	1460	-1.252909978	2	0.60833	0.320256
2003,1,16	3	1486	-0.034836423	3	0.44999	0.320256
2003,1,17	4	1479	-0.362779303	4	0.34486	0.320256
2003,1,20	5	1483	-0.175383372	5	0.19982	0.320256
2003,1,21	6	1455	-1.487154893	6	0.05274	0.320256
2003,1,22	7	1461	-1.206060995	7	-0.0524	0.320256
2003,1,23	8	1451	-1.674550824	8	-0.1038	0.320256
2003,1,24	9	1479	-0.362779303	9	-0.1282	0.320256
2003,2,10	10	1480	-0.315930321	10	-0.1952	0.320256
2003,2,11	11	1493	0.293106457	11	-0.1807	0.320256
2003,2,12	12	1511	1.136388149	12	-0.1879	0.320256
2003,2,13	13	1504	0			
2003,2,14	14	1511				
2003,2,17	15	1497	0			
2003,2,18	16	1496	0			
2003,2,19	17	1511				
2003,2,20	18	1509				
2003,2,21	19	1479				
2003,2,24	20	1482				
2003,2,25	21	1511				
2003,2,26	22	1513				
2003,2,27	23	1514	1			
2003,2,28	24	1512	1			
2003,3,3	25	1525	1			
2003,3,4	26	1524	1			
2003,3,5	27	1517				
2003,3,6	28	1498	0			
2003,3,7	29	1493	0			
2003,3,10	30	1469				
2003,3,11	31	1470				
2003,3,12	32	1475				
2003,3,13	33	1470				
2003,3,14	34	1466				
2003,3,17	35	1468				
2003,3,18	36	1460				
2003,3,19	37	1470				
2003,3,20	38	1465				
2003,3,21	39	1474				

图 10.13　上证指数的自相关函数图

图 10.13 中 ACF 图可以看出样本自相关函数 $\hat{\rho}_k$ 在趋于 0,但是可以看出 $\hat{\rho}_k$ 呈有规律的下降,所以序列可能不平稳。进一步地,我们还可以利用其他分析工具再进行检验。其实,从图 10.13 中的上证综合指数折线图可以看出,序列呈现出不平稳的态势。

差分是将序列平稳化处理的常用方法,即 $\Delta y_t = y_t - y_{t-1}$,如果差分序列仍然不平稳,还可以再做二阶差分 $\Delta^2 y_t = \Delta y_t - \Delta y_{t-1} = y_t - 2y_{t-1} + y_{t-2}$,三阶差分,等等。

对例 10.2 的数据进行一阶差分,然后计算差分序列滞后 1 到 12 的自相关函数及相应的 ACF,如图 10.14。

这时界值为 $\dfrac{2}{\sqrt{38}} = 0.32444$,可以看出样本自相关函数 $\hat{\rho}_k$ 均位于 0 点附近,因此,可以初步判定在这段时间内上证综合指数的差分序列是平稳的。

偏自相关函数(PAFC)

对于零均值平稳序列 $\{y_t\}$,考虑用 $y_{t-k}, y_{t-k+1}, \cdots, y_{t-1}$ 对 y_t 的回归关系,即

$$y_t = \phi_{k1} y_{t-1} + \phi_{k2} y_{t-2} + \cdots + \phi_{kk} y_{t-k} + \varepsilon_t$$

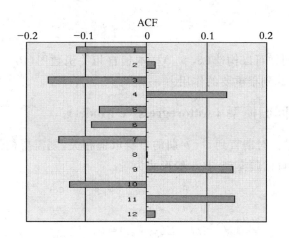

图 10.14

$\phi_{kj}(j=1,2,\cdots,k)$ 为 k 阶自回归模型的系数。若把 ϕ_{kk} 看做滞后期 k 的函数,当 k 变动时所得的函数 $\{\phi_{kk}\}$ 称为 $\{y_t\}$ 的**偏自相关函数(PAFC)**。它是由下列公式中下标相同的自回归系数 $\phi_{11},\phi_{22},\cdots\phi_{kk}$ 组成

$$y_t=\phi_{11}y_{t-1}+\varepsilon_t$$
$$y_t=\phi_{21}y_{t-1}+\phi_{22}y_{t-2}+\varepsilon_t$$
$$y_t=\phi_{k1}y_{t-1}+\phi_{k2}y_{t-2}+\cdots+\phi_{kk}y_{t-k}+\varepsilon_t$$

因为偏自相关函数中每一个自回归系数 ϕ_{kk} 恰好表示 y_t 与 y_{t-k} 在排除了其中变量 $y_{t-1},y_{t-2},\cdots,y_{t-k+1}$ 影响后的自相关系数,即

$$y_t-\phi_{k1}y_{t-1}-\phi_{k2}y_{t-2}-\cdots-\phi_{kk-1}y_{t-k+1}=\phi_{kk}y_{t-k}+\varepsilon_t$$

偏自相关函数 $\{\phi_{kk}\}$ 是使在模型中已经包含了滞后期较短的滞后值 y_{t-1},y_{t-2},$\cdots,y_{t-k+1}$ 之后,再增加一期滞后 y_{t-k} 所增加的模型的解释能力,它是一种条件相关,是对 y_t 与 y_{t-k} 之间未被 $y_{t-1},y_{t-2},\cdots,y_{t-k+1}$ 所解释的相关的度量。

偏自相关函数 ϕ_{kk} 的计算为

$$\phi_{kk}=\frac{D_k}{D} \tag{10.14}$$

其中 $D=\begin{vmatrix} 1 & \rho_1 & \cdots & \rho_{k-1} \\ \rho_1 & 1 & \cdots & \rho_{k-2} \\ \vdots & \vdots & & \vdots \\ \rho_{k-1} & \rho_{k-2} & \cdots & 1 \end{vmatrix}$,$D_k$ 是将 D 最后一列换为 $\begin{vmatrix} \rho_1 \\ \rho_2 \\ \vdots \\ \rho_k \end{vmatrix}$ 后的行列式。

当理论自相关函数 $\{\rho_k\}$ 由样本自相关函数 $\{\hat{\rho}_k\}$ 代替后,将其代入(10.14)式,我们得到样本的偏自相关函数 $\{\hat{\phi}_{kk}\}$,有关其大样本性质,可以得到与 $\{\hat{\rho}_k\}$ 类似的结论。即当样本容量 T 充分大时,有

$$\hat{\phi}_{kk} \sim N(0, \frac{1}{T})$$

利用这一性质,同样可以构造$(k, \hat{\phi}_{kk})$样本偏自相关函数图(PAFC),这在模型识别等有关问题上起到很重要的作用。

§10.2.2 自回归模型(Autoregressive Model)

如果y_t与过去时期直到$t-p$期的自身取值相关,则需要使用包含$y_{t-1}, \cdots, y_{t-p}$在内的p阶自回归模型,其一般形式为

$$\begin{cases} y_t = c + \phi_1 y_{t-1} + \cdots + \phi_p y_{t-p} + \varepsilon_t, \\ \varepsilon_t \sim WN(0, \sigma^2), \\ \forall s < t, \quad E(y_s \cdot \varepsilon_t) = 0, \end{cases} \quad (10.15)$$

其中$\phi_1, \cdots, \phi_p$为自回归系数,这里$\forall s < t$, $E(y_s \cdot \varepsilon_t) = 0$说明当前期的随机干扰$\varepsilon_t$与过去的序列值$y_s$无关,上述模型记为$AR(p)$。

当$c = 0$时,自回归模型称为中心化的$AR(p)$模型。

对于$AR(1)$模型,其均值为

$$E(y_t) = \frac{c}{1-\phi}$$

方差为

$$\mathrm{Var}(y_t) = \frac{\sigma^2}{1-\phi^2}$$

自协方差函数满足

$$\gamma_k = \phi^k \gamma_0, k = 0, 1, 2, \cdots,$$

自相关系数(AFC)满足

$$\rho_k = \phi^k, k = 0, 1, 2, \cdots。$$

对于$k > 1$,偏自相关函数$\phi_{kk} = 0$,故对于$AR(1)$模型,偏自相关函数是一步截尾的。

对于$AR(p)$模型,其均值为

$$E(y_t) = \mu = \frac{c}{1 - \phi_1 - \cdots - \phi_2}$$

由此,一般的$AR(p)$模型也可以通过下述的变换转化为中心化的$AR(p)$模型

$$y_t - \mu = \phi_1(y_{t-1} - \mu) + \cdots + \phi_p(y_{t-p} - \mu) + \varepsilon_t$$

因此,以后没有特别声明,都考虑中心化的$AR(p)$模型。

$AR(p)$模型的自相关函数(AFC)满足

$$\rho_k - \phi_1 \rho_{k-1} - \cdots - \phi_p \rho_{k-p} = 0, k \geq 1, \cdots$$

$$\gamma_0(1 - \phi_1 \rho_1 - \cdots - \phi_p \rho_p) = \sigma^2 \quad (10.16)$$

关于(10.16),取 $k=1,2,\cdots,p$,则有

$$\begin{pmatrix} 1 & \rho_1 & \cdots & \rho_{p-1} \\ \rho_1 & 1 & \cdots & \rho_{p-2} \\ \vdots & \vdots & & \vdots \\ \rho_{p-1} & \rho_{p-2} & \cdots & 1 \end{pmatrix} \cdot \begin{pmatrix} \phi_1 \\ \phi_2 \\ \vdots \\ \phi_p \end{pmatrix} = \begin{pmatrix} \rho_1 \\ \rho_2 \\ \vdots \\ \rho_p \end{pmatrix}, \tag{10.17}$$

称为 Yule-Walker 方程。利用此方程可以解出 $\phi_1,\phi_2,\cdots,\phi_p$,得

$$\begin{pmatrix} \phi_1 \\ \phi_2 \\ \vdots \\ \phi_p \end{pmatrix} = \begin{pmatrix} 1 & \rho_1 & \cdots & \rho_{p-1} \\ \rho_1 & 1 & \cdots & \rho_{p-2} \\ \vdots & \vdots & & \vdots \\ \rho_{p-1} & \rho_{p-2} & \cdots & 1 \end{pmatrix} \cdot \begin{pmatrix} \rho_1 \\ \rho_2 \\ \vdots \\ \rho_p \end{pmatrix}。$$

在实际问题中,$\rho_1,\rho_2,\cdots,\rho_p$ 将以样本自相关函数 $\hat{\rho}_1,\hat{\rho}_2,\cdots,\hat{\rho}_p$ 代替,由此可以得到参数估计 $\hat{\phi}_1,\hat{\phi}_2,\cdots,\hat{\phi}_p$。所以,Yule-Walker 方程在时间序列分析中有着十分重要的作用。

关于偏自相关函数 $\{\phi_{kk}\}$(PAFC),对于 $AR(1)$ 模型:$y_t=\phi_1 y_{t-1}+\varepsilon_t$,则

$$\phi_{11}=\rho_1=\phi_1, \quad \phi_{22}=\frac{\begin{vmatrix} 1 & \rho_1 \\ \rho_1 & \rho_2 \end{vmatrix}}{\begin{vmatrix} 1 & \rho_1 \\ \rho_1 & 1 \end{vmatrix}}=\frac{\begin{vmatrix} 1 & \phi_1 \\ \phi_1 & \phi_1^2 \end{vmatrix}}{\begin{vmatrix} 1 & \phi_1 \\ \phi_1 & 1 \end{vmatrix}}=0,$$

$$\phi_{33}=\frac{\begin{vmatrix} 1 & \rho_1 & \rho_1 \\ \rho_1 & 1 & \rho_2 \\ \rho_2 & \rho_1 & \rho_3 \end{vmatrix}}{\begin{vmatrix} 1 & \rho_1 & \rho_1 \\ \rho_1 & 1 & \rho_2 \\ \rho_2 & \rho_1 & 1 \end{vmatrix}}=\frac{\begin{vmatrix} 1 & \phi_1 & \phi_1 \\ \phi_1 & 1 & \phi_1^2 \\ \phi_1^2 & \phi_1 & \phi_1^3 \end{vmatrix}}{\begin{vmatrix} 1 & \phi_1 & \phi_1 \\ \phi_1 & 1 & \phi_1 \\ \phi_1^2 & \phi_1 & 1 \end{vmatrix}}=0,\cdots$$

因此有

$$\phi_{kk}=\begin{cases} \phi_1, & k=1, \\ 0, & k>1, \end{cases}$$

即对于 $k>1$,$\phi_{kk}=0$,故对于 $AR(1)$ 序列,偏自相关函数是一步截尾的。

对于 $AR(2)$ 模型:$y_t-\phi_1 y_{t-1}+\phi_2 y_{t-2}+\varepsilon_t$,有

$$\phi_{11}=\rho_1=\frac{\phi_1}{1-\phi_2},$$

$$\phi_{22}=\frac{\begin{vmatrix} 1 & \rho_1 \\ \rho_1 & \rho_2 \end{vmatrix}}{\begin{vmatrix} 1 & \rho_1 \\ \rho_1 & 1 \end{vmatrix}}=\frac{\rho_2-\rho_1^2}{1-\rho_1^2}=\frac{\frac{\phi_1^2+\phi_2-\phi_2^2}{1-\phi_2}-(\frac{\phi_1}{1-\phi_2})^2}{1-(\frac{\phi_1}{1-\phi_2})^2}$$

$$= \frac{\phi_2[(1-\phi_2)^2 - \phi_1^2]}{(1-\phi_2)^2 - \phi_1^2} = \phi_2,$$

$$\phi_{33} = \frac{\begin{vmatrix} 1 & \rho_1 & \rho_1 \\ \rho_1 & 1 & \rho_2 \\ \rho_2 & \rho_1 & \rho_3 \end{vmatrix}}{\begin{vmatrix} 1 & \rho_1 & \rho_2 \\ \rho_1 & 1 & \rho_1 \\ \rho_2 & \rho_1 & 1 \end{vmatrix}} = \frac{\begin{vmatrix} 1 & \rho_1 & \phi_1 + \phi_2\rho_1 \\ \rho_1 & 1 & \phi_1\rho_1 + \phi_2 \\ \rho_2 & \rho_1 & \phi_1\rho_2 + \phi_2\rho_1 \end{vmatrix}}{\begin{vmatrix} 1 & \rho_1 & \rho_2 \\ \rho_1 & 1 & \rho_1 \\ \rho_2 & \rho_1 & 1 \end{vmatrix}} = 0, \cdots$$

因此有

$$\phi_{kk} = \begin{cases} \phi_1/(1-\phi_2), & k=1, \\ \phi_2, & k=2, \\ 0, & k>2. \end{cases}$$

所以当 $k>2$ 时，$\phi_{kk}=0$，故对于 $AR(2)$ 模型而言，偏自相关函数是两步截尾的。

由此可以推测偏自相关系数对于 $AR(p)$ 是否具有 p 步截尾。可以证明：偏自相关系数 $\{\phi_{kk}\}$ 对于 $AR(p)$ 具有 p 步截尾。这是自回归模型 $AR(p)$ 最具特点的一个统计性质，对于模型识别有着很重要的意义。

§10.2.3 移动平均模型 (Moving Average Model)

如果时间序列 $\{y_t\}$ 的当前值与其以前进入系统的外部干扰存在一定依存关系，则可用下列表达式

$$y_t = \mu + \varepsilon_t - \theta_1\varepsilon_{t-1} - \cdots - \theta_q\varepsilon_{t-q}, \tag{10.18}$$

其中 $\theta_1, \theta_2, \cdots, \theta_q$ 是移动平均系数，$\{\varepsilon_t\}$ 是白噪声序列，满足 $E\varepsilon_t=0$，$\text{Var}(\varepsilon_t)=\sigma^2$，则 (10.18) 式称为 q 阶移动平均模型，记为 $MA(q)$。

$MA(q)$ 模型的自协方差函数满足

$$\gamma_0 = \sigma^2(1 + \theta_1^2 + \cdots + \theta_q^2), \tag{10.19}$$

$$\gamma_j = \begin{cases} (-\theta_j + \theta_{j+1}\theta_1 + \theta_{j+2}\theta_2 + \cdots + \theta_q\theta_{q-j})\sigma^2, & j=1,2,\cdots,q, \\ 0, & j>q, \end{cases} \tag{10.20}$$

则 $MA(q)$ 模型的自相关函数 (ACF) 为

$$\rho_k = \frac{\gamma_k}{\gamma_0},$$

$$\begin{cases} 1, & k=0, \\ \dfrac{-\theta_k + \theta_1\theta_{k+1} + \cdots + \theta_{q-k}\theta_q}{1 + \theta_1^2 + \cdots + \theta_q^2}, & 1 \leqslant k \leqslant q, \\ 0, & k>q, \end{cases} \tag{10.21}$$

即自相关函数 $\{\rho_k\}$ 对于 $MA(q)$ 具有 q 步截尾。与偏自相关函数对于 $AR(p)$ 模型

p 步截尾的性质类似,这是移动平均模型 $MA(q)$ 最具特点的一个统计性质,对于模型识别有着很重要的意义。

§10.2.4 自回归移动平均模型 (Autoregressive-Moving Average Model)

如果时间序列 $\{y_t\}$ 的当前值不仅与自身的过去值有关,而且还与其以前进入系统的外部干扰存在一定依存关系,则在用模型刻画这种动态特征时,模型中既包括自身的滞后项,也包括过去的外部干扰。其一般表达式为

$$\begin{cases} y_t = c + \phi_1 y_{t-1} + \cdots + \phi_p y_{t-p} + \varepsilon_t - \theta_1 \varepsilon_{t-1} - \cdots - \theta_q \varepsilon_{t-q}, \\ \varepsilon_t \sim WN(0, \sigma^2), \ \forall s < t, \ E(y_s \cdot \varepsilon_t) = 0, \end{cases} \quad (10.22)$$

其中 $\phi_1, \cdots, \phi_p$ 为自回归系数,$\theta_1, \cdots, \theta_q$ 为移动平均系数,记为 ARMA(p,q) 模型。

对于 ARMA(p,q) 模型,其均值为

$$E(y_t) = \mu = \frac{c}{1 - \phi_1 - \cdots - \phi_p}$$

与 AR(p) 同样,一般的 ARMA(p,q) 模型也可以通过下述的变换转化为中心化的 ARMA(p,q) 模型

$$y_t - \mu = \phi_1(y_{t-1} - \mu) + \cdots + \phi_p(y_{t-p} - \mu) + \varepsilon_t - \theta_1 \varepsilon_{t-1} - \cdots - \theta_q \varepsilon_{t-q}。$$

因此,下面讨论的都是中心化的模型,关于 ARMA(p,q) 序列的自相关函数 (ACF) 的计算,须分 3 个步骤来讨论:

1) 第一阶段

$$\gamma_k = \begin{cases} \phi_1 \gamma_{k-1} + \cdots + \phi_p \gamma_{k-p}, \ k > q, \\ \phi_1 \gamma_{k-1} + \cdots + \phi_p \gamma_{k-p} - \theta_q \sigma^2, k = q。\end{cases} \quad (10.23)$$

在 (10.23) 的第一个方程中,取 $k = q+1, q+2, \cdots, q+p$,得到如下 Yule-Walker 方程:

$$\begin{cases} \gamma_{q+1} = \phi_1 \gamma_q + \phi_2 \gamma_{q-1} + \cdots + \phi_p \gamma_{q+1-p} \\ \gamma_{q+2} = \phi_1 \gamma_{q+1} + \phi_2 \gamma_q + \cdots + \phi_p \gamma_{q+2-p} \\ \cdots \cdots \\ \gamma_{q+p} = \phi_1 \gamma_{q+p-1} + \phi_2 \gamma_{q+p-2} + \cdots + \phi_p \gamma_q \end{cases} \quad (10.24)$$

当 (10.24) 的系数矩阵可逆,且当自协方差函数已知时,可解线性方程组 (10.24) 求出自回归系数 $\phi_1, \phi_2, \cdots, \phi_p$。

2) 第二阶段,令

$$y_t^* = y_t - \phi_1 y_{t-1} - \cdots - \phi_p y_{t-p} = -\sum_{j=0}^{p} \phi_j y_{t-j},$$

其中,$\phi_0 = -1$。由于 $\{y_t\}$ 为 ARMA(p,q) 模型,因此 $\{y_t^*\}$ 为 MA(q) 模型。其自协方差函数为

$$\gamma_k^* = E y_t^* y_{t-k}^*$$

$$= E\left[\left(-\sum_{j=0}^{p}\phi_j y_{t-j}\right)\left(-\sum_{i=0}^{p}\phi_i y_{t-k-i}\right)\right]$$

$$= \sum_{i,j=0}^{p}\phi_i\phi_j\gamma_{k+i-j} \tag{10.25}$$

通过 $\phi_1,\cdots,\phi_p$ 和 $\{\gamma_k\}$ 可计算出 $\{\gamma_k^*\}$。

3) 第三阶段,由于 $\{y_t^*\}$ 为 $MA(q)$ 序列,

$$y_t^* = \varepsilon_t - \theta_1\varepsilon_{t-1} - \cdots - \theta_q\varepsilon_{t-q}$$

有

$$\gamma_k^* = (\theta_0\theta_k + \theta_1\theta_{k+1} + \cdots + \theta_{q-k}\theta_q)\sigma^2,\ 0\leqslant k\leqslant q, \theta_0 = -1 \tag{10.26}$$

由第二步计算出 $\{\gamma_k^*\}$,再解非线性方程组(10.26),可求得移动平均系数 $\theta_1,\cdots,\theta_q$ 和 σ^2。上述计算过程对于 $ARMA(p,q)$ 模型的参数估计具有非常重要的意义。

§10.2.5 平稳时间序列建模

设 $y_1, y_2, \cdots, y_T$ 为来自于时间序列 $\{y_t\}$ 的一个样本观测值,我们将考虑从观测数据出发进行建模。一般地,平稳时间序列建模一般分为 3 个步骤:

1) 模型识别,即通过自相关图、偏自相关图、假设检验和信息准则等方法确定 $ARMA(p,q)$ 的阶数 p,q。

2) 模型参数估计,即给出回归参数 $\phi_1,\phi_2,\cdots,\phi_p$ 和移动平均参数 $\theta_1,\cdots,\theta_q$,以及白噪声方差 σ^2 的估计值。对所选择的不同的阶数 p 和 q 的值,重复进行上述的估计步骤,直至选择出来最合适模型为止,最后是应用信息准则法进行模型优化选择。

3) 模型的诊断与检验,即以样本为基础检验所拟合的模型,以求发现所建模型某些不足。

在 $ARMA(p,q)$ 的建模过程中,对于阶数 (p,q) 的确定,是建模中比较重要的步骤,也是比较困难的。需要说明的是,模型的识别和估计过程必然会交叉,所以,我们可以先估计一个比我们希望找到的阶数更高的模型,然后决定哪些方面可能被简化。

关于模型识别,理论上说,平稳 AR、MA 和 ARMA 模型的 ACF 和 PACF 有如下特性,见表 10.5。

表 10.5 平稳 AR、MA 和 ARMA 模型的 ACF、PACF 特性

模型(序列)	$AR(p)$	$MA(q)$	$ARMA(p,q)$
自相关系数(ACF)	拖尾	q 阶截尾	拖尾
偏自相关系数(PACF)	p 阶截尾	拖尾	拖尾

但是,在实际问题中,我们以样本自相关函数 $\{\hat{\rho}_k\}$ 代替上述的理论自相关系

数(ACF){ρ_k},同样,以样本偏自相关函数{$\hat{\phi}_{kk}$}代替上述的理论偏自相关系数(PACF){ϕ_{kk}}。这样,直接使用样本自相关函数{$\hat{\rho}_k$}和样本偏自相关函数{$\hat{\phi}_{kk}$}来判断表 10.5 中 ACF 和 PACF 的截尾性是不现实的。

根据{$\hat{\rho}_k$}和{$\hat{\phi}_{kk}$}的大样本性,可以绘制自相关函数图($k,\hat{\rho}_k$)和偏自相关函数图($k,\hat{\phi}_{kk}$)给出模型的初步识别。具体方法如下:

1) 对于自相关函数图($k,\hat{\rho}_k$),如果样本自相关函数{$\hat{\rho}_k$}在最初的 q 阶明显的大于2倍标准差范围,即 $2(1/\sqrt{T})$,而后几乎95%的样本自相关函数 $\hat{\rho}_k$ 都落在2倍标准差范围之内,并且由非零样本自相关系数衰减为在零附近小值波动的过程非常突然,这时通常视为自相关函数{ρ_k}截尾,即可以初步判定相应的时间序列为 $MA(q)$ 模型。

2) 同样,样本偏自相关函数{$\hat{\phi}_{kk}$}如果满足上述性质,则可以初步判定相应的时间序列为 $AR(p)$ 模型。

3) 对于样本自相关函数{$\hat{\rho}_k$}和样本偏自相关函数{$\hat{\phi}_{kk}$},如果均有超过5%的值落入2倍标准差范围之外,或者由非零样本自相关函数和样本偏自相关函数衰减为在零附近小值波动的过程非常缓慢,这时都视为不截尾的,我们将初步判定时间序列为 ARMA 模型,那么这样的判断往往会失效,因为这时 $ARMA(p,q)$ 模型的阶数 p 和 q 很难确定。

关于 ARMA 模型的参数估计问题,一般地分为两步进行,首先运用(10.23)、(10.24)和(10.26)式给出参数的矩估计。第二步讨论 ARMA 模型参数的极大似然估计,由于所得到的似然方程没有显示解,需要通过数值计算求解。此时,我们把前面得到的矩估计作为初值进行计算。

下面,我们给出几个模型识别的例子,关于 ARMA 模型的参数估计的例子,因为在 Excel 中不能完成,在这里略去。

例 10.3 表 10.6 给出某 30 个数据样本的偏自相关函数,试讨论初步的模型识别。

表 10.6 某 30 个数据样本的偏自相关函数

k	$\hat{\phi}_{kk}$	k	$\hat{\phi}_{kk}$	k	$\hat{\phi}_{kk}$
1	−0.40	6	−0.15	11	−0.18
2	0.19	7	0.05	12	−0.05
3	0.01	8	0.00	13	0.09
4	−0.07	9	−0.10	14	0.18
5	−0.07	10	0.05	15	0.01

具体步骤如下：
1）绘制偏自相关函数图，见图 10.15。

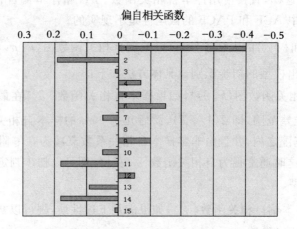

图 10.15　例 10.3 的偏自相关函数图

2）除 $\hat{\phi}_{11}$ 显著地异于零之外，其余 14 个中绝对值不大于 $\dfrac{2}{\sqrt{T}} = \dfrac{2}{\sqrt{30}} =$ 0.365 148，故该时间序列可以初步判定为 AR(1) 或 AR(2) 模型。

例 10.4　某时间序列数据（T＝273）的样本自相关函数和偏自相关函数计算数据如表 10.7 所示。

表 10.7　某时间序列数据的样本自/偏自相关函数

样本自相关函数				样本偏自相关函数			
k	$\hat{\rho}_k$	k	$\hat{\rho}_k$	k	$\hat{\phi}_{kk}$	k	$\hat{\phi}_{kk}$
1	0.82	9	0.46	1	0.82	9	0.19
2	0.45	10	0.64	2	−0.68	10	0.01
3	0.047	11	0.63	3	−0.12	11	−0.01
4	−0.26	12	0.45	4	0.06	12	−0.03
5	−0.41	13	0.16	5	−0.02	13	0.02
6	−0.36	14	−0.11	6	0.18	14	0.05
7	−0.15	15	−0.30	7	0.20	15	−0.06
8	0.16			8	0.04		

根据表 10.7：
1）绘制自相关函数和偏自相关函数图，见图 10.16、图 10.17。

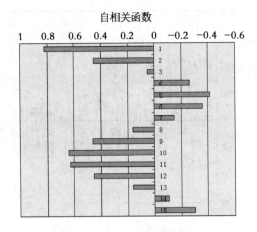
图 10.16 例 10.4 的自相关函数图

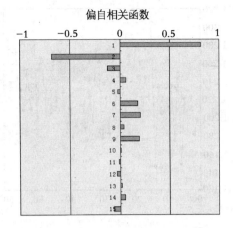
图 10.17 例 10.4 的偏自相关函数图

2) 根据图 10.16,显然,样本自相关函数 $\{\hat{\rho}_k\}$ 呈拖尾状。由图 10.17,观察 15 个偏自相关函数的绝对值,除 $\hat{\phi}_{11}$,$\hat{\phi}_{22}$ 显著地异于零之外,其余 13 个中绝对值不大于 $\frac{1}{\sqrt{T}}=\frac{1}{\sqrt{273}}=0.0605$ 的有 9 个,$\frac{9}{13}=0.692\approx 68.3\%$,故该时间序列初步判定为 AR(2) 模型。

例 10.5 某车站 1993—1997 年各个月的列车运行数量数据共 60 个,见表 10.8,试对该序列给出初步的模型识别。

表 10.8 某车站 1993—1997 年各个月的列车运行数量数据

(单位:千列·千米)

k	观测值	k	观测值	k	观测值	k	观测值	k	观测值	k	观测值
1	1 196.8	11	1 206.5	21	1 238.9	31	1 261.6	41	1 183.0	51	1 306.0
2	1 181.3	12	1 204.0	22	1 267.5	32	1 274.5	42	1 228.0	52	1 209.0
3	1 222.6	13	1 234.1	23	1 200.9	33	1 196.4	43	1 274.0	53	1 248.0
4	1 229.3	14	1 146.0	24	1 245.5	34	1 222.6	44	1 218.0	54	1 208.0
5	1 221.5	15	1 304.9	25	1 249.9	35	1 174.7	45	1 263.0	55	1 231.0
6	1 148.4	16	1 221.9	26	1 220.1	36	1 212.6	46	1 205.0	56	1 244.0
7	1 250.2	17	1 244.1	27	1 267.4	37	1 215.0	47	1 210.0	57	1 296.0
8	1 174.4	18	1 194.4	28	1 182.3	38	1 191.0	48	1 243.0	58	1 221.0
9	1 234.5	19	1 281.5	29	1 221.7	39	1 179.0	49	1 266.0	59	1 287.0
10	1 209.7	20	1 277.3	30	1 178.1	40	1 224.0	50	1 200.0	60	1 191.0

图 10.18、图 10.19 分别为原始数据和一阶差分以后数据的散点图。

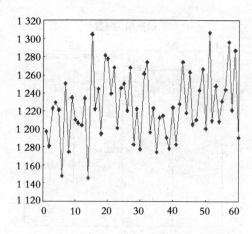

图 10.18 列车运行数量数据

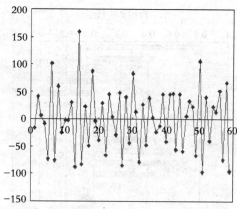

图 10.19 平稳化列车运行数量数据

经过计算,一阶差分后的前 20 个样本自相关系数和偏自相关系数如下,见表 10.9。

表 10.9 列车运行数量数据样本自/偏自相关系数(差分后)

	样本自相关系数				样本偏自相关系数		
k	$\hat{\rho}_k$	k	$\hat{\rho}_k$	k	$\hat{\phi}_{kk}$	k	$\hat{\phi}_{kk}$
1	−0.685	11	−0.036	1	−0.685	11	−0.130
2	0.341	12	0.156	2	−0.243	12	0.139
3	−0.193	13	−0.165	3	−0.139	13	0.136
4	0.042	14	0.038	4	−0.208	14	−0.184
5	−0.068	15	0.001	5	−0.313	15	−0.120
6	0.199	16	−0.027	6	0.046	16	−0.012
7	−0.221	17	0.143	7	−0.030	17	0.196
8	0.185	18	−0.130	8	−0.037	18	0.025
9	−0.130	19	0.004	9	−0.002	19	−0.143
10	0.037	20	0.021	10	−0.042	20	−0.073

1) 根据表 10.9,绘制自相关函数和偏自相关函数图,见图 10.20、图 10.21。

2) 由图 10.21,样本偏自相关函数 $\{\hat{\phi}_{kk}\}$ 呈有规律的拖尾状,而从 20 个自相关函数的绝对值来看,样本自相关函数 $\{\hat{\rho}_k\}$ 在最初的 2 阶明显的大于 2 倍标准差范围,即(−0.26, 0.26),而后 95% 以上的样本自相关函数 $\hat{\rho}_k$ 都落在(−0.26, 0.26)内,并且由非零样本自相关函数衰减为在零附近小值波动的过程非常突然,这时通常视为自相关函数 $\{\rho_k\}$ 截尾,故该时间序列初步判定为 MA(2) 或 MA(3) 模型。

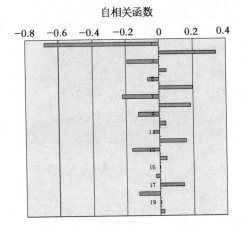

图 10.20　例 10.5 的自相关函数图　　图 10.21　例 10.5 的偏自相关函数图

§10.2.6　平稳时间序列预测

根据时间序列过去时刻的观测值,预测此序列在未来某个时刻的取值,称为时间序列的预测。时间序列的预测方法有着广泛的应用背景,在解决经济发展、金融市场动态、气象预报和水文预报等许多领域的预测问题时,都可以利用时间序列预测方法。

考虑预测问题首先要确定衡量预测效果的标准,一个很自然的思想就是预测值 $\hat{y}_t(l)$ 与真值 y_{t+l} 的均方误差达到最小,即设

$$e_t(l) = y_{t+l} - \hat{y}_t(l), \tag{10.27}$$

预测值 $\hat{y}_t(l)$ 与真值 y_{t+l} 的均方误差

$$E[e_t^2(l)] = E[y_{t+l} - \hat{y}_t(l)]^2 。 \tag{10.28}$$

我们的工作就是寻找 $\hat{y}_t(l)$,使(10.28)式达到最小。

对于 ARMA 模型,下列等式成立:

$$E(Y_k | Y_t, Y_{t-1}, \cdots) = y_k, \quad k \leqslant t, \tag{10.29}$$

$$E(Y_{t+l} | Y_t, Y_{t-1}, \cdots) - \hat{y}_t(l), \quad l > 0 。 \tag{10.30}$$

在 $Y_t, Y_{t-1}, \cdots$ 已知条件下,求 $\hat{y}_t(l) = E(Y_{t+l} | Y_t, Y_{t-1}, \cdots)$,等价于在 $\varepsilon_t, \varepsilon_{t-1}, \cdots$ 已知条件下,求 $\hat{y}_t(l)$,则

$$E(\varepsilon_k | Y_t, Y_{t-1}, \cdots) = \varepsilon_k, \quad k \leqslant t, \tag{10.31}$$

$$E(\varepsilon_k | Y_t, Y_{t-1}, \cdots) = 0, \quad k > t。 \tag{10.32}$$

$$y_{t+l} = \phi_1 y_{t+l-1} + \cdots + \phi_p y_{t+l-p} + \varepsilon_{t+l} - \theta_1 \varepsilon_{t+l-1} - \cdots - \theta_q \varepsilon_{t+l-q}$$

$$= \begin{cases} \phi_1 y_{t+l-1} + \cdots + \phi_p y_{t+l-p} + (\varepsilon_{t+l} - \theta_1 \varepsilon_{t+l-1} - \cdots - \theta_{l-1}\varepsilon_{t+1}) + \\ \quad (-\theta_l \varepsilon_t - \cdots - \theta_q \varepsilon_{t+l-q}), \qquad\qquad\qquad l \leqslant q, \\ \phi_1 y_{t+l-1} + \cdots + \phi_p y_{t+l-p} + \varepsilon_{t+l} - \theta_1 \varepsilon_{t+l-1} - \cdots - \theta_q \varepsilon_{t+l-q}, \quad l > q; \end{cases}$$

$$\hat{y}_t(l) = E(y_{t+l} | Y_t, Y_{t-1}, \cdots)$$

$$= \begin{cases} \phi_1 \hat{y}_t(l-1) + \cdots + \phi_p \hat{y}_t(l-p) + (-\theta_l \varepsilon_t - \cdots - \theta_q \varepsilon_{t+l-q}), & l \leqslant q, \\ \phi_1 \hat{y}_t(l-1) + \cdots + \phi_p \hat{y}_t(l-p), & l > q, \end{cases} \quad (10.33)$$

其中 $\hat{y}_t(k) = \begin{cases} \hat{y}_t(k), & k \geqslant 1, \\ y_{t+k}, & k \leqslant 0. \end{cases}$

内容提要

- 时间序列趋势外推法及常用趋势曲线：
1) 多项式函数；
2) 指数函数；
3) 逻辑斯蒂曲线。
- 趋势预测模型的确定，最小二乘法：
- 移动平均法的特点：
1) 移动平均法在反映现象变动方面是比较敏感的；
2) 移动平均法所需储存的观察值比较少。
- 指数平滑法的特点：
1) 指数平滑对离预测期近的观察值给予较大的权数，对离预测期渐远的观察值给予递减的权数；
2) 指数平滑对于同一市场现象连续计算其指数平滑值，由近及远按等比级数减小；
3) 指数平滑法中的 α 值（$0 \leqslant \alpha \leqslant 1$）是一个可调节的权数值。
- 宽平稳序列
1) 对任意 $t, E(y_t) = \mu$ 为常数；
2) 对任意 $t, Var(y_t) = \sigma^2$ 为常数；
3) 对任意 t 和任意的 k，$cov(y_t, y_{t-k}) = \gamma_k$ 只与 k 有关。
- 自相关函数（AFC）和偏自相关函数（PAFC）
- 自回归模型
- 移动平均模型
- 自回归移动平均模型
- 平稳时间序列建模

1) 模型识别；

2) 模型参数估计；

3) 模型的诊断与检验。

● 平稳时间序列预测

习 题 十

1. 表 10.10 是我国 1952—1983 年社会商品零售总额（按当年价格计算，单位略），分析预测我国社会商品零售总额。

表 10.10　我国 1952—1983 年社会商品零售总额

年份	零售总额	年份	零售总额	年份	零售总额
1952	276.8	1963	604.5	1974	1 163.6
1953	348.0	1964	638.2	1975	1 271.1
1954	381.1	1965	670.3	1976	1 339.4
1955	392.2	1966	732.8	1977	1 432.8
1956	461.0	1967	770.5	1978	1 558.6
1957	474.2	1968	737.3	1979	1 800.0
1958	548.0	1969	801.5	1980	2 140.0
1959	638.0	1970	858.0	1981	2 350.0
1960	696.9	1971	929.2	1982	2 570.0
1961	607.7	1972	1 023.3	1983	2 849.4
1962	604.0	1973	1 106.7		

① 对数据画折线图分析，以社会商品零售总额为 y 轴，年份为 x 轴。

② 从图形中可以看出大致的曲线增长模式，较符合的模型有二次曲线和指数曲线模型。但无法确定哪一个模型能更好地拟合该曲线，试给出相应的分析。

③ 指出拟合效果较好些的模型。

2. 某贸易公司 1975—2000 年的年销售量额数据如表 10.11 所示。（单位略，对数据已做了可比性处理。）

表 10.11　某贸易公司 1975—2000 年的年销金额

年份	销售额	年份	销售额	年份	销售额	年份	销售额
1975	41.6	1982	60.4	1989	37.2	1996	35.1
1976	48.2	1983	57	1990	44	1997	28.5
1977	51.5	1984	53.1	1991	41.8	1998	23.9
1978	55.7	1985	53.3	1992	39.2	1999	27.8
1970	52.1	1986	51.6	1993	36.4	2000	40.3
1980	56.8	1987	49.4	1994	38.5		
1981	63.9	1988	38.6	1995	42.7		

① 绘制上述数据的折线图。

② 试用 5 年移动平均对这些数据进行平滑化,并画出相应的折线图。

③ 试求 2001 年的 5 年移动平均预测销售额。

④ 试对时间序列进行 $w=0.25$ 的指数平滑拟合,并画出相应的拟合折线,求此时有关 2001 年销售额预测。

⑤ 试对时间序列进行 $w=0.70$ 的指数平滑拟合,并画出相应的拟合折线,求此时有关 2001 年销售额预测。

⑥ 有否可能求出指数平滑的最佳权重。

3. 已知某序列 $\{y_t\}$ ($T=96$) 的样本自相关系数和偏自相关系数如表 10.12 所示。

表 10.12 某序列样本的自相关系数和偏自相关系数

样本自相关系数				样本偏自相关系数			
k	$\hat{\rho}_k$	k	$\hat{\rho}_k$	k	$\hat{\phi}_{kk}$	k	$\hat{\phi}_{kk}$
1	0.428	11	−0.048	1	0.428	11	−0.086
2	0.291	12	−0.197	2	0.131	12	−0.188
3	0.188	13	0.070	3	0.029	13	0.135
4	0.042	14	−0.057	4	−0.093	14	−0.002
5	0.087	15	−0.006	5	0.086	15	−0.048
6	0.048	16	0.152	6	−0.001	16	0.170
7	0.002	17	0.141	7	−0.038	17	0.071
8	0.046	18	0.117	8	0.045	18	−0.046
9	0.085	19	0.065	9	0.085	19	−0.066
10	0.004	20	0.085	10	−0.083	20	0.113

① 试绘制其自相关函数和偏自相关函数图。

② 对序列 $\{y_t\}$ 给出初步的模型识别。

参考文献

[1] 陈希孺. 数理统计学简史. 长沙：湖南教育出版社，2002.

[2] Tanur, J. M.; Mosteller, Mosteller F.; Kruskal, W. H.; Link, R. F.; Pieters, R. S.; and Rising, G. R. (eds.). Statistics: A Guide to the Unknown. Holden-Day: San Francisco. 1972. （该书有中译本. 陈湛匀译，查莉校阅，郑德如审校. 统计学应用指南. 上海：上海人民出版社，1990.）

[3] David Freedman, Robert Pisani, Roger Purves, Ani Adhikari. Statistics. W. W. Norton & Company, New York, 1991. （该书有中译本. 魏宗舒，施锡铨，林举干，李毅，吕乃刚，范正绮译. 统计学. 北京：中国统计出版社，1997.）

[4] 上海质量管理科学研究院编著，唐晓芬主编，钱仲裘主审. 顾客满意度测评. 上海：上海科学技术出版社，2001.

[5] Darrell Huff, Pictures by Irving Geis. How to Lie with Statistics. W. W. Norton & Company, New York, London, 1982. （该书有中译本. 沈恩杰，马世宽译，马安，吴世农校. 怎能利用统计撒谎. 北京：中国统计出版社，1989.）

[6] Andrew F. Siegel. Practical Business Statistics. McGraw-Hill Irwin, 1997.

[7] Douglas. C. Montgomery. Design and Analysis of Experiments. John Wiley & Sons, 2005. （该书有中译本. 傅珏生、张健、王振羽、解燕译. 实验设计与分析. 北京：人民邮电出版社，2009.）

[8] 施锡铨，范正绮. 决策与模型. 上海：上海财经大学出版社，2003.

[9] James M. Landwehr, Ann E. Watkins. Exploring Data. Quantitative Literacy Series. Dale Seymour Publications，1986.

[10] Claire M. Newman, Thomas E. Obremski, Richard L. Scheaffer. Exploring Probability. Quantitative Literacy Series. Dale Seymour Publications，1987.

[11] Mrudulla Gnanadesikan, Richard L. Scheaffer, Jim Swift. The Art and Techniques of Simulation. Quantitative Literacy Series. Dale Seymour

Publications, 1987.

[12] 王静龙,梁小筠编著. 定性数据统计分析. 北京：中国统计出版社，2008.

[13] David R. Anderson, Dennis J. Sweeney, Thomas A. Williams. Statistics for Business and Economics (seventh edition). South-Western College Publishing. 1999. (该书有中译本. 张建华，王健，冯燕奇等译. 商务与经济统计. 北京：机械工业出版社，2000.)

[14] Weisberg, S. Applied Linear Regression. John Wiley & Sons. 1985. (该书有中译本. 王静龙、梁小筠、李宝慧译，柴根象校. 应用线性回归. 北京：中国统计出版社,1998.)

[15] 王黎明,陈颖,杨楠编著. 应用回归分析. 上海:复旦大学出版社,2008.

[16] 韩伯棠编著. 管理运筹学. 北京:高等教育出版社,2000.

[17] 施锡铨著. 博弈论. 上海:上海财经大学出版社,2000.

[18] 王黎明,王连,杨楠编著. 应用时间序列分析. 上海:复旦大学出版社,2009.

[19] 易丹辉编著. 统计预测—方法与应用. 北京:中国统计出版社,2001.

[20] 张晓峒著. 应用数量经济学. 北京:机械工业出版社,2009.

注：本书的有些图片、资料和数据摘自某些网站,有些图片摘自某些下载的没有作者署名的文件,在此向原创者表示衷心的感谢,恳请他们谅解。

图书在版编目(CIP)数据

数据、模型与决策简明教程/王静龙、梁小筠、王黎明编著. —上海:复旦大学出版社,
2012.8(2024.7 重印)
(复旦博学·21 世纪高校统计学专业教材系列)
ISBN 978-7-309-09136-6

Ⅰ. 数⋯　Ⅱ.①王⋯②梁⋯③王⋯　Ⅲ. 决策模型-高等学校-教材　Ⅳ. C934

中国版本图书馆 CIP 数据核字(2012)第 174330 号

数据、模型与决策简明教程
王静龙　梁小筠　王黎明　编著
责任编辑/王联合

复旦大学出版社有限公司出版发行
上海市国权路 579 号　邮编:200433
网址: fupnet@ fudanpress.com　http://www.fudanpress.com
门市零售:86-21-65102580　团体订购:86-21-65104505
出版部电话:86-21-65642845
上海新艺印刷有限公司

开本 787 毫米×960 毫米　1/16　印张 24.5　字数 443 千字
2024 年 7 月第 1 版第 5 次印刷
印数 7 401—8 500

ISBN 978-7-309-09136-6/C・240
定价:45.00 元

如有印装质量问题,请向复旦大学出版社有限公司出版部调换。
版权所有　侵权必究